UN STYLE CERTAIN

LES MOTS POUR L'ÉCRIRE

Monique FOL
Boston College

Paul BARRETTE
University of Tennessee

PRENTICE HALL   ENGLEWOOD CLIFFS, NEW JERSEY   07632

Library of Congress Cataloging-in-Publication Data

FOL, MONIQUE.
    Un style certain : les mots pour l'écrire / Monique Fol, Paul
Barrette.
        p.   cm.
    Includes index.
    ISBN 0-13-945932-4
    1. French language—Readers. 2. French language—style.
I. Barrette, Paul. II. Title.
PC2117.F55 1991
448.6′421—dc20   90-46622
                                     CIP

Acquisitions editor: Steven R. Debow
*Editorial/production supervision and
   interior design:* Hilda Tauber
Cover design: Marianne Frasco
Prepress buyer: Herb Klein
Manufacturing buyer: Dave Dickey

*A la mémoire de
Paul Meurisse et
à Nancy,
Lesley,
et Peter-Pierre
      —M.F.*

*A la mémoire de
mon frère, Jean
      —P.B.*

© 1991 by Prentice-Hall, Inc.
A Division of Simon & Schuster
Englewood Cliffs, New Jersey 07632

Printed in the United States of America
10 9 8 7 6 5 4 3 2 1

ISBN 0-13-945932-4

Prentice-Hall International (UK) Limited, *London*
Prentice-Hall of Australia Pty. Limited, *Sydney*
Prentice-Hall Canada Inc., *Toronto*
Prentice-Hall Hispanoamericana, S.A., *Mexico*
Prentice-Hall of India Private Limited, *New Delhi*
Prentice-Hall of Japan, Inc., *Tokyo*
Simon & Schuster Asia Pte. Ltd., *Singapore*
Editora Prentice-Hall do Brasil, Ltda., *Rio de Janeiro*

TABLE DES MATIÈRES

7 LE COLONIALISME, *114*

8 LE POEME EN PROSE, *131*

GRAMMAIRE ET EXERCICES, *181*

CONJUGAISONS MODELES, *295*

VOCABULAIRE: Français-Anglais, *314*

INDEX, *341*

PRÉFACE

Le titre de ce livre, *Un Style certain: Les Mots pour l'écrire*, évoque évidemment le célèbre récit psychanalytique de Marie Cardinal, *Les Mots pour le dire*. Or, celle-ci cite Boileau qui déclare dans son *Art poétique* de 1674:

> Avant donc que d'écrire, apprenez à penser.
> Selon que votre idée est plus ou moins obscure,
> L'expression la suit, ou moins nette ou plus pure.
> Ce que l'on conçoit bien s'énonce clairement,
> Et **les mots pour le dire** arrivent aisément.

Notre titre fait donc ressortir une vérité que les étudiants ne devront jamais oublier: derrière les mots se cachent souvent des allusions à la littérature, à la civilisation contemporaines aussi bien qu'à la tradition littéraire et à la civilisation des temps passés. Pour Boileau, il faut penser clairement pour écrire clairement, pour trouver les mots justes. Quant à Marie Cardinal, elle dut se pencher sur sa vie comme s'il s'agissait d'un texte inconnu à déchiffrer. Quand enfin elle comprit ce qui était à l'origine de son tourment, les mots pour le dire lui vinrent à l'esprit et elle put s'exprimer en des termes clairs et saisissants.

De même, les étudiants se trouvent devant des textes inconnus qu'ils vont examiner de points de vue variés. Il leur faudra ensuite trouver les mots pour écrire à propos de ces textes, de ces points de vue et des multiples questions qu'ils soulèvent. En suivant notre présentation et en apprenant les points qui y sont exposés, les étudiants arriveront à s'exprimer clairement, à trouver les mots, les expressions nécessaires pour présenter leurs idées.

Au cours de leurs premières années, les jeunes américains étudient les règles grammaticales de base, apprennent à parler et à écrire des devoirs simples touchant plutôt à des sujets quotidiens de la culture française. Or il est évident que pour comprendre un auteur*, un texte, bien d'autres connaissances sont nécessaires: le sens, l'étendue du vocabulaire à leur portée, la structure de la phrase, l'ordre grammatical, les dérogations à cet ordre, l'enrichissement syntaxique des parties de la phrase, les subtilités grammaticales comme l'emploi littéraire de l'imparfait et du passé simple, la sonorité, le rythme, les figures de style. Tous ces éléments révèlent le travail créateur de l'auteur et c'est en les maîtrisant que les étudiants peuvent analyser les textes de façon critique et acquérir une profonde formation littéraire au moment où ils vont bientôt s'engager dans leurs études avancées purement lit-

---

* Le problème posé par les transformations du genre des noms demeure complexe. Il sera résolu dans l'avenir. En attendant, nous avons décidé d'employer la nouvelle forme féminine pour des mots tels que *professeure, auteure*.

téraires et dans leurs découvertes de la civilisation française, de son rayonnement à travers le monde et des littératures d'expression française.

PLAN DU LIVRE

Au seuil des cours de littérature et de civilisation, les classes sont souvent hétérogènes et les étudiants souvent désemparés. Les quatre premiers chapitres du livre et les sections correspondantes de l'appendice grammaticale ne visent qu'à revoir la grammaire élémentaire. Les questionnaires et les exercices de vocabulaire, les sujets de composition, de discussion sont présentés dans le but d'établir aussi promptement que possible une atmosphère homogène qui facilitera la tâche et des étudiants et des enseignants.

Entre le quatrième et le cinquième chapitre figurent d'importants CONSEILS destinés à la lecture en profondeur des textes littéraires, puis des remarques essentielles à la rédaction avancée, et enfin des exemples de plans pour l'analyse littéraire, la dissertation et l'exposé.

A partir du cinquième chapitre, des passages d'auteurs célèbres sont précédés de cadres personnels et historiques, car il est impossible de séparer l'étude du français, de la littérature française, de celle de la France et de son histoire. Nous vivons à une époque où la femme joue un nouveau rôle, où la francophonie triomphe, et il est donc juste de présenter des œuvres écrites par des femmes et des écrivains d'expression française qui ont vécu des événements qui demeurent vivants dans l'esprit des Français.

Chaque chapitre se termine par des sujets de composition et de conversation, par des thèmes liés étroitement aux textes analysés et dont la traduction permet d'enrichir le vocabulaire, la syntaxe, de comprendre mieux les différences de mentalité entre les personnes de langue française et celles de langue anglaise. Ces passages permettent aussi de prendre conscience des caractéristiques spécifiques de leur propre langue et du français.

Tandis que les chapitres 5, 6 et 7 sont orchestrés autour de thèmes éternels et contemporains: la Jalousie, la Guerre, le Colonialisme, les trois derniers chapitres visent l'étude de la Poésie: poèmes en prose, poèmes d'auteurs, de formes, de sujets variés, exercices, sujets de discussion, de composition et thèmes.

Enfin, *Un Style certain: Les Mots pour l'écrire* comprend des appendices grammaticaux accompagnés de nombreux exercices et de conseils pratiques. Le *Livre de l'enseignant* qui l'accompagne contient de nombreux conseils pour la présentation des matières, ainsi que des suggestions pour faciliter l'évaluation et la correction des exercices du livre.

Tous les textes présentés relèvent de la littérature française—du Moyen-Age au xxe siècle—mais il est évident que la majorité d'entre eux couvrent plutôt le dernier tiers du xixe siècle et le xxe siècle. Or, la littérature reflète son époque. Les Français ont été profondément marqués par leur histoire. Ils le sont encore. Il nous a donc paru essentiel de choisir des passages pour que les étudiants américains puissent saisir comment la mentalité française diffère de la leur, comment la culture, la civilisation et la littérature témoignent des moments difficiles par lesquels la France est passée. Des passages supplémentaires illustrant la littérature des siècles antérieurs peuvent être obtenus de Prentice Hall.

Nous tenons à remercier tous ceux et toutes celles, collègues, étudiants, secrétaires, amis dans de nombreuses universités sans l'aide desquels ce livre n'aurait pu voir le jour. Notre gratitude va d'abord à Stephen Bold, Nelly Rosenberg, Armelle Crouzières, Debbie Holmes et Leonard Sullivan de Boston College, Ellen Munley de Rivier College, Frank Bowman de l'Université de Pennsylvanie et de Paris VIII, Germaine Brée de l'Institut de Winston-Salem et Henri Mitterand de Paris VIII, du Centre de la Recherche Nationale Scientifique, de l'Institut Zola et du Centre Zola de l'Université de Toronto, à la Ford Foundation, à Patricia de Cantries, Florence Naugrette et Brigitte Cazelles de l'Université Stanford, Leonard Rahilly de l'Université Michigan State, ainsi que nos collègues et amis de l'Université de Californie à Berkeley, de l'Université de l'Illinois, de l'Université Fordham, de l'Université du Tennessee, et de l'Université du Queensland. Nous tenons également à exprimer notre gratitude envers tous nos étudiants pour leurs suggestions et leur patience. Nous exprimons nos remerciements également à des étudiantes graduées de Boston College, Jeanne Thériault et Jennifer Thomas, à Boston College qui subventionna en partie leurs efforts, et à Annette Suerth et Kristin Prough de l'Université du Tennessee. Nous remercions vivement Mme Laverne Powell et Hien Nguyen, dont l'aide a été des plus précieuses. Enfin nous exprimons notre reconnaissance à Hilda Tauber et à Steven R. Debow de Prentice Hall pour leur industrie, leur encouragement et surtout pour leur patience.

MONIQUE FOL | PAUL BARRETTE

ACKNOWLEDGMENTS

LIBRAIRIE E. FLAMMARION: Henri Parisot, trans. "Annabel Lee" in *L'Age d'or* (1972).
EDITIONS GALLIMARD: Albert Camus, *La Peste* (1947); Robert Desnos, *Corps et biens* (1953); Marguerite Duras, *Un Barrage contre le pacifique* (1968); André Malraux, *La Condition humaine* (1933); Jules Supervielle, «Docilité» in *La Fable du Monde* (1938); Marguerite Yourcenar, *Les Charités d'Alcippe* (1956).
GRASSET ET FASQUELLE: Marie Cardinal, *Au pays de mes racines* (1980); Colette, *La Chatte* (1933).
HARPER & ROW, excerpt from "Letter from Birmingham Jail" from *Why We Can't Wait* by Martin Luther King, Jr. Copyright © 1963, 1964 by Martin Luther King, Jr. Reprinted by permission of Harper & Row, Publishers, Inc.
HOUGHTON MIFFLIN: Anne Sexton "The Ambitious Bird" from *The Book of Folly* by Anne Sexton, Copyright © 1972 by Anne Sexton. Reprinted by permission of Houghton Mifflin Co.
EDITIONS DE MINUIT: Marguerite Duras, *L'Amant* (1984); Alain Robbe-Grillet, *La Jalousie* (1959).
LIBRAIRIE PLON: Germaine Beaumont, *Agnès de rien* (1943).
EDITIONS DE PRÉSENCE AFRICAINE: Jacques Rabemananjara, excerpt from «Antsa» in *Œuvres Complètes—Poésie* © 1978.
ALAIN RIVIÈRE: Henri Alain-Fournier, *Miracles* (1924).
LIBRAIRIE SEGHERS: Louis Aragon, «Ballade de celui qui chanta dans les supplices» in *La Diane française* © 1945.
EDITIONS DU SEUIL: Jean Cayrol, *Les Corps étrangers* (1959); Kateb Yacine, *Nedjma* (1956).
LES EDITIONS INTERNATIONALES ALAIN STANKE LTD.: Roch Carrier, *Il n'y a pas de pays sans grand-père* (1977).

CHAPITRE 1

ZOLA, THÉRÈSE RAQUIN (I)

Le Passage du Pont-Neuf

Pour aborder l'étude du style français, nous avons choisi comme lecture de base le roman d'Emile Zola, *Thérèse Raquin*. Paru en 1867, ce roman fait ressortir le style réaliste et les théories naturalistes de Zola, auteur parmi les plus célèbres de la fin du dix-neuvième siècle. Ce choix permet en plus de dégager, dans cet ouvrage assez simple, les éléments stylistiques, psychologiques et moraux et d'établir par la suite une méthode d'analyse littéraire.

Tout d'abord, nous présentons quelques indications sur la vie de Zola pour permettre au lecteur de mieux comprendre le récit qui figure dans les quatre premiers chapitres de ce manuel. Nous allons procéder de la même façon pour les écrivains qui figurent dans les chapitres suivants, c'est-à-dire que nous allons jeter un coup d'œil sur le cadre biographique et historique avant d'entreprendre la lecture du texte.

Emile Zola (1840–1902)

Né à Paris d'un père italien naturalisé qui mourut lorsque Zola avait sept ans, l'auteur de *Thérèse Raquin* fut élevé par sa mère et sa grand-mère. La présence obsessive des femmes marque profondément toute son œuvre. Après avoir fait des études à Aix-en-Provence, il se retrouve à Paris à l'âge de 18 ans et sans argent. D'abord ouvrier aux docks, il est ensuite employé chez Hachette, célèbre maison d'édition, ce qui va lui permettre de faire la connaissance de nombreux poètes et peintres, qui vont l'encourager à poursuivre une carrière littéraire. Bientôt il abandonne son travail et entreprend sa grande œuvre naturaliste, *Les Rougon-Macquart*, dans laquelle il se propose d'étudier scientifiquement, selon les règles du naturalisme, le rôle de l'hérédité, du milieu, des lois auxquelles sont soumises toutes les créatures.

   Avant d'être reconnu comme le chef de l'école naturaliste, Emile Zola
écrit des poèmes et des romans réalistes dont le plus connu est *Thérèse Raquin*
(1867). Bien que ce roman soit réaliste, il comporte déjà des éléments naturalistes. Zola aborde le rôle de l'hérédité du tempérament et se penche surtout
sur le rôle du milieu.

Le Passage du Pont-Neuf

1   Au bout de la rue Guénégaud, lorsqu'on vient des quais, on trouve le
passage du Pont-Neuf, une sorte de corridor étroit et sombre qui va de la
rue Mazarine à la rue de Seine. Ce passage a trente pas de long et deux de
large, au plus; il est pavé de dalles jaunâtres, usées, descellées, suant toujours une humidité âcre; le vitrage qui le couvre, coupé à angle droit, est
noir de crasse.

2   Par les beaux jours d'été, quand un lourd soleil brûle les rues, une
clarté blanchâtre tombe des vitres sales et traîne misérablement dans le
passage. Par les vilains jours d'hiver, par les matinées de brouillard, les
vitres ne jettent que de la nuit sur les dalles gluantes, de la nuit salie et
ignoble.

3   A gauche, se creusent des boutiques obscures, basses, écrasées, laissant échapper des souffles froids de caveau. Il y a là des bouquinistes, des
marchands de jouets d'enfant, des cartonniers, dont les étalages gris de
poussière dorment vaguement dans l'ombre; les vitrines, faites de petits
carreaux, moirent étrangement les marchandises de reflets verdâtres; au-
delà, derrière les étalages, les boutiques pleines de ténèbres sont autant de
trous lugubres dans lesquels s'agitent des formes bizarres.

4   A droite, sur toute la longueur du passage, s'étend une muraille contre
laquelle les boutiquiers d'en face ont plaqué d'étroites armoires; des objets
sans nom, des marchandises oubliées là depuis vingt ans s'y étalent le long
de minces planches peintes d'une horrible couleur brune. Une marchande
de bijoux faux s'est établie dans une des armoires; elle y vend des bagues
de quinze sous, délicatement posées sur un lit de velours bleu, au fond
d'une boîte en acajou.

5   Au-dessus du vitrage, la muraille monte, noire, grossièrement crépie,
comme couverte d'une lèpre et toute couturée de cicatrices.

6   Le passage du Pont-Neuf n'est pas un lieu de promenade. On le prend
pour éviter un détour, pour gagner quelques minutes. Il est traversé par un
public de gens affairés dont l'unique souci est d'aller vite et droit devant
eux. On y voit des apprentis en tablier de travail, des ouvrières reportant
leur ouvrage, des hommes et des femmes tenant des paquets sous leur bras,
on y voit encore des vieillards se traînant dans le crépuscule morne qui
tombe des vitres, et des bandes de petits enfants qui viennent là, au sortir
de l'école, pour faire du tapage en courant, en tapant à coups de sabots sur

les dalles. Toute la journée, c'est un bruit sec et pressé de pas sonnant sur la pierre avec une irrégularité irritante; personne ne parle, personne ne stationne; chacun court à ses occupations, la tête basse, marchant rapidement, sans donner aux boutiques un seul coup d'œil. Les boutiquiers regardent d'un air inquiet les passants qui, par miracle, s'arrêtent devant leurs étalages.

7   Le soir, trois becs de gaz, enfermés dans des lanternes lourdes et carrées, éclairent le passage. Ces becs de gaz, pendus au vitrage sur lequel ils jettent des taches de clarté fauve, laissent tomber autour d'eux des ronds d'une lueur pâle qui vacillent et semblent disparaître par instants. Le passage prend l'aspect sinistre d'un véritable coupe-gorge; de grandes ombres s'allongent sur les dalles, des souffles humides viennent de la rue; on dirait une galerie souterraine vaguement éclairée par trois lampes funéraires. Les marchands se contentent, pour tout éclairage, des maigres rayons que les becs de gaz envoient à leurs vitrines; ils allument seulement, dans leur boutique, une lampe munie d'un abat-jour, qu'ils posent sur un coin de leur comptoir, et les passants peuvent alors distinguer ce qu'il y a au fond de ces trous où la nuit habite pendant le jour….

8   Il y a quelques années, en face de cette marchande, se trouvait une boutique dont les boiseries d'un vert bouteille suaient l'humidité par toutes leurs fentes. L'enseigne, faite d'une planche étroite et longue, portait, en lettres noires, le mot: *Mercerie,* et sur une des vitres de la porte était écrit un nom de femme: *Thérèse Raquin,* en caractères rouges. A droite et à gauche s'enfonçaient des vitrines profondes, tapissées de papier bleu.

Emile Zola, Thérèse Raquin (1867)

QUESTIONNAIRE

1. Comment le passage du Pont-Neuf est-il présenté? A quoi est-il comparé?

2. Pouquoi Zola a-t-il choisi le mot *plaqué* dans «les boutiquiers d'en face ont plaqué d'étroites armoires» (par. 4)?

3. Quels sont les marchands dans ce lieu lugubre?

4. A quoi sert l'expression *bijoux faux* (par. 5)?

5. Quelle est l'utilité du passage du Pont-Neuf?

6. Qui le traverse?

7. Pourquoi les boutiquiers regardent-ils les passants d'un air inquiet?

8. Quelles couleurs, quels sons, quelles odeurs sont présentés au lecteur?

9. Relevez tous les objets décrits dans le texte. Indiquez leur rôle et leur importance dans la description du passage du Pont-Neuf.

10. A quels sens fait-on appel dans cette description?

11. Quel est l'environnement dans lequel vit Thérèse Raquin? Quels sont les mots qui permettent de le caractériser?

12. Analysez l'extrait du point du point de vue des idées. Quel est le sujet de chaque paragraphe? Quels sont selon vous les mots les plus importants — les «mots-thèmes»? (Un mot-thème est un mot qui fait partie d'un ensemble de mots faisant ressortir le thème.) Les mots sont aussi des signes multiples. Ainsi, dans le troisième paragraphe, *souffles froids, caveau, poussière, verdâtres, ténèbres*, et *trous lugubres* sont des mots qui permettent à Zola d'évoquer l'atmosphère mortelle du passage du Pont-Neuf.

13. Pourquoi les indications données sur le passage du temps sont-elles indispensables?

14. Sentez-vous la présence de Zola dans ce passage? Dans le premier paragraphe, «...lorsqu'on vient des quais, on trouve...»: à quoi servent ces *on*?

15. Où vous placez-vous lorsque vous lisez cet extrait?

STYLISTIQUE

La Langue française

Toute langue reflétant l'esprit d'une civilisation change avec les transformations sociales, économiques et politiques du groupe qui la parle. Le français, issu du latin, a évolué dans le domaine des mots, des formes et des sons.

L'Evolution des mots et des formes

Le système des mots en latin était trop complexe por un usage quotidien au sein d'un groupe aussi large que celui de l'empire romain. Le latin comptait en effet pour les noms trois genres, cinq déclinaisons, et six cas, et pour les verbes, différentes terminaisons pour exprimer une même idée. Ainsi, deux formes s'employaient pour le futur, et la forme passive pouvait avoir un sens actif:

Futur		*Forme passive (qui pouvait avoir un sens actif)*	
cant*abo*	je chanterai (1ère conjugaison)	am*or*	je suis aimé
audi*am*	j'entendrai (4e conjugaison)	hor*tor*	j'encourage

Il y eut un mouvement inconscient vers la simplification. Peu à peu, certaines formes latines disparurent tandis que d'autres se modifièrent. Ainsi, au Moyen Age, le français ne comportait en général que deux genres et deux cas; le système des conjugaisons lui aussi était simplifié, mais, plus récalcitrant, il resta toujours complexe. Depuis le Moyen Age, cet inévitable procédé de simplification s'est poursuivi pour en arriver au français moderne qui lui-même n'est pas exempt de modifications.

Vocabulaire

Vers l'an 600 av. J.-C., les Grecs s'établirent dans le midi de la France, et pendant sept ou huit siècles leur langue se fit entendre dans les ports de la Méditerranée. Le grec a laissé peu de traces datant de cette époque: quelques noms de ville (Marseille, Monaco, Nice) et quelques mots que l'on trouve encore en provençal. Les tribus celtiques, parmi lesquelles figurent les Gaulois qui donnèrent au pays son nom, envahirent l'Occident vers 500 av. J.-C. Au premier siècle av. J.-C., ces peuples celtiques s'y trouvaient toujours établis, mais ils étaient mal organisés et les Romains eurent peu de peine à les vaincre (conquête de César: 51 av. J.-C.). La langue des vainqueurs se répandit vite, grâce aux soldats, au gouvernement, aux écoles établies par les Romains, aux marchands, et plus tard, lorsque la religion chrétienne fut devenue la religion de l'empire, par les hommes d'église. Elle remplaça le parler celte tout en retenant quelques-uns de ses éléments: noms de lieux (par exemple, *Paris,* où s'était établie la tribu des Parisii, *Reims, Lyon*, etc.), noms de plantes (*la bruyère, le chêne, l'if*), noms se rattachant aux champs et à la maison (*arpents, bercer, boue, bouleau, chemise*).

Au cours des premiers siècles après J.-C. eut lieu une lente décomposition de l'empire romain. En même temps, les invasions de tribus germaniques se firent de plus en plus fréquentes et, en 476, l'empire romain s'effondra. Au cinquième siècle, la Gaule se vit partagée entre trois tribus germaniques: les Visigoths, les Burgondes, et les Francs. Ceux-ci étaient les plus forts. Avec Clovis comme chef, ils conquirent les deux autres tribus. Clovis et ses Francs se firent baptiser, assurant ainsi la continuation du latin, la langue ecclésiastique. De l'époque des invasions germaniques et de la domination des Francs (qui donnèrent au pays son nom actuel) il reste en français beaucoup de termes militaires (*épieu, guerre*), de couleurs (*bleu, brun*), et de psychologie (*franc, honte*).

Après ces invasions, l'événement le plus important pour le français du point de vue politique et linguistique fut l'avènement de Charlemagne. Ce grand roi rétablit l'empire d'Occident (il fut couronné empereur par le pape Léon III en 800). Pendant son règne eut lieu la renaissance dite carolingienne, un renouvellement d'intérêt portant sur l'enseignement, l'art et la langue latine. Cette purification de la langue latine donna libre essor à la langue du peuple.

Le latin « classique » (après avoir été contaminé pendant des siècles par des idiomes populaires) devint la langue des savants, le français (le gallo-romain) devint la langue du peuple, c'est-à-dire, une langue à part qui a poursuivi son développement avec peu d'encombres pour devenir, au XIIᵉ siècle, une langue capable de se créer une littérature nationale.

Mais au cours des siècles l'inexorable procédé d'emprunts se poursuivit, facilité par les guerres et le commerce dans les Croisades du XIᵉ au XIIIᵉ siècles. Les Français furent exposés à la civilisation orientale et arabe et le vocabulaire s'enrichit alors dans le domaine des sciences (*alchimie, chiffre, élixir*) et du commerce (*coton, safran*).

Quelques siècles plus tard, au contact de l'Italie, d'autres mots firent leur apparition dans la langue française, des termes reflétant la culture florissante de ce pays: *arcade, banquet, burlesque, carnaval, soldat, sonnet, stance.* Pendant cette époque, le français avait continué à puiser dans la langue latine. Avec le renouvellement des études helléniques, de nombreux termes inspirés par le grec furent créés: *analogie, apathie, hypothèse, métamorphose,* etc. Aux XVIIe, XVIIIe et XIXe siècles, on importa des mots anglais: *bifteck, boxe, budget, club, congrès, jury, parlement.*

De nos jours, le même phénomène se poursuit: *jazz, pipeline, shampooing, smoking,* font tous partie de la langue courante. Et le français n'hésite pas à puiser aux sources traditionnelles (grecque et latine) dès qu'il faut nommer un nouvel objet inconnu de toute langue vivante: *aéroport, atome, automobile, phonographe, photographie, schizophrénie, téléphone.* Ces mots s'appellent des « néologismes. »

La dérivation des mots fera l'objet d'une étude plus approfondie au chapitre suivant.

L'Evolution des sons

L'être humain tend à suivre « la loi du moindre effort. » Les quelques remarques précédentes ont mis en relief cette tendance. Mais la simplification s'étend également aux sons. La prononciation latine avait un accent d'harmonie (c'est-à-dire, de mélodie). Peu à peu, cet accent se transforma en un accent d'intensité (c'est-à-dire, de force).

Pour illustrer cette évolution, prenons l'expression latine: *mea domina,* qui aboutit à '*m* en passant par les étapes suivantes:

latin:	mea dómina
français:	madáme
anglais:	mádam
amèricain populaire:	má'am
Sud des E.U.:	'm (yes'm)

Il est rare qu'un mot échappe à ce procédé d'érosion phonétique. Le français abonde en exemples d'homonymes, ce qui est dû entièrement à ce phénomène d'affaiblissement: *sans* (vient de *sine*), *cent* (vient de *centum*), *sang* (vient de *sanguinem*), et aussi *ceint, sain, saint, sein, seing,* et parfois *cinq*—tous prononcés de la même façon, bien que provenant de mots latins différents.

La Portée des mots: Signification et valeur grammaticale

Tout écrivain essaie de communiquer ses idées au lecteur aussi clairement que possible. Si le vocabulaire est déficient, comme cela arrive souvent, pour traduire ses idées, il ne lui reste qu'à se fabriquer un nouveau vocabulaire en se servant des outils à sa disposition, c'est-à-dire des mots et des structures de la langue. Par conséquent, pour bien comprendre et pour bien écrire une langue, il faut connaître toutes les *nuances* que les mots peuvent prendre, leur *connotation*.

Dans la phrase, chaque mot a une *signification* et une *valeur grammaticale*.

SIGNIFICATION. Pour trouver la signification d'un mot il est nécessaire de connaître:

> — le *sens* général et la connotation du mot qui indiquent les différents emplois de ce mot dans la phrase. A cet effet consulter l'édition la plus récente du *Petit Robert*.
> — les *synonymes* qui marquent les écarts de signification (c'est-à-dire la différence de sens qui sépare ces mots synonymes). A cet effet consulter, par exemple, le *Dictionnaire des synonymes* (Larousse).

En utilisant les dictionnaires indiqués, on peut commencer à définir le mot en éliminant des possibilités de signification, mais il reste à le placer dans la phrase. Quelle est sa valeur grammaticale? Quelles sont ses connotations (sociale, historique, politique, économique, psychologique, etc.)? En préférant un mot à ses synonymes, l'auteur nous renseigne-t-il sur ses intentions? Dans quelle mesure l'emploi des mots est-il gouverné par des règles grammaticales rigides, dans quelle mesure la liberté de l'écrivain peut-elle s'exercer ici?

La signification totale du mot n'apparaîtra que lorsque sa valeur grammaticale et sa valeur psychologique auront été soigneusement analysées.

VALEUR GRAMMATICALE. Une courte introduction à la terminologie grammaticale, suivie d'exercices, facilitera l'emploi d'une même terminologie par tous les étudiants.

Le mot se classe dans une **espèce**. Il est nom, adjectif, pronom, verbe, adverbe, préposition, conjonction ou article:

> Ex. *trous lugubres*; *trous*: nom, *lugubres*: adjectif.

Il a des **propriétés** particulières. Par exemple un nom peut être:

> **propre** lorsqu'il ne s'applique qu'à un seul être ou objet (*la France, le Pont-Neuf, Thérèse Raquin*);
> **commun** lorsqu'il correspond à tout un groupe d'êtres ou d'objets (*une marchande, le passage, la rue*).

Il a une **fonction** puisqu'il entre en rapport avec les autres mots de la phrase:

> Ex. « *Le passage du Pont-Neuf* n'est pas un lieu de promenade. » (*Le passage du Pont-Neuf* est le sujet du verbe *être*.)

Les Espèces de mots: Signification et propriétés

Le Nom   (Voir: Grammaire, Section IV)

DÉFINITION: Le nom est le mot qui sert à désigner les êtres, les objets et les idées.

Ex. boutique, clarté, humidité, marchande

PROPRIÉTÉS: Le nom peut être propre ou commun (voir ci-dessus). Il peut être aussi:

concret: il désigne un être, un objet, un acte réel (« des *trous* lugubres »).
abstrait: il désigne un état, une qualité, une idée (« l'unique *souci* »).
individuel: il désigne un être, un objet particulier (« les *étalages* »).
collectif: il désigne un ensemble d'êtres ou d'objets (« un *public* de gens affairés »).

Il a un **genre**; il peut être **masculin** (*le vitrage*) ou **féminin** (*la rue*).
Il a un **nombre**; il peut être **singulier** (*une boutique*) ou **pluriel** (*des cartonniers*).

Remarque: L'article permet généralement d'identifier le genre et le nombre des noms. Des mots d'une autre espèce peuvent être employés comme noms: *le beau* (adjectif), *le boire, le parler* (infinitif), *le reçu, le sacré* (participes passés), *le levant* (participe présent).

EXERCICES

1. Indiquez les espèces et propriétés des noms en italique.

    Ex. « Ce *passage* a trente pas de long... »
    passage: nom commun, masculin, singulier, concret

    (a) « Au bout de la rue Guénégaud, lorsqu'on vient des *quais,* on trouve le passage du Pont-Neuf, une sorte de *corridor* étroit et sombre. »
    (b) « Par les beaux *jours* d'été, quand un lourd *soleil* brûle les *rues*, une *clarté* blanchâtre tombe des *vitres* sales. »

2. Etudiez de près le sens général et la connotation des noms en italique. (Il est évident que ces noms ne présentent pas tous le même intérêt au point du vue de l'analyse littéraire du texte.) Faites entrer dans une nouvelle phrase chacun de ces mots en les employant selon la même connotation:

    Ex. « Toute la journée c'est un bruit sec et pressé de *pas* sonnant sur la pierre avec une irrégularité irritante. »

    NOUVELLE PHRASE: Effrayé, j'entendis ses *pas* dans l'escalier; allait-il enfoncer la porte?

(a) «...on trouve le passage du Pont-Neuf, une sorte de *corridor* étroit et sombre... »

(b) «...une *clarté* blanchâtre tombe des vitres sales... »

(c) «...les boutiques pleines de *ténèbres* sont autant de *trous* lugubres dans lesquels s'agitent des *formes* bizarres. »

(d) «A droite et à gauche s'enfonçaient des vitrines profondes, tapissées de *papier* bleu. »

3. Donnez les synonymes des noms en italique. Faites entrer chacun de ces mots dans une nouvelle phrase.

(a) «Le passage du Pont-Neuf n'est pas un *lieu* de promenade. »

(b) «...chacun court à ses *occupations*.... »

Le Verbe   (Voir: Grammaire, Sections XVI–XX)

DÉFINITION: Le verbe est le mot qui exprime:

— l'action faite ou subie par le sujet («chacun *court* à ses occupations »; il a *été exécuté* lundi dernier).

— l'existence ou l'état du sujet («il y a quelques années, en face de cette marchande, se *trouvait* une boutique »; il *semble* las).

PROPRIÉTÉS: Le verbe a une **voix**, un **mode** et un **temps** et appartient à un **groupe**.

Les voix «sont les formes que prend le verbe pour exprimer le rôle du sujet dans l'action. » (Maurice Grevisse, *Le Bon Usage*, 12ᵉ éd., 1986). On distingue:

— la **voix active**: le sujet fait l'action.

Ex. «Les boutiquiers *regardent* d'un air inquiet les passants qui, par miracle, *s'arrêtent* devant leurs étalages. »

— la **voix passive**: le sujet subit l'action.

Ex. Le passage «*est traversé* par un public de gens affairés ».

Les **modes** «sont les diverses manières dont le sujet conçoit et présente l'action exprimée par le verbe » (Grevisse). On distingue quatre modes: l'indicatif, le conditionnel, l'impératif, et le subjonctif.

Les **temps** «sont les formes que prend le verbe pour indiquer à quel moment de la durée se situe le fait dont il s'agit » (Grevisse).

Les verbes sont classés en groupes d'après la façon dont ils se conjuguent. On distingue:

— les verbes du premier groupe (infinitif en *-er*, présent de l'indicatif en *-e*: *chanter*);
— les verbes du deuxième groupe (infinitif en *-ir*: *finir*);
— les verbes du troisième groupe (infinitif en *-ir*, *-oir*, et *-re*: *cueillir*, *voir*, *croire*).

Le verbe a un **nombre** (singulier ou pluriel) et une **personne** au singulier et au pluriel.

Les verbes peuvent être **pronominaux**: réfléchis: *elle se couche*; réciproques: *elles se détestent les unes les autres*; essentiellement pronominaux: *elle se repentit*; accidentellement pronominaux: *elle se parle à elle-même* (mais *elle parle à ses amis*).

Dans la phrase, le nom et le verbe sont les mots les plus importants; d'autres mots servent:

— soit à *préciser* le sens du nom (l'article et l'adjectif) et du verbe (le pronom personnel et l'adverbe)
— soit à *relier* les mots entre eux (les prépositions, les conjonctions, et les pronoms relatifs).

EXERCICES

1. Indiquez les propriétés des verbes en italique.

   Ex. « L'enseigne...*portait* en lettres noires le mot: *Mercerie*... »
   portait: verbe du 1er groupe, à la voix active, au mode indicatif, à l'imparfait, à la 3e personne du singulier.

   (a) « Au bout de la rue Guénégaud, lorsqu'on *vient* des quais, on *trouve* le passage du Pont-Neuf, une sorte de corridor étroit et sombre qui *va* de la rue Mazarine à la rue de Seine. »

   (b) « ...des objets sans nom, des marchandises oubliées là depuis vingt ans, s'y *étalent.* »

   (c) « Une marchande de bijoux faux *s'est établie* dans une des armoires. »

   (d) « ...sur une des vitres *était écrit* un nom de femme. »

2. Etudiez de près le sens général et la connotation des verbes en italique. Faites entrer dans une nouvelle phrase chacun de ces mots en les employant selon la même connotation.

   (a) « On le *prend* pour éviter un détour. »

   (b) « ...on y voit encore des vieillards se *traînant* dans le crépuscule morne qui tombe des vitres... »

    (c) «...on *dirait* une galerie souterraine. »

    (d) «...et les passants peuvent alors *distinguer* ce qu'il y a au fond de ces trous... »

3. Donnez les synonymes des verbes en italique. Faites entrer chacun de ces mots dans une nouvelle phrase.

    (a) « A gauche *se creusent* des boutiques obscures, basses, écrasées, laissant *échapper* des souffles froids de caveau. »

    (b) « Au bout de la rue Guénégaud...on *trouve* le passage du Pont-Neuf. »

L'Article   (Voir: Grammaire, Sections I–III)

L'article est un mot qui sert à préciser le sens du nom.

> Ex. « *Une* marchande de bijoux faux »
> *La* marchande de bijoux faux.
> *Des* marchandes de bijoux faux.

L'article indéfini *une*, l'article défini *la* et l'article partitif *des* nous renseignent sur le genre et le nombre du mot qu'ils annoncent et le précisent.

L'Adjectif   (Voir: Grammaire, Section V)

Comme l'article, l'adjectif sert aussi à préciser le sens du nom.

DÉFINITION: L'adjectif est un mot qui sert soit à qualifier le nom auquel il est joint, soit à introduire ce nom dans la phrase.

> Ex. « Par les *beaux* jours d'été »
> « Des vitres *sales* »

PROPRIÉTÉS: Il existe deux sortes d'adjectifs:

    — les adjectifs **qualificatifs** qui nous renseignent sur les qualités des noms auxquels ils se rapportent.

> Ex. « Une humidité *âcre*. »

    — les adjectifs **déterminatifs** qui introduisent le nom et qui, très souvent, le déterminent.

> Ex. « *Ce* passage a trente pas de long. »

Ils se divisent en:

adjectifs possessifs: *Mon* livre est sur la table.
adjectifs démonstratifs: Je n'aime plus *cette* robe.
adjectifs numéraux: J'ai une *seconde* voiture.
adjectifs interrogatifs: *Quel* livre avez-vous acheté?
adjectifs indéfinis: J'ai le *même* livre que toi.

Remarque: Dans ce manuel, ce sont surtout les adjectifs qualificatifs qui seront examinés de près puisque leur rôle stylistique est des plus importants. Il suffit de se reporter au texte d'Emile Zola pour s'en rendre compte; examinez, par exemple, la phrase suivante:

« Par les *vilains* jours d'hiver...les vitres ne jettent que de la nuit sur les dalles *gluantes*, de la nuit *salie* et *ignoble*. »

Les noms *jours, dalles*, et *nuit* sont mis en relief par leur qualificatifs (on verra ultérieurement de quelle manière et dans quelle mesure) qui permettent à l'auteur de créer une atmosphère saisissante.

L'adjectif qualificatif s'accorde en genre et en nombre avec le nom qu'il qualifie (*les vilains jours, les boutiques écrasées*). Il a des origines diverses qui permettent des effets de style (*ignoble*: adjectif ordinaire; *salie*: participe passé; *gluante*: participe présent). Il peut être employé à divers degrés de signification (positif: *obscur*; comparatif: *aussi obscur que*; superlatif: *le plus obscur*).

EXERCICES

1. Indiquez les propriétés des adjectifs en italique:
   (a) « ...Les vitres ne jettent que de la nuit sur les dalles *gluantes*, de la nuit *salie* et *ignoble*. »
   (b) « ...chacun court à *ses* occupations... »
   (c) « *Ces* becs de gaz, pendus au vitrage... »

2. Etudiez de près les sens des adjectifs en italique. Faites entrer chacun de ces mots dans une nouvelle phrase en les employant dans le même sens.
   (a) « ...les vitrines...moirent étrangement les marchandises de reflets *verdâtres*... »
   (b) « ...les boutiques pleines de ténèbres sont autant de trous *lugubres* dans lesquels s'agitent des formes *bizarres*. »
   (c) « Les marchands se contentent...des *maigres* rayons que les becs de gaz envoient... »

3. Donnez les synonymes des adjectifs en italique. Faites entrer chacun de ces mots dans une nouvelle phrase.
   (a) « Toute la journée c'est un bruit *sec* et *pressé*... »
   (b) « ...de dalles jaunâtres, *usées*, descellées, suant toujours une humidité *âcre*... »

L'Adverbe   (Voir: Grammaire, Section VI)

DÉFINITION: L'adverbe est un mot invariable qui qualifie ou détermine le verbe. Il joue donc, par rapport au verbe, un rôle identique à celui que l'adjectif joue par rapport au nom.

Ex. « les étalages gris de poussière dorment *vaguement...* »

Certains adverbes se rapportent à un autre adverbe (il parle *trop* vite) ou à un adjectif (elle est *assez* triste).

Une **locution adverbiale** est un ensemble de mots ayant les fonctions d'un adverbe (*tout de suite*).

PROPRIÉTÉS: Les adverbes ou locutions adverbiales qui **qualifient** sont:

— les adverbes de **manière** (*joyeusement, en riant*, etc.)

Les adverbes qui **déterminent** sont:

— les adverbes de **quantité** (*beaucoup, davantage, guère*, etc.)

Ex. «Les boutiques pleines de ténèbres sont *autant...* »

— les adverbes de **temps** (*auparavant, aussitôt, maintenant*, etc.)

Ex. «...des marchandises oubliées là *depuis vingt ans* »

— les adverbes de **lieu** (*là-bas, ici, devant, derrière*, etc.)

Ex. On voyait *là-bas* le passage du Pont-Neuf.

— Il y a aussi les adverbes d'**affirmation** (*oui, soit, certes, vraiment*, etc.), de **négation** (*non, pas, point, nullement*, etc.), d'**interrogation** (*quand? d'où?* etc.).

EXERCICES

1. Indiquez les propriétés des adverbes dans le texte de Zola.
2. Etudiez de près le sens des adverbes en italique. Faites entrer dans une nouvelle phrase chacun de ces mots en les employant dans le même sens.
   (a) «il y a là des bouquinistes, des marchands de jouets d'enfant, des cartonniers, dont les étalages gris de poussière dorment *vaguement* dans l'ombre. »
   (b) «...chacun court à ses occupations, la tête basse, marchant *rapidement*. »
   (c) « Au-dessus du vitrage la muraille monte, noire, *grossièrement* crépie. »
3. Donnez les synonymes des adverbes suivants. Faites entrer chacun de ces mots dans une phrase. Marquez clairement les écarts de signification.

(a) «...elle y vend des bagues de quinze sous, *délicatement* posées sur un lit de velours bleu... »

(b) « Il est traversé par un public de gens affairés dont l'unique souci est d'aller *vite* et droit devant eux. »

(c) «...ils allument *seulement* dans leur boutique, une lampe munie d'un abat-jour. »

Le Pronom personnel   (Voir: Grammaire, Section X)

Dans l'absence d'un nom comme sujet du verbe, le pronom personnel indique la personne, le nombre, et le genre du sujet.

Ex. « *Il* est pavé de dalles jaunâtres. »
«*Elle* y vend des bagues de quinze sous. »
«*Ils* allument seulement dans leur boutique, une lampe munie d'un abat-jour. »

D'autres espèces de mots

Les espèces de mots qui servent à relier les mots entre eux sont les prépositions, les conjonctions et les pronoms relatifs.

1. Les **prépositions** introduisent en général des compléments de l'adjectif, de l'adverbe, du verbe, du nom, du pronom.

2. Les **conjonctions** relient les mots de différentes façons. Il existe des conjonctions:
   (a) de coordination: *car, donc, et, mais, or, ni, ou.* Certains **adverbes** peuvent jouer un rôle de coordination entre deux propositions: *alors, aussi, cependant, en effet,* etc.
   (b) de subordination: elles mettent en dépendance grammaticale une proposition subordonnée conjonctive par rapport à une proposition principale: *comme, que, quand, si, à condition que, depuis que, lorsque,* etc.

3. Pour les pronoms relatifs et d'autres remarques sur les prépositions et les conjonctions, voir Grammaire, Sections XIII et XXIV.

DISCUSSION ET DISSERTATION

Sujets de discussion

1. Le passage du Pont-Neuf est un endroit clos pour ses habitants. Est-ce un ghetto selon vous?

2. Zola, le naturaliste, attachait beaucoup d'importance à l'hérédité et au déterminisme physiologique et social. A votre avis, ces facteur sont-ils importants? Il-
lustrez vos réponses.

Sujets de dissertation

1. Le professeur nommera un endroit de la ville que les étudiants décriront en
suivant les techniques de Zola et en créant une atmosphère de joie, au lieu d'une
atmosphère lugubre et morbide.

2. Vous cherchez un logement et vous vous retrouvez dans le passage du Pont-
Neuf. Décrivez vos réactions dans une lettre à un(e) ami(e). N'imitez pas Zola. Au
contraire, écrivez avec humour tout en vous servant du vocabulaire du texte.

3. Faites un pastiche du texte de Zola en employant comme sujet un endroit tout
près de l'université, la rue dans laquelle se trouve un restaurant, l'appartement de
votre ami(e), etc.

LA TRADUCTION ET SES DIFFICULTES

En fait, il est impossible de traduire un texte. Ce que le traducteur doit faire
est d'offrir un nouveau texte qui s'efforcera d'exprimer le plus précisément
possible les idées suggérées par les mots et la syntaxe de l'auteur à traduire.

La traduction d'un texte permet aux étudiants d'approfondir leurs connaissances (enrichissement du vocabulaire, de la syntaxe, découverte des
expressions idiomatiques, emploi des temps, etc.) et de vérifier s'ils peuvent
se servir des éléments présentés au cours de chaque chapitre. Elle leur permet
aussi de prendre conscience des caractéristiques spécifiques de leur langue
natale et du français.

Pour nous rendre compte des difficultés de la traduction, nous allons
comparer deux traductions du poème « Annabel Lee » d'Edgar Poe. Voici d'a-
bord le texte original:

Annabel Lee

It was many and many a year ago,
In a kingdom by the sea,
That a maiden there lived whom you may know
By the name of Annabel Lee; —
And this maiden she lived with no other thought   5
Than to love and be loved by me.

She was a child and *I* was a child,
In this kingdom by the sea,
But we loved with a love that was more than love —
I and my Annabel Lee —   10
With a love that the wingèd seraphs of Heaven
Coveted her and me.

And this was the reason that, long ago,
In this kingdom by the sea,
A wind blew out of a cloud by night 15
Chilling my Annabel Lee;
So that her highborn kinsmen came
And bore her away from me,
To shut her up in a sepulchre
In this kingdom by the sea. 20

The angels, not half so happy in Heaven,
Went envying her and me: —
Yes! that was the reason (as all men know,
In this kingdom by the sea)
That the wind came out of the cloud by night, 25
Chilling and killing my Annabel Lee.

But our love it was stronger by far than the love
Of those who were older than we —
Of many far wiser than we —
And neither the angels in Heaven above 30
Nor the demons down under the sea,
Can ever dissever my soul from the soul
Of the beautiful Annabel Lee —

For the moon never beams without bringing me dreams
Of the beautiful Annabel Lee; 35
And the stars never rise but I see the bright eyes
Of the beautiful Annabel Lee;
And so, all the night-tide, I lie down by the side
Of my darling, my darling, my life and my bride,
In her sepulchre there by the sea — 40
In her tomb by the sounding sea.

Annabel Lee [traduction de Mallarmé]

1 Il y a mainte et mainte année, dans un royaume près de la mer, vivait une jeune fille, que vous pouvez connaître par son nom d'Annabel Lee: et cette jeune fille ne vivait avec aucune autre pensée que d'aimer et d'être aimée de moi.

2 J'étais un enfant, et *elle* était un enfant, dans ce royaume près de la mer; mais nous nous aimions d'un amour qui était plus que l'amour, — moi et mon Annabel Lee; d'un amour que les séraphins ailés des cieux convoitaient à elle et à moi.

3 Et ce fut la raison qu'il y a longtemps, — un vent souffla d'un nuage, glaçant ma belle Annabel Lee; de sorte que ses proches de haute lignée vinrent et me l'enlevèrent, pour l'enfermer dans un sépulcre, en ce royaume près de la mer.

4 Les anges, pas à moitié si heureux aux cieux, vinrent, nous enviant, elle et moi — Oui! ce fut la raison (comme tous les hommes le savent dans ce royaume près de la mer) pourquoi le vent sortit du nuage la nuit, glaçant et tuant mon Annabel Lee.

5 Car la lune jamais ne rayonne sans m'apporter des songes de la belle Annabel Lee;
et les étoiles jamais ne se lèvent que je ne sente les yeux brillants de la belle Annabel
Lee; et ainsi, toute l'heure de la nuit, je repose à côté de ma chérie, — de ma
chérie, — ma vie et mon épouse, dans ce sépulcre près de la mer, dans sa tombe
près de la bruyante mer.

6 Mais, pour notre amour, il était plus fort de tout un monde que l'amour de ceux
plus âgés que nous; — de plusieurs de tout un monde plus sage que nous, — et ni
les anges là-haut dans les cieux ni les démons sous la mer ne peuvent jamais dis-
joindre mon âme de l'âme de la très belle Annabel Lee.

Stéphane Mallarmé, Poèmes d'Edgar Poe (1888)

Annabel Lee [traduction de Parisot]

Il y a mainte et mainte année,
Dans un royaume sis au bord de l'océan,
Vivait la jeune fille que l'on peut connaître
Par son nom d'Annabel Lee,
Et Annabel vivait sans nulle autre pensée   5
Que celles-là d'aimer et de moi être aimée.

Elle et moi, nous n'étions encor que deux enfants,
Dans ce royaume sis au bord de l'océan,
Mais nous brûlions d'un amour plus fort que l'amour —
Moi et mon Annabel Lee —,   10
D'un amour que les séraphins ailés des Cieux
Nous enviaient, à elle et à moi.

Et ce fut la raison pourquoi, voici longtemps,
Dans ce royaume sis au bord de l'océan,
Le vent, sur nous, souffla d'un nuage, glaçant   15
Ma belle Annabel Lee;
De telle sorte que ses nobles parents vinrent
Et l'arrachèrent à mes bras,
Pour l'enfermer en un sépulcre
Dans ce royaume sis au bord de l'océan.   20

Les anges, au Ciel cent fois moins que nous heureux,
En vinrent à nous porter envie à tous deux...
Oui! ce fut la raison pour quoi (nul ne l'ignore
Dans ce royaume sis au bord de l'océan)
Le vent, la nuit, sortit du nuage, glaçant   25
Et tuant mon Annabel Lee.

Mais notre amour était bien plus fort que l'amour
De tous ceux plus âgés que nous —
De beaucoup plus sages que nous —
Et ni les anges planant, là-haut, dans les Cieux,   30
Ni les démons, là-bas, cachés dessous la mer,
Ne sauront séparer mon âme à moi de l'âme
De la belle Annabel Lee...

Car la lune qui luit vient m'apporter des rêves
De la belle Annabel Lee;   35
Et les étoiles me font voir les yeux brillants
De la belle Annabel Lee;
Et donc, la nuit, je gis auprès de ma chérie,
De ma chérie, oh oui! ma vie et mon épouse,
Dans son tombeau, là-bas, au bord de l'océan...   40
Dans son sépulcre, au bord du grondant océan.

Henri Parisot (1972)

En examinant de près les deux traductions précédentes, on constate que
Mallarmé s'en tient souvent à la lettre, au sens littéral des mots et qu'il commet
des erreurs d'interprétation. Parisot, lui, s'intéresse plutôt aux connotations
poétiques. Il suffit de comparer quelques vers des deux poèmes en français et
le poème de Poe pour s'en apercevoir.

« Annabel Lee » : Deux traductions comparées

POE	MALLARMÉ	PARISOT
1. In a kingdom by the sea,	a. dans un royaume près de la mer,	b. Dans un royaume sis au bord de l'océan,
2. *She* was a child and *I* was a child,	a. J'étais un enfant, et *elle* était un enfant,	b. Elle et moi, nous n'étions encor que deux enfants,
3. But we loved with a love that was more than love —	a. mais nous aimions d'un amour qui était plus que l'amour,	b. Mais nous brûlions d'un amour plus fort que l'amour —
4. Coveted her and me.	a. convoitaient à elle et à moi.	b. Nous enviaient, à elle et à moi.
5. The angels, not half so happy in Heaven, / Went envying her and me: —	a. Les anges, pas à moitié si heureux aux cieux, vinrent, nous enviant elle et moi	b. Les anges, au Ciel cent fois moins que nous heureux, / En vinrent à nous porter envie à tous deux...
6. And neither the angels in Heaven above / Nor the demons down under the sea.	a. et ni les anges là-haut dans les cieux ni les démons sous la mer	b. Et ni les anges planant, là-haut, dans les Cieux, / Ni les démons, là-bas, cachés dessous la mer,
7. And so, all the night-tide, I lie down by the side / of my darling	a. et ainsi, toute l'heure de la nuit, je repose à côté de ma chérie	b. Et donc, la nuit, je gis auprès de ma chérie,

1(b) Parisot choisit le mot *sis* (du verbe *seoir*, se situer). Ce mot, que l'on n'emploie pas en général, est bien choisi car il rappelle aux lecteurs que cette histoire s'est déroulée il y a longtemps (« many and many a year ago, » *mainte et mainte année*). De plus, ce mot s'allie mieux à *mainte année,* une expression inusitée de nos jours. *Océan* évoque la grandeur, la majesté de la mer.

2(a) Mallarmé a transposé les pronoms personnels *je* et *elle*, ce qui trahit la pensée de Poe. C'est Annabel Lee qui obsède Poe.

3(a)(b) Tandis que Mallarmé traduit littéralement, Parisot traduit ce qu'implique le poète américain: *Nous brûlions...plus fort,* soulignent l'intensité des sentiments du narrateur.

4(a) De nouveau, Mallarmé traduit littéralement. Parisot évite la lourdeur de *convoitaient.*

5(a)(b) Contrairement à Mallarmé, dont la traduction est littérale et gauche, Parisot cherche des effets poétiques à travers le choix du mot *Ciel* et au moyen de la syntaxe et de la sonorité: *ciel, cent, moins, vinrent à nous.* De plus, Mallarmé commet un contre-sens: *vinrent, nous enviant,* signifie « came, envying us » tandis que *en vinrent à nous porter envie à tous deux* traduit la forme gérondive « went envying » qui n'existe pas en français et ajoute une dimension qui n'existe pas en anglais.

6(a)(b) Parisot a enrichi le texte de Poe afin de mieux représenter l'aspect poétique et le rythme de « Annabel Lee ».

7(a)(b) L'expression *night-tide* a causé des difficultés aux deux traducteurs. Ici, Mallarmé a trouvé une expression très poétique tandis que Parisot est banal. Par contre, ce dernier en choisissant le mot *gis* a réussi à traduire l'effet dévastateur de la mort de Annabel Lee: *gis* est le présent du verbe *gésir* qui s'emploie seulement au présent et à l'imparfait de l'indicatif et au participe présent. *Auprès de* a une sonorité et une connotation poétiques tandis que *à côté de* est banal.

Il faut aussi remarquer que Mallarmé a préféré modifier l'ordre des deux dernières strophes: *mon âme de l'âme de la très belle Annabel Lee* est très mélodieux mais, ce faisant, il a trahi Edgar Poe qui souhaitait continuer à évoquer la mort (*sepulchre, tomb*) et l'océan (*sea, sea*).

Vinay et Darbelnet résument ainsi: « Au moment de traduire, le traducteur rapproche deux systèmes linguistiques, dont l'un est exprimé et figé, l'autre est potentiel et adaptable. » (*Stylistique comparée du français et de l'anglais,* 1977, p. 46).

Le traducteur, tour à tour, conserve le mot étranger qui ne comporte aucun équivalent dans la langue dans laquelle il traduit (ex.: un *rodéo* — les *cow-boys* n'existent pas en France), copie la construction originale (ex.: la science-fiction), y reste fidèle ou s'en écarte pour mieux communiquer une idée étrangère à un public qui ne peut la comprendre qu'à travers une référence familière (ex.: he has a smooth tongue, « c'est un beau parleur » — une traduction littérale attirerait l'attention d'un Français sur le sens concret du mot *langue*). C'est là que le travail du traducteur devient particulièrement complexe; l'emploi des procédés stylistiques spéciaux pour rendre l'effet créé dans la langue originelle présuppose la connaissance de toutes les nuances d'un mot ou d'une expression, de toutes les constructions possibles.

Seuls les lectures, le maniement judicieux des dictionnaires et la pratique formeront lentement l'étudiant à cette discipline illustrée par les exemples qui suivent dans ce chapitre et dans les suivants.

EXERCICE

Traduisez le texte suivant:

It chanced [*arriver*] on one of these rambles that their way led them down a by-street [*petite rue*] in a busy quarter of London. The street was small and what is called quiet, but it drove a thriving trade [*était le siège d'un commerce prospère*] on the week-days. The inhabitants were all doing well [*faire de bonnes affaires*], it seemed, and all emulously hoping to do better still [*espéraient en faire davantage*], and laying out the surplus of their gains in coquetry; so that the shop fronts stood along that thoroughfare with an air of invitation [*qui bordaient cette voie avaient un air accueillant*], like rows of smiling saleswomen. Even on Sunday, when it veiled its more florid charms and lay comparatively empty of passage, the street shone out in contrast to its dingy neighborhood, like a fire in a forest; and with its freshly painted shutters, well-polished [employez le participe passé du verbe *astiquer*] brasses, and general cleanliness and gaiety of note, instantly caught and pleased the eye of the passenger.

Two doors from one corner [*l'angle de la rue*], on the left hand going east, the line was broken by the entry of a court; and just at that point, a certain sinister block of building [*partie d'un bâtiment*] thrust forward its gable [*surplombait*] on the street. It was two storeys high; showed no window, nothing but a door on the lower storey and a blind forehead of discoloured wall [*une façade nue au mur décoloré*] on the upper; and bore in every feature, the marks of prolonged and sordid negligence. The door, which was equipped with neither bell nor knocker, was blistered and distained [*boursouflée et déteinte*]. Tramps slouched into the recess [*enfoncement*] and struck matches on the panels; children kept shop [*jouaient à la marchande*] upon the steps; the schoolboy had tried his knife on the mouldings; and for close on a generation, no one had appeared to drive away these random visitors or to repair their ravages.

Mr. Enfield and the lawyer were on the other side of the by-street; but when they came abreast of the entry, the former lifted up his cane and pointed [employez le verbe *montrer*].

"Did you ever remark that door?" he asked; and when his companion had replied in the affirmative, "It is connected in my mind," added he, "with a very odd story."

Robert Louis Stevenson, The Strange Case
of Dr. Jekyll and Mr. Hyde (1886)

CHAPITRE 2

ZOLA, THÉRÈSE RAQUIN (II)

Les Raquin

Selon Gall (1748–1828), un médecin allemand, créateur de la phrénologie, le caractère et les fonctions intellectuelles de l'homme pouvaient être découverts par l'étude de la conformation externe du crâne; ainsi les bosses et creux du crâne, selon leurs tailles et situations, indiquaient que l'individu avait certaines prédispositions au crime, à l'étude des sciences, par exemple, d'où l'expression familière: «il a la bosse des maths», c'est-à-dire qu'il est doué en ce qui concerne les mathématiques. Lavater (1741–1801), un philosophe, poète et théologien suisse, affirmait que la physionomie des êtres humains révélait leur caractère. Ainsi des lèvres minces indiquaient la méchanceté, des lèvres épaisses la volupté; un front haut était signe d'intelligence, un front bas signe de bêtise. Des écrivains tels que Balzac et Zola ont souscrit à ces déclarations racistes qui sont devenues des croyances populaires.

Le mot *hérédité* a deux sens chez Zola. D'après la théorie naturaliste, l'hérédité est un déterminisme physiologique: les enfants héritent des caractères génétiques de leur famille, de leurs ancêtres. L'hérédité dans le contexte personnel zolien devient parfois un mythe, une obsession. Elle est liée à l'inconscient de l'auteur; la «faute» des pères et des mères (c'est-à-dire, les émotions, les pensées refoulées, cachées en elle) retombera toujours sur les enfants — d'où le traitement spécial du thème dans l'œuvre de Zola.

Le texte qui suit montre comment une mère domine un enfant maladif et accentue le manque de caractère de ce dernier. Il décrit aussi les contrastes qui existent entre Thérèse, sensuelle, voluptueuse, étouffant dans le Passage du Pont-Neuf, et Camille, son mari, faible, passif, en mauvaise santé et dénué de toute sensualité.

Les Raquin

1   Vers midi, en été, lorsque le soleil brûlait les places et les rues de rayons fauves, on distinguait, derrière les bonnets de l'autre vitrine, un profil pâle et grave de jeune femme [Thérèse Raquin]. Ce profil sortait vaguement des ténèbres qui régnaient dans la boutique. Au front bas et sec s'attachait un nez long, étroit, effilé; les lèvres étaient deux minces traits d'un rose pâle, et le menton, court et nerveux, tenait au cou par une ligne souple et grasse. On ne voyait pas le corps, qui se perdait dans l'ombre; le profil seul apparaissait, d'une blancheur mate, troué d'un œil noir largement ouvert, et comme écrasé sous une épaisse chevelure sombre. Il était là pendant des heures, immobile et paisible, entre deux bonnets sur lesquels les tringles humides avaient laissé des bandes de rouille.

2   Le soir, lorsque la lampe était allumée, on voyait l'intérieur de la boutique. Elle était plus longue que profonde; à l'un des bouts, se trouvait un petit comptoir; à l'autre bout, un escalier en forme de vis menait aux chambres du premier étage. Contre les murs étaient plaquées des vitrines, des armoires, des rangées de cartons verts; quatre chaises et une table complétaient le mobilier. La pièce paraissait nue, glaciale; les marchandises, empaquetées, serrées dans des coins, ne traînaient pas çà et là avec leur joyeux tapage de couleurs.

3   D'ordinaire, il y avait deux femmes assises derrière le comptoir, la jeune femme au profil grave et une vieille dame qui souriait en sommeillant. Cette dernière avait environ soixante ans; son visage gras et placide blanchissait sous les clartés de la lampe. Un gros chat tigré, accroupi sur un angle du comptoir, la regardait dormir.

4   Plus bas, assis sur une chaise, un homme d'une trentaine d'années lisait ou causait à demi-voix avec la jeune femme. Il était petit, chétif, d'allure languissante; les cheveux d'un blond fade, la barbe rare, le visage couvert de taches de rousseur, il ressemblait à un enfant malade et gâté.

5   Un peu avant dix heures, la vieille dame se réveillait. On fermait la boutique, et toute la famille montait se coucher. Le chat tigré suivait ses maîtres en ronronnant, en se frottant la tête contre chaque barreau de la rampe.

6   En haut, le logement se composait de trois pièces. L'escalier donnait dans une salle à manger qui servait en même temps de salon. A gauche était un poêle de faïence dans une niche; en face se dressait un buffet; puis des chaises se rangeaient le long des murs, une table ronde, tout ouverte, occupait le milieu de la pièce. Au fond, derrière une cloison vitrée, se trouvait une cuisine noire. De chaque côté de la salle à manger, il y avait une chambre à coucher.

7   La vieille dame, après avoir embrassé son fils et sa belle-fille se retirait chez elle. Le chat s'endormait sur une chaise de la cuisine. Les époux entraient dans leur chambre. Cette chambre avait une seconde porte don-

nant sur un escalier qui débouchait dans le passage par une allée obscure et étroite.

8   Le mari qui tremblait toujours de fièvre, se mettait au lit; pendant ce temps, la jeune femme ouvrait la croisée pour fermer les persiennes. Elle restait là quelques minutes, devant la grande muraille noire, crépie grossièrement, qui monte et s'étend au-dessus de la galerie. Elle promenait sur cette muraille un regard vague, et, muette, elle venait se coucher à son tour, dans une indifférence dédaigneuse....

9   Madame Raquin était une ancienne mercière de Vernon. Pendant près de vingt-cinq ans, elle avait vécu dans une petite boutique de cette ville. Quelques années après la mort de son mari, des lassitudes la prirent et elle vendit son fonds....

10   Elle loua, moyennant quatre cents francs, une petite maison dont le jardin descendait jusqu'au bord de la Seine. C'était une demeure close et discrète qui avait de vagues senteurs de cloître; un étroit sentier menait à cette retraite située au milieu de larges prairies; les fenêtres du logis donnaient sur la rivière et sur les coteaux déserts de l'autre rive. La bonne dame, qui avait dépassé la cinquantaine, s'enferma au fond de cette solitude, et y goûta des joies sereines, entre son fils Camille et sa nièce Thérèse.

11   Camille avait alors vingt ans. Sa mère le gâtait encore comme un petit garçon. Elle l'adorait pour l'avoir disputé à la mort pendant une longue jeunesse de souffrances. L'enfant eut coup sur coup toutes les fièvres, toutes les maladies imaginables. Madame Raquin soutint une lutte de quinze années contre ces maux terribles qui venaient à la file pour lui arracher son fils. Elle les vainquit tous par sa patience, par ses soins, par son adoration. Camille, grandi, sauvé de la mort, demeura tout frissonnant des secousses répétées qui avaient endolori sa chair. Arrêté dans sa croissance, il resta petit et malingre. Ses membres grêles eurent des mouvements lents et fatigués. Sa mère l'aimait davantage pour cette faiblesse qui le pliait. Elle regardait sa pauvre petite figure pâlie avec des tendresses triomphantes, et elle songeait qu'elle lui avait donné la vie plus de dix fois.

12   Pendant les rares repos que lui laissa la souffrance, l'enfant suivit les cours d'une école de commerce de Vernon. Il y apprit l'orthographe et l'arithmétique. Sa science se borna aux quatre règles, et à une connaissance très superficielle de la grammaire. Plus tard, il prit des leçons d'écriture et de comptabilité. Madame Raquin se mettait à trembler lorsqu'on lui conseillait d'envoyer son fils au collège; elle savait qu'il mourrait loin d'elle, elle disait que les livres le tueraient. Camille resta ignorant, et son ignorance mit comme une faiblesse de plus en lui.

13   A dix-huit ans, désœuvré, s'ennuyant à mourir dans la douceur dont sa mère l'entourait, il entra chez un marchand de toile, à titre de commis; il gagnait soixante francs par mois. Il était d'un esprit inquiet qui lui rendait l'oisiveté insupportable. Il se trouvait plus calme, mieux portant, dans ce labeur de brute, dans ce travail d'employé qui le courbait tout le jour sur

des factures, sur d'énormes additions dont il épelait patiemment chaque chiffre. Le soir, brisé, la tête vide, il goûtait des voluptés infinies au fond de l'hébétement qui le prenait....

QUESTIONNAIRE

1. Pourquoi les *ténèbres* régnaient-elles dans la boutique? Quelle est la connotation de ce mot? Pourquoi Zola continue-t-il à employer le *on*? Que ressentez-vous à propos de ce genre de narration?

2. Quels étaient les traits les plus marquants de Thérèse Raquin? Que représentent selon Zola un front bas, un nez long et étroit, des lèvres minces, un menton court, un cou souple et gras?

3. Avec qui Thérèse occupait-elle la boutique?

4. De quoi se composait la mercerie? Quelle est l'importance des objets dans cet extrait? Que remarquez-vous à propos de la dernière phrase du deuxième paragraphe?

5. Quel était l'état d'esprit de Thérèse?

6. Pourquoi Madame Raquin a-t-elle vendu son fonds de commerce? Où était-elle allée s'installer ensuite?

7. Comment Madame Raquin avait-elle disputé son fils à la mort?

8. Camille était toujours souffrant. Pour quelles raisons Zola insiste-t-il sur ce fait? Que devient ici la mère?

9. Quelles sortes d'études Camille avait-il poursuivies?

10. Pourquoi était-il rentré chez un marchand de toile? Etait-ce un bon emploi? Relevez et commentez les mots au moyen desquels l'auteur identifie son personnage.

11. Comment l'auteur donne-t-il l'impression que ses personnages vivent dans un environnement étouffant (espace, temps, cadre, entourage, vocabulaire)?

12. Quelles sont les caractéristiques de cet environnement?

13. Décrivez chacun des personnages le plus précisément possible. Parlez de votre propre affectivité à leur égard. Que pensez-vous d'eux?

14. Relevez dans cet extrait les mots et expressions qui se rapportent à la lumière et aux ténèbres. Quelle est leur importance?

STYLISTIQUE

Vocabulaire

1. Indiquez les espèces et propriétés des mots en italique.

    (a) « Plus *bas*, *assis* sur une chaise, un homme d'une *trentaine* d'années *lisait* ou causait à demi-voix avec la jeune femme. »

(b) « Ses membres grêles *eurent* des mouvements lents *et* fatigués. »

(c) « *puis* des chaises se rangaient le long des *murs*, une table ronde, *tout ouverte,* occupait le *milieu* de la pièce. »

2. Etudiez de près le sens général et la connotation des mots en italique. Faites entrer dans une nouvelle phrase chacun de ces mots en les employant selon la même connotation.

(a) « Ce profil sortait *vaguement* des *ténèbres* qui *régnaient* dans la boutique. »

(b) « elle venait se coucher à *son tour,* dans une indifférence *dédaigneuse.* »

(c) « Elle regardait sa pauvre petite *figure pâlie* avec des *tendresses* triomphantes. »

3. Donnez les synonymes des mots en italique. Faites entrer chacun de ces mots dans une nouvelle phrase.

(a) « Madame Raquin *soutint une lutte* de quinze années contre ces maux terribles qui venaient *à la file* pour lui arracher son fils. »

(b) « Sa science *se borna* aux quatres règles... »

(c) « A dix-huit ans, *désœuvré,* s'ennuyant à mourir dans la *douceur* dont sa mère l'entourait, il entra *chez* un marchand de toile... »

Les Sons (suite)

Les sons d'une langue ont une puissance évocatrice; un mot comme *cri*, par exemple, même hors de contexte a une expressivité due à la combinaison des sons qu'il comporte: *k, r, i.* Il ne crée pas du tout le même effet que le mot *calme* qui, bien qu'il commence par le même son [k], évoque la quiétude et la tranquillité grâce à la juxtaposition de la voyelle sonore [a] et des consonnes liquide [l] et nasale [m].

La langue française est riche en voyelles; en effet, on en compte seize. A celles-ci s'ajoutent dix-sept consonnes et des semi-consonnes. Certains de ces sons, isolés, ont un pouvoir suggestif. Par exemple, *i* [i], voyelle aiguë, fait penser à la douleur, à un cri; *ou* [u] voyelle sombre, fait penser à quelque chose de mystérieux, de lugubre. La répétition d'un son, ainsi que certaines combinaisons de sons peuvent évoquer et créer une atmosphère.

La Répétition des sons

La répétition des sons lorsqu'elle est judicieuse constitue un effet stylistique qui contribue à informer les lecteurs des intentions de l'auteur. Considérez les exemples suivants:

1. C'est la *plaine*, la *plaine blême*
   Interminablement, toujours la *même.*   (Verhaeren)

La répétition de la voyelle [ɛ] évoque la désolation d'une plaine qu'on imagine infinie par des sons aigus, sourds et prolongés (*n, m*).

2. Les sanglots *longs*
   Des viol*ons*
   De l'aut*omne*
   Blessent mon c*œur*
   D'une lang*ueur*
   Monot*one*. (Verlaine)

Ici, la répétition des sons [lɔ̃] *longs*, viol*ons*, [œr] c*œur*, long*ueur*, et [ɔn] au*tomne* et monot*one*, évoque la douce mélancolie du poète par une impression de fluidité prolongée (*l, r, o, n*).

   3. C'est un bruit *sec* et *pressé* de *pas* sonnant sur la *pierre* avec une irrégularité irritante. (Zola)

La répétition des sons dans cette phrase permet à Zola d'évoquer parfaitement le martèlement des pas des gens pressés qui emploient le passage du Pont-Neuf.

EXERCICE

1. Indiquez les effets produits par la répétition de certains sons dans les phrases suivantes. (*Attention:* quelques-unes de ces répétitions sont déplorables. Lesquelles et pourquoi?)

   (a) Le vierge, le vivace et le bel aujourd'hui... (Mallarmé)

   (b) L'aurore se leva. Horreur, il était mort!

   (c) Mais qu'en sort-il souvent? Du vent. (La Fontaine)

   (d) A cette heure la ville dort et je pleure sur mes malheurs.

   (e) La gigantesque horreur de l'ombre herculéenne. (José-María de Hérédia)

   (f) Je chancèle dans la nacelle.

   (g) Ah! traître! Trahir ta tribu!

   (h) Pour qui sont ces serpents qui sifflent sur vos têtes? (Racine)

   (i) A gauche, se creusent des boutiques obscures, basses, écrasées, laissant échapper des souffles froids de caveau. (Zola)

   (j) Au-dessus du vitrage, la muraille monte, noire, grossièrement crépie, comme couverte d'une lèpre et toute couturée de cicatrices. (Zola)

   (k) Il était là pendant des heures, immobile et paisible.... (Zola)

LA REPRODUCTION DES SONS

Certains mots permettent d'évoquer des bruits particuliers (le cri du coq: *co-corico*; le chant des oiseaux; *gazouiller*; le bruit de l'eau; *clapotis*, etc.). On les appelle des **onomatopées**.

1. Trouvez-vous des onomatopées dans le texte du Chapitre 2?

2. Insérez les onomatopées suivantes dans des phrases qui en feront ressortir la valeur harmonique.

crac	glouglou	ronronner
croasser	chuchoter	scier
crisser	tic-tac	siffler
clapotement	râcler	roucouler

L'Accent final

L'accent final en français est stable; il porte toujours sur la dernière syllabe prononcée du mot ou du groupe de mots, appelé aussi **groupe phonétique** ou **groupe rythmique**, l'ensemble de mots formant une unité de sens et prononcé en une seule émission vocale: ci*vil*, civili*sé*, civilisa*tion*. L'accent anglais, par comparaison, est instable, c'est-à-dire que l'accent se déplace: *ci*vil, *ci*vilized, ci*vi*lian, civili*za*tion.

Remarque: Dans des mots comme *stable, porte,* l'accent tombe sur *sta-* et *por-*, la seule et unique syllabe prononcée, donc, la dernière, le *e* final étant muet.

L'accent anglais est un accent d'intensité et de force. Le mot anglais *civilization* porte un accent principal sur *-za-* et un accent secondaire sur *ci-*. En anglais on tend à prononcer énergiquement les syllabes accentuées et à passer rapidement sur les syllabes non-accentuées: *ci* vili *za* tion; le rythme du mot anglais (et de la phrase anglaise) est donc irrégulier, varié.

Autrefois, à l'époque du gallo-romain, l'accent était pareil à l'accent anglais, ce qui explique la réduction des mots polysyllabiques latins: *quádragésima* devient *carême.*

Mais le français moderne a un accent de mélodie et de durée (et non pas de force). Par mélodie nous voulons dire que la syllabe accentuée est plus haute que les autres; par durée nous voulons dire que le son accentué dure plus longtemps que le son non accentué. Toute syllabe accentuée est plus longue que les syllabes qui la précèdent. Dans la phrase: « Que votre livre est beau », la syllabe *beau* est plus longue que les syllabes précédentes.

Il est à noter également que certaines voyelles suivies d'une consonne sont longues: *ôte* [o:t], *meute* [mø:t], *hâte* [a:t], *feinte* [fɛ̃:t], *fente* [fã:t], *fonte* [fɔ̃:t], *défunte* defœ̃:t].

Finalement, la dernière voyelle suivie d'une consonne allongeante, c'est-à-dire, d'un [r], [z], [ʒ], ou [v] est longue; *sort* [sɔ:r], *rose* [ro:z], *gage* [ga:ʒ], *rive* [ri:v].

Remarquez comment un poète peut profiter de cette durée pour donner à une composition une mélodie dominante:

Il pleure dans mon cœur
Comme il pleut sur la ville.
Quelle est cette langueur
Qui pénètre mon cœur?

Même en prose, un écrivain peut profiter de cet accent pour créer un effet stylistique frappant. Flaubert aurait pu commencer son roman *Salammbô* par une phrase telle que:

> Notre histoire a lieu dans un faubourg de Carthage, à Mégara où Hamilcar avait ses jardins.

Les accents de cette phrase portent sur *eu, age,* et *ins*; aucune mélodie répétée ne nous frappe. Flaubert a préféré donner plus de musicalité à sa phrase en insistant sur le son *a*, voyelle sonore et éclatante:

> C'était à Még*ara*, faubourg de Carth*age*, dans les jardins d'Hamilc*ar*...

L'Intonation

« ...Dans une langue où le vocabulaire s'use nécessairement, où les besoins affectifs tendent plus ou moins à la mise en œuvre d'un super-langage, l'intonation joue un rôle régulateur, en même temps qu'elle permet à l'individu d'associer aux faits qu'il énonce la répercussion de ces mêmes faits sur sa sensibilité. » (Marcel Cressot, *Le Style et ses techniques* [1947], p. 31).

Le Groupe rythmique

En français l'intonation se rapporte directement à l'accent final du groupe rythmique. L'accent final se plaçant toujours sur la dernière syllabe du groupe rythmique, c'est de cette syllabe que dépend le dessin de l'intonation à l'intérieur de la phrase. Le ton de la syllabe accentuée est plus haut (mais non plus fort) que les autres syllabes du groupe.

L'intonation varie selon que l'on hausse ou baisse le ton. On distingue différentes sortes de groupes rythmiques qui marquent l'intonation française. Contentons-nous de noter simplement ici que l'intonation normale pour une phrase déclarative se constitue d'une série de groupes ascendants se terminant par un groupe descendant:

> Le soir, trois becs de gaz, enfermés dans des lanternes lourdes et carrées, éclairent le passage.

Les trois premiers groupes rythmiques se terminant par *soir, gaz,* et *carrées* ont une mélodie ascendante, et chacun de ces trois mots est plus haut que le précédant. Le dernier groupe ascendant qui atteint le point le plus élevé (*carrées*) forme le point d'équilibre de la phrase et annonce la conclusion par le groupe descendant. Celui-ci a une mélodie descendante, qui part de *éclairent* et qui se termine plus bas au mot *passage*.

DISCUSSION ET DISSERTATION

Sujets de discussion

1. Parlez des magasins, des boutiques que vous connaissez et des personnes qui y travaillent. Est-ce que ces personnes ont des caractéristiques qui influencent votre attitude envers ces endroits? Pensez-vous qu'au contraire c'est souvent l'endroit qui marque la personne?

2. Votre comportement envers les autres est-il basé sur leur apparence physique? Vous formez-vous des opinions sur les gens à cause de leur taille? De la forme de leur tête? De la couleur de leurs cheveux? De la longueur de leurs jambes? Du fait qu'ils sont handicapés?

3. Pensez-vous qu'on attribue trop d'importance à l'apparence extérieure? Dans quelle mesure est-ce que les médias contribuent à fausser la perception des autres et de soi-même?

4. Madame Raquin est une mère qui couve son fils. Quelles peuvent être les conséquences d'une telle conduite?

Sujets de dissertation

1. Le texte suivant, l'auto-portrait de Monique Fol, imite le style de Zola. Faites le portrait, à la manière de cet écrivain, de quelqu'un que vous voyez souvent: votre bibliothécaire, votre professeur, votre ami(e)....

> Au bout du corridor sombre qui va de l'ascenseur à la porte de l'aile droite de Carney, on trouve la salle 2. Cette salle a 12 mètres de long et 5 de large; elle est meublée de chaises peu confortables, couvertes d'inscriptions naïves ou obscènes, et d'une table d'une horrible couleur brune.
>
> Par les beaux jours d'été, lorsqu'un lourd soleil brûle Boston College, la lumière qui passe à travers les vitres sales tombe sur les murs crasseux, sur le tableau noirâtre, surmonté d'un pauvre crucifix. Par les vilains jours d'hiver, on dirait que la salle glacée devient une morgue éclairée par des lampes funéraires.
>
> La salle 2 n'est pas un lieu où l'on s'amuse. On y entre pour obtenir des crédits; elle est occupée par des étudiants affairés dont l'unique souci est de terminer rapidement des études coûteuses et ennuyeuses.
>
> Le jeudi, vers seize heures et demie, une femme d'une cinquantaine d'années entrait dans la salle. Elle était de taille moyenne, corpulente, d'allure nerveuse. Au front sec s'attachait un nez long aux ailes vaguement épatées; les lèvres étaient deux traits assez épais, d'un rose vineux, et le menton gras tenait à un cou qu'on ne voyait pas. Des cheveux, d'un blanc prématuré, mal peignés, surmontaient un visage troué de deux yeux bleus.
>
> Pendant tout le cours, elle regardait d'un air inquiet les étudiants qui, par miracle, s'arrêtaient sur un certain point de grammaire; elle se demandait ce qu'il y avait au fond de ces esprits où la nuit habite pendant le jour.

2. Décrivez un endroit de votre connaissance à la manière de Zola.
3. Faites le portrait d'une famille ou d'un couple que vous connaissez en vous inspirant dans la mesure du possible de la description de la famille Raquin.

LA TRADUCTION ET SES DIFFICULTES

Le célèbre poème de Ronsard « Quand vous serez bien vieille... » a été traduit de nombreuses fois et souvent assez maladroitement. Les étudiants devront comparer les trois traductions proposées du poème et en étudier les qualités et les défauts en s'aidant des questions qui figurent à leur suite.

Les Amours d'Hélène: XLIV

Quand vous serez bien vieille, au soir, à la chandelle
Assise auprès du feu, dévidant et filant
Direz, chantant mes vers, et vous émerveillant:
« Ronsard me célébrait du temps que j'étais belle. »

Lors vous n'aurez servante oyant telle nouvelle,
Déjà sous le labeur à demi sommeillant
Qui au bruit de mon nom ne s'aille réveillant,
Bénissant votre nom de louange immortelle.

Je serai sous la terre, et, fantôme sans os,
Par les ombres myrteux je prendrai mon repos;
Vous serez au foyer une vieille accroupie,

Regrettant mon amour et votre fier dédain.
Vivez, si m'en croyez, n'attendez à demain:
Cueillez dès aujourd'hui les roses de la vie.

                                                       Pierre de Ronsard (1524–1585)

TRADUCTION 1

When you are very old, by the hearth's glare,
At candle-time, spinning and winding thread,
You'll sing my lines, and say, astonished:
Ronsard made these for me, when I was fair.

Then not a servant even, with toil and care
Almost out-worn, hearing what you have said,
Shall fail to start awake and lift her head
And bless your name with deathless praise fore'er.

My bones shall lie in earth, and my poor ghost
Take its long rest where Love's dark myrtles thrive.
You, crouching by the fire, old, shrunken, grey,

Shall rue your proud disdain and my love lost...
Nay, hear me, love! Wait not to-morrow! Live,
And pluck life's roses, oh! to-day, to-day.

Curtis Hidden Page (1924)

TRADUCTION 2

When you are old, by candlelight and fire
Sitting and spinning, musing you will sigh,
Singing my verse and marveling the while:
"Ronsard made this for me when I was young and fair."

Nor any servant hearing from afar,
Already half-asleep with day-long toil,
But at my name will rouse and turn with joy,
Blessing your name by deathless fame preferred.

I shall be deep interred, a boneless ghost
At ease among the shades in myrtle groves;
You, an old woman crouching by the hearth,

Will mourn my love and rue your proud disdain.
Wait no tomorrow; live, life soon is done:
Gather today the roses of the earth.

Ph. Cranston (1987)

TRADUCTION 3

Candlelight Blues

When you're old and blind in the candlelight
Sittin' by the fire gonna spin all night,
Y'll say sorta marvellin' as y'sing my song
"Great Ronsard wrote this for me when I was young."

Well y'won't have a maid then who hears that soun',
About to fall asleep an' all tire down,
Who ain't gonna wake when she hears my name
And start praisin' your name of immortal fame.

I'll be six foot under; no skeleton,
'Neath the myrtle groves is where my soul will run;
You'll be squattin' at the hearth and dreamin' all day,
Sorry you were proud and drove me away.

Better saddle up your horse, don't wait all night,
Pick your roses today while you're still out-o'-sight!

(Student, 1990)

QUESTIONS

1. Classez les trois traductions selon leur fidélité au texte original.

2. Y a-t-il dans ces textes de graves contre-sens?

3. Quels sont les mots les plus difficiles à traduire? Pourquoi?

4. Ecrivez votre propre version du poème. Justifiez oralement votre choix des mots.

EXERCICE

Traduisez le texte suivant:

But among the extras or try-outs that were brought to him during this and several succeeding days, finally came one who interested Clyde more than any girl whom he had seen here so far. She was, as he decided on sight, more intelligent and pleasing — more spiritual — though apparently not less vigorous, if more gracefully proportioned. As a matter of fact, as he saw her at first, she appeared to him to possess a charm which no one else in this room had, a certain wistfulness and wonder combined with a kind of self-reliant courage and determination which marked her at once as one possessed of will and conviction to a degree. Nevertheless, as she said, she was inexperienced in this kind of work, and highly uncertain as to whether she would prove of service here or anywhere.

Her name was Roberta Alden, and, as she at once explained, previous to this she had been working in a small hosiery factory in a town called Trippetts Mills fifty miles north of Lycurgus. She had on a small brown hat that did not look any too new, and was pulled low over a face that was small and regular and pretty and that was haloed by bright, light brown hair. Her eyes were of a translucent gray blue. Her little suit was commonplace, and her shoes were not so very new-looking and quite solidly-soled. She looked practical and serious and yet so bright and clean and willing and possessed of so much hope and vigor that along with Liggett, who had first talked with her, he was at once taken with her. Distinctly she was above the average of the girls in this room. And he could not help wondering about her as he talked to her, for she seemed so tense, a little troubled as to the outcome of this interview, as though this was a very great adventure for her.

Theodore Dreiser, *An American Tragedy* (1925)

CHAPITRE 3

ZOLA, THÉRÈSE RAQUIN (III)

Le Meurtre

Depuis les premières pages de son roman, Zola a mené ses lecteurs à ce moment crucial, déterminé. Camille, bête, « contrefait », « abruti », « vaniteux », trompé sans le savoir, constitue un obstacle insupportable que Thérèse et Laurent, ces deux « brutes humaines » dominées par la passion, doivent supprimer.

Zola poursuit sa description des tempéraments, des personnages: Camille est incapable de ressentir des choses; Thérèse, sauvage, violente, hypernerveuse; Laurent, nerveux, l'image même du tueur. La nature se fait complice du meurtre, grâce aux touches impressionnistes de l'auteur. Les feuilles d'automne sont rougeâtres, les feuillages mourants, les troncs d'arbres et les eaux noirs, les îles rougeâtres puis brunes et grises au milieu du brouillard laiteux. Cette dernière partie à Saint-Ouen, en raison de la saison, devient aussi la dernière partie du trio.

Le Meurtre

[Un jour Camille amène dans la boutique Laurent, un camarade d'enfance. C'est un « grand gaillard » qui n'a rien fait d'intéressant de sa vie. Son père aurait voulu qu'il devînt avocat mais il a choisi d'être artiste pensant ainsi jouir d'une oisiveté perpétuelle. N'ayant aucun talent, déshérité par son père, il s'est vu forcé de devenir un employé de bureau. Thérèse, frappée par le puissant physique de Laurent, se sent immédiatement attirée par lui. Voulant s'introduire de plus en plus dans le ménage, Laurent suggère que Camille pose pour lui. Quelque temps après Thérèse devient la maîtresse du peintre. Leur passion animale s'accroît. Ils trouvent le moyen de se rencontrer souvent l'après-midi dans la chambre de Thérèse, où François, le chat tigré de Madame Raquin, est le spectateur, le seul témoin, de leur adultère. Mais l'absence fréquente de Laurent est bientôt remarquée par son chef de bureau. Il doit donc cesser de voir sa maîtresse. Incapable de résister à sa

passion, celle-ci, sous prétexte de délivrer à une cliente une pièce de tissu, se rend
chez son amant. Elle le prévient cependant que cette visite sera la dernière à moins
que son mari ne meure.]

1   Parfois, le dimanche, lorsqu'il faisait beau, Camille forçait Thérèse à
sortir avec lui, à faire un bout de promenade aux Champs-Elysées. La jeune
femme aurait préféré rester dans l'ombre humide de la boutique; elle se
fatiguait, elle s'ennuyait au bras de son mari qui la traînait sur les trottoirs,
en s'arrêtant aux boutiques, avec des étonnements, des réflexions, des si-
lences d'imbécile. Mais Camille tenait bon; il aimait à montrer sa femme;
lorsqu'il rencontrait un de ses collègues, un de ses chefs surtout, il était
tout fier d'échanger un salut avec lui, en compagnie de madame. D'ailleurs,
il marchait pour marcher, sans presque parler, roide et contrefait dans ses
habits du dimanche, traînant les pieds, abruti et vaniteux. Thérèse souffrait
d'avoir un pareil homme au bras.

2   Les jours de promenade, Madame Raquin accompagnait ses enfants
jusqu'au bout du passage. Elle les embrassait comme s'ils fussent partis
pour un voyage. Et c'étaient des recommandations sans fin, des prières
pressantes.

3   — Surtout, leur disait-elle, prenez garde aux accidents.... Il y a tant
de voitures dans ce Paris!... Vous me promettez de ne pas aller dans la
foule....

4   Elle les laissait enfin s'éloigner, les suivant longtemps des yeux. Puis
elle rentrait à la boutique. Ses jambes devenaient lourdes et lui interdisaient
toute longue marche.

5   D'autres fois, plus rarement, les époux sortaient de Paris: ils allaient
à Saint-Ouen ou à Asnières, et mangeaient une friture dans un des restau-
rants du bord de l'eau. C'étaient des jours de grande débauche, dont on
parlait un mois à l'avance. Thérèse acceptait plus volontiers, presque avec
joie, ces courses qui la retenaient en plein air jusqu'à dix et onze heures
du soir. Saint-Ouen, avec ses îles vertes, lui rappelait Vernon; elle y sentait
se réveiller toutes les amitiés sauvages qu'elle avait eues pour la Seine,
étant jeune fille. Elle s'asseyait sur les graviers, trempait ses mains dans la
rivière, se sentait vivre sous les ardeurs du soleil que tempéraient les souffles
frais des ombrages. Tandis qu'elle déchirait et souillait sa robe sur les cail-
loux et la terre grasse Camille étalait proprement son mouchoir et s'ac-
croupissait à côte d'elle avec mille précautions. Dans les derniers temps,
le jeune ménage emmenait presque toujours Laurent, qui égayait la promenade par ses rires et sa force de paysan.

6   Un dimanche, Camille, Thérèse et Laurent partirent pour Saint-Ouen
vers onze heures, après le déjeuner. La partie était projetée depuis longtemps, et devait être la dernière de la saison. L'automne venait, des souffles
froids commençaient, le soir, à faire frissonner l'air.

7   Ce matin-là, le ciel gardait encore toute sa sérénité bleue. Il faisait

chaud au soleil, et l'ombre était tiède. On décida qu'il fallait profiter des
derniers rayons.

8   Les trois promeneurs prirent un fiacre, accompagnés des doléances,
des effusions inquiètes de la vieille mercière. Ils traversèrent Paris et quit-
tèrent le fiacre aux fortifications: puis ils gagnèrent Saint-Ouen en suivant
la chaussée....

9   Quand ils arrivèrent à Saint-Ouen, ils se hâtèrent de chercher un bouquet d'arbres, un tapis d'herbe verte étalé à l'ombre. Ils passèrent dans une
île et s'enfoncèrent dans un taillis. Les feuilles tombées faisaient à terre
une couche rougeâtre qui craquait sous les pieds avec des frémissements
secs. Les troncs se dressaient droits, innombrables comme des faisceaux
de colonnettes gothiques; les branches descendaient jusque sur le front des
promeneurs, qui avaient ainsi pour tout horizon la voûte cuivrée des feuillages mourants et les fûts blancs et noirs des trembles et des chênes. Ils
étaient au désert, dans un trou mélancolique, dans une étroite clairière
silencieuse et fraîche. Tout autour d'eux, ils entendaient la Seine gronder.

*[Après un certain temps Laurent, qui veut se débarrasser de Camille afin de pouvoir
épouser Thérèse, suggère une promenade sur l'eau.]*

10   Le crépuscule venait. De grandes ombres tombaient des arbres, et
les eaux étaient noires sur les bords. Au milieu de la rivière, il y avait de
larges traînées d'argent pâle. Le barque fut bientôt en pleine Seine. Là,
tous les bruits des quais s'adoucissaient; les chants, les cris arrivaient,
vagues et mélancoliques, avec des langueurs tristes. On ne sentait plus
l'odeur de friture et de poussière. Des fraîcheurs traînaient. Il faisait froid.

11   Laurent cessa de ramer et laissa descendre le canot au fil du courant....

12   Les promeneurs se taisaient. Assis au fond de la barque qui coulait
avec l'eau, ils regardaient les dernières lueurs quitter les hautes branches.
Ils approchaient des îles. Les grandes masses rougeâtres devenaient
sombres; tout le paysage se simplifiait dans le crépuscule; la Seine, le ciel,
les îles, les côteaux n'étaient plus que des taches brunes et grises qui s'ef-
façaient au milieu d'un brouillard laiteux.

13   Camille, qui avait fini par se coucher à plat ventre, la tête au-dessus
de l'eau, trempa ses mains dans la rivière.

14   — Fichtre! que c'est froid! s'écria-t-il. Il ne ferait pas bon de piquer
une tête dans ce bouillon-là.

15   Laurent ne répondit pas. Depuis un instant il regardait les deux rives
avec inquiétude; il avançait ses grosses mains sur ses genoux, en serrant
ses lèvres. Thérèse, roide, immobile, la tête un peu renversée, attendait.

16   La barque allait s'engager dans un petit bras, sombre et étroit, s'en-
fonçant entre deux îles. On entendait, derrière l'une des îles, les chants
adoucis d'une équipe de canotiers qui devaient remonter la Seine. Au loin,
en amont, la rivière était libre.

17   Alors Laurent se leva et prit Camille à bras-le-corps. Le commis éclata de rire.

18   — Ah! non, tu me chatouilles, dit-il, pas de ces plaisanteries-là... Voyons, finis, tu vas me faire tomber.

19   Laurent serra plus fort, donna une secousse. Camille se tourna et vit la figure effrayante de son ami, toute convulsée. Il ne comprit pas; une épouvante vague le saisit. Il voulut crier, et sentit une main rude qui le serrait à la gorge. Avec l'instinct d'une bête qui se défend, il se dressa sur les genoux, se cramponnant au bord de la barque. Il lutta ainsi pendant quelques secondes.

20   — Thérèse! Thérèse! appela-t-il d'une voix étouffée et sifflante.

21   La jeune femme regardait, se tenant des deux mains à un banc du canot qui craquait et dansait sur la rivière. Elle ne pouvait fermer les yeux; une effrayante contraction les tenait grands ouverts, fixés sur le spectacle horrible de la lutte. Elle était rigide, muette.

22   — Thérèse! Thérèse! appela de nouveau le malheureux qui râlait. A ce dernier appel, Thérèse éclata en sanglots. Ses nerfs se détendaient. La crise qu'elle redoutait la jeta toute frémissante au fond de la barque. Elle y resta pliée, pâmée, morte.

23   Laurent secouait toujours Camille, en le serrant d'une main à la gorge. Il finit par l'arracher de la barque à l'aide de son autre main. Il le tenait en l'air, ainsi qu'un enfant, au bout de ses bras vigoureux. Comme il penchait la tête, découvrant son cou, sa victime, folle de rage et d'épouvante, se tordit, avança les dents et les enfonça dans ce cou. Et lorsque le meurtrier, retenant un cri de souffrance, lança brusquement le commis à la rivière, les dents de celui-ci emportèrent un morceau de chair.

24   Camille tomba en poussant un hurlement. Il revint deux ou trois fois sur l'eau, jetant des cris de plus en plus sourds.

QUESTIONNAIRE

1. Pourquoi la jeune femme n'était-elle pas fière de sortir avec son mari? Qu'est-ce que le premier paragraphe révèle sur l'environnement?

2. Peut-on dire que Camille se préoccupe de sa femme?

3. Jouissait-il de ses sorties? Qui le regarde marcher? Relevez les mots-clés, les mots-signes visant Camille dans tout le paragraphe.

4. Quelles sont les intentions de Zola dans ce paragraphe?

5. Montrez comment Zola emploie la distance par rapport à l'espace et au temps afin de varier son récit.

6. Quels étaient les sentiments de Thérèse à l'égard de Laurent?

7. Pourquoi est-ce que la mère apparaît dans ce passage?

8. Pourquoi Laurent ne peut-il plus voir sa maîtresse?

9. Que fait alors cette dernière?

10. Quelle est la réaction de Camille au moment où Laurent commence à le serrer? Que prouve-t-elle?

11. Pourquoi le meurtre de Camille a-t-il lieu en automne? Relevez les mots qui évoquent cette saison.

12. Comment l'auteur nous montre-t-il, grâce à la nature, les tempéraments opposés de Thérèse et de son époux? Relevez les mots-clés.

13. Pourquoi Laurent a-t-il tué Camille? Aurait-il pu agir autrement?

14. La dernière scène justifie-t-elle la remarque d'Emile Zola (préface de la deuxième édition): «Thérèse et Laurent sont des brutes humaines, rien de plus»?

15. Quel est l'effet psychologique sur les lecteurs?

STYLISTIQUE

Vocabulaire

1. Indiquez les espèces et les propriétés de tous les mots de la phrase suivante: «Parfois le dimanche, lorsqu'il faisait beau, Camille forçait Thérèse à sortir avec lui, à faire un bout de promenade aux Champs-Elysées.»

2. Etudiez de près le sens général et la connotation des mots en italique. Faites entrer chacun de ces mots dans une nouvelle phrase en les employant selon leur connotation.

   (a) «...elle y sentait se réveiller toutes les *amitiés sauvages* qu'elle avait eues pour la Seine.... »

   (b) «*Dans les derniers temps,* le jeune ménage emmenait presque toujours Laurent.... »

3. Donnez les synonymes des mots en italique. Faites entrer chacun de ces mots dans une nouvelle phrase.

   (a) «Thérèse souffrait d'avoir un *pareil* homme au bras. »

   (b) «C'étaient des jours de grande *débauche*.... »

4. Relevez dans la dernière partie du texte («Alors Laurent se leva.... ») les exemples de répétition de sons, et expliquez-en les effets.

Les Fonctions des mots

L'étude des rapports d'ordre grammatical qui s'établissent entre les mots est le prologue essentiel à l'analyse stylistique, car comment juger de la valeur esthétique d'un texte sans en connaître la valeur grammaticale? L'analyse de la phrase débutera donc par des remarques et des exercices qui permettront à l'étudiant d'analyser grammaticalement une phrase qu'il pourra ensuite considérer de divers points de vue.

A l'intérieur de la phrase, des rapports d'ordre grammatical s'établissent entre les mots.

Ex. « Au front bas et sec s'attachait un nez *long, étroit, effilé...* »

Les adjectifs *long, étroit* et *effilé* qualifient le mot *nez* et informent le lecteur des caractéristiques de ce nez; ils exercent une fonction par rapport au nom: la fonction épithète.

On peut distinguer deux types de fonctions:

— **nominales** (les fonctions qui dépendent du nom): apposition, épithète, complément de nom.

— **verbales** (les fonctions qui dépendent du verbe): sujet, complément, attribut.

LES FONCTIONS NOMINALES

1. L'Apposition

L'apposition permet de qualifier ou de déterminer le nom à l'aide d'un mot ou d'un groupe de mots (nom, adjectif, infinitif, proposition).

Ex. Louis XIV, le Roi Soleil
le Roi Soleil: en apposition par rapport à *Louis XIV*
Soleil: en apposition par rapport à *Roi*

Ce mot ou groupe de mots est *l'équivalent* du nom (c'est ainsi que l'apposition se distingue de l'épithète, qui qualifie le nom en faisant corps avec lui).

Louis XIV = le Roi Soleil
Le Roi = le Soleil

Autres exemples:

Le Roi tyrannique (*tyrannique* est un adjectif qualificatif employé comme épithète).
Berkeley, centre intellectuel de la Californie du nord, jouit d'un climat modéré.
La femme, belle et élégante, attirait tous les regards.

Le mot en apposition peut être séparé du nom par un signe de ponctuation (Mme Raquin, mercière,) ou par une préposition (la ville *de* Vernon). L'apposition équivaut à une proposition relative (Mme Raquin *qui est mercière*; la ville *qui est Vernon*) dans laquelle le mot en apposition serait ***attribut***.

2. L'Epithète

L'épithète permet de qualifier ou de déterminer le nom à l'aide d'un mot ou d'un groupe de mots (adjectif, mots pris comme adjectifs, proposition relative qui peut être remplacée par un adjectif) subordonnés directement à ce nom.

Ex. « ...devant la *grande* muraille *noire*... » : grande et noire qualifient muraille et font corps avec ce nom.
Une *vieille* dame *qui souriait*. (= souriante)
Une *belle* femme

3. Les Compléments de nom

Les compléments de nom permettent de déterminer le nom mais ils n'en sont pas l'équivalent (à la différence des mots en apposition) et ne le qualifient pas (à la différence de mots épithètes).

Mme Raquin, mercière. (apposition)
« ...devant la *grande* muraille *noire*... » (épithète)
« ...deux minces traits *d'un rose pâle*... » (complément déterminatif)
« ...à gauche était une poêle *de faïence* dans une niche. » (complément déterminatif)

Remarque : Le complément de nom se rattache le plus souvent au nom par une préposition.

LES FONCTIONS VERBALES

1. Le Sujet

Dans la fonction sujet un rapport s'établit entre le verbe et le mot ou le groupe de mots qu'il détermine (et le verbe s'accorde en genre et en nombre avec son sujet) :

« *La pièce* paraissait nue.... »
« ...*quatre chaises et une table* complétaient le mobilier. »
« ...*une table ronde, tout ouverte*, occupait le milieu de la pièce. »
Rire de ce garçon n'est pas très charitable.
Que Mathilde trompe son mari est inévitable.

2. Le Complément

a. *Le complément d'objet* sert à indiquer sur quoi porte l'action exprimée par le verbe :

« Il y apprit *l'orthographe et l'arithmétique*. »

Il peut être un mot ou un groupe de mots (nom, pronom, proposition). Il peut être *direct* :

« la jeune femme ouvrait *la croisée* »
ou *indirect* :
« Mme Raquin se mettait à trembler lorsqu'on *lui* conseillait d'envoyer son fils au collège. »

b. *Les compléments circonstanciels* permettent de préciser dans quelles circonstances a lieu l'action exprimée par le verbe ; ils peuvent donc être des compléments de **but** (Il la rappela *pour l'embrasser*), de **lieu** (il jeta son chapeau *sur la table*), de **manière** (elle le soigna *avec dévotion*), de **moyen** (il se releva *à l'aide de ses béquilles,* et de **temps** (il fut malade *pendant des semaines*). Ils peuvent être des mots ou des groupes de mots.

c. *Le complément d'agent* désigne l'auteur de l'action exprimée par le verbe à la voix passive.

Camille est assassiné *par Laurent.*
SUJET   AGENT

LA FONCTION ATTRIBUT

La fonction attribut permet d'attribuer une qualité, une caractéristique à un mot par l'intermédiaire du verbe (très souvent un verbe d'état: *être, sembler, paraître,* etc.).

« Il était *petit, chétif...* »
Catherine est *belle.*

L'attribut peut être un mot ou un groupe de mots (noms, adjectifs, infinitifs, propositions). L'attribut du complément d'objet est un attribut « indirect ».

Un gros chat tigré...la regardait *dormir.*
dormir dépend de *la* et de *regarder.*

Pour résumer les remarques sur l'apposition, l'épithète et l'attribut, considérons l'emploi du mot *belle* dans les exemples suivants:

(a) La femme, *belle* et élégante, attirait tous les regards.

adjectif en apposition séparé du nom *femme* par la ponctuation; cette apposition équivaut à une proposition relative dans laquelle *belle* serait attribut (la femme qui était belle).

(b) Une *belle* femme.

adjectif épithète qui fait corps avec le nom.

(c) Cette femme est *belle.*

adjectif attribut rattaché au nom par l'intermédiaire du verbe *est.*

EXERCICE

Relevez dans les trois premiers paragraphes de la lecture *Le Meurtre* tous les mots exerçant (a) une fonction nominale, (b) une fonction verbale, (c) une fonction attribut.

Précision de l'expression

L'étudiant au seuil de la rédaction doit:

1. Se souvenir de l'importance des synonymes et du danger de confondre certains mots qui se ressemblent.

2. S'interroger sur l'existence possible d'une expression plus concise, plus précise, que celle qui surgit immédiatement à son esprit. Ainsi:

au lieu de:	*écrire:*
rendre frais	rafraîchir
rendre moindre	amoindrir
ôter ses chaussures	se déchausser
commencer	s'amorcer
se faire	se dessiner
montrer (une personne)	désigner

Dans certains cas, cependant, l'existence du verbe négatif n'exclue pas un emploi *au négatif* du verbe affirmatif. Par exemple:

ne pas plaire	déplaire
ne pas approuver	désapprouver

De même dans les phrases suivantes les verbes « ordinaire »: *être, avoir, faire, mettre,* etc., peuvent être remplacés par d'autres verbes plus précis et plus évocateurs:

Ce romancier *a* une excellente réputation.
Ce romancier *jouit* d'une excellente réputation.

Je ne vais *rien dire*.
Je vais me *taire*.

Elle *est* toujours à la même adresse.
Elle *demeure* toujours à la même adresse.

Je ne *ferai* pas beaucoup d'argent ici.
Je ne *gagnerai* pas beaucoup d'argent ici.

Il y a une rivière près de mon bureau.
Une rivière *coule* près de mon bureau.

Je *mets* du beurre sur le pain.
J'*étale* du beurre sur le pain.

3. Analyser la composition du mot.
Les mots:

bienvenu	est composé de	*bien*	et de	*venu*
enlacer	” ” ”	*en*	(dans, autour de) et de	*lacer*
maladroit	” ” ”	*mal*	et *adroit*	
parcourir	” ” ”	*par*	(partout) et de	*courir*
pressentir	” ” ”	*pre*	(avant) et de	*sentir*

Les expressions:

> un va-nu-pieds
> le qu'en-dira-t-on
> un tête-à-tête

4. Se rappeler que le même mot peut avoir des sens assez différents les uns des autres selon son emploi (voir Chapitre 1) ou sa position dans la phrase.

> Ex. un homme brave (*a brave man*)
> un brave homme (*a good man*)

5. Eviter les lourdeurs. La répétition des sons peut servir à enrichir le style. Il en est de même de la répétition des mots (qui forment un ensemble de sons). En effet considérez les exemples suivants:

> « Roncevaux! Roncevaux! dans ta sombre vallée
> L'ombre du grand Roland n'est donc pas consolée! »   (Vigny)

La répétition du mot *Roncevaux* nous indique la grandeur et l'importance de la tragédie qui se déroula dans cette vallée où le vaillant Roland trouva la mort.

> « O les siècles et les siècles sur cette ville »   (Verhaeren)

La répétition du mot *siècles* évoque le long passé de la ville, un passé qui lui pèse peut-être.

> Toutefois la répétition non justifiée des sons et des mots ne fait qu'alourdir la phrase. Ainsi:

> Il faut avouer *que l'homme qui* est à la porte et *qui* m'a souri lorsque je l'ai regardé a *quelque* chose d'attirant et *que* j'aimerais bien savoir *qui* il est.

La répétition des sons *que* à si peu d'intervalle est désagréable; la répétition du pronom relatif *qui* alourdit une phrase beaucoup trop longue.

Remarque: A une proposition relative, on peut souvent substituer:

1. un substantif en apposition, seul ou suivi d'un complément.

> Rimbaud, *qui a écrit Une Saison en enfer,* est mort jeune.
> Rimbaud, *l'auteur d'Une Saison en enfer,* est mort jeune.

2. un adjectif, seul ou suivi d'un complément.

> Cet amour *qui n'a duré qu'un court moment* l'a sauvée malgré tout.
> Cet amour *éphémère* l'a sauvée malgré tout.

3. un participe employé comme adjectif.

L'assassinat, *qui a eu lieu* en plein jour, a bouleversé le monde qui ne s'en est pas encore remis.

L'assassinat *survenu* en plein jour a bouleversé le monde qui ne s'en est pas encore remis.

4. un possessif suivi d'un nom.

L'amour qu'il éprouve pour vous ira grandissant, que vous le vouliez ou non.

Son amour pour vous ira grandissant, que vous le vouliez ou non.

EXERCICES

A. Substituez aux verbes et expressions en italique des verbes plus précis. Supprimez les expressions et les verbes en italique là où vous pourrez le faire sans changer le sens de la phrase.

1. Le père et la mère de Julien habitaient un château *qui était* au milieu des bois et *qui était* sur la pente d'une colline.

2. Les quatre tours aux angles avaient des toits pointus *qui étaient* recouverts d'écailles de plomb, et la base des murs *était* sur les quartiers de rocs qui *allaient* abruptement jusqu'au fond des douves.

3. Une seconde enceinte, faite de pieux, *avait* d'abord un verger d'arbres à fruits, ensuite un parterre où des combinaisons de fleurs *faisaient des chiffres,* puis une treille avec des berceaux pour prendre le frais, et un jeu de mail qui *était* pour le divertissement des pages. De l'autre côté *il y avait* le chenil, les écuries, la boulangerie, le pressoir et les granges. Un pâturage de gazon vert *était* tout autour, enclos lui-même d'une forte haie d'épines.

4. On *était* en paix depuis si longtemps que la herse ne s'abaissait plus; les fosses étaient pleines d'eau; des hirondelles faisaient leur nid dans la fente des créneaux; et l'archer, qui tout le long du jour *allait* sur la courtine, dès que le soleil *était* trop fort *allait* dans l'échauguette, et s'endormait comme un moine.

5. A l'intérieur, les ferrures partout reluisaient; des tapisseries dans les chambres *étaient une protection* contre le froid; et les armoires *étaient pleines* de linge, les tonnes de vin *étaient en grand nombre* dans les celliers, les coffres de chêne craquaient sous le poids des sacs d'argent.

D'après Flaubert, *La Légende de Saint Julien l'Hospitalier* (1877)

B. Trouvez deux ou trois synonymes pour les mots en italique:

1. L'absence n'est-elle pas pour qui aime la plus certaine, la plus efficace, la plus *vivace,* la plus indestructible, la plus fidèle des présences. (Proust)

2. Julien s'approcha d'elle *avec empressement*; il admirait ses bras si beaux qu'un châle jeté *à la hâte* laissait apercevoir. (Stendhal)

3. Les espérances les plus *ridicules* et les plus *hardies* ont été quelquefois la cause des *succès* extraordinaires.   (Vauvenargues)

4. Il faut même *tâcher* de faire en sorte qu'elles *s'étudient* à *parler* d'une manière *courte* et précise.   (Fénélon)

5. La solitude *absolue,* le *spectacle* de la nature me *plongèrent* bientôt dans un état presque impossible à décrire.   (Chateaubriand)

6. On parlait de gloire, beau mot qui *gonfle* le coeur, mais on s'efforçait d'établir entre celle-ci et l'immortalité une confusion *menteuse,* comme si la trace d'un être était la même chose que sa présence.   (Yourcenar)

7. Ces sortes de coups *blessent* celui qui les *porte*. Je ne pensais rien de ce que je disais, et pourtant *j'éprouvais* le besoin de le dire.   (Radiguet)

8. Si Hamlet avait, à la suite de quelque *trouble* hypophysaire, maigri de trente kilos, Ophélie pour s'élever à de divins sentiments a besoin d'un minimum de soixante kilos de biftecks. Il est vrai que si Laure était devenue *soudain cul-de-jatte,* Pétrarque lui aurait dédié de moins mystiques poèmes. (Cohen)

9. A distance, Gilles se crut l'*objet* d'une hallucination. Le Florentin marchait vers lui, comme éclairé par une lumière qui lui donnait une netteté surréelle, tandis qu'un *flou* indistinct *noyait* les hommes qui l'entouraient.   (Tournier)

10. Quelques maigres *faisceaux* de rayons réussissaient à *pénétrer* dans le couloir, mais, au contact des carreaux de céramique autrefois si brillants, ils se *fluidifiaient* et *ruisselaient* en longues traces humides.   (Vian)

C. Dites en un mot.

1. remettre à un autre jour
2. prendre à nouveau
3. rendre à nouveau
4. placer le dos contre
5. rendre plat
6. méditer à l'avance
7. rendre moindre
8. mettre en ligne
9. venir soudainement
10. rendre plus long
11. faire des dommages
12. dont on ne peut se dispenser
13. qu'on ne peut accepter
14. qu'on ne peut croire
15. qu'on ne peut résoudre
16. quelqu'un qui n'est pas sain d'esprit

17. quelqu'un qui ne se laisse pas toucher par le malheur des autres
18. quelqu'un qui n'est pas honnête
19. quelqu'un qui ne peut s'empêcher de voler
20. quelqu'un qui ne peut jamais se corriger

D. Le dialogue suivant contient des lourdeurs et des combinaisons de mots parfois malheureuses. Récrivez-le dans une langue plus choisie.

— Qui est cet homme distingué que je vois dans la boutique et qui paraît inquiet?

— C'est un homme qui écrit. Il a écrit *Les Mémoires d'un jeune homme dissipé*.

— Sachant cela, je vais avoir une conversation animée avec lui car le livre que vous me dites qu'il a écrit m'a passionné.

DISCUSSION ET DISSERTATION

Sujets de discussion

1. La vie routinière du dimanche en France et aux Etats-Unis. (Attention à la précision de l'expression. Penchez-vous sur *l'environnement*.)

2. Montrez comment Zola établit un contraste entre les *tempéraments* de ses personnages dans le chapitre précédent et dans celui-ci.

Sujets de dissertation

1. Ecrivez une histoire policière, c'est-à-dire une histoire dans laquelle un meurtre survient. Employez des verbes de nature précise à l'imparfait et au passé simple. (Pour les conjugaisons des verbes réguliers et irréguliers, consulter l'Appendice.)

2. En vous servant des fonctions nominales et verbales et en prêtant attention à la précision de l'expression, décrivez un pique-nique désastreux.

3. Un(e) étudiant(e), ayant reçu une mauvaise note dans sa classe de français entre dans la salle de classe, un couteau à la main, au beau milieu d'une discussion à propos d'Emile Zola.

4. Dans le film *A Place in the Sun*, Montgomery Clift décide, pour être libre de poursuivre la belle et riche Elizabeth Taylor, de se débarrasser de sa petite amie enceinte, Shelley Winters, simple, honnête et pauvre, en la tuant pendant une promenade sur l'eau. Décrivez cette scène en vous servant du vocabulaire et des tournures de Zola.

LA TRADUCTION ET SES DIFFICULTES

Traduisez le texte suivant:

Dorian Gray glanced at the picture, and suddenly an uncontrollable feeling of hatred for Basil Hallward came over him [*s'empara de lui*], as though it had been suggested to him by the image on the canvas, whispered into his ear by those grinning lips. The mad passions of a hunted animal stirred within him, and he loathed the man who was seated at the table more than in his whole life he had ever loathed anything. He glanced wildly around. Something glimmered on the top of the painted chest that faced him. His eyes fell on it [*Son œil s'y fixa*]. He knew what it was. It was a knife that he had brought up, some days before, to cut a piece of cord, and had forgotten to take away with him. He moved slowly toward it, passing Hallward as he did so [*au passage*]. As soon as he got behind him, he seized it, and turned around. Hallward stirred in his chair as if he was going to rise [*comme pour se lever*]. He rushed at him and dug the knife into the great vein that is behind the ear, crushing the man's head down on the table, and stabbing again and again [*à coups redoublés*].

There was a stifled groan [*gémissement sourd*] and the horrible sound of someone choking with blood. Three times [*à trois reprises*] the outstretched arms shot up [*se dressèrent*] convulsively, waving grotesque, stiff-fingered hands in the air. He stabbed him twice more, but the man did not move. Something began to trickle on the floor. He waited for a moment, still pressing the head down, then he threw the knife on the table and listened.

Oscar Wilde, *The Picture of Dorian Gray* (1891)

CHAPITRE 4

ZOLA, THÉRÈSE RAQUIN (IV)

Le Sort de François

Les animaux faisaient partie intégrante de la vie d'Emile Zola et on les retrouve dans son univers imaginaire et obsessionnel: le chat (*Thérèse Raquin*), la pouliche (*Nana*), la lapine (*Germinal*), l'âne, la vache (*La Terre*), etc. Ce bestiaire ne se limite d'ailleurs pas aux animaux car les objets et les êtres humains sont aussi animalisés et une ambivalence foncière existe en son sein: Zola privilégie toujours les animaux tout en se servant d'images animales afin d'accabler certains de ses personnages: Gervaise dans L'*Assommoir* meurt comme une pauvre chienne dans une niche étroite et sale, Nana est associée à une chienne, à une jument à croupe érotique.

L'ambivalence de Zola apparaît déjà dans *Thérèse Raquin*. François, le chat « réel » est victime des tourments d'une brute apeurée et attire la pitié des lecteurs tandis que ces derniers éprouvent de la répulsion devant ces brutes humaines.

Le Sort de François

[Même avant de noyer Camille, Laurent est obsédé par François, témoin félin de ses adultères avec Thérèse.]

1   Le chat tigré, François, était assis sur son derrière, au beau milieu de la chambre. Grave, immobile, il regardait de ses yeux ronds les deux amants. Il semblait les examiner avec soin, sans cligner les paupières, perdu dans une sorte d'extase diabolique.

2   — Regarde donc François, dit Thérèse à Laurent, on dirait qu'il comprend et qu'il va ce soir tout conter à Camille... Dis, ce serait drôle, s'il se mettait à parler dans la boutique, un de ces jours; il sait de belles histoires sur notre compte....

3   Cette idée, que François pourrait parler, amusa singulièrement la jeune femme. Laurent regarda les grands yeux verts du chat, et sentit un frisson lui courir sur la peau.

4   — Voici comment il ferait, reprit Thérèse, il se mettrait debout, et, me montrant d'une patte, te montrant de l'autre, il s'écrierait: « Monsieur et Madame s'embrassent très fort dans la chambre; ils ne se sont pas méfiés de moi, mais comme leurs amours criminelles me dégoûtent, je vous prie de les faire mettre en prison tous les deux; ils ne troubleront plus ma sieste. »

5   Thérèse plaisantait comme un enfant, elle mimait le chat, elle allongeait les mains en façon de griffes, elle donnait à ses épaules des ondulations félines. François, gardant une immobilité de pierre, la contemplait toujours; ses yeux seuls paraissaient vivants et il y avait, dans les coins de sa gueule, deux plis profonds qui faisaient éclater de rire cette tête d'animal empaillé.

6   Laurent se sentait froid aux os. Il trouva ridicule la plaisanterie de Thérèse. Il se leva et mit le chat à la porte. En réalité, il avait peur.

[Plus de quinze mois après le meurtre, Thérèse et Laurent se marient en espérant se défendre mutuellement contre le souvenir du noyé.]

7   Comme [Laurent] se trouvait devant la cheminée, il entendit une sorte de grattement. Il pâlit, il s'imagina que ce grattement venait du portrait, que Camille descendait de son cadre. Puis il comprit que le bruit avait lieu à la petite porte donnant sur l'escalier. Il regarda Thérèse que la peur reprenait.

8   — Il y a quelqu'un dans l'escalier, murmura-t-il. Qui peut venir par là?

9   ...Pendant près de cinq minutes, ils n'osèrent bouger. Enfin un miaulement se fit entendre. Laurent, en s'approchant, reconnut le chat tigré de Madame Raquin, qui avait été enfermé par mégarde dans la chambre, et qui tentait d'en sortir en secouant la petite porte avec ses griffes. François eut peur de Laurent; d'un bond, il sauta sur une chaise; le poil hérissé, les pattes roidies, il regardait son nouveau maître en face, d'un air dur et cruel. Le jeune homme n'aimait pas les chats, François l'effrayait presque. Dans cette heure de fièvre et de crainte, il crut que le chat allait lui sauter au visage pour venger Camille. Cette bête devait tout savoir: il y avait des pensées dans ses yeux ronds, étrangement dilatés. Laurent baissa les paupières, devant la fixité de ces regards de brute.

[Quelques mois plus tard, Laurent est de plus en plus obsédé par le chat.]

10   [Laurent] avait une haine particulière pour le chat tigré François qui, dès qu'il arrivait, allait se réfugier sur les genoux de Madame Raquin paralysée. Si Laurent ne l'avait pas encore tué, c'est qu'à la vérité il n'osait le saisir. Le chat le regardait avec de gros yeux ronds d'une fixité diabolique. C'étaient ces yeux, toujours ouverts sur lui, qui exaspéraient le jeune

homme; il se demandait ce que lui voulaient ces yeux qui ne le quittaient pas, il finissait par avoir de véritables épouvantes, s'imaginant des choses absurdes. Lorsqu'à table, à n'importe quel moment, au milieu d'une querelle ou d'un long silence, il venait tout d'un coup, en tournant la tête, à apercevoir les regards de François qui l'examinait d'un air lourd et implacable, il pâlissait, il perdait la tête, il était sur le point de crier au chat: « Hé! parle donc, dis-moi enfin ce que tu me veux! » Quand il pouvait lui écraser une patte ou la queue, il le faisait avec une joie effrayée, et alors le miaulement de la pauvre bête le remplissait d'une vague terreur, comme s'il eût entendu le cri de douleur d'une personne. Laurent, à la lettre, avait peur de François. Depuis surtout que ce dernier vivait sur les genoux de l'impotente, comme au sein d'une forteresse inexpugnable, d'où il pouvait impunément braquer ses yeux verts sur son ennemi, le meurtrier de Camille établissait une vague ressemblance entre cette bête irritée et la paralytique. Il se disait que le chat, ainsi que Madame Raquin, connaissait le crime et le dénoncerait, si jamais il parlait un jour.

11   Un soir, enfin, François regarda si fixement Laurent, que celui-ci, au comble de l'irritation, décida qu'il fallait en finir. Il ouvrit toute grande la fenêtre de la salle à manger, et vint prendre le chat par la peau du cou. Madame Raquin comprit; deux grosses larmes coulèrent sur ses joues. Le chat se mit à jurer, à se roidir, en tâchant de se retourner pour mordre la main de Laurent. Mais celui-ci tint bon; il lui fit faire deux ou trois tours, puis l'envoya de toute la force de son bras contre la grande muraille noire d'en face. François s'y aplatit, s'y cassa les reins, et retomba sur le vitrage du passage. Pendant toute la nuit, la misérable bête se traîna le long de la gouttière, l'échine brisée, en poussant des miaulements rauques. Cette nuit-là, Madame Raquin pleura François presque autant qu'elle avait pleuré Camille: Thérèse eut une atroce crise de nerfs. Les plaintes du chat étaient sinistres, dans l'ombre, sous les fenêtres.

[Madame Raquin se rend enfin compte que Thérèse et Laurent ont tué son fils, mais elle ne peut dénoncer les coupables, car elle est paralysée. Muette, elle va assister aux querelles des époux qui en arrivent à vouloir s'entre-assassiner. Finalement Thérèse et Laurent s'empoisonnent ensemble devant Madame Raquin qui les écrase de « regards lourds ».]

QUESTIONNAIRE

1. « Voici comment il ferait...ma sieste » (par. 4). Pourquoi Thérèse plaisante-t-elle ainsi? Qu'est-ce que Zola veut nous révéler de son personnage?

2. La peur que ressent Laurent à l'égard de François avant le meurtre est-elle compréhensible à vos yeux? Notez par écrit vos réactions pendant que vous observez François vivant et mourant. Relisez-les. Qu'est-ce qu'elles vous révèlent à propos de votre affectivité envers les chats? Le texte a-t-il changé vos sentiments habituels?

3. Pourquoi Laurent a-t-il peur du chat après le meurtre? Qu'est-ce que ce dernier représente pour lui?

4. Pourquoi l'auteur emploie-t-il l'expression «cette tête d'animal empaillé» (par. 5)?

5. Pour quelles raisons Zola décrit-il en détails la fin horrible du chat?

6. Zola a dénié que ses personnages aient des remords puisqu'ils ne sont que des «brutes humaines». Qu'est-ce qui hante donc Laurent?

7. Qu'est-ce que le chat en général a représenté dans l'histoire de la civilisation?

8. Quel est le rôle de François dans *Thérèse Raquin*?

9. Pourquoi Zola a-t-il choisi cet animal plutôt qu'un autre?

10. Trouvez-vous vraisemblable la réaction de Laurent devant le chat?

11. Relevez les mots ou expressions qui décrivent les yeux ou le regard de François.

12. Commentez la progression dans la description de ces yeux et de ce regard.

13. Montrez comment Zola entraîne le lecteur dans la scène de la mort de François (la distance, l'emploi des temps reliés à cette idée de distance, l'attitude, les réactions de tous les personnages, l'environnement).

14. Comment peut-on réagir du point de vue psychologique devant un tel passage? (Revoyez la question 2.)

15. «Le miaulement de la pauvre bête...» Qui parle ici? Commentez.

STYLISTIQUE

Vocabulaire

1. Etudiez de près le sens général et la connotation des mots en italique. Faites entrer dans une nouvelle phrase chacun de ces mots en les employant selon leur connotation.
   (a) «Il semblait les examiner avec soin...*perdu* dans une sorte d'*extase* diabolique. »
   (b) «Cette idée...amusa *singulièrement* la jeune femme. »
   (c) «Laurent *se sentait froid* aux os » (par. 6).
   (d) «Laurent avait une haine *particulière* pour le chat tigré François... »
   (e) «Laurent, *à la lettre*, avait peur de François. »

2. Donnez les synonymes des mots en italique. Faites entrer chacun de ces mots dans une nouvelle phrase. Marquez clairement les écarts de signification.
   (a) «...il sait de belles histoires *sur notre compte*.... »
   (b) «François, gardant une immobilité de pierre, la *contemplait* toujours... »
   (c) «Laurent...reconnut le chat tigré de Madame Raquin, qui avait été enfermé *par mégarde* dans la chambre... »

(d) « ...François qui l'examinait d'un air *lourd* et *implacable*... »

(e) « ...il *était sur le point de* crier au chat... »

Analyse de la phrase

1. Analysez la fonction des mots et expressions en italique:

   (a) « *Dans cette heure de fièvre et de crainte,* il crut *que le chat* allait lui sauter au visage pour venger *Camille*. »

   (b) « ...il *lui* fit faire *deux ou trois tours*, et *puis* l'envoya de toute la force *de son bras contre* la grande muraille noire *d'en face*. »

2. Relevez dans le dixième paragraphe les exemples de répétition de sons, et expliquez-en les effets.

La Proposition

Considérez la phrase de Zola: « Le chat tigré suivait ses maîtres en ronronnant. »

Supposez que l'auteur ait écrit seulement le nom *chat*. Ainsi isolé, le mot est encore identifiable: l'image familière d'un chat surgit en notre esprit accompagné de sentiments plus ou moins conscients (tendresse, peur, irritation, etc.), mais, hors de tout contexte, cette immédiate identification physique et psychologique est sans portée.

L'auteur va donc compléter l'identification. Il **introduit** le mot *chat* à l'aide de l'article défini qui rappelle aux lecteurs que l'animal leur est familier (c'est *le chat*, non pas *un chat*); il le **qualifie** (*le chat tigré*) et l'**anime** en décrivant ce que fait de chat (*le chat tigré suivait*), qui il suivait (*le chat tigré suivait ses maîtres*) et **comment** il les suivait (*le chat tigré suivait ses maîtres en ronronnant*). C'est autour du mot *suivait* que s'anime, que s'organise la phrase. Cette phrase est « un groupe de mots révélant un dessein intelligible de communication suivi d'une pause » (Grevisse); on l'appelle aussi « proposition ». Une phrase peut être composée d'une ou de plusieurs propositions. Le **verbe** permet donc d'introduire la proposition et **il y a autant de propositions dans la phrase qu'il y a de verbes**.

La Proposition simple

1. La proposition à un terme:

Fuir?
Chantons!

2. La proposition à deux termes:

sujet	*verbe*
Le chat/	mangeait.
(*1er terme*)	(*2e terme*)

3. La proposition à trois termes:

sujet	verbe	complément
Le chat /	mangeait /	la souris. (*objet*)
Le chat /	était nourri /	par son maître. (*agent*)
Le chat /	s'endormit /	sur une chaise. (*circonstanciel*)
Le chat /	était /	tigré. (*attribut*)

4. La proposition à quatre termes:

sujet	verbe	complément	attribut du compl. d'objet
Le chat /	trouvait /	son maître /	désagréable.

Autour du verbe se groupent des termes qui sont en rapport avec les fonctions verbales.

La proposition simple se compose donc d'un **sujet** introduit par un article, mais non qualifié par d'autres mots ou groupes de mots (*le chat*, non pas *un gros chat tigré*), suivi d'un **verbe** et d'un **complément** simple (c'est-à-dire un mot exerçant la fonction de complément introduit par un ou des mots d'identification grammaticale—ainsi: *la souris, sur une chaise, par son maître*) accompagné ou non de son attribut.

Les propositions ci-dessus sont aussi appelées **indépendantes**, car elles ne dépendent pas les unes des autres. A cet effet, comparez:

Le chat mangea la souris.

Le chat mangea la souris *qui s'était aventurée dans la pièce*. (*qui*, pronom relatif introduit une proposition relative **subordonnée** à la première que l'on nomme **principale**.)

EXERCICES

1. Relevez toutes les propositions simples figurant dans les six premiers paragraphes du texte.

2. En employant le vocabulaire du texte entier, composez deux propositions à un terme puis à deux, trois et quatre termes.

La Proposition complexe

PROPOSITIONS INDÉPENDANTES (PHRASES SIMPLES)

Le terme sujet et le terme complément peuvent s'enrichir de mots ou de groupes de mots qui les précisent:

1. Enrichissement du terme sujet par les fonctions nominales:

Un gros chat tigré, *accroupi sur l'angle du comptoir* / regardait / Mme Raquin.

|————————————————— SUJET —————————————————| VERBE   COMPLÉMENT

Le terme sujet se compose de l'article indéfini *un* qui introduit le sujet, du sujet proprement dit, de ses épithètes *gros* et *tigré* et de son apposition *accroupi sur l'angle du comptoir*.

2. Enrichissement du terme complément par les fonctions nominales et verbales:

Un gros chat tigré, accroupi sur l'angle du comptoir / regardait / *la vieille* Mme Raquin *habillée de noir.*

|————————————————————— SUJET —————————————————————| VERBE   COMPLÉMENT

Le terme complément se compose de l'article défini *la* qui introduit le complément, de l'épithète *vieille* qui le qualifie, du complément proprement dit et de l'apposition *habillée de noir.*

Un gros chat tigré, accroupi sur l'angle du comptoir / regardait / *méchamment* la vieille Mme Raquin.

|————————————————————— SUJET —————————————————————| VERBE   COMPLÉMENT

Le terme complément se compose du complément circonstanciel de manière *méchamment,* de l'article défini *la,* de l'épithète *vieille* suivie du complément d'objet direct proprement dit.

EXERCICES

1. Enrichissez le terme sujet des propositions indépendantes suivantes par des fonctions nominales:
   (a) Le soleil brûlait les places et les rues de rayons fauves.
   (b) La pièce paraissait nue.
   (c) Les chevaux râlent.
   (d) Mon compagnon tomba de cheval la tête en avant.

2. Enrichissez le terme complément des propositions indépendantes suivantes par des fonctions nominales et verbales:
   (a) Il ressemblait à un enfant gâté.
   (b) Le logement se composait de trois pièces.
   (c) Soudain un de ces hommes poussa une sorte de cri.
   (d) Je traversais les grandes dunes.

PROPOSITIONS PRINCIPALES ET PROPOSITIONS SUBORDONNÉES
(PHRASES COMPLEXES)

Dans la phrase simple, les fonctions sujet, complément, et attribut sont exercées par un mot ou un groupe de mots. Dans la phrase complexe, ces fonctions peuvent être exercées par des propositions dites **subordonnées** qui enrichissent le terme sujet et/ou le terme complément (ou attribut).

Ces subordonnées peuvent être:

conjonctives
« *Lorsque le soleil brûlait les places...* on distinguait... un profil pâle et grave de jeune femme. »

relatives
« Ce profil sortait vaguement des ténèbres, *qui régnaient dans la boutique.* »

interrogatives
« Elle ne savait pas *comment elle pourrait se débarrasser de lui.* »

infinitives
« Le chat regardait Madame Raquin *dormir.* »

participes
« Madame Raquin, s'*étant réveillée*, vit le chat qui la regardait. »

Remarque: Pour reconnaître une proposition infinitive ou participe il faut transformer l'infinitif ou le participe en une proposition relative:

Madame Raquin dormir = Madame Raquin qui dormait.
Madame Raquin s'étant réveillée = Madame Raquin qui s'était réveillée.

1. Enrichissement du terme sujet par la subordonnée.

Le gros chat tigré / *qui appartenait à Thérèse* / regardait / Mme Raquin.

Le gros chat tigré regardait Madame Raquin = proposition principale; *qui appartenait à Thérèse* = proposition subordonnée au sujet *le gros chat tigré* et introduite par le pronom relatif *qui.*

Le gros chat tigré / *que Laurent détestait* / regardait / Mme Raquin.
SUJET   ENRICHISSEMENT   VERBE   COMPLEMENT

Madame Raquin / *s'étant réveillée* / vit / le chat / *qui la regardait.*
SUJET   ENRICHISSEMENT   VERBE   COMPL.   ENRICHISSEMENT

2. Enrichissement du terme complément (ou attribut) par la subordonnée.

Le chat / regardait / Madame Raquin / *dormir.*
SUJET   VERBE   COMPLÉMENT   ENRICHISSEMENT

Un gros chat tigré / regardait / Madame Raquin / *que sa belle-fille détestait.*
SUJET   VERBE   COMPLÉMENT   ENRICHISSEMENT

Remarque: La subordonnée peut constituer à elle-même le terme sujet ou le terme complément:

Ce que je vois / est affreux.
L'ennui c'était / *que Camille forçait Thérèse à sortir.*

EXERCICES

1. En reprenant les exemples de l'exercice 1 qui précède, enrichissez le terme sujet par une subordonnée.

2. En reprenant les exemples de l'exercice 2 qui précède, enrichissez le terme complément par une subordonnée.

3. Construisez cinq phrases dans lesquelles le terme sujet et le terme complément sont enrichis par des subordonnées diverses (conjonctives, relatives, infinitives, etc.).

4. En vous servant du vocabulaire de ce chapitre, construisez des phrases qui comprendront successivement:

> une principale et une subordonnée conjonctive.
> une principale et une subordonnée relative.
> une principale et une subordonnée interrogative.
> une principale et une subordonnée infinitive.
> une principale et une subordonnée participe.

La Proposition indépendante et les autres propositions

Lorsque la proposition indépendante se trouve associée à d'autres propositions dans une même phrase par des conjonctions de coordination, elle demeure « indépendante ».

> *Laurent regarda Thérèse* = proposition indépendante

> *Laurent regarda Thérèse et (il) ouvrit la fenêtre.*
> *Laurent regarda Thérèse* = proposition indépendante, *et* = conjonction de coordination, *(il) ouvrit la fenêtre* = proposition indépendante associée à la première indépendante par la conjonction de coordination *et*.

Les rapports entre les diverses propositions

1. Les rapports entre les propositions principales.

Les propositions principales peuvent être *juxtaposées* ou *coordonnées* entre elles.

> Tandis que Thérèse reste dans la boutique, / son mari ouvre la porte, / entre dans la chambre / et se met au lit.

> — *Tandis que Thérèse reste dans la boutique* = proposition subordonnée
> — *son mari ouvre la porte, entre dans la chambre* = propositions principales juxtaposées
> — *et se met au lit* = proposition principale coordonnée à la précédente par la conjonction *et*

> Elle ouvrit la fenêtre, respira la nuit qui l'enveloppait et se mit à pleurer.

> — *Elle ouvrit la fenêtre* = proposition principale
> — *respira la nuit* = proposition principale juxtaposée à la première

— *qui l'enveloppait* = proposition subordonnée relative
— *et se mit à pleurer* = proposition principale associée à une proposition subordonnée relative par la conjonction de coordination *et*

2. Les rapports entre les propositions subordonnées.

Les subordonnées peuvent être *juxtaposées* ou *coordonnées* entre elles.

Il voyait / que sa femme ne l'aimait plus, / que sa mère ne le comprenait pas.

— *que sa femme ne l'aimait plus* = subordonnée juxtaposée à la seconde subordonnée *que sa mère ne le comprenait pas*

Il commit l'erreur de prendre la route / qui menait au château / et qui n'était plus entretenue.

— *et qui n'était plus entretenue* = subordonnée coordonnée à la précédente par la conjonction *et*

EXERCICE

Etudiez les rapports qui s'établissent entre les diverses propositions du premier paragraphe de l'extrait.

DISCUSSION ET DISSERTATION

Sujets de discussion

1. Dans la version française de l'histoire du *Petit chaperon rouge*, la petite fille est mangée par le loup. Dans la version anglaise, la fin est tout autre et la leçon morale semble être basée sur une perception du monde plus optimiste. Que révèlent ces deux versions différentes du point de vue psychologique sur les différents groupes nationaux?

2. Quel est l'intérêt des récits où les animaux jouent des rôles importants?

Sujets de dissertation

1. En pensant aux quatre chapitres de Zola que vous venez d'étudier, racontez l'histoire du *Petit chaperon rouge* à la française, mais en employant des intentions et des termes zoliens.

2. La cruauté ne se limite pas au monde francophone. Considérez, par exemple la chanson que l'on chante aux enfants: *Three Blind Mice* où le sort de ces petites créatures n'est pas des plus heureux.

Three blind mice, see how they run!
They all ran after the farmer's wife,
Who cut off their tails with a carving knife,
Did you ever see such a sight in your life,
As three blind mice?

Pensez-vous donc que Zola ait eu raison de croire qu'une partie de la nature humaine comporte des éléments cruels ou pervers?

LA TRADUCTION ET SES DIFFICULTES

Problèmes particuliers

THEN

Then peut se traduire par **alors, puis, ensuite, donc,** etc.

alors = *at that time, in that case, so*

> *She ate too much and then she got sick.*
> Elle a trop mangé et **alors** elle est tombée malade.

puis, ensuite = *next:*

> *He opens the door and then kisses Mary.*
> Il ouvre la porte et **puis** (**ensuite**) il embrasse Marie.

puis = *in addition:*

> *He received many prizes and then they gave him a medal.*
> Il a reçu beaucoup de prix et **puis** on lui a donné une médaille.

donc = *therefore, so:*

> *You knew all the while then?*
> Vous le saviez **donc** d'avance?

TIME

Time peut se traduire par **temps, fois, époque, siècle, moment,** etc.

temps (durée mesurable):

> *Time is fleeting.*
> Le **temps** s'envole.

fois (occasion):

> *The first time I saw Paris, I hated it.*
> La première **fois** que j'ai vu Paris, je l'ai détesté.

époque, siècle:

> *At that time, Henry IV was in power.*
> A cette **époque,** Henri IV régnait.

moment:

> *The best time to do it is in the afternoon.*
> Le meilleur **moment** pour le faire, c'est l'après-midi.

Remarquez les expressions suivantes:

a long time	longtemps	*at the same time*	en même temps
every time	toutes les fois que	*from time to time* *now and then*	de temps en temps
in time	à temps	*it is time to...*	il est temps de... (infinitif)
on time	à l'heure	*what time is it?*	quelle heure est-il?

THUS, ALSO, SO
thus, so = **ainsi**:

> *She did it thus (so).*   *Thus, as we saw above...*
> Elle le fit **ainsi**.   **Ainsi,** comme nous l'avons vu ci-dessus...

also (too) = **aussi**:

> *He saw it also.*   *She too had noticed it.*
> *Il le vit* **aussi**.   Elle **aussi** l'avait remarqué.

like, just like (dans des comparaisons) = **ainsi que**:

> *We'll talk to one another just like two children who have been put to bed together...*
> « Nous nous parlerons **ainsi que** deux enfants qu'on a mis à dormir ensemble... »

Au commencement d'une phrase, **aussi** veut dire *consequently, so*:

> *He had always refused to learn French so he was incapable of speaking with the people he met in Paris.*
> Il avait toujours refusé d'apprendre le français. **Aussi** fut-il incapable de parler avec les gens qu'il rencontra à Paris. (Pour l'inversion, voir Grammaire, Section XIX.)

so = **si** (quand il modifie un adjectif, un adverbe, un participe passé):

> *He runs so fast that I cannot keep up.*
> Il court **si** vite que je ne puis le suivre.

so = *tant* (quand il modifie un verbe):

> *I loved him so that I shall never forget him.*
> Je l'aimais **tant** que je ne l'oublierai jamais.

Remarque: *So* signifiant *therefore* se traduit par **alors, donc**. Lorsque *so* représente un mot ou une idée déjà exprimée, on se sert de **le**:

> *He is handsome; at least she thinks so!*
> Il est beau; du moins elle **le** pense!

WHEN

When se traduit par **quand, lorsque** (plus littéraire), **où** (*at the time when, at the moment when*):

> *When you arrive, please phone me.*
> **Lorsque (quand)** vous arriverez, téléphonez-moi, s'il vous plaît.

Remarque: En français, si l'on désire préciser le moment même où l'action se passe, l'expression **au moment où** peut traduire l'anglais *when*.

> *When she expected it the least, he proposed.*
> **Au moment où** elle s'y attendait le moins, il la demanda en mariage.

SINCE

Since se traduit par **depuis que** (conjonction) et **puisque** (conjonction).

depuis que:

> *Since I've been here I've been sick.*
> **Depuis que** je suis ici, je suis malade.

puisque:

> *Since you love me, I love you!*
> **Puisque** tu m'aimes, je t'aime!

EXERCICE

Traduisez le texte suivant:

Yet I am not more sure that my soul lives than I am that perverseness is one of the primitive impulses of the human heart — one of the indivisible primary faculties, or sentiments, which give direction to the character of man. Who has not, a hundred times, found himself committing a vile or a stupid action, for no other reason, than because he knows he should not? Have we not a perpetual inclination, in the teeth of our best judgment, to violate that which is law, merely because we understand it to be such? This spirit of perverseness, I say, came to my final overthrow. It was this unfathomable longing of the soul to vex itself, to offer violence to its own nature, to do wrong for the wrong's sake only, that urged me to continue and finally to consummate the injury I had inflicted upon the unoffending brute. One morning, in cold blood, I slipped a noose about its neck and hung it to the limb of a tree; hung it with the tears streaming from my eyes, and with the bitterest remorse at my heart; hung it because I knew that it had loved me, and because I felt it had given me no reason of offence; hung it because I knew that in so doing I was committing a sin, a deadly sin that would jeopardize my immortal soul as to place it, if such a thing were possible, even beyond the reach of the infinite mercy of the most merciful and most terrible God.

Edgar Allan Poe, *The Black Cat* (1843)

CONSEILS

POUR LA DISSERTATION, L'EXPOSÉ ET L'EXPLICATION DE TEXTE

Dans la première partie de ce livre, vous avez appris à examiner le vocabulaire des auteurs au programme, à analyser grammaticalement les phrases de ces auteurs afin d'apprendre à construire correctement vos propres phrases. Comme vous l'avez vu également, il est nécessaire aussi de rechercher la précision de l'expression, d'éviter les lourdeurs qui affectent la clarté de l'expression et de se rappeler que vous pouvez, à des fins stylistiques, modifier l'ordre grammatical des mots à l'intérieur de la phrase. C'est en prenant conscience du **texte** que vous allez enrichir vos connaissances stylistiques et littéraires tout en découvrant que la littérature n'est pas une entité, mais « quelque chose » fondé sur des rapports divers.

Mots et expressions utiles

LA TRANSITION

afin de, ainsi, ainsi que, c'est-à-dire, ce qui revient à dire, dans ce but, dans
cette optique, dans cette perspective, de ce point de vue, de même que, en bref,
en d'autres termes, donc, de ce fait, par le fait, d'où, à cause de, par conséquent,
en conséquence, en dépit du fait que, en dépit de, du moins, quoi qu'il en soit,
d'autant plus que, en tant que, par là même, bien que, encore faudrait-il, tout
au moins ne faudrait-il pas dire, non seulement...mais aussi (*ou* mais encore),
par contre, à l'inverse, en revanche

LE POINT DE VUE

Je suis convaincu(e), certain(e), sûr, sure, persuadé(e); à mon avis, selon mon
point de vue, il me semble que, il parait que, pour ma part, ce qui revient à dire,
plus précisément, plus exactement, c'est du moins mon opinion, je considérerai
l'exemple de, en voici un exemple, telle est du moins ma conviction, je préfère
examiner en premier lieu, il est certain, il est peu probable, il est indubitable, il
ne fait pas de doute que

LA PRÉSENTATION, LA CONCLUSION

aborder un sujet, traiter une question, reposer sur, se baser sur, se référer à, en
premier lieu, d'abord, tout d'abord, commencer par, en second lieu, ensuite,
d'autre part, il y a lieu de remarquer à ce propos, par ailleurs, toutefois, cependant, néanmoins, pourtant, pour en revenir à cette question, signaler au passage,
noter à ce sujet, ceci dit, il faut retenir des remarques précédentes (*ou* ci-dessus),
passer au deuxième point, en venir au dernier point, cela nous amène à, pour
conclure, bref, en un mot, dire plutôt que, croire qu'il faut distinguer entre, tout
dépend de, selon

LES ELEMENTS D'UN TEXTE

Qu'est-ce donc qu'un texte? Le texte est le produit d'un moi créateur et du
moi social que constitue l'auteur. Mais que signifient les expressions « moi
créateur » et « moi social »? C'est une question très complexe à laquelle nous
allons offrir une réponse partielle. Plus tard, au cours de vos études avancées,
vous enrichisserez sans cesse les points présentés dans le cadre de ces conseils.

1. L'Auteur

Le texte est créé par un être possédant un don. On peut « naître » écrivain,
mais il faut quand même qu'on apprenne à développer ce don, à l'enrichir, à

s'en servir afin d'exprimer ses idées, une esthétique, un système critique. L'être créateur est aussi un homme, une femme, parfois même un enfant, un adolescent qui a une histoire personnelle (influence de la mère, du père, de la famille en général, des autres). A cette histoire personnelle s'ajoute une vie sociale et intellectuelle.

La vie de l'auteur doit être examinée dans certains cas ainsi que l'histoire, les classes sociales — aristocratie, bourgeoisie, prolétariat — et les lieux qui jouent également un rôle important. Les liens entre l'auteur, le narrateur et les personnages sont aussi essentiels à la narration.

L'écrivain peut intervenir consciemment ou inconsciemment dans son récit. Ainsi, peu avant la mort de François, on lit: « la misérable bête » (misérable = pauvre). Qui s'exprime ici? Ni Laurent, ni Thérèse, ni Madame Raquin. La remarque est générale. L'homme sensible qu'est Zola « trahit » son texte par une intervention personnelle, car il se trouve lui-même aux prises avec l'horreur de la situation.

Dans le Chapitre 7, vous verrez que Marguerite Duras et Marie Cardinal introduisent sans cesse des commentaires personnels dans leurs textes.

A l'occasion, l'écrivain devient aussi le narrateur ou la narratrice. De nouveau, dans le Chapitre 7, vous constaterez que Duras et Cardinal jouent aussi le rôle de la narratrice. Les problèmes soulevés par l'identification des passages où le narrateur est aussi l'auteur ne cessent de surgir chez Proust (voir Plan A). Dans *A la recherche du temps perdu,* le narrateur s'appelle Marcel; il est aussi le personnage principal de l'œuvre et la voix de Marcel Proust par moments.

Dans les extraits de *Thérèse Raquin,* le narrateur en principe omniscient raconte l'histoire des Raquin et de Laurent et présente le milieu dans lequel se déroule leur existence à des fins réalistes et naturalistes.

Dans le cadre de ce livre, l'on ne traitera que de certains aspects de la complexité de l'analyse littéraire en examinant comment l'auteur se sert d'un narrateur, de personnages humains, d'animaux, d'objets, d'événements, afin de créer et de structurer son œuvre.

2. Le Narrateur

Le choix d'un narrateur pour le texte qu'il va créer reflète une décision cruciale de la part de l'auteur. Il faut distinguer précisément les caractéristiques de ce narrateur: présente-t-il le milieu, le cadre de vie, le moment, l'entourage, les personnages, les idées, etc. d'un point de vue *général* ou *spécifique*? Où se trouve-t-il par rapport à l'espace? Où se situe-t-il par rapport au temps, au moment historique, social, économique? Est-il impliqué quant à *l'affectivité* (émotions, passions, haines, etc.)? Est-il aussi un *personnage*? Est-il *l'auteur* dans une certaine mesure?

EXEMPLES

Dans le Chapitre 1, le narrateur présente tout d'abord un *lieu* puis ensuite un *endroit* particulier — le passage du Pont-Neuf. On aperçoit les quais de la Seine puis des rues, et enfin, le passage — sa longueur, sa largeur, son aspect dégoûtant, l'effet des saisons, de l'heure (l'été, l'hiver, le soir, la nuit) son utilité, ses boutiques, leurs places. A la description *générale* se mêle une description *spécifique* culminant à la fin du texte par les mots: « *Mercerie, Thérèse Raquin* ». *L'environnement* est *spécifique* pour les lecteurs du dernier tiers du XIXe siècle puisque *Thérèse Raquin* a été publié en 1867. La *situation sociale* est claire: les marchands vivent dans des « trous lugubres », vendant des « marchandises oubliées là depuis vingt ans », « des bijoux faux »....

Les personnages apparaissent d'une façon générale, vague. Seul, le nom de Thérèse Raquin est spécifique mais le personnage n'a pas encore été présenté.

Du point de vue de la distance, le narrateur guide le lecteur, à partir du quai jusqu'à la mercerie. Zola emploie son narrateur comme une caméra: par moments, celui-ci semble participer au filmage panoramique du passage (« par les beaux jours d'hiver », « le passage n'est pas un lieu de promenade »); par d'autres, il semble converger sur des détails: les « souffles froids de caveau », des « bagues de quinze sous », du « velours bleu », de « l'acajou ».

Le narrateur se sert de l'affectivité surtout dans son emploi des adjectifs (*jaunâtres, gluantes, salie, ignoble, horrible, sinistre*, etc.), des adverbes (*misérablement, étrangement*), d'expressions telles que *trous lugubres, couverte d'une lèpre, d'un air inquiet, l'aspect sinistre d'un véritable coupe-gorge*, etc. Le lecteur se trouve dans le passage. Le narrateur ne semble pas être un personnage.

3. Les Personnages

Tout en les créant, l'auteur présente les personnages au moyen de *caractéristiques* et *d'associations diverses: politiques, sociales, historiques, psychologiques, pathologiques* (c'est-à-dire, *anormales*), *philosophiques, idéologiques, théoriques.*

EXEMPLES

Dans les Chapitres 2, 3, et 4, le narrateur présente plusieurs personnages. Thérèse Raquin est identifiée *pathologiquement* dès le premier abord (ch. 2); elle est décrite selon des critères (en fait erronés, racistes) qui étaient à la mode du temps de Zola, et tous ses traits soulignent sa sensualité (qui va la mener au crime): « une ligne souple et grasse », « une épaisse chevelure sombre », sa cruauté, son tempérament « nerveux », « nez étroit », « lèvres...deux minces traits », « œil noir ». Les chapitres qui suivent accentuent le côté animal, sauvage, hystérique: « déchirait et souillait sa robe » (ch. 3), « une effrayante contraction », « rigide frémissante », « pâmée, morte » (ch. 3), « atroce crise de nerfs » (ch. 4).

Comme vous l'avez étudié, Zola a voulu que ses personnages soient des « brutes humaines » aux prises avec leurs *tempéraments*. Zola identifie donc ses personnages *d'un point de vue théorique* puisqu'il croyait que les êtres humains étaient déterminés par des lois physiologiques, par *l'hérédité*, par l'environnement. Dans *Thérèse Raquin*, Zola, encore réaliste, présente une théorie embryonnaire qu'il développera et nommera « naturalisme ». Ainsi, Thérèse est identifiée par rapport à son tempérament passionné et nerveux et par rapport à son environnement. Elle agit telle qu'elle le fait en partie parce qu'elle étouffe dans le passage du Pont-Neuf, un endroit malsain, clos, mortel.

4. Les Animaux

Les animaux sont parfois identifiés d'une façon similaire à celles des personnages (voir l'extrait de *La Chatte* de Colette dans le Chapitre 5). On peut souvent reprendre à leur effet les remarques exprimées à propos du narrateur et des personnages. Reportez-vous à vos notes sur François, le chat tigré dans *Thérèse Raquin*: la pathologie dans les scènes avec Laurent, la localisation spatiale à travers le roman. Il révèle la présence de l'auteur (ch. 4) « la *pauvre bête* ». Le narrateur omniscient devient l'auteur qui souffre de sa propre création envahie par l'affectivité.

5. Les Objets

Les objets peuvent être des personnages; la télévision et le cinéma nous en offrent fréquemment des exemples.

Dans le premier chapitre de *Thérèse Raquin*, Zola se sert de nombreux objets. Ensemble, ils forment *un tableau,* celui du passage du Pont-Neuf. Certains semblent *statiques*: « les dalles jaunâtres », « des boutiques obscures, basses, écrasées », « *Mercerie* ». Ils ne peuvent changer rapidement. L'état du passage empirera sans aucun doute dans les années à venir. Le passage est identifié d'une façon *temporelle* — le voilà — tel qu'il était il y a quelques années.

Certains objets sont vus aussi d'une façon *panoramique* ou *précise* à travers la vision du narrateur qui regarde le passage, en général par moments, mais qui progresse d'objet en objet par d'autres (les bouquinistes, les marchands de jouets d'enfants, des cartonniers, une marchande de bijoux faux, le tablier de travail, les paquets, les becs de gaz, l'abat-jour, les boiseries d'un vert bouteille, etc.). Le lecteur bouge (*distance par rapport à l'espace*), sent, réagit, avec le narrateur. Zola veut montrer comment le milieu influence les individus, les détermine en partie (c'est-à-dire, les force à adopter une certaine conduite).

L'idée de mort, « caveau », « boutiques écrasées », « marchandises verdâtres », « trous lugubres », « muraille noire », « galerie...funéraire », « ces trous », se répand dans tout le texte et dans l'esprit du lecteur.

Le narrateur et Zola ne se contentent pas de situer les objets dans le lieu, l'endroit et le temps, de les qualifier minutieusement (par rapport à *l'espace,* au *temps*), ils font aussi appel aux *sens* du lecteur: la vue (« planches d'une horrible couleur brune »), l'odorat (« dalles...suent toujours une humidité âcre »), l'ouïe (les sons des « sabots » sur les dalles), le toucher (« la muraille...couturée de cicatrices »). L'auteur, le narrateur peut suggérer le goût; dans *La Curée,* Zola présente un tableau écœurant de parvenus en train de dévorer des mets fins à un bal élégant: « on se ruait sur les pâtisseries et les volailles truffées...Le préfet guettait un gigot...il l'emporta...mettant les tranches de gigot dans leur pain...ils causaient la bouche pleine, écartant leur menton de leur gilet, pour que le jus tombât sur le tapis ».

6. Les Evénements

Narrateur, personnages, environnement, animaux, objets, l'auteur parfois (œuvres autobiographiques par exemple), participent à des *événements,* à une intrigue, à un manque d'intrigue: Les Raquin qui se couchent (ch. 2), les promenades à Saint-Ouen, le meurtre de Camille (ch. 3), le meurtre de François, l'emprisonnement de Thérèse et de Laurent (ch. 4).

7. La Structure

Ensemble, auteur, narrateur, personnages, lieux, milieux, animaux, objets, événements, intrigue ou manque d'intrigue, participent à l'établissement d'une structure dans le passage ou dans l'œuvre, structure choisie par l'écrivain et qui peut revêtir diverses formes.

Ainsi, dans *Thérèse Raquin,* les scènes de la vie de Madame Raquin, de Thérèse et de Camille, du chat s'opposent aux scènes entre Thérèse et Laurent. Les événements s'enchaînent: l'atmosphère sinistre, étouffante du passage du Pont-Neuf, le caractère faible de Camille, son manque de sexualité, la rencontre de Laurent, la passion animale mènent au meurtre du faible par le « fort ». Ces « brutes » réagissent d'une façon primitive: François obsède Laurent, le conduisant à un autre acte de violence. Ils ne ressentent aucun remords mais ils éprouvent une peur physique; leurs tempéraments violents, nerveux, les mènent à l'inévitable, à leur propre mort, cette mort qui pénétrait le passage du Pont-Neuf. En un mot, chaque passage et le roman sont *structurés.*

LE PLAN

Afin d'illustrer et de vous permettre d'appliquer ce que vous venez de lire, nous nous proposons de vous présenter ce qu'est un plan. Lorsque vous écrivez à propos d'un sujet, quand vous présentez une explication de texte ou un exposé, il est nécessaire de suivre une certaine logique afin de ne pas dérouter ceux qui vont vous lire ou vous écouter. Un plan représente la démarche de votre esprit en face d'une question particulière que l'on nomme *le sujet*. Il se divise en trois parties: l'introduction, le développement, et la conclusion.

L'Introduction

Le sens du sujet une fois dégagé, l'étudiant doit organiser ses idées, avant de commencer à rédiger, à l'aide d'un plan, qui lui permettra d'introduire ce sujet, de le développer et d'en tirer des conclusions. Ce plan est un plan *préliminaire,* car les réactions de l'étudiant en face du sujet vont évoluer. L'introduction permet de délimiter le sujet en le définissant clairement, et de présenter brièvement au lecteur, si besoin est, l'auteur, le milieu dans lequel l'action va se dérouler, les événements factuels ou imaginaires, le rôle du narrateur, les personnages, les objets, les animaux, l'idée ou les idées qui sont à l'origine de la problématique qui va être analysée. En fait, il y a deux introductions: la première, celle du plan préliminaire, la seconde, celle qui va figurer dans la présentation finale et qui varie de la première en raison de certains points qui surgissent lors des réflexions à propos du développement. L'introduction doit être claire, concise, dynamique.

Le Développement

Le développement doit comporter plusieurs parties (de trois à cinq en moyenne — notez que les *transitions* entre ces parties sont très importantes). Il est évidemment suggéré par le sujet que l'introduction a cerné. Il peut dans certains cas être imposé par le sujet. Ainsi: «Etes-vous pour ou contre la peine de mort? » Il faudrait en premier lieu présenter les arguments en faveur de la peine de mort, et ensuite ceux contre la peine de mort avec des exemples concrets et littéraires ou vice-versa, selon votre prise de position. Si vous vous opposez à la peine de mort, commencez par traiter les arguments en faveur de cette sentence. Si vous pensez le contraire, visez d'abord les arguments contre.

La Conclusion

Prêtez attention à la transition. Dès l'introduction, vous devez mener le lecteur, l'auditeur à ce point d'arrivée, lié aux déclarations du développement. En fait, la conclusion présente le bilan des réflexions tout en ouvrant de nouvelles perspectives à considérer ultérieurement par le lecteur ou par les étudiants.

Dans le plan détaillé, cette conclusion est d'abord un ensemble de remarques découlant du développement. Ne l'écrivez pas à l'avance dans sa forme complète. L'authenticité de votre développement en souffrirait. La conclusion définitive doit être rédigée une fois que vous avez traité toutes les parties nécessaires pour expliquer, souligner, soutenir, défendre votre interprétation du sujet. Elle ne doit répéter ni l'introduction ni le développement; comme son nom l'indique, elle doit conclure d'une façon complète et originale. Retournez à l'Introduction. Effectuez les changements devenus nécessaires.

A ce propos, relisez-vous soigneusement. Etablissez une distance temporelle (quelques heures, un jour ou deux) entre le texte et vous-même. Relisez-vous une dernière fois et corrigez-vous si besoin est. Vérifiez les transitions. Il faut toujours privilégier le plan préliminaire lors de la rédaction, c'est-à-dire se servir des réflexions, des citations, des arguments pour ou contre le sujet à traiter déjà notés dans ce plan. De nouvelles idées vont surgir au fur et à mesure que vous rédigez et que vous établissez un plan définitif. N'oubliez jamais d'être vous-même, tout en vous appuyant sur le texte, sans être désagréable, ce qui met mal à l'aise votre auditoire ou la personne qui va lire et corriger votre travail. Exprimez vos idées personnelles, ayez foi en l'objectivité de ceux qui écoutent et de votre professeur. Ne reflétez pas ce que vous croyez être son avis à lui ou à elle; toutefois, n'attaquez pas violemment le sujet, le texte ou l'auteur. Ayez du tact. Critiquez, réduisez au besoin à rien certains arguments s'il y a lieu, en vous servant de vos idées, de celles de critiques que vous avez peut-être consultées, de la flexibilité du vocabulaire et du style.

PLANS MODÈLES. Les trois plans qui suivent vous serviront de guide dans vos analyses:

> Le **Plan A** vous sera un guide pour **la dissertation littéraire**. L'analyse de cet extrait de Proust se prête à une approche traditionnelle, comme celle que nous avons présentée plus haut, avec introduction, développement, et conclusion.

> Le **Plan B, la comparaison**, part d'une question vivement débattue à la fin des années cinquante et montre comment un écrivain/théoricien défend ses propres idées innovatrices à l'égard du roman dans la seconde moitié du XXᵉ siècle. Alain Robbe-Grillet se sert de la comparaison, au moyen de courts extraits tirés de son essai *Pour un nouveau roman,* afin d'illustrer ses arguments. Le plan suit encore la structure tripartite traditionnelle. Il résume la démarche théorique et la structure logique de cet essai.

> Le **Plan C**, envisage **l'exposé** et **l'explication de texte**. Il incorpore à sa structure des conseils basés sur la critique contemporaine. C'est un modèle. L'extrait du roman *Agnès de rien* qui suit vous demande de nouveau, comme dans le cas du Plan A, de participer à l'analyse et à la présentation du texte. C'est un exercice guidé.

Ainsi, en étudiant les plans qui suivent, vous apprendrez à penser d'une façon critique, à écrire une dissertation et à présenter un exposé ou une explication de texte d'une façon logique.

PLAN A: *La Dissertation littéraire*

Nous présentons d'abord un guide qui vous permettra d'établir un plan relié au sujet ci-dessous, à la suite duquel vous devrez écrire une dissertation basée sur ce même sujet.

Sujet: Que pensez-vous de la définition proustienne de la jalousie dans l'extrait suivant?

Albertine

[Albertine est une des femmes que le narrateur a aimées et qui lui a été infidèle.]

C'est un de ces pouvoirs de la jalousie de nous découvrir combien la réalité des faits extérieurs et les sentiments de l'âme sont quelque chose d'inconnu qui prête à mille suppositions. Nous croyons savoir exactement ce que sont les choses et ce que pensent les gens, pour la simple raison que nous ne nous en soucions pas. Mais dès que nous avons le désir de savoir comme a le jaloux, alors c'est un vertigineux kaléidoscope où nous ne distinguons plus rien. Albertine m'avait-elle trompé? avec qui? dans quelle maison? quel jour? celui où elle m'avait dit telle chose? où je me rappelais que j'avais dans la journée dit ceci ou cela? je n'en savais rien. Je ne savais pas davantage quels étaient ses sentiments pour moi, s'ils étaient inspirés par l'intérêt, par la tendresse. Et tout d'un coup je me rappelais tel incident insignifiant, par exemple qu'Albertine avait voulu aller à Saint-Martin-le-Vêtu, disant que ce nom l'intéressait, et peut-être simplement parce qu'elle avait fait la connaissance de quelque paysanne qui était là-bas. Mais ce n'était rien qu'Aimé m'eût appris tout cela par la doucheuse [*employée aux bains publics qui s'occupait des douches*], puisque Albertine devait éternellement ignorer qu'il me l'avait appris, le besoin de savoir ayant toujours été surpassé, dans mon amour pour Albertine, par le besoin de lui montrer que je savais; car cela faisait tomber entre nous la séparation d'illusions différentes, tout en n'ayant jamais eu pour résultat de me faire aimer d'elle davantage, au contraire. Or voici que, depuis qu'elle était morte, le second de ces besoins était amalgamé à l'effet du premier: je tâchais de me représenter l'entretien où je lui aurais fait part de ce que j'avais appris, aussi vivement que l'entretien où je lui aurais demandé ce que je ne savais pas; c'est-à-dire la voir près de moi, l'entendre me répondant avec bonté, voir ses joues redevenir grosses, ses yeux perdre leur malice et prendre de la tristesse, c'est-à-dire l'aimer encore et oublier la fureur de ma jalousie dans le désespoir de mon isolement. Le douloureux mystère de cette impossibilité de jamais lui faire savoir ce que j'avais appris et d'établir nos rapports sur la vérité de ce que je venais seulement de découvrir (et que je n'avais peut-être pu découvrir que parce qu'elle était morte) substituait sa tristesse au mystère plus douloureux de sa conduite. Quoi? Avoir tant désiré qu'Albertine sût que j'avais appris l'histoire de la salle de douches, Albertine qui n'était plus rien! C'était là encore une des conséquences de cette impossibilité où nous sommes, quand nous avons à raisonner sur la mort, de nous représenter autre chose que la vie.

Marcel Proust, *A la recherche du temps perdu* (1920–1927)

GUIDE

1. Avant d'établir votre plan et de rédiger votre dissertation, relisez le texte plusieurs fois en pensant à l'auteur, au narrateur, à Albertine, aux endroits, aux objets, au style (les temps, le vocabulaire, la syntaxe, etc.).

2. Relevez les mots qui vous semblent les plus frappants et ceux que vous ne comprenez pas clairement. Par exemple, *vertigineux kaléidescope* (que voyez-vous? qu'est-ce que vous ressentez?); *incident insignifiant* (que veut dire « incident »?). L'adjectif qualificatif *insignifiant* doit attirer votre attention. Le fait qu'Albertine avait voulu aller à Saint-Martin-le-Vêtu peut paraître de prime abord ordinaire. En rétrospective, lorsque le narrateur (Marcel) pense qu'elle l'avait sans doute trompé là-bas avec une paysanne, cet adjectif n'est plus insignifiant: il devient « significatif » dans l'esprit de celui qui se penche sur le passé. « La séparation d'illusions différentes » (quelles sont ces illusions)? Pourquoi « le désespoir de mon isolement? l'entendre me répondant » (est-ce que c'est une construction normale, valeur du participe présent)? « L'entretien où je lui aurais fait part ». *Entretien, faire part* sont formels et ne semblent pas à leur place dans une conversation entre deux amants. Pourquoi le narrateur choisit-il de tels mots?

3. Relevez les temps employés (raisons? effets?).

4. Penchez-vous ensuite sur les phrases: examinez le style de la présentation (direct? indirect? monologue intérieur?), la composition des phrases (les propositions (effets?), les répétitions (raisons? effets?), le rythme créé par ces phrases, par certains mots, par la ponctuation, la sonorité (si possible).

5. Le passage suivant de cet extrait révèle la pensée du narrateur (et de Proust) à propos de la dynamique de la jalousie. Après avoir examiné le vocabulaire, la syntaxe, les temps, les scènes ou événements imaginaires, l'on constate que tous les sentiments, les réflexions tournent autour d'un double désir, *savoir* et *montrer*.

> « ...le besoin de savoir ayant toujours été surpassé, dans mon amour pour Albertine, par le besoin de lui montrer que je savais; car cela faisait tomber entre nous la séparation d'illusions différentes, tout en n'ayant jamais eu pour résultat de me faire aimer d'elle davantage, au contraire. Or voici que, depuis qu'elle était morte, le second de ces besoins [SAVOIR] était amalgamé à l'effet du premier [MONTRER]; je tâchais de me représenter l'entretien où je lui aurais fait part [MONTRER] de ce que j'avais appris [SAVOIR], aussi vivement que l'entretien où je lui aurais demandé ce que je ne savais pas [SAVOIR]; c'est-à-dire la voir près de moi, l'entendre me répondant avec bonté [SAVOIR], voir ses joues redevenir grosses, ses yeux perdre leur malice et prendre de la tristesse [SAVOIR], c'est-à-dire l'aimer encore et oublier la fureur de ma jalousie dans le désespoir de mon isolement. Le douloureux mystère de cette impossibilité de jamais lui faire savoir [MONTRER] ce que j'avais appris [SAVOIR] et d'établir nos rapports sur la vérité (...) substituait sa tristesse au mystère plus douloureux de sa conduite [SAVOIR]. »

6. Examinez le problème de la distance entre le narrateur et Albertine, entre le narrateur et le lecteur. Relisez le texte et observez comment il est présenté. Au commencement et à la fin, Proust a choisi d'employer le *nous*. Le lecteur se trouve attiré par le narrateur qui veut supprimer toute distance entre lui et les autres. Toutefois, il passe au *je* (à la subjectivité) au milieu du texte. Une double distance par rapport au temps et à l'affectivité est établie: celle entre Albertine et Marcel, celle entre Marcel et le lecteur, qui écoute l'histoire, se pose des questions et aimerait interroger le « je ». Parlez de cette technique.

7. Penchez-vous sur les événements: par exemple, ceux qui sont reliés à Saint-Martin-le-Vêtu, la paysanne, la doucheuse, les salles de douche. Ont-ils des dimensions sociales? psychologiques? philosophiques? historiques?

8. Réfléchissez aux intentions de l'auteur, du narrateur, d'Albertine. Relevez les mots-clés.

9. Vous pouvez maintenant passer au plan (voir plus haut, *Introduction*, *Développement*, *Conclusion*) auquel vous effectuerez très certainement des changements. En vous inspirant de ce plan et en vous basant sur les grandes lignes indiquées par vos réponses aux questions précédentes, rédigez votre dissertation.

PLAN B: *La Comparaison*

Alain Robbe-Grillet, lassé du roman traditionnel, écrit un essai en 1963 afin de présenter sa propre théorie dont voici le plan. Ce texte servira de modèle pour la comparaison.

Pour un nouveau roman

I. *Introduction:* **La critique traditionnelle**

[Ici Alain Robbe-Grillet présente le problème qui le préoccupe: celui soulevé par la critique traditionnelle, selon lui.]

« La critique traditionnelle a son vocabulaire. Bien qu'elle se défende beaucoup de porter sur la littérature des jugements systématiques (prétendant, au contraire, aimer librement telle ou telle œuvre d'après des critères « naturels »: le bon sens, le cœur, etc.), il suffit de lire avec un peu d'attention ses analyses pour voir aussitôt paraître un réseau de mots-clefs, trahissant bel et bien un système. »

II. *Développement*

a. **Le roman traditionnel et le « nouveau roman »: premier point.**
« Mais nous sommes tellement habitués à entendre parler de « personnage », d'« atmosphère », de « forme » et de « contenu », de « message », du « talent de conteur » des « vrais romanciers », qu'il nous faut un effort pour nous dégager de cette toile d'araignée et pour comprendre qu'elle représente

une idée sur le roman, idée toute faite, que chacun admet sans discussion, donc idée morte), et point du tout cette prétendue « nature » du roman en quoi l'on voudrait nous faire croire. »

[Robbe-Grillet démontre que les lecteurs sont si habitués à l'analyse traditionnelle qu'ils s'en trouvent souvent prisonniers.]

b. Le « nouveau roman » et le roman traditonnel: deuxième point.

« Plus dangereux encore sont les termes couramment employés pour qualifier les livres qui échappent à ces règles convenues. Le mot « avant-garde », par exemple, malgré son air d'impartialité, sert le plus souvent pour se débarrasser — comme d'un haussement d'épaules — de toute œuvre risquant de donner mauvaise conscience à la littérature de grande consommation. Dès qu'un écrivain renonce aux formules usées pour tenter de forger sa propre écriture, il se voit aussitôt coller l'étiquette: « avant-garde ». »

[Les écrivains veulent renoncer aux présentations traditionnelles, et rechercher une nouvelle expression, des présentations différentes, et rejettent les règles classiques. Toutefois, la critique traditionnelle sape leurs tentatives par l'emploi de certains mots qui vont inquiéter les lecteurs — « avant-garde », par exemple.]

c. Le « nouveau » roman et le roman traditionnel: troisième point.

« En principe, cela signifie seulement qu'il est un peu en avance sur son époque et que cette écriture sera utilisée demain par le gros de la troupe. Mais en fait le lecteur, averti par un clin d'œil, pense aussitôt à quelques jeunes gens hirsutes qui s'en vont, le sourire en coin, placer des pétards sous les fauteuils de l'Académie, dans le seul but de faire du bruit ou d'épater les bourgeois. « Ils veulent scier la branche sur laquelle nous sommes assis », écrit sans malice le très sérieux Henri Clouard (célèbre critique conservateur). »

[En fait, ces nouveaux écrivains présentent le roman tel qu'il va devenir mais la critique traditionnelle s'efforce de garder son public et de la décourager quant à toute innovation.]

III. *Conclusion:* Mort du roman traditionnel

« La branche en question est en réalité morte d'elle-même, sous la simple action du temps; ce n'est pas de notre faute si elle est en train de pourrir. Et il aurait suffi à tous ceux qui désespérément s'y cramponnent de lever une seule fois les yeux vers la cime de l'arbre pour constater que des branches nouvelles, vertes, vigoureuses, bien vivantes, ont grandi depuis longtemps. *Ulysse* [James Joyce] et *le Château* [Kafka] ont déjà dépassé la trentaine. *Le Bruit et la Fureur* [Faulkner] est paru en français depuis vingt ans. Bien d'autres ont suivi. Pour ne pas les voir, nos bons critiques ont, chaque fois, prononcé quelques-uns de leurs mots magiques: « avant-garde », « laboratoire », « anti-roman »... c'est-à-dire: « fermons les yeux et revenons aux saines valeurs de la tradition française. »

Robbe-Grillet, *Pour un nouveau roman* (1963)

PLAN C: *Modèle d'un exposé ou d'une explication de texte*

I. *Introduction*

    A. Identification du texte
        1. dans la vie et dans l'œuvre de son auteur: importance des connaissances biographiques, de la psychanalyse, donc importance des explications de votre professeur, de la critique
        2. dans l'Histoire: importance du moment historique et social
        3. dans l'histoire littéraire (genre, mouvement, théorie)
    B. Caractérisation du texte
        1. Intérêt dominant; idée dominante (par exemple, la solitude, l'amour, la haine)
        2. Structure du texte; en indiquer les parties et les caractériser

II. *Développement*

    N'oubliez pas de considérer:

    Le vocabulaire (mots rares, langage familier)
    Le grammaire et syntaxe (temps des verbes, place des adjectifs qualificatifs, figures de rhétorique, inversions, répétitions, mise en relief, etc.)
    La sonorité (importance de l'accent final)
    Les allusions (lieux, endroits, personnages et événements historiques; allusions mythologiques; leur importance psychologique)
    L'imagerie (métaphores, couleurs)
    Le narrateur (attitudes, subjectivité, objectivité, distances, etc.)
    Les personnages
    Le lecteur (distance)
    Les idées prédominantes et le texte caché (lire entre les lignes, découvrir ce que révèlent le choix des mots, des temps, des lieux, des objets, du moment historique et social, etc.)
    La subjectivité ou l'effort d'objectivité de la part de l'auteur

    Vous pouvez traiter ces éléments de deux façons principales:

1. Suivre l'ordre du texte même, en faisant tout commentaire approprié à l'intérieur de chaque partie distinguée dans le plan donné ci-dessus.
2. En groupant les commentaires et en traitant chaque catégorie d'éléments séparément (vocabulaire, grammaire, puis syntaxe, puis allusions, etc.), selon un ordre qui fait ressortir l'essentiel.

Ne négligez pas de souligner à travers ces commentaires: (1) le rôle et les caractéristiques des personnages, des objets, des animaux, de l'environnement, des endroits, du moment historique et social, etc. (2) ce que disent, insinuent, ou ne disent pas, l'auteur, le narrateur, les personnages.

III. *Conclusion*

1. Résumez brièvement les résultats de l'analyse.
2. Jugez le texte; réactions personnelles.
3. Indiquez l'importance et les ramifications du texte, de l'œuvre: importance littéraire, sociologique, historique, etc.

EXERCICE GUIDÉ

A. Faites le plan du texte suivant de Germaine Beaumont.

Agnès de rien

Le feu qui palpitait comme un feu qui va mourir, embrasait tour à tour des fragments d'une pièce aux profondeurs indistinctes. Je vis paraître puis disaparaître, repris par l'ombre, un grand miroir ovale, incliné lourdement au-dessus d'une console dans le style Régence dont les pieds torsadés et les riches volutes réfléchirent mille petites lueurs voletantes comme des mouches de rubis.

Combien de temps restai-je ainsi, détournant mes yeux du feu expirant pour en capter les derniers reflets sur les murs verdâtres tachés d'humidité? Aucun signe de vie ne parvenait de la maison, qu'un battement d'horloge amorti par des portes et des tentures, et qu'un sifflement de sève, égal comme la respiration de quelqu'un qui dort....

Cependant le feu continuait à baisser. Le froid s'insinuait dans la pièce. Des courants d'air glacé passaient par les interstices des fenêtres et sous les portes. Les rideaux bougeaient, retombaient, se soulevaient de nouveau. J'ôtai sans bruit mon manteau, le resserrai autour de mes épaules, le ramenai sur mes genoux. Et sans doute j'eusse accepté le froid si je n'avais redouté l'obscurité. Mais je ne savais comment allumer les grosses lampes posées sur les guéridons, le piano, la console. J'avisai alors à portée de ma main, contre la cheminée, un coffre à bois recouvert en tapisserie. J'en levai le couvercle afin d'y prendre une bûche, mais mes doigts lourds le laissèrent échapper. Il retomba avec un bruit retentissant qui agita des porcelaines invisibles, ébranla le lustre dont les pendeloques vibrèrent d'un long frisson éploré, et arracha aux ténèbres d'interminables échos.

Comme si le bruit possédait quelque vertu pour ranimer une flamme expirante, ou plutôt comme si l'air remué soufflait sur un dernier tison, une vive lumière jaillit des bûches consumées, capta le salon tout entier dans ses faisceaux, et au moment où je me sentais moi-même comme dénudée par la clarté, j'entendis une voix s'écrier près de moi avec un accent que je ne puis oublier:

— Qui est là? Mais *qui* est là?

Je sursautai, tournai la tête avec appréhension vers un divan où j'avais remarqué quelques instants plus tôt un amoncellement de couvertures et de coussins. D'un fatras d'étoffes rejetées à terre un personnage [Carlo] venait de surgir. L'égarement, l'âge, l'ombre, lui ciselaient un visage d'une dramatique et dangereuse beauté. Il me fixait de ses yeux caves tout en repoussant d'une main maigre sa chevelure sombre sabrée d'une longue mèche blanche.

— Eh bien! qui êtes-vous? Répondez. Etes-vous vivante? Etes-vous fantôme? Parlez, parlez.

Cette sourde voix hallucinée m'émut plus encore qu'elle ne m'effraya. Un songe y luttait encore contre la réalité. Mon insignifiante apparence s'intégrait à ces figures qui errent en marge du cerveau humain lorsque la conscience l'abandonne. Au lieu de venir vers moi, toute embrassée de sursauts de lumière et cernée de reflets qui allaient s'affaiblissant, l'homme cependant restait assis sur le rebord du divan, étendant une main tâtonnante, sans que l'on sût si c'était pour m'atteindre ou pour me repousser...

— Je suis Agnès.

Un temps passa. L'homme rebroussa de nouveau la longue mèche qui persistait à retomber sur ses traits ravagés, répéta, « Agnès, Agnès », et soudain, bondissant sur ses pieds au moment où le feu s'éteignait dans un dernier crépitement, tourna un bouton électrique, inonda la pièce d'une clarté brutale, transforma sa fantasmagorie en un vulgaire encombrement, et avec une violence qui me pétrifia:

— *Quelle* Agnès?

En même temps ses yeux parcouraient avec avidité toute ma personne, les yeux les plus véhéments, les plus possessifs que j'eusse jamais contemplés. Ils paraissaient s'emparer tour à tour de mes pâles cheveux, de mes yeux effrayés, de mes joues creuses, de ma silhouette malingre et de mes mains nues que dans mon effroi je nouais et dénouais contre ma poitrine. Ils paraissaient s'emparer de tout cela comme d'un fruit dont on presse le suc et dont on rejette l'écorce. Ce regard m'offensait, me fascinait, me brûlait. Je réussis à maîtriser mon indignation, ma peur aussi car le personnage, avec sa chevelure en désordre, son teint de romani [romanichel: tzigane, bohémien.] l'éclat dément de ses prunelles me paraissait de moins en moins rassurant. Je me redressai et d'un ton que je jugeai propre à le confondre étant donné l'endroit où je me trouvais.

— Mais, Agnès de Chaligny.

— Agnès *de* Chaligny.

Il répéta mon nom deux ou trois fois en accentuant la particule d'un ton de dérision intolérable, resta une seconde sans bouger, puis saisissant ma main droite avant que je pusse esquisser un mouvement de recul ou de défense, il me fit virevolter, m'amenant plus près de lui, en plein sous la lumière criarde d'une applique. Sa figure changeait à tout instant, parcourue de mouvements, de grimaces, agitée comme la surface d'une eau qui bout...

Il suffisait d'une pression de son doigt sur mon épaule pour me faire vaciller en effet dans le sens qui lui plaisait. Et il le fit sans que mes yeux quittassent son visage. Je ne pouvais cesser de le regarder, l'eusse-je voulu. Je ne pouvais un instant, pas même l'instant d'un battement de paupière, cesser de le regarder. Il poursuivit, puisant dans l'impunité de sa violence, une ardeur, une inspiration nouvelles.

— Je pourrais aussi vous renverser, vous écraser, vous trainer par les cheveux, vous faire rentrer dans le sol, pauvre ver.

Il jeta à cette pensée, une sorte de cri de triomphe qui s'acheva dans une quinte de toux.

— Vous voyez, je m'en vais de là, moi aussi. (Et il s'envoya de sa main libre, un coup dans la poitrine.) Je m'en vais comme vous, douce amie. Exit les étrangers! Car nous sommes les étrangers. Que nous disparaissions, et la famille de Chaligny se refermera sur nous comme l'eau sur les noyés. J'ose croire que vous en doutiez un peu, Agnès de Chaligny, Agnès tout court, Agnès de rien...

Germaine Beaumont, Agnès de rien (1943)

B. Analysez par écrit un des sujets suivants:

1. Commentez l'atmosphère créée par Germaine Beaumont dans *Agnès de rien*: le vocabulaire, les temps, les phrases, le rythme, les sons, les couleurs, les objets, les événements, l'appel aux sens du lecteur.
2. Indiquez le rôle de la narratrice dans cet extrait.
3. Expliquez l'importance des objets.
4. Indiquez le rôle de l'homme (Carlo).
5. Faites la compraison d'Agnès et de Carlo.
6. Expliquez les réactions de la lectrice, du lecteur.

C. Faites un exposé d'un des six sujets.

CHAPITRE 5

LA JALOUSIE

Madame de La Fayette, *La Princesse de Clèves*
Colette, *La Chatte*
Alain Robbe-Grillet, *La Jalousie*

Dans les chapitres précédents, nous avons analysé quatre passages extraits d'un roman très simple d'Emile Zola, car il est indispensable d'avoir une formation de base avant d'aborder d'autres manières de lire. Maintenant, tout en poursuivant la méthode classique, nous allons aborder des textes en nous basant aussi sur la critique des dernières années. Dans ce chapitre nous verrons comment trois auteurs se sont attaqués au problème de la jalousie de manière différente.

Madame de La Fayette (1634–1693)

Née de petite noblesse, Madame de La Fayette épouse en 1655 le comte de La Fayette, devient une femme du monde, fréquentant les salons les plus célèbres et la Cour, et se met à écrire. *La Princesse de Clèves* sera publié en 1678 et remportera un immense succès mondain et littéraire au XVIIᵉ siècle. On ira même jusqu'à prétendre que son auteur ne pouvait être une femme!

Traditionnellement, *La Princesse de Clèves* était vue comme l'histoire d'une héroïne à la fois racinienne (passion) et cornélienne (devoir — envers la mère et le mari). De nos jours, certains critiques considèrent la Princesse comme une femme qui se révolte contre le code social inculqué par sa mère, contre le patriarcat du XVIIᵉ siècle, et qui décide de refuser l'amour du Duc de Nemours afin d'affirmer son pouvoir de femme.

La Princesse de Clèves

Dans un cadre historique (la Cour d'Henri III), Madame de La Fayette nous présente trois personnages touchés par la passion. La Princesse de Clèves, mariée au Prince de Clèves selon les conseils de sa mère qui suit le code social de l'époque, tombe amoureuse, malgré elle, du Duc de Nemours, un galant aristocrate qui charme la Cour. Le Prince de Clèves, qui aime passionnément sa femme contrairement aux mœurs de son temps où les mariages de convenance prédominaient, meurt peu après de chagrin quand il s'aperçoit que la Princesse et le Duc s'aiment. Cependant, à la fin, la Princesse de Clèves refuse d'épouser Monsieur de Nemours.

Le Prince de Clèves, dont la jalousie s'accroît, est convaincu que sa femme aime le Duc de Nemours. Comme tous les jaloux, il veut savoir et montrer, c'est-à-dire qu'il cherche à obtenir un aveu afin de pouvoir accuser encore plus. Il vient de poser des questions mineures pour en arriver à la question majeure: celle des liens entre M. de Nemours et la Princesse de Clèves.

La Princesse de Clèves

1   ...M. de Clèves reprenant la parole avec un ton qui marquait son affliction: « Et M. de Nemours, lui dit-il [à la Princesse de Clèves], ne l'avez-vous point vu ou l'avez-vous oublié?

2   — Je ne l'ai point vu, en effet, répondit-elle; je me trouvais mal et j'ai envoyé une de mes femmes lui faire mes excuses.

3   — Vous ne vous trouviez donc mal que pour lui, reprit M. de Clèves. Puisque vous avez vu tout le monde, pourquoi des distinctions pour M. de Nemours? Pourquoi ne vous est-il pas comme un autre? Pourquoi faut-il que vous craigniez sa vue? Pourquoi lui laissez-vous voir que vous le craignez? Pourquoi lui faites-vous connaître que vous vous servez du pouvoir que sa passion vous donne sur lui? Oseriez-vous refuser de le voir si vous ne saviez bien qu'il distingue vos rigueurs de l'incivilité? Mais pourquoi faut-il que vous ayez des rigueurs pour lui? D'une personne comme vous, Madame, tout est des faveurs, hors l'indifférence.

4   — Je ne croyais pas, reprit Mme de Clèves, quelque soupçon que vous ayez sur M. de Nemours, que vous pussiez me faire des reproches de ne l'avoir pas vu.

5   — Je vous en fais pourtant, Madame, répliqua-t-il, et ils sont bien fondés. Pourquoi ne le pas voir s'il ne vous a rien dit? Mais, Madame, il vous a parlé; si son silence seul vous avait témoigné sa passion, elle n'aurait pas fait en vous une si grande impression. Vous n'avez pu me dire la vérité tout entière, vous m'en avez caché la plus grande partie; vous vous êtes repentie même du peu que vous m'avez avoué et vous n'avez pas eu la force de continuer. Je suis plus malheureux que je ne l'ai cru et je suis le plus malheureux de tous les hommes. Vous êtes ma femme, je vous aime comme ma maîtresse et je vous en vois aimer un autre. Cet autre est le plus aimable de la cour et il vous voit tous les jours, il sait que vous l'aimez.

Eh! j'ai pu croire, s'écria-t-il, que vous surmonteriez la passion que vous avez pour lui. Il faut que j'aie perdu la raison pour avoir cru qu'il fût possible.

6 — Je ne sais, reprit tristement Mme de Clèves, si vous avez eu tort de juger favorablement d'un procédé aussi extraordinaire que le mien; mais je ne sais si je ne me suis trompée d'avoir cru que vous me feriez justice.

7 — N'en doutez pas, Madame, répliqua M. de Clèves, vous vous êtes trompée; vous avez attendu de moi des choses aussi impossibles que celles que j'attendais de vous. Comment pouviez-vous espérer que je conservasse de la raison? Vous aviez donc oublié que je vous aimais éperdument et que j'étais votre mari? L'un des deux peut porter aux extrémités: que ne peuvent point les deux ensemble?... Je n'ai que des sentiments violents et incertains dont je ne suis pas le maître. Je ne me trouve plus digne de vous, vous ne me paraissez plus digne de moi. Je vous adore, je vous hais, je vous offense, je vous demande pardon; je vous admire, j'ai honte de vous admirer. Enfin il n'y a plus en moi ni de blâme ni de raison. Je ne sais comment j'ai pu vivre depuis que vous me parlâtes à Coulommiers et depuis le jour que vous apprîtes de Mme la Dauphine que l'on savait votre aventure. Je ne saurais démêler par où elle a été sue ni ce qui se passa entre M. de Nemours et vous sur ce sujet; vous ne me l'expliquerez jamais et je ne vous demande point de me l'expliquer. Je vous demande seulement de vous souvenir que vous m'avez rendu le plus malheureux homme du monde. »

Mme de La Fayette, *La Princesse de Clèves* (1678)

QUESTIONNAIRE

1. Le ton de la première phrase marque l'affliction du Prince de Clèves. Relevez les autres signes qui indiquent que M. de Clèves est affligé.

2. « Pourquoi des distinctions pour M. de Nemours?... Mais pourquoi faut-il que vous ayez des rigueurs pour lui? » Qu'est-ce que ces questions et celles qui suivent nous indiquent? Comment Mme de Clèves y répond-elle?

3. Qu'est-ce que M. de Clèves veut dire par « Je suis plus malheureux que je ne l'ai cru... » (paragraphe 5)?

4. Qu'est-ce que les mots « Vous êtes ma femme, je vous aime comme ma maîtresse... » indiquent? Consultez l'introduction au passage. Examinez le contexte historique (les mœurs du XVIIᵉ siècle) et psychologique (raison/devoir/passion).

5. « Comment...raison? » (paragraphe 7): En relisant les premières interrogations du Prince de Clèves, puis cette question et celles qui suivent, montrez comment Mme de La Fayette identifie de plus en plus son personnage.

6. Montrez comment l'emploi de l'interrogation donne une structure au passage? Combien de parties différentes y distinguez-vous?

7. En examinant le choix des mots, montrez comment Madame de La Fayette se sert de l'affectivité afin de souligner le désarroi du Prince de Clèves.

8. Comment la répétition de certains mots contribue-t-elle à cette affectivité?

9. Les écrivaines et les critiques féministes parlent souvent du silence: la femme se tait parce qu'elle est opprimée ou parce qu'elle décide de ne plus parler la langue patriarcale de l'oppresseur. Le quasi-silence de Mme de Clèves est-il «féministe»? Si oui, pourquoi, et où se trouve l'auteure? Si non, à quoi est-il relié?

10. En vous servant de vos connaissances stylistiques et des Conseils pour la dissertation, etc., montrez que ce court extrait suffit pour peindre les oscillations de la pensée et du cœur en tout être humain.

STYLISTIQUE

Vocabulaire

1. Etudiez de près la connotation des mots en italique. Faites entrer dans une nouvelle phrase chacun de ces mots.

(a) «...pourquoi des *distinctions* pour M. de Nemours?»

(b) «...il *distingue vos rigueurs* de l'incivilité?»

(c) «...je vous *admire,* j'ai honte de vous admirer.»

2. Donnez les synonymes des mots en italique. Faites entrer chacun de ces mots dans une nouvelle phrase. Marquez clairement les écarts de signification.

(a) «Je ne croyais pas que vous pussiez me faire des *reproches* de ne l'avoir pas vu.»

(b) «Je ne sais...si vous avez eu tort de juger favorablement d'un *procédé* aussi *extraordinaire* que le mien....»

3. Exprimez autrement la phrase: «Eh! que ne sont-ils point aussi...»

Analyse de la phrase

1. Analysez la fonction de tous les mots de la phrase suivante: «Je ne saurais démêler par où elle a été sue ni ce qui se passa entre M. de Nemours et vous sur ce sujet.»

2. Analysez les propositions figurant dans les phrases suivantes: «Je ne me trouve plus digne de vous, vous ne me paraissez plus digne de moi. Je vous adore, je vous hais, je vous offense, je vous demande pardon; je vous admire, j'ai honte de vous admirer. Enfin il n'y a plus en moi ni de blâme ni de raison. Je ne sais comment j'ai pu vivre depuis que vous me parlâtes à Coulommiers et depuis le jour que vous apprîtes de Mme la Dauphine que l'on savait votre aventure. Je ne saurais démêler par où elle a été sue ni ce qui se passa entre M. de Nemours et vous sur ce sujet; vous ne me l'expliquerez jamais et je ne vous demande point de me l'expliquer. Je vous demande seulement de vous souvenir que vous m'avez rendu le plus malheureux homme du monde.»

3. En vous servant du *vocabulaire de la lecture,* composez une ou deux propositions simples; puis *enrichissez* leur terme sujet par *deux* subordonnées.

4. Relevez dans le dernier paragraphe les exemples de répétition de sons, et expliquez-en les effets.

5. Résumez le passage en faisant ressortir les éléments qui peuvent dérouter le lecteur ou la lectrice du xxᵉ siècle.

Colette (1973–1954)

Gabrielle-Sidonie Colette est née dans un humble village de l'Yonne, Saint-Sauveur-en-Puisaye. Toute sa vie, elle garda une sensibilité extraordinaire envers la nature sous toutes ses formes. Elle ne sut jamais couper les liens qui l'attachaient à « Sido », sa mère, même lorsque cette dernière mourut. Colette a écrit de nombreuses œuvres: la série des *Claudine* et surtout *Chéri* (1920), *Le Blé en herbe* (1923), *Sido* (1926), *La Naissance du Jour* (1928) et *La Chatte* (1933). Après un premier mariage pénible en 1893 pendant lequel son mari Henri Gauthier-Villars signa, jusqu'en 1905, de son propre pseudonyme « Willy » les romans de sa femme, elle mena une vie jugée scandaleuse par certains de ses contemporains, puis elle épousa, en 1912, Henry de Jouvenel dont elle eut une fille, Bel-Gazou. En 1935, elle épousa Maurice Goudeket.

Membre de l'Académie Goncourt, Grand Officier de la Légion d'Honneur, Collette mourut en 1954. A l'heure actuelle son œuvre est relue de points de vue différents: rôle de la mère, empreinte indélibile de l'enfance, vision de l'homme en tant qu'objet, impossibilité de l'existence du couple.

La Chatte

Dans *La Chatte* (1933), Alain, un homme très attaché à son enfance et à une chatte, Saha (« sa chimère »), épouse Camille, une jeune femme à l'esprit « moderne ». Peu à peu, Camille devient jalouse de Saha car celle-ci représente la Femme rêvée et la mère aux yeux d'Alain. Colette se penche dans ce roman sur le problème du couple, l'homme et la femme jouant alternativement des rôles où ils se retrouvent *objets* ou *sujets*.

La Chatte

1   Un soir de juillet qu'elles attendaient toutes deux le retour d'Alain, Camille et la chatte se reposèrent au même parapet, la chatte couchée sur ses coudes, Camille appuyée sur ses bras croisés. Camille n'aimait pas ce balcon-terrasse réservé à la chatte, limité par deux cloisons de maçonnerie, qui le gardaient du vent et de toute communication avec la terrasse de proue.

2   Elles échangèrent un coup d'œil de pure investigation, et Camille

n'adressa pas la parole à Saha. Accoudée, elle se pencha comme pour compter les étages de stores oranges largués du haut en bas de la vertigineuse façade, et frôla la chatte qui se leva pour lui faire place, s'étira, et se recoucha un peu plus loin. Dès que Camille était seule, elle ressemblait beaucoup à la petite fille qui ne voulait pas dire bonjour, et son visage retournait à l'enfance par l'expression de naïveté inhumaine, d'angélique dureté qui ennoblit les visages enfantins. Elle promenait sur Paris, sur le ciel d'où chaque jour la lumière se retirait plus tôt, un regard impartialement sévère, qui peut-être ne blâmait rien. Elle bâilla nerveusement, se redressa et fit quelques pas distraits, se pencha de nouveau, en obligeant la chatte à sauter à terre. Saha s'éloigna avec dignité et préféra rentrer dans la chambre. Mais la porte de l'hypoténuse avait été refermée, et Saha s'assit patiemment. Un instant après, elle devait céder le passage à Camille, qui se mit en marche d'une cloison à l'autre, à pas brusques et longs, et la chatte sauta sur le parapet. Comme par jeu, Camille la délogea en s'accoudant, et Saha, de nouveau, se gara contre la porte fermée.

3   L'œil au loin, immobile, Camille lui tournait de dos. Pourtant la chatte regardait le dos de Camille, et son souffle s'accélérait. Elle se leva, tourna deux ou trois fois sur elle-même, interrogea la porte close. Camille n'avait pas bougé. Saha gonfla ses narines, montra une angoisse qui ressemblait à la nausée, un miaulement long, désolé, réponse misérable à un dessein imminent et muet, lui échappa, et Camille fit volte-face.

4   Elle était un peu pâle, c'est-à-dire que son fard évident dessinait sur ses joues deux lunes ovales. Elle affectait l'air distrait, comme elle l'eût fait sous un regard humain. Même elle commença un chantonnement à bouche fermée, et reprit sa promenade de l'une à l'autre cloison, sur le rhythme de son chant, mais la voix lui manqua. Elle contraignait la chatte, que son pied allait meurtrir, à regagner d'un saut son étroit observatoire, puis à se coller contre la porte.

5   Saha s'était reprise, et fût morte plutôt que de jeter un second cri. Traquant la chatte sans paraître la voir, Camille alla, vint, dans un complet silence. Saha ne sautait sur le parapet que lorsque les pieds de Camille arrivaient sur elle, et elle ne retrouvait le sol du balcon que pour éviter le bras tendu qui l'eût précipitée du haut des neuf étages.

6   Elle fuyait avec méthode, bondissait soigneusement, tenait ses yeux fixés sur l'adversaire, et ne condescendait ni à la fureur, ni à la supplication. L'émotion suprême, la crainte de mourir, mouillèrent de sueur la sensible plante de ses pattes, qui marquèrent des empreintes de fleurs sur le balcon stuqué.

7   Camille sembla faillir la première, et disperser sa force criminelle. Elle commit la faute de remarquer que le soleil s'éteignait, donna un coup d'œil à son bracelet-montre, prêta l'oreille à un tintement de cristaux dans l'appartement. Quelques instants encore et sa résolution, en l'abandonnant comme le sommeil quitte le somnambule, la laisserait innocente et épuisée.

Saha sentit chanceler la fermeté de son ennemie, hésita sur le parapet, et Camille, tendant les deux bras, la poussa dans le vide.

8   Elle eut le temps d'entendre le crissement des griffes sur le torchis, de voir le corps bleu de Saha tordu en S, agrippé à l'air avec une force ascendante de truite, puis elle recula et s'accota au mur....

9   Il [Alain] portait Saha vivante dans ses bras. Il alla droit à la chambre, poussa de côté les bibelots de la coiffeuse invisible, déposa doucement la chatte sur la planche de verre. Elle se tint debout et d'aplomb sur ses pattes, mais promena autour d'elle le regard de ses yeux profondément enchâssés, comme elle eût fait dans un logis étranger.

10   — Saha!...appela Alain à mi-voix. Si elle n'a rien, ce sera un miracle...Saha!

11   Elle leva la tête, comme pour rassurer son ami, et appuya sa joue contre sa main.... Il coucha la chatte sur le flanc et interrogea les côtes battantes, le rouage minuscule et désordonné.

12   Ses cheveux blonds répandus, les yeux clos, il sembla dormir sur le flanc de Saha, s'éveiller avec un soupir, et apercevoir seulement Camille qui regardait, debout et silencieuse, leur groupe serré.

13   — Crois-tu!...Elle n'a rien, du moins je ne lui découvre rien, qu'un cœur terriblement agité, mais un cœur de chat est normalement agité. Mais comment ça a-t-il pu arriver....

14   Une pauvre petite meurtrière [Camille], docile, essaya de sortir de la relégation où elle s'enfonçait, tendit la main et toucha doucement, avec une haine humble, le crâne de la chatte... Le plus sauvage feulement, un cri, un bond d'épilepsie, répondirent à son geste, et Camille fit « ha! » comme une brûlée. Debout sur le lavis déployé, la chatte couvrait la jeune femme d'une accusation enflammée, levait le poil de son dos, découvrait ses dents et le rouge sec de sa gueule....

15   Alain se risqua à caresser Saha, qui abattit son poil hérissé, se modela sous la paume amie, mais ramena la lumière de ses yeux sur Camille.
    — Ça, par exemple...répéta Alain lentement. Tiens, elle a une écorchure au nez, je n'avais pas vu... C'est du sang séché. Saha, Saha, sage...dit-il en voyant la fureur croître dans les yeux jaunes.

16   A cause du gonflement des joues, de la rigidité chasseresse des moustaches dardées en avant, la chatte furieuse semblait rire. L'allégresse des combats tirait les coins mauves de la gueule, bandait le mobile menton musclé, et tout le félin visage s'efforçait vers un langage universel, vers un mot oublié des hommes....

[A la fin du récit, Alain quitte Camille et se retrouve seul avec « sa » Saha:]

Une courbe de l'allée, une brèche dans le feuillage permirent à Camille de revoir, à distance, la chatte et Alain. Elle s'arrêta court, eut un élan comme pour retourner sur ses pas. Mais elle ne balança qu'un moment, et s'éloigna plus vite. Car, si Saha, aux aguets, suivait humainement le départ de Camille,

Alain à demi-couché jouait, d'une paume adroite et creusée en patte, avec les premiers marrons d'août, verts et hérissés.

Colette, *La Chatte* (1933)

QUESTIONNAIRE

1. Quel est l'effet de ce «toutes deux» au début du passage? Relevez d'autres expressions ou situations où Saha et Camille sont considérées comme un couple.

2. Comment Colette réussit-elle à personnaliser Saha tout en s'assurant que les lecteurs ne perdent pas de vue que c'est aussi une chatte? Relevez tous les mots ou expressions qu'elle emploie pour convaincre ses lecteurs.

3. La scène du «crime» vous paraît-elle réaliste ou fantasmagorique? Appuyez-vous sur des remarques stylistiques.

4. Au moyen de quels mots, de quelles expressions, de quels temps, de quelles scènes, Colette souligne-t-elle les rapports particuliers d'Alain et de Saha?

5. Montrez comment Colette prépare les lecteurs et les mène aux mots «la poussa dans le vide».

6. Comment Colette décrit-elle Camille juste après le moment où Alain revient, portant la chatte dans ses bras. Examinez l'affectivité de l'auteure envers son personnage?

7. Quels sont les expressions qui font de Saha une accusatrice?

8. «...vers un mot oublié des hommes» (parag. 16). Que veut dire Colette?

9. Quelle est l'importance de l'imparfait et du passé simple dans ce passage?

10. Comparez la description de François dans *Thérèse Raquin* à celle de Saha. Qu'est-ce que leurs rôles nous indiquent sur les intentions de Zola et de Colette?

11. Comparez le meurtre de François à celui de Saha (car même si celle-ci ne meurt pas, Camille a voulu la tuer) en analysant le milieu dans lequel le drame se déroule, au moyen de l'étude du style.

12. Comparez l'attitude de Laurent à celle de Camille.

13. Où se situent les lecteurs?

14. Comment Colette fait-elle appel à leur imagination et à leur sensibilité?

15. Où se trouve l'auteure dans cet extrait?

STYLISTIQUE

Vocabulaire

1. Etudiez de près la connotation des mots en italique. Faites entrer dans une nouvelle phrase chacun de ces mots en les employant dans le même sens.

   (a) «Elles échangèrent un coup d'œil de pure *investigation*...»

   (b) «...son visage retournait à l'enfance par l'expression de naïveté inhumaine,...qui ennoblit les visages *enfantins*.»

(c) « Comme par jeu, Camille la *délogea...* »

(d) « Saha, de nouveau, *se gara contre* la porte fermée. »

(e) « ...un miaulement long, désolé, réponse misérable à un *dessein* imminent et muet... »

(f) « Elle contraignit la chatte, que son pied allait *meurtrir,* à regagner d'un saut son étroit observatoire. »

(g) « Il...poussa de côté les *bibelots* de la coiffeuse invisible. »

(h) « Une *pauvre petite* meurtrière, docile, essaya de sortir... »

(i) « ...*tendit la main* et toucha doucement, avec une haine humble... »

2. Donnez les synonymes des mots en italique.

(a) « Elle se leva...interrogea la porte *close.* »

(b) « Elle fuyait avec méthode,...tenait ses yeux fixés sur *l'adversaire.* »

(c) « Quelques instants encore et *sa résolution...*la laisserait innocente et épuisée. »

(d) « Elle recula et *s'accota* au mur. »

(e) « Il coucha la chatte *sur le flanc...* »

(f) « ...en voyant la fureur *croître* dans les yeux jaunes. »

Analyse de la phrase

1. Analysez du point de vue de leurs fonctions et de leurs propriétés les mots ou expressions en italique:

(a) « Camille *appuyée* sur ses bras croisés. »

(b) « *Dès que* Camille était seule, elle ressemblait beaucoup à la petite fille qui ne voulait *pas dire bonjour,* et son visage retournait *à l'enfance par l'expression* de *naïveté inhumaine...* »

(c) « *Traquant* la chatte *sans* paraître *la* voir... »

(d) « Il portait Saha *vivante dans ses bras.* »

2. En vous aidant des explications données dans le Chapitre 3, analysez les propositions dans les phrases suivantes:

(a) « Un instant après elle devait céder le passage à Camille, qui se mit en marche d'une cloison à l'autre, à pas brusques et longs, et la chatte sauta sur le parapet. »

(b) « Saha gonfla ses narines, montra une angoisse qui ressemblait à la nausée, un miaulement long, désolé, réponse misérable à un dessein imminent et muet, lui échappa, et Camille fit volte face. »

Alain Robbe-Grillet (1922–   )

Alain Robbe-Grillet, autrefois ingénieur agronome, a étudié à l'Institut National de la Statistique. Dans un article paru en 1958, il déclare que les mots des romanciers sont chargés de trop d'émotions ou prêtent trop à susciter des émotions chez le lecteur. Leur vocabulaire a un potentiel affectif qui les empêche de voir ou de faire voir réellement les choses. Le « nouveau roman », comme il a été surnommé, nécessite un vocabulaire neutre; on y constate l'importance *des choses,* appréhendées comme « elles sont », le refus d'une intrigue « préparée » à l'avance (cf. le traitement du temps, de la chronologie, d'un commencement ou d'une fin), et d'une élaboration traditionnelle des personnages.

Dans le nouveau roman, l'être humain est présenté de façons diverses, mais toutes ces façons s'efforcent de refuser les formes traditionnelles. L'œuvre a ses lois propres, sa réalité, qui ne reposent plus sur le réalisme d'un Balzac, d'un Flaubert, d'une Colette, ou sur le naturalisme d'un Zola. Les nouveaux romanciers voulurent que les lecteurs se fissent créateurs. Dorénavant, le lecteur doit être un être actif, conscient, participant à la création page après page. Il se voit aussi attirer dans un monde où l'irrationnel, l'inconscient a sa part.

La Jalousie

[Un regard observe sans cesse une femme séduisante, A., un mille-pattes et un colon, Franck, sans que le lecteur sache vraiment ce qui se passe en réalité. C'est au lecteur d'en déduire l'intrigue. Cependant l'auteur trace un portrait angoissant de la jalousie pathologique.]

1   Franck raconte son histoire de voiture en panne, riant et faisant des gestes avec une énergie et un entrain démesurés. Il saisit son verre, sur la table à côté de lui et le vide d'un trait, comme s'il n'avait pas besoin de déglutir pour avaler le liquide; tout a coulé d'un seul coup dans sa gorge. Il repose le verre sur la table, entre son assiette et le dessous-de-plat. Il se remet immédiatement à manger. Son appétit considérable est rendu plus spectaculaire encore par les mouvements nombreux et très accusés qu'il met en jeu: la main droite qui saisit à tour de rôle le couteau, la fourchette et le pain, la fourchette qui passe alternativement de la main droite à la main gauche, le couteau qui découpe les bouchées de viande une à une et qui regagne la table après chaque intervention, pour laisser la scène au jeu de la fourchette changeant de main, les allées et venues de la fourchette entre l'assiette et la bouche, les déformations rythmées de tous les muscles du visage pendant une mastication consciencieuse qui avant même d'être terminée, s'accompagne déjà d'une reprise accélérée de l'ensemble.

2   La main droite saisit le pain et le porte à la bouche, la main droite repose le pain sur la nappe blanche et saisit le couteau, la main gauche saisit la fourchette, la fourchette pique la viande, le couteau coupe un morceau de viande, la main droite pose le couteau sur la nappe, la main gauche met la fourchette dans la main droite, qui pique le morceau de viande, qui

s'approche de la bouche, qui se met à mastiquer avec des mouvements de contraction et d'extension qui se répercutent dans tout le visage, jusqu'aux pommettes, aux yeux, aux oreilles, tandis que la main droite, reprend la fourchette pour la passer dans la main gauche, puis saisit le pain, puis le couteau, puis la fourchette....

3   Le boy fait son entrée par la porte ouverte de l'office. Il s'approche de la table. Son pas est de plus en plus saccadé; ses gestes de même, lorsqu'il enlève les assiettes propres. Il sort aussitôt après, remuant bras et jambes en cadence, comme une mécanique au réglage grossier.

Alain Robbe-Grillet, La Jalousie (1957)

QUESTIONNAIRE

1. Dans quel état d'esprit Franck semble-t-il être au début du texte?

2. Qu'est-ce qui indique que Franck ne se trouve pas seul à table?

3. L'emploi du mot *boy* nous révèle-t-il quelque chose sur le milieu dans lequel l'action se déroule?

4. Montrez que le boy joue un rôle essentiel.

5. L'auteur emploie le présent de l'indicatif. Il aurait pu, par exemple, présenter son texte à l'imparfait et au passé simple. Pourquoi leur a-t-il préféré le présent?

6. Certains mots sont répétés. Lesquels et à quel effet?

7. Relevez les expressions impliquant un jugement de valeur ou une comparaison. Pouvez-vous grouper ces expressions de façon à définir la nature subjective d'une scène qui paraît présentée de façon objective?

8. D'où vient l'impression troublante que laisse cet extrait?

9. Qui décrit — l'auteur? un narrateur? un des personnages?
10. Comment les lecteurs sont-ils engagés dans ce texte?

STYLISTIQUE

Vocabulaire

1. Etudiez de près la connotation des mots en italique. Faites entrer dans une nouvelle phrase chacun de ces mots.

   (a) « ...et le vide d'un trait, comme s'il n'avait pas besoin de *déglutir* pour avaler le *liquide*. »

   (b) « Son appétit considérable est rendu plus spectaculaire encore par les mouvements nombreux et très *accusés* qu'il *met en jeu*. »

   (c) « Son pas est de plus en plus *saccadé*. »

   (d) « ...comme une mécanique au réglage *grossier*. »

2. Donnez les synonymes des mots en italique. Faites entrer chacun de ces mots dans une nouvelle phrase.

(a) «...faisant des gestes avec une énergie et un *entrain* démesurés. »

(b) « Son appétit considérable est rendu plus *spectaculaire* encore... »

3. Quelles remarques pouvez-vous faire sur les raisons du choix des expressions et des mots suivants:

déglutir	les déformations rythmées
le liquide	une mastication
répercuter	une reprise accélérée de l'ensemble
mécanique	des mouvements de contraction et d'extension
réglage grossier	

Analyse de la phrase

1. Analysez la fonction et les propriétés de tous les mots de la phrase suivante: « il sort aussitôt après, remuant bras et jambes en cadence, comme une mécanique au réglage grossier. »

2. Analysez les propositions dans les deux premières phrases du passage.

3. En vous servant du vocabulaire de la lecture, composez deux propositions simples; puis enrichissez leur terme sujet par deux subordonnées.

4. En vous servant du vocabulaire de la lecture, composez deux propositions simples; puis enrichissez leur terme complément par deux subordonnées.

5. Relevez dans le premier paragraphe les exemples de répétition de sons et expliquez-en les effets.

Modification de l'ordre grammatical

Dans le chapitre précédent, nous avons vu comment le terme sujet et le terme complément de la phrase simple pouvaient être enrichis. Dans tous les exemples donnés, l'ordre des mots principaux suivait l'ordre grammatical (ou logique) habituel en français:

sujet / verbe / complément

Toutefois, pour varier la phrase, on peut déroger à l'ordre grammatical et mettre ainsi en relief un mot, une expression, une proposition même, ce qui permet de traduire plus exactement une émotion, de développer plus profondément une idée et d'attirer l'attention du lecteur qui doit s'interroger sur les raisons du déplacement des termes.

Examinez les exemples suivants dans lesquels Emile Zola a dérogé à l'ordre grammatical.

1. Ce matin-là / le ciel / gardait / toute sa sérénité bleue.

Ce matin-là, complément circonstanciel de temps, devrait se trouver avec le complément d'objet direct *toute sa sérénité bleue*. A l'intérieur du terme complément il aurait pu occuper deux positions différentes:

(a) gardait   /   toute sa sérénité bleue ce matin-là.
(b) gardait,   /   ce matin-là, toute sa sérénité bleue.

Dans la version (a), le verbe et ses compléments peuvent se lire d'un trait, l'accent final porte sur *là* faisant ressortir l'importance de ce moment précis du jour. Dans la version (b), l'accent porte sur gard*ait*, puis sur *là* et enfin sur *bleue*; le rythme de la phrase est fragmenté par ces accents et par les pauses qu'ils entraînent — pauses marquées d'ailleurs par la ponctuation. Cette fragmentation ne suggère rien dans le contexte et est donc inutile.

   Zola a choisi de déplacer une partie du terme complément et de la mettre en tête de la phrase afin de faire ressortir l'extrême importance de *ce* jour qui va être le jour du crime et qui va déterminer l'événement du roman.

2. « Parfois, le dimanche, lorsqu'il faisait beau, Camille forçait Thérèse à sortir avec lui. »
   L'ordre grammatical de la phrase serait:

   Camille forçait parfois Thérèse à sortir avec lui le dimanche lorsqu'il faisait beau.

   (a) La force de l'adverbe *parfois* est perdue alors que l'auteur désire nous montrer que ces sorties étaient des « occasions » pour le pauvre Camille.
   (b) Le dernier accent final, dans la phrase de Zola, fait ressortir le mot *lui*; (*lui*, l'homme mou, assez bête que Thérèse ne peut supporter, *lui*, l'obstacle à l'amour, *lui*, qu'il va falloir éliminer...)
   (c) La fragmentation du rythme due aux trois accents finals (parf*ois*, di-*manche*, *beau*) montre encore que ces rares sorties sont pénibles pour Thérèse qui se traîne au bras de ce mari qui la dégoûte.

3. « On entendait, derrière l'une des îles, les chants adoucis d'une équipe de ca-notiers qui devaient remonter la Seine. »

La flexibilité du changement de l'ordre des mots est parfois limitée par des règles grammaticales rigides. Ainsi Zola ne pourrait placer *derrière les îles* après *canotiers* car le pronom relatif et la proposition subordonnée qu'il introduit ne peuvent être séparés du mot qu'ils enrichissent sans perdre leur signification.

Remarque: Lorsqu'un écrivain emploie une série de compléments, il va presque toujours du plus court au plus long:

   Or voici que / depuis qu'elle était morte / le second de ces besoins était amalgamé à l'effet du premier.   (Proust)

   Le lendemain / à la troisième veille du jour / un second coureur parut encore plus haletant, et noir de poussière.   (Flaubert)

   A droite, / sur toute la longueur du passage, / s'étend une muraille contre la-quelle les boutiquiers d'en face ont plaqué d'étroites armoires.   (Zola)

EXERCICES

1. Montrez où et en quoi les phrases suivantes de Zola ne suivent pas l'ordre grammatical. Expliquez et justifiez l'ordre adopté.
   (a) « Dans les derniers temps, le jeune ménage emmenait presque toujours Laurent. »
   (b) « Quand ils arrivèrent à Saint-Ouen, ils se hâtèrent de chercher un bouquet d'arbres, un tapis d'herbe verte étalé à l'ombre. »
   (c) « Et il y avait, dans les coins de sa gueule, deux plis profonds qui faisaient éclater de rire cette tête d'animal empaillé. »
   (d) « Tout autour d'eux, ils entendaient la Seine gronder. »

2. Les phrases suivantes obéissent à l'ordre grammatical des mots. Déplacez certains des mots ou des termes et expliquez les raisons de votre choix.
   (a) « Franck raconte son histoire de voiture en panne, riant et faisant des gestes avec une énergie et un entrain démesurés. »   (Robbe-Grillet)
   (b) « Camille, Thérèse et Laurent partirent pour Saint-Ouen, vers onze heures, après le déjeuner. »   (Zola)
   (c) « Les plaintes du chat étaient sinistres, dans l'ombre, sous les fenêtres. »   (Zola)

3. Composez deux phrases qui suivent l'ordre grammatical (en vous servant du vocabulaire des lectures), puis déplacez certains de leurs mots ou de leurs termes. Justifiez ces déplacements.

4. Examinez le deuxième paragraphe de *La Jalousie*; pourquoi l'auteur a-t-il suivi systématiquement l'ordre grammatical?

La Place de l'adjectif qualificatif

Peu d'adjectifs qualificatifs exerçant une fonction épithète occupent une place fixe par rapport aux noms qu'ils qualifient. Très souvent la position de l'épithète dépend de l'esthétique personnelle de l'écrivain.

PLACE FIXE

1. Les épithètes qui suivent souvent le nom:
   (a) Le participe passé employé comme adjectif:
       la main fine, aux doigts effilés   (Robbe-Grillet)
       le poil hérissé, les pattes roidies   (Zola)
   (b) Les adjectifs en -*ard, -eur, -teur, eux* (souvent pour des raisons de sonorité):
       des dieux vengeurs
       une œuvre volumineuse
       un homme bavard, une expression hagarde
       l'esprit créateur, un geste révélateur
   (c) Les adjectifs dérivés de noms propres ou qui se rapportent à des catégories (historique, géographique, sociale, religieuse, politique, etc.):

la nation française
le bassin parisien
le conseil œcuménique
une route départementale
un candidat démocrate

(d) Les adjectifs décrivant la couleur et la forme:
les cheveux d'un blond fade   (Zola)
La Porte étroite   (Gide)

(e) Les adjectifs polysyllabiques qualifiant des noms monosyllabiques:
un chant harmonieux
un cri déchirant

(f) Les adjectifs qui ont eux-mêmes un complément introduit par une préposition:
La France est un pays riche en fromages.

2. Les épithètes qui précèdent généralement le nom:

(a) L'adjectif monosyllabique qualifiant un nom polysyllabique:
le bel aujourd'hui   (Mallarmé)
un bref hurlement

(b) L'adjectif ordinal:
cette chambre avait une seconde porte.   (Zola)

(c) L'adjectif qualifiant un nom propre:
la belle Catherine
l'affreux Vincent
la séduisante Debra Winger

3. Certains adjectifs épithètes ont une signification différente selon qu'ils précèdent ou qu'ils suivent le nom (voir Grammaire, Section V, B, 2). En général, l'adjectif a un sens littéral s'il suit le substantif, un sens figuratif s'il le précède.

un brave homme (*a good man*)   un pauvre homme (*a man worthy of pity*)
un homme brave (*a brave man*)*   un homme pauvre (*not rich*)

PLACE VARIABLE

Les tendances qui influencent les auteurs sont contradictoires et c'est souvent le goût personnel de l'écrivain qui décide de la place de l'épithète. Nous pouvons, cependant, distinguer trois éléments: l'ordre logique, l'accent final, et la sonorité.

L'ordre logique. Comme nous avons déjà vu, le français tend à organiser la phrase dans un ordre logique (ou grammatical) — sujet, verbe, complément

---

* « Un homme courageux » est employé plus couramment.

— qui se trouve parfois modifié pour des raisons stylistiques. La progression logique dans l'éclaircissement de la pensée de l'écrivain demanderait que le nom précède l'adjectif épithète, puisque ce dernier, en le qualifiant, lui ajoute une signification particulière. Considérons l'exemple suivant:

Je n'aime pas ce café *amer.*

Le mot *café* est introduit par *je n'aime pas*, mais qu'est-ce qui justifie cette opinion, qu'est-ce qui distingue ce café des autres? son goût *amer.*

Toutefois, on peut déroger à cet ordre logique, surtout lorsque l'épithète est employé au sens figuré, avec une valeur affective:

Je n'aime pas cette réflexion *amère.*

donne

Je n'aime pas cette *amère* réflexion.

et la dérogation attire l'attention sur le mot déplacé.

« Et l'idée même du rire...devenait comme *l'odieuse* exagération du péché. » (Gide, *La Porte étroite*)

L'accent final. L'accent final peut aussi influencer la position de l'adjectif épithète. Nous avons vu qu'il tombe sur la dernière syllabe prononcée du mot ou du groupe rythmique, faisant ressortir ainsi la valeur du mot accentué:

« Il goûtait des voluptés *infinies.* »   (Zola, *Thérèse Raquin*)

L'auteur aurait pu écrire *d'infinies voluptés* car l'adjectif épithète n'entre pas dans les catégories décrites ci-dessus et il a un sens figuré qui justifierait la dérogation à l'ordre logique. Zola a préféré conserver l'ordre où l'adjectif est frappé de l'accent final sans doute parce que le rythme et la sonorité de la phrase ainsi rédigée satisfaisait plus son oreille.

« Guettant la minute *splendide* où ils s'appartiendraient dans la mort. » (Cocteau, *Les Enfants terribles*)

L'adjectif épithète *splendide* fait ressortir l'affectivité extraordinaire du moment où le frère et la sœur — les enfants terribles — vont se retrouver dans la mort par l'intermédiaire du suicide.

La sonorité. Nous avons vu comment la rencontre de certains sons permet parfois de suggérer un sentiment, une impression. Mais un auteur, même lorsqu'il ne recherche pas un effet harmonique particulier, doit tenir compte de la valeur des sons dans sa phrase. La place de l'adjectif n'est parfois choisie que pour des raisons phonétiques. Malheureusement l'appréciation de la valeur harmonique de certaines combinaisons de mots est extrêmement subjective et les étudiants étrangers peuvent rarement percevoir toutes ces nuances sonores au début de leurs études.

Exemples:

(a) De grandes ombres s'allongent sur les dalles.   (Zola)

L'adjectif *grandes* ne pourrait suivre le nom à cause de la rencontre désagréable des sons *br* et *gr*: des om*br*es *gr*andes.

(b) Des lanternes lourdes et carrées.   (Zola)

Carrées et lourdes ne permettrait pas l'effet harmonieux créé par les *l* qui se suivent dans *l*anternes *l*ourdes.

(c) L'éclairage *dur* de la lampe remplaçait le crépuscule.   (Cocteau)

L'adjectif monosyllabique *dur* devrait précéder le nom polysyllabique (voir page 91, 2, a) mais la répétition du son *d* (*d*ur *d*e la lampe) met en relief la dureté de cet éclairage.

En général, la série d'adjectifs (ou de compléments) va presque toujours du plus court au plus long (nombre de syllabes):

Au front bas et sec s'attachait un nez / long, / étroit, / effilé.   (Zola)

EXERCICE

Relevez les adjectifs épithètes occupant une place non habituelle dans le texte de Colette et justifiez le choix de l'auteure.

DISCUSSION ET DISSERTATION

Sujets de discussion

1. Est-ce que la jalousie est une réaction raisonnable?

2. Est-ce qu'elle est limitée aux êtres humains?

3. Un auteur peut décider d'écrire, mais le livre a sa propre existence. Discutez une œuvre que vous connaissez qui reflète ce phénomène.

Sujets de dissertation

1. Vous devez dans quelques jours revoir votre fiancé(e). Or, il se trouve que vous avez rencontré il y a une semaine, dans un congrès auquel vous avez participé, un homme ou une femme dont vous êtes tombé(e) follement amoureux(-se). Ne pouvant résister à la passion de cette personne, vous écrivez à votre fiancé(e) pour lui annoncer que vous ne pouvez plus l'épouser.

2. Vous observez votre fiancé(e) qui semble s'intéresser un peu trop à une jeune personne. Décrivez ce que vous voyez ou croyez voir. Rédigez à l'imparfait et au passé simple en faisant bien ressortir l'aspect psychologique de ces temps.

3. A un moment donné, vous avez sans doute dû éprouver de la jalousie envers quelqu'un. Essayez de retracer et d'exprimer ce que vous avez alors ressenti.

4. En vous basant sur les Conseils pour la comparaison (voir Plan B, pp. 71–72), faites la comparaison de deux textes du Chapitre 5 sur la jalousie.

LA TRADUCTION ET SES DIFFICULTES

Les Faux-amis

De nombreux mots français se retrouvent dans la langue anglaise. Toutefois, on appelle faux-amis certains mots qui, bien qu'ayant la même forme ou une forme presque identique dans les deux langues, ont un sens différent. Les mots suivants sont les plus essentiels.

actual = réel (« actuel » veut dire *now, at present*)

advice = conseils (« avis » veut dire *opinion*)

to appear, i.e. *to seem* = paraître, avoir l'air (« apparaître » veut dire *to come into sight*)

to assist = aider, porter secours (« assister » veut dire *to attend*)

to attend = assister à (« attendre » veut dire *to wait for*)

candid = franc (« candide » veut dire *innocent*)

character = personnage dans une œuvre littéraire (« caractère » veut dire *disposition, characteristic, strength of character*)

contented, content = satisfait (« content » veut dire *happy, glad*)

deceive = tromper (« décevoir » veut dire *to disappoint*)

demand = exiger (« demander » veut dire *to ask [for]*)

education = instruction (« éducation » veut dire *breeding, social training*)

emphasis = accent (« emphase » veut dire *grandiloquence*)

to emphasize = appuyer sur, souligner, accentuer

eventually = à la longue (« éventuellement » veut dire *possibly*)

to excite = émouvoir, animer (« exciter » veut dire *to* [sexually] *arouse, to stimulate,* bien que les Français emploient maintenant ce mot pour exprimer une profonde émotion, une grande joie

exciting = émouvant (« excitant » veut dire *stimulating*)

gentle = doux (« gentil » veut dire *nice*)

information = renseignements (« informations » veut dire *news*)

to injure = faire du mal à (« injurier » veut dire to *insult*)

opportunity = occasion (« opportunité » veut dire *opportuneness, timeliness*)

phrase = expression, locution (« phrase » veut dire *sentence*)

place = endroit, lieu (« place » veut dire *seat*)

to practice (the piano, etc.) = s'exercer au piano (« pratiquer » [un trou] veut dire *to make [a hole]*)

to pretend (make believe) = faire semblant (« prétendre », veut dire *to claim, to assert*)

to realize = se rendre compte (« réaliser » veut dire *to carry out, to fulfill*) *to rest* = se reposer (« rester » veut dire *to stay, to remain*)

to resume = reprendre (« résumer » veut dire *to summarize*)

romantic = romanesque, pittoresque (et non pas « romantique » qui se rapporte au romantisme: la littérature romantique)

sensible = raisonnable (« sensible » veut dire *sensitive*)

to succeed = réussir (« succéder » veut dire *to follow*)

sympathetic = compatissant (« sympathique » veut dire *congenial*)

trouble = peine, ennui (« trouble » veut dire *confusion, perturbation*)

to trouble = ennuyer, inquiéter, déranger (« troubler » veut dire *to disturb, to confuse*)

Traduisez le texte suivant:

Dear Clifford, I am afraid what you foresaw has happened [*Attention! Un des verbes de cette phrase est au subjonctif.*] I am really in love [*être amoureux de* ou *être épris de*] with another man, and I do hope you will divorce me. I am staying at present with Duncan in his flat [*appartement*]. I told you he was at Venice with us. I'm awfully unhappy for your sake, but do try to take it quietly. You don't really need me any more, and I can't bear to come back to Wragby. I'm most awfully sorry. But do try to forgive me, and divorce me and find someone better. I'm not really the right person for you. I am too impatient and selfish, I suppose. But I can't ever come back to live with you again. And I feel so frightfully sorry [*être navré*] about it all, for your sake. But if you don't let yourself get worked up, you'll see you won't mind [*ennuyer* ou *gêner*] so frightfully. You didn't really care about me personally. So do forgive me and get rid of me.

Clifford was not *inwardly* surprised to get this letter. Inwardly, he had known for a long time she was leaving him. But he had absolutely refused any outward admission of it. Therefore, outwardly, it came as the most terrible blow and shock to him. He had kept the surface of his confidence in her quite serene.

And that is how we are. By strength of will [*volonté*] we cut off our inner intuitive knowledge from admitted consciousness. This causes a state of dread, or apprehension, which makes the blow ten times worse when it does fall.

D. H. Lawrence, *Lady Chatterley's Lover* (1928)

CHAPITRE 6

LA GUERRE, LA RÉVOLUTION

Gustave Flaubert, *L'Education sentimentale*
André Malraux, *La Condition humaine*
Jean Cayrol, *Les Corps étrangers*

La France a toujours été déchirée par la guerre comme le témoignent les luttes intestines du Moyen-Age, l'effroyable guerre de Cent ans, les guerres de religion du XVIe siècle, les guerres contre les ''grands'' ennemis (l'Espagne, l'Angleterre, l'Autriche-Hongrie, etc.) durant le XVIIe et le XVIIIe siècles, et, après la Révolution de 1789 et celles qui se multiplient au cours du XIXe siècle: 1815, 1830, 1848, coup d'Etat de 1851, Commune de 1870, la guerre ressurgit en 1870. La France écrasée par la Prusse se redresse un peu plus tard, mais elle va se retrouver dévastée par les deux guerres mondiales et par des conflits découlant de sa politique coloniale (guerre d'Indochine, guerre d'Algérie).

Dès le début du XXe siècle, la guerre et la révolution ne se limitent plus à la France, à l'Europe; elles enflamment et ravagent le monde entier: la dictature communiste et fasciste entraîne le monde dans un cauchemar effroyable.

La littérature française confrontée à tous ces drames s'interroge sur son engagement, reflète la peur, l'espoir, la crise des croyances, des idéologies, et des comportements.

Les trois passages qui figurent dans ce chapitre illustrent la peur que des révolutionnaires inspirent à des bourgeois, l'espérance d'un peuple opprimé et le désarroi d'un être qui a expériencé l'horreur des camps de concentration.

Gustave Flaubert (1821–1880)

Gustave Flaubert est né à Rouen d'une famille de la haute bourgeoisie (son père était un chirurgien célèbre). Il fait son droit, voyage intensément, puis affecté de plus en plus par l'épilepsie, il se retire en Normandie où il meurt épuisé par la maladie et le travail. *Madame Bovary* (1857), *L'Education sentimentale* (écrit entre 1863 et 1869), *Trois Contes* (1877) et d'autres œuvres font de lui un des maîtres réalistes du XIXᵉ siècle dont il critique les fausses valeurs. Ses techniques narratives qui soulèvent de nombreuses questions à propos du narrateur, de l'auteur, la connotation de ses mots, de ses énoncés, l'emploi particulier du passé simple et de l'imparfait se prêtent à l'étude stylistique.

Cadre historique: La Révolution de 1848

La Révolution de 1848 fit partie d'un mouvement révolutionnaire qui souleva toute l'Europe. Commencée à Paris entre le 22 et le 24 février, elle remplace la Monarchie par une République dont Louis-Napoléon Bonaparte est élu Président. A l'origine de ce mouvement agraire et ouvrier est une crise économique entretenue par les idées libérales et démocratiques nées de la Révolution de 1789. Des réformes importantes sont instaurées pendant cette période, parmi lesquelles figurent le suffrage universel (pour les hommes seulement), les droits accordés aux travailleurs, la suppression de la peine de mort et de l'esclavage, la liberté de réunion et de la presse. Cependant, la République ne durera que sept ans. En 1851, Louis-Napoléon Bonaparte participera à un coup d'Etat et deviendra en 1852 Napoleon III, Empereur du Second Empire.

L'Education sentimentale

[Frédéric Moreau est en 1840 un jeune homme provincial et bachelier qui espère tout de la vie. A Paris, il rencontre Mme Arnoux dont il tombe amoureux. Ce qu'il observe de la vie politique et sociale de la capitale le désenchante. Il n'ose se déclarer à celle qu'il aime et plus tard il se rend compte qu'il a raté sa vie en faisant des rêves qui ne se sont jamais réalisés.

Le magnifique passage suivant décrit la prise des Tuileries lors de la Révolution de 1848, un événement considéré par l'Europe comme la première tentative de révolution sociale des temps modernes.]

1   Alors, une joie frénétique éclata, comme si à la place du trône un avenir de bonheur illimité avait paru; et le peuple, moins par vengeance que pour affirmer sa possession, brisa, lacéra les glaces et les rideaux, les lustres, les flambeaux, les tables, les chaises, les tabourets, tous les meubles, jusqu'à des albums de dessins, jusqu'à des corbeilles de tapisserie. Puisqu'on était victorieux, ne fallait-il pas s'amuser! La canaille s'affubla ironiquement de dentelles et de cachemires. Des crépines d'or s'enroulèrent aux manches des blouses, des chapeaux à plumes d'autruche ornaient la tête des forgerons. Des rubans de la Légion d'honneur firent des ceintures aux prostituées.Chacun satisfaisait son caprice; les uns dansaient, d'autres buvaient. Dans la chambre de la reine, une femme lustrait ses bandeaux avec de la pommade; derrière un paravent, deux amateurs jouaient aux cartes...et le délire redoublait, au tintamarre continu des porcelaines brisées et des mor-

ceaux de cristal qui sonnaient, en rebondissant, comme des lames d'harmonica.

2   Puis la fureur s'assombrit. Une curiosité obscène fit fouiller tous les cabinets, tous les recoins, ouvrir tous les tiroirs. Des galériens enfoncèrent leurs bras dans la couche des princesses, et se roulaient dessus par consolation de ne pouvoir les violer. D'autres, à figures plus sinistres, erraient silencieusement, cherchant à voler quelque chose; mais la multitude était trop nombreuse. Par les baies des portes, on n'apercevait dans l'enfilade des appartements que la sombre masse du peuple entre les dorures, sous un nuage de poussière. Toutes les poitrines haletaient; la chaleur de plus en plus devenait suffocante; et les deux amis [Frédéric Moreau et un ami], craignant d'être étouffés, sortirent.

3   Dans l'antichambre, debout sur un tas de vêtements, se tenait une fille publique, en statue de la Liberté, — immobile, les yeux grands ouverts, effrayante.

4   Ils avaient fait trois pas dehors, quand un peloton de gardes municipaux en capotes s'avança vers eux, et qui, retirant leurs bonnets de police, et découvrant à la fois leurs crânes un peu chauves, saluèrent le peuple très bas. A ce témoignage de respect, les vainqueurs déguenillés se rengorgèrent.

                                        Flaubert, *L'Education sentimentale* (1869)

QUESTIONNAIRE

1. Qu'est-ce que l'adjectif *frénétique* annonce en ce qui concerne ce qui va suivre?

2. A quoi sert l'énumération des objets que le peuple détruit ou casse? Parlez de ces objets.

3. Le narrateur qualifie le peuple de *canaille*. Qu'est-ce que cela révèle sur l'affectivité du narrateur et peut-être sur celle de l'auteur?

4. Pensez-vous que la curiosité du peuple soit *obscène* comme l'écrit le narrateur (et peut-être l'auteur)?

5. Le choix de *multitude* et de *nombreuse* l'un après l'autre vous semble-t-il judicieux?

6. Qu'est-ce que c'est qu'*une fille publique*?

7. Pourquoi et pour qui est-elle effrayante?

8. Montrez comment l'emploi de l'imparfait et du passé simple contribue à soutenir le rythme du texte.

9. Qui regarde cette scène, une personne du peuple, un(e) bourgeois(e)? un(e) aristocrate? Quel genre de narrateur, de narration trouve-t-on ici? La présence de l'auteur se fait-elle sentir?

10. Pourquoi les gardes municipaux ont-ils tous des «crânes un peu chauves»?

11. Quel effet le contraste entre le mot «vainqueurs» et le mot «déguenillés» produit-il sur les lecteurs?

12. Sur quel ton le mot *vainqueur* est-il employé?

13. Pourquoi les vainqueurs *se rengorgent-ils*? Ont-ils raison de le faire selon le narrateur? Selon les lecteurs?

14. Qu'est-ce que celui qui décrit reproche aux révolutionnaires? Les excuse-t-il parfois?

15. En vous appuyant sur tous les éléments de ce passage (vocabulaire, temps, rythme, etc.) montrez comment ils contribuent à faire de ce texte un commentaire soulignant une profonde désillusion à propos d'une révolution qui aurait dû être libératrice.

STYLISTIQUE

Vocabulaire

1. Etudiez de près la connotation des mots en italique. Faites entrer dans une nouvelle phrase chacun des mots.

   (a) « Chacun satisfait son *caprice* »

   (b) « un *tintamarre* continu »

   (c) « d'autres, à figures plus *sinistres* »

   (d) « saluèrent le peuple *très bas* »

2. Donnez les synonymes des mots en italique.

   (a) « La canaille *s'affubla* ironiquement de dentelles »

   (b) « et le *délire* redoublait »

   (c) « des galériens enfoncèrent leurs bras dans *la couche* des princesses »

Analyse de la phrase

1. Analysez du point de vue de leurs fonctions et de leurs propriétés les mots ou expressions en italique:
   « Par les baies *des portes*, on n'apercevait *dans l'enfilade* des appartements *que* la *sombre masse* du peuple *entre* les dorures, *sous* un nuage de poussière. »

2. Analysez les propositions du premier paragraphe.

3. Relevez les phrases qui ne suivent pas l'ordre grammatical. Justifiez l'ordre adopté.

4. Etudiez le rythme de ce passage, en commentant le choix de chaque phrase ou groupe de mots.

5. Justifiez l'emploi de l'imparfait et du passé simple et montrez comment il contribue à soutenir le rythme du texte.

André Malraux (1901–1976)

André Malraux est né d'une famille bourgeoise ruinée. Son grand-père s'était fendu le crâne d'un coup de hache; son père se suicida en 1930; ces tragédies allaient le marquer profondément. A 18 ans, il quitte sa famille et devient un aventurier. Il vit en Indochine et attaque le régime colonial français, puis il se rend brièvement en Chine en 1925; contrairement à la légende, il n'a pas participé à la Révolution chinoise.

Dans les années trente, Malraux est Président du comité mondial antifasciste. En 1933, il reçoit le Prix Goncourt (prix littéraire prestigieux) pour *La Condition humaine*. En 1936, on le retrouve aviateur en Espagne pendant la guerre civile qu'il décrira dans *L'Espoir* (1938) dont on a tiré un film. En 1939, il s'engage dans une division blindée. Blessé, fait prisonnier, il s'évade, entre dans la Résistance et devient le Colonel Berger. Arrêté par les Allemands, il est libéré par les Résistants. Il participe au commandement de la brigade Alsace-Lorraine qui jouera un rôle important lors de la libération de la France en 1944–1945. De 1959 à 1969, il occupe le poste de ministre des Affaires Culturelles sous le Général de Gaulle. Il se tourne vers l'art qui transcende le réel (*Les Voix du silence, La Métamorphose des dieux*).

Jusqu'à sa mort, en 1976, Malraux continuera à méditer sur la crise de la civilisation. La mort hante les œuvres de cet auteur. Les guerres incessantes de son époque (première et seconde guerres mondiales, révolution chinoise, guerre civile espagnole) contribuent à accentuer son obsession à propos de la mort qui pour lui « transforme la vie en destin ». Chaque être doit choisir, agir, avoir des convictions, être prêt à mourir pour elles. L'espoir et la foi dans certains êtres humains illuminent ses grandes œuvres.

Cadre historique: La Révolution chinoise de 1926

A la fin du XIXe siècle, le Sud de la Chine (nationaliste) se révolte contre la dynastie mandchoue (empire), qui règne à Pékin (Beijing de nos jours) depuis 1644, et contre les puissances occidentales. En 1900, Sun-Yat-Sen fonde le Kuomintang (parti nationaliste et démocrate); un an après, il renverse la dynastie mandchoue mais ne parvient pas à fonder une république chinoise. La Chine dont parle Malraux dans *La Condition humaine* est divisée entre:

1. Les aventuriers chinois du Nord qui descendent vers le Sud et sont soutenus par les *Occidentaux* (« les gouvernementaux » = les aventuriers du Nord dans *La Condition humaine*).
2. Le Kuomintang. En 1925, Tcheng-Kai-chek est le général en chef du Kuomintang, syndicalistes qui se révoltent à Shanghaï. Il persécute les terroristes avec l'aide des communistes.
3. Le Parti communiste chinois, né à Moscou.
4. En 1945, date officielle de la création de la République de Chine, Mao-Tse-Tung commencera sa « longue marche » à partir des montagnes du Sud jusqu'au Nord.

La Condition humaine

[Ce roman décrit un épisode de la Révolution chinoise en 1926 et le destin de ses personnages. Le roman illustre la déclaration de Malraux à propos de la fonction de la mort, mais il exalte aussi le courage, l'honneur, la dignité, la fraternité. Dans le passage suivant, le terroriste Kyo a été fait prisonnier et condamné à mort. Il a réussi à cacher une boule de cyanure.]

1   Allongé sur le dos, les bras ramenés sur la poitrine, Kyo ferma les yeux: c'était précisément la position des morts. Il s'imagina, allongé, immobile, les yeux fermés, le visage apaisé par la sérénité que dispense la mort pendant un jour à presque tous les cadavres, comme si devait être exprimée la dignité même des plus misérables. Il avait beaucoup vu mourir, et, aidé par son éducation japonaise il avait toujours pensé qu'il est beau de mourir de *sa* mort, d'une mort qui ressemble à sa vie. Et mourir est passivité, mais se tuer est acte. Dès qu'on viendrait chercher le premier des leurs, il se tuerait en pleine conscience. [...] O prison, lieu où s'arrête le temps, — qui continue ailleurs... Non! C'était dans ce préau séparé de tous par les mitrailleuses, que la Révolution, quel que fût son sort, quel que fût le lieu de sa résurrection, aurait reçu le coup de grâce; partout où les hommes travaillent dans la peine, dans l'absurdité, dans l'humiliation, on pensait à des condamnés semblables à ceux-là comme les croyants prient; et, dans la ville, on commençait à aimer ces mourants comme s'ils eussent été déjà des morts... Entre tout ce que cette dernière nuit couvrait de la terre, ce lieu de râles était sans doute le plus lourd d'amour viril. Gémir avec cette foule couchée, rejoindre jusque dans son murmure de plaintes cette souffrance sacrifiée... Et une rumeur inentendue prolongeait jusqu'au fond de la nuit ce chuchotement de la douleur: ainsi qu'Hemmelrich [un terroriste belge], presque tous ces hommes avaient des enfants. Pourtant, la fatalité acceptée par eux montait avec leur bourdonnement de blessés comme la paix du soir, recouvrait Kyo, ses yeux fermés, ses mains croisées sur son corps abandonné, avec une majesté de chant funèbre. Il aurait combattu pour ce qui, de son temps, aurait été chargé du sens le plus fort et du plus grand espoir; il mourait parmi ceux avec qui il aurait voulu vivre; il mourait, comme chacun de ces hommes couchés, pour avoir donné un sens à sa vie. Qu'eût valu une vie pour laquelle il n'eût pas accepté de mourir? Il est facile de mourir quand on ne meurt pas seul. Mort saturée de ce chevrotement fraternel, assemblée de vaincus où des multitudes reconnaîtraient leurs martyrs, légende sanglante dont se font les légendes dorées! Comment, déjà regardé par la mort, ne pas entendre ce murmure de sacrifice humain qui lui criait que le cœur viril des hommes est un refuge à morts qui vaut bien l'esprit?

2   Il tenait maintenant le cyanure dans sa main. Il s'était souvent demandé s'il mourrait facilement. Il savait que, s'il décidait de se tuer, il se tuerait; mais, connaissant la sauvage indifférence avec quoi la vie nous démasque

à nous-mêmes, il n'avait pas été sans inquiétudes sur l'instant où la mort écraserait sa pensée de toute sa pesée sans retour.

3   Non, mourir pouvait être un acte exalté, la suprême expression d'une vie à quoi cette mort ressemblait tant; et c'était échapper à ces deux soldats qui s'approchaient en hésitant. Il écrasa le poison entre ses dents comme il eût commandé, entendit encore Katow [un terroriste russe] l'interroger avec angoisse et le toucher, et, au moment où il voulait se raccrocher à lui, suffoquant, il sentit toutes ses forces le dépasser, écartelées au-delà de lui-même contre une toute-puissante convulsion.

Malraux, La Condition humaine (1933)

QUESTIONNAIRE

1. Pourquoi Kyo est-il si serein à l'approche de la mort?

2. Qu'est-ce que Malraux veut dire par « Et mourir est passivité, mais se tuer est acte »?

3. Malraux parle « d'amour *viril* », de « cœur *viril* ». Que pensez-vous du choix de cet adjectif?

4. Que veut dire l'auteur par le mot *absurdité*?

5. Que pensez-vous de la comparaison des condamnés revolutionnaires aux croyants qui prient?

6. Kyo est ici un visionnaire. Qu'imagine-t-il en ce qui concerne la Révolution?

7. Ces condamnés sont aussi des sacrifiés. Pourquoi?

8. Que veut dire ici le mot *fataliste*? S'ils acceptent cette fatalité, que deviennent ces condamnés?

9. Que veut dire « qu'eût valu une vie pour laquelle il n'eût pas accepté de mourir »?

10. De quoi Kyo a-t-il eu peur?

11. Comment la vie ressemble-t-elle à la mort?

12. Aux croyants, Kyo oppose les révolutionnaires, c'est-à-dire, ses camarades et lui-même, qui « communient » dans la Révolution. Montrez comment Malraux se laisse emporter par le lyrisme dans ce passage.

13. Katow, un autre révolutionnaire, donnera sa boule de cyanure à un jeune condamné et mourra brûlé vif. Son sacrifice est-il plus valable que celui de Kyo qui se suicide?

14. Comment ce passage illustre-t-il la déclaration de Malraux que « la mort transforme la vie en destin »?

STYLISTIQUE

Vocabulaire

1. Etudiez de près la connotation des mots en italique. Faites entrer dans une nouvelle phrase chacun de ces mots.

    (a) « le visage *apaisé* par la sérénité »

    (b) « Il se tuerait en pleine *conscience*. »

    (c) « Ce lieu de râle était sans doute le plus lourd d'*amour viril..* »

    (d) « mort *saturée* de ce *chevrotement* fraternel. »

2. Donnez les synonymes des mots en italique.

    (a) « Et mourir est *passivité* mais se tuer est *acte*. »

    (b) « quel que fût son *sort* »

    (c) « La *fatalité* acceptée par eux montait avec leur *bourdonnement* de blessés. »

    (d) « le cœur viril des hommes est un *refuge à morts* qui *vaut* bien l'*esprit* »

Analyse de la phrase

1. Analysez du point de vue de leurs fonctions et propriétés les mots et expressions en italique dans les phrases suivantes:

> C'était dans ce préau *séparé de tous* par les mitrailleuses, que la *révolution,* quel que fût son sort, quel que fût le lieu de sa résurrection, aurait reçu le coup de grâce; *partout* où les hommes travaillent dans la peine, dans l'absurdité, *dans* l'humiliation, on pensait à des condamnés semblables à *ceux-là* comme les croyants prient; et, dans la ville, on commençait *à aimer* ces mourants comme s'ils eussent été déjà *des morts*... Entre tout ce que cette dernière nuit couvrait de la terre, ce lieu *de râles* était sans doute le plus *lourd* d'amour viril.

2. Analysez les propositions dans le passage suivant: « Et une rumeur...qui vaut bien l'esprit? »

3. Quel est l'effet des propositions indépendantes?

Jean Cayrol (1910–   )

Jean Cayrol est né à Bordeaux. Il répudie le catholicisme très tôt dans sa carrière de poète. Sa vie est dominée par son expérience de la déportation. Résistant pendant la Seconde Guerre mondiale, il fut déporté au camp de concentration nazi de Gusen, à Mauthausen (1943–1945). Son œuvre reflète les traumatismes d'un être qui est revenu « d'entre-les-morts. ». Il ne faudrait pourtant pas mal interpréter ses intentions. L'horreur historique lui a permis aussi de découvrir la féerie, le rêve: « j'ai compris que l'on communiquait par un pouvoir presque surnaturel et qu'il existe une issue vers un ailleurs imaginaire ». Jean Cayrol est l'auteur du texte de l'inoubliable film d'Alain Resnais, *Nuit et Brouillard*.

Cadre Historique: Le Régime hitlérien

Dès 1933, Hitler avait commencé à exterminer les ennemis du régime à Dachau. Les camps se multiplièrent. Les déportés (juifs, résistants, bohémiens, prostituées, handicapés, prisonniers de droit commun, ennemis de tout genre —

Russes, Polonais, Tchèques, etc.) sans compter ceux et celles qui s'y retrouvèrent par erreur à leur arrivée dans ces camps étaient triés. Cette sélection désignait ceux qui allaient être exterminés sur-le-champ et ceux destinés aux travaux forcés. Certains camps servirent de plus en plus à éliminer les juifs. Treize millions de femmes et d'hommes, dont au moins six millions de juifs, périrent dans des conditions atroces. En ce qui concerne les 10.000 enfants et adolescents français, 60.000 Français et Françaises, 23.000 naturalisés français et 4.700 étrangers résidant en France, ils furent déportés entre mars 1942 et juillet 1944, presque tous à Auschwitz, quelques-uns à Buchenwald, Dachau, Ravensbrück, Mauthausen. A Auschwitz, seuls 740 femmes et 1.450 hommes survécurent. Il ne revint que 3% de tous les déportés raciaux provenant de la France. « La solution finale » selon Hitler et Himmler visait la disparition totale des juifs et de tous ceux ou celles qui n'appartenaient pas à la race aryenne qui un jour se composerait — à l'aide d'expérimentations biologiques — de femmes et d'hommes forts, grands, blonds, aux yeux bleus, aux nez aquilins.

Les Corps étrangers

[Dans le passage suivant, Cayrol évoque la Seconde Guerre mondiale et l'Occupation, mais les lecteurs doivent toujours garder en tête que le texte est écrit par un ancien déporté, un marginal dont l'imaginaire a été enrichi par une affreuse situation. Nous assistons au récit perpétuellement contradictoire de Gaspard, un orphelin qui s'invente une enfance, un collaborateur sous l'Occupation, un voleur, qui finit par devenir un meurtrier. L'intérêt du roman provient du fait que le lecteur ne sait où se trouve la vérité, Gaspard présentant sans cesse des versions différentes de ses actes, de sa vie. Il provient aussi du fait qu'il force les lecteurs à découvrir comment le concentrationnat a traumatisé et enrichi Jean Cayrol qui pose des questions auxquelles ceux ou celles d'entre nous qui n'avons pas vécu l'expérience des camps de concentration ne pourrons jamais répondre mais offre aussi un imaginaire féerique.]

1   Un matin, elle [*la maîtresse de Gaspard*] me dit qu'elle avait rêvé et elle souriait à l'évocation de son rêve. Elle se trouvait dans une sorte de ville fermée par des remparts. Sur la place principale, s'ouvrait une grotte qui conduisait à une mine de produits alimentaires: des tas de femmes et d'enfants grouillaient autour de l'entrée, réclamant une part de cette étrange production qu'on ramenait par wagonnets. La ville était affamée, encerclée. Dans un ciel de plomb, des avions faits en jambon, en lard, en carcasse de poulet voletaient au-dessus et les habitants tendaient leurs mains vers ces escadrilles appétissantes. Mais les avions lançaient de vraies bombes et les gens s'affaissaient sur le sol. Alors, une enfant vint: elle tenait sur sa poitrine une torche en feu, et la flamme qui léchait sa peau ne la brûlait pas. Elle portait une robe couverte de petits grelots qui tintaient à chacun de ses pas. Claudette la suivit, sans comprendre. Et quand elles arrivèrent sur le haut

du rempart, l'enfant lança sa torche qui devint un oiseau brillant. « C'est la seule façon de se sauver d'ici, » murmura-t-elle.

2 Claudette fut frappée par ce rêve que nous ne comprenions pas, mais je sentais bien qu'il l'avait éveillée à un autre monde auquel je ne participais pas. Elle me caressait le visage; elle m'embrassait les mains, puis elle se retournait sur son lit, du côté du mur et paraissait m'oublier. Moi aussi, je l'oubliais. Comment vivre avec une femme qui remuait, dans ses songes, chaque nuit, ciel et terre et qui, le matin, s'enveloppait d'ombre, se tenait dans le coin le plus sombre de la maison, assise, les jambes dans une couverture?

3 C'est moi qui eus ce rêve, le premier, ce fut aussi le dernier. Mais c'était elle qui en était capable et pas moi; il m'a été imposé; jamais, de moi-même, je n'aurais pu rêver une telle histoire. C'est de vivre auprès d'elle qui m'a contaminé. Je suis sain, moi. J'arrive jusqu'au bout de mon sommeil, d'une traite. Mais, à cette époque, je me cachais, bien sûr, je me cachais. Et les menaces des deux types,[1] je ne pouvais les oublier. Et les regards curieux de la police. Même la belle noblesse du marché noir allait dans les camps. Je me trouvais seul. Ça se resserrait autour de ma chétive personne. J'avais bien le droit de rêver ma peur, non? Qui, à ma place, ne se serait pas retourné dans les rues au moindre pas? Je n'en avais pas fait plus que les autres, mais j'avais une jolie petite gueule à procès.[2] Il n'y avait pas de bon Dieu pour moi dans le barillet. Et j'en avais ma claque. Fuir? Mais je fuyais depuis le début. « Un as comme toi, disait Claudette, ne peut abattre son jeu. » Arrière, les silencieux! Très peu pour moi, le châtiment, le coupe-cigare[3] ou le peloton[4] qui vous promène dans les coquelicots. Mes affaires ont mal commencé, depuis 1938. J'avais mis le pied où il ne fallait pas. Assez! la paix! Quand aurai-je la paix? Toujours à se bagarrer, toujours à s'épier. »

Jean Cayrol, *Les Corps étrangers* (1959)

QUESTIONNAIRE

1. En général, à quoi servent des remparts? Dans l'imaginaire de Jean Cayrol, ce mot évoque-t-il seulement *une* image?

2. Quelle est la connotation du mot *grotte*? Que voyez-vous lorsque vous lisez ce mot?

3. Pourquoi la mine se compose-t-elle de produits alimentaires?

4. Qu'est-ce qu'un ciel de plomb? Montrez comment Cayrol mélange l'irréel, le féerique et le réel dans les deux phrases qui suivent cette expression.

5. Quel est cet enfant selon vous? Cayrol, de nouveau, a recours à la féerie. Relevez les mots qui illustrent cette féerie. Pourquoi décrit-il cette scène?

---

[1] Gaspard est poursuivi pour ses crimes.   [2] **gueule à procès:** tête de criminel (expression inventée par Cayrol).   [3] **le coupe-cigare:** la guillotine.   [4] **le peloton:** le peloton d'execution (*firing squad*).

6. La torche devient un oiseau brillant. Quel désir cela reflète-t-il chez le rêveur (car c'est Gaspard qui rêve, et non Claudette, comme nous l'apprenons plus tard)?

7. Gaspard établit une différence entre Claudette qui est capable de rêver et lui-même. Laquelle? Pourquoi? Qu'est-ce que cela signifie?

8. Qu'est-ce que « le marché noir »? Comment s'appellent les gens qui s'y livraient durant l'occupation?

9. Gaspard accuse les autres. Montrez-le et essayez d'expliquer cette conduite.

10. Qu'est-ce que le mot *châtiment* implique?

11. Pourquoi le mot *paix* est-il si important?

12. Gaspard a-t-il une conscience selon vous?

13. Comment Gaspard s'insulte-t-il?

14. Comment essaye-t-il de se disculper?

STYLISTIQUE

Vocabulaire

1. Etudiez de près la connotation des mots en italique. Faites entrer dans une nouvelle phrase chacun de ces mots.

   (a) « ...des tas de femmes et d'enfants grouillaient autour de l'entrée, réclamant une part de cette étrange *production* qu'on ramenait par wagonnets. »

   (b) « Mais les avions lançaient de vraies bombes et les gens *s'affaissaient* sur le sol. »

   (c) « Elle portait une robe couverte de petits grelots qui *tintaient* à chacun de ses pas. »

   (d) « Comment vivre avec une femme qui *remuait,* dans ses songes, chaque nuit, ciel et terre... »

   (e) « C'est de vivre auprès d'elle qui m'a *contaminé.* »

   (f) « Il n'y avait pas de bon Dieu pour moi dans le *barillet.* »

   (g) « Très peu pour moi, le châtiment, le *coupe-cigare* ou le peloton qui vous promène dans les coquelicots. »

2. Donnez les synonymes des mots en italique.

   (a) « Elle se trouvait dans une sorte de ville fermée par des *remparts.* »

   (b) « Des tas de femmes et d'enfants *grouillaient* autour de l'entrée. »

   (c) « Je suis *sain,* moi. »

   (d) « Et les *regards curieux* de la police... »

   (e) « Ça se resserrait autour de ma *chétive* personne. »

   (f) « Toujours à *se bagarrer,* toujours à *s'épier.* »

Analyse de la phrase

1. Analysez l'emploi des temps dans le passage.
2. Examinez l'emploi des pronoms personnels.
3. Quels sont les effets de la longueur des phrases? Etudiez la ponctuation.
4. Analysez du point de vue de leurs fonctions et propriétés les mots et expressions en italique dans le texte suivant:

> Mais c'était elle qui *en* était capable et pas moi; il *m*'a été imposé; jamais, de moi-même, *je n'aurais pu rêver* une telle histoire. C'est *de vivre* auprès d'elle qui m'a contaminé.

5. Analysez les propositions dans les phrases suivantes:

   (a) Claudette fut frappée par ce rêve que nous ne comprenions pas, mais je sentais bien qu'il l'avait éveillée à un autre monde auquel je ne participais pas. Elle me caressait le visage; elle m'embrassait les mains, puis elle se retournait sur son lit, du côté du mur et paraissait m'oublier. Moi aussi, je l'oubliais. Comment vivre avec une femme qui remuait, dans ses songes, chaque nuit, ciel et terre et qui, le matin, s'enveloppait d'ombre, se tenait dans le coin le plus sombre de la maison, assise, les jambes dans une couverture?

   (b) C'est moi, qui eus ce rêve, le premier, ce fut aussi le dernier. Mais c'était elle qui en était capable et pas moi; il m'a été imposé; jamais, de moi-même, je n'aurais pu rêver une telle histoire. C'est de vivre auprès d'elle qui m'a contaminé. Je suis sain, moi.

Les Figures de rhétorique

Le rhétorique est l'art de se servir de la langue pour produire un certain effet sur les lecteurs ou les auditeurs. L'écrivain pour ainsi dire fait entrer ses idées en contrebande dans l'esprit des lecteurs par ses émotions.

La Comparaison

La comparaison est le procédé qui permet d'exprimer la ressemblance entre deux êtres ou deux choses. Elle emploie une locution comme *semblable à, pareil à, comme, ainsi que, tel que*, etc.

> « Mais je n'en finirais pas s'il fallait énumérer les uns après les autres les différents produits que *la terre* bien cultivée, *telle qu'une mère généreuse* prodigue à ses enfants. » (Flaubert)

> [description d'une pieuvre — *octopus*] « Elle était *souple comme* le cuir, solide *comme l'acier, froide comme la nuit*. » (Victor Hugo)

> « Au-dessus du vitrage, la muraille monte, noire, grossièrement crépie, *comme couverte d'une lèpre...* » (Zola)

LA MÉTAPHORE

La métaphore est le « procédé par lequel on transporte la signification propre d'un mot à une autre signification qui ne lui convient qu'en vertu d'une comparaison sous-entendue » (Petit Larousse). C'est une comparaison sans la locution comparative (*comme, semblable à, tel que*, etc.).

> « Il y a quelques années, au cours d'un long voyage en chemin de fer, j'ai voulu visiter *la patrie en marche* [*le train*] où je m'enfermais pour trois jours, prisonnier pour trois jours de ce bruit de galets roulés par la mer... »   (Saint-Exupéry)

> « Une brise embaumée, que cette *reine des nuits* [*la lune*] menait de l'orient avec elle, semblait la précéder dans les forêts comme sa fraîche haleine. » (Chateaubriand)

> « ...Ce roi bien-aimé...qui dirige à la fois d'une main si ferme et si sage *le char de l'Etat* [*un bateau*] parmi les périls incessants d'une mer orageuse. » (Flaubert)

LA SYNECDOQUE

La synecdoque est le procédé par lequel on désigne « quelque chose par un terme dont le sens inclut celui du terme propre ou est inclus par lui » (B. Dupriez, *Gradus, Les Procédés littéraires*, 1984). Il y a de nombreuses variétés de synecdoque, dont voici quelques exemples:

> Quand reverrai-je, hélas, *mon foyer* [*ma maison*]? La partie (*foyer*) pour le tout (*maison*).

> Donnez-nous aujourd'hui *notre pain quotidien* [*notre nourriture*]. La partie (*pain*) pour le tout (*nourriture*).

> L'*ennemi* [pour *les ennemis*]. Le singulier pour le pluriel.

LA MÉTONYMIE

La métonymie est le procédé par lequel on désigne « quelque chose par le nom d'un autre élément du même ensemble, en vertu d'une relation suffisamment nette » (*Gradus*). Il y a de multiples variétés de métonymie:

> Nous avons fumé *un paquet* [*toutes les cigarettes d'un paquet*]. Le contenu est désigné par le contenant.

> Avez-vous *du feu* [*des allumettes*]? La cause est exprimée par l'effet.

L'EUPHÉMISME

L'euphémisme est le procédé qui permet d'éviter la brutalité d'une expression. Ainsi, *un asile de fous* devient *une maison de santé* ou *une maison de repos*.

Les Effets d'intensité:

(a) *L'hyperbole* est l'exagération, parfois paradoxale, pour donner plus de force à un mot.

« ...elle est *épouvantablement* ravissante! »   (Rostand)

(b) *La litote* est le contraire de l'hyperbole.

Il est arrivé *légèrement* en retard à la gare; le train était parti le jour précédent.

(c) *L'antithèse* est le procédé qui consiste à opposer deux mots de sens contraire pour les mettre plus en relief.

Le malheur de Zadig vint de son *bonheur* même et surtout de son mérite. (Voltaire)

Remarque: Une antithèse accentuée (*oxymoron* en anglais) s'appelle une alliance de mots antithétiques: une bonté cruelle.

LA PERSONNIFICATION

La personnification est le procédé qui permet de donner à un être inanimé, ou à une abstraction, des traits d'un personnage réel:

L'arbre tendait *ses bras* vers le ciel.

L'ONOMATOPÉE

L'onomatopée est le procédé qui permet de former un mot dont le son est imitatif de la chose qu'il signifie:

Le glouglou de la bouteille.

EXERCICE

Donnez ou relevez dans le texte de exemples de chacun des procédés mentionnés précédemment (comparaison, métaphore, etc.).

D'AUTRES FIGURES MOINS RENCONTRÉES*

L'Anaphore. L'anaphore (*f.*) est la répétition d'un mot au début de plusieurs phrases ou de plusieurs membres de phrase:

Rome, l'unique objet de mon ressentiment!
Rome, à qui vient ton bras d'immoler mon amant!
Rome, qui t'a vu naître, et que ton cœur adore!
Rome, enfin, que je hais parce qu'elle t'honore!   (Corneille)

---

* Pour les figures de rhétorique, de l'anaphore à la gradation, les auteurs se sont inspirés de l'œuvre de Henri Morier, *Dictionnaire de poétique et de rhétorique* (1975).

L'Épiphonème. L'épiphonème (*m.*) est une exclamation sentencieuse (qui peut être une interrogation) par laquelle on résume un discours:

Ah! oui, les hommes sont bien traîtres!

L'Interrogation rhétorique. L'interrogation rhétorique est une question posée pour suggérer au lecteur, à l'auditeur une réponse mentale évidente:

Qu'est-ce qu'un homme dans l'infini?   (Pascal)

La Gradation. La gradation est la figure par laquelle on dispose les termes d'une énumération par ordre progressif:

Car qui n'admirera que notre corps, qui tantôt n'était pas perceptible dans l'univers, imperceptible lui-même dans le sein du tout, soit à présent *un co-losse, un monde, plutôt un tout,* à l'égard du néant où l'on ne peut arriver.   (Pascal)

La Gradation régressive. La gradation régressive est une gradation dont les termes vont en diminuant de valeur:

Qu'un ciron lui offre dans la petitesse de son corps des parties incomparablement plus petites, des jambes avec des jointures, des veines dans ses jambes, du sang dans ses veines, des humeurs dans ce sang, des gouttes dans ses humeurs, des vapeurs dans ces gouttes... (Pascal)

L'Apostrophe. L'apostrophe (*f.*) est une adresse directe à quelque personne ou quelque objet personnifié:

O lac, l'année à peine a fini sa carrière.
Et près des flots chéris qu'elle devait revoir,
Regarde! je viens seul m'asseoir sur cette pierre
Où tu la vis s'asseoir!   (Lamartine)

Le Chiasme. Le chiasme (prononcé [kiasm]) est l'inversion de l'ordre des mots d'un membre de la phrase à l'autre.

Un roi chantait en bas, en haut mourait un Dieu.   (Hugo)

Le monde las de nous se chercherait d'autres maîtres: ce qui nous avait paru sage paraîtrait insipide, abominable ce qui nous avait paru beau.   (Yourcenar)

EXERCICES

1. Récrivez le dernier paragraphe de l'extrait de *La Princesse de Clèves* de Mme de La Fayette (Chapitre 5) en supprimant les figures de rhétorique.

2. Trouvez les figures de rhétorique dans le texte suivant de Baudelaire:

Elévation

Au-dessus des étangs, au-dessus des vallées,
Des montagnes, des bois, des nuages, des mers,
Par delà le soleil, par delà les éthers,
Par delà les confins des sphères étoilées,

Mon esprit, tu te meus avec agilité,   5
Et, comme un bon nageur qui se pâme dans l'onde,
Tu sillonnes gaîment l'immensité profonde
Avec une indicible et mâle volupté.

Envole-toi bien loin de ces miasmes morbides,
Va te purifier dans l'air supérieur,   10
Et bois, comme une pure et divine liqueur,
Le feu clair qui remplit les espaces limpides.

Derrière les ennuis et les vastes chagrins
Qui chargent de leur poids l'existence brumeuse,
Heureux celui qui peut d'une aile vigoureuse   15
S'élancer vers les champs lumineux et sereins!

Celui dont les pensers, comme des alouettes,
Vers les cieux le matin prennent un libre essor,
— Qui plane sur la vie et comprend sans effort
Le langage des fleurs et des choses muettes!   20

Baudelaire, Les Fleurs du Mal (1857–1868)

3. Trouvez les figures de rhétorique dans le texte suivant de Camus:

     Si, aujourd'hui, la peste vous regarde, c'est que le moment de réfléchir est venu. Les justes ne peuvent craindre cela, mais les méchants ont raison de trembler. Dans l'univers, le fléau implacable battra le blé humain jusqu'à ce que la paille soit séparée du grain. Il y aura plus de paille que de grain, plus d'appelés que d'élus, et ce malheur n'a pas été voulu par Dieu. Trop longtemps, ce monde a composé avec le mal, trop longtemps, il s'est reposé sur la miséricorde divine. Il suffisait du repentir, tout était permis. Et pour le repentir, chacun se sentait fort. Le moment venu, on l'éprouverait assurément. D'ici là, le plus facile était de se laisser aller, la miséricorde divine ferait le reste. Eh bien! cela ne pouvait durer. Dieu, qui, pendant si longtemps, a penché sur les hommes de cette ville son visage de pitié, lassé d'attendre, déçu dans son éternel espoir, vient de détourner son regard. Privés de la lumière de Dieu, nous voici pour longtemps dans les ténèbres de la peste!

     Dans la salle quelqu'un s'ébroua, comme un cheval impatient. Après une courte pause, le Père reprit, sur un ton plus bas: «On lit dans *la Légende dorée* qu'au temps du roi Humbert, en Lombardie, l'Italie fut ravagée d'une peste si violente qu'à peine les vivants suffisaient-ils à enterrer les morts et cette peste sévissait surtout à Rome et à Pavie. Et un bon ange apparut visiblement, qui donnait des ordres au mauvais ange qui portait un épieu de chasse et il lui ordonnait de frapper les maisons; et autant de fois qu'une maison recevait de coups, autant y avait-il de morts qui en sortaient. »

Paneloux tendit ici ses deux bras courts dans la direction du parvis, comme s'il montrait quelque chose derrière le rideau mouvant de la pluie: « Mes frères, dit-il avec force, c'est la même chasse mortelle qui se courre aujourd'hui dans nos rues. Voyez-le, cet ange de la peste, beau comme Lucifer et brillant comme le mal lui-même, dressé au-dessus de vos toits, la main droite portant l'épieu rouge à hauteur de sa tête, la main gauche désignant l'une de vos maisons. A l'instant, peut-être, son doigt se tend vers votre porte, l'épieu résonne sur le bois; à l'instant encore, la peste entre chez vous, s'assied dans votre chambre et attend votre retour. Elle est là, patiente et attentive, assurée comme l'ordre même du monde. Cette main qu'elle vous tendra, nulle puissance terrestre et pas même, sachez-le bien, la vaine science humaine, ne peut faire que vous l'évitiez. Et battus sur l'aire sanglante de la douleur, vous serez rejetés avec la paille. »

Ici, le Père reprit avec plus d'ampleur encore l'image pathétique du fléau. Il évoqua l'immense pièce de bois tournoyant au-dessus de la ville, frappant au hasard et se relevant ensanglantée, éparpillant enfin le sang et la douleur humaine « pour des semailles qui prépareraient les moissons de la vérité. »

Albert Camus, *La Peste* (1947)

DISCUSSION ET DISSERTATION

Sujets de discussion

1. Si vous avez déjà participé à un mouvement de protestation, partagez votre experience avec les autres étudiants. Si non, imaginez-vous en train de protester à propos d'une question d'actualité (discours, argumentation avec les autres étudiants, etc.).

2. Quel a été le rôle des soulèvements populaires dans l'histoire des pays que vous connaissez le mieux?

3. Une révolution qui a lieu dans un pays influence souvent d'autres pays? Donnez des exemples de ce phénomène?

Sujets de dissertation

1. Montrez comment les trois textes de ce chapitre révèlent certaines choses sur la psyché et la pensée de leurs auteurs.

2. Faites le portrait psychologique de chaque type d'homme figurant dans les passages.

3. L'auteur est présent dans chaque passage. Montrez-le. Soyez précis(e).

4. Ecrivez une analyse du texte de Flaubert. Basez-vous sur la méthode présentée dans les Conseils pour la dissertation littéraire (Plan A).

LA TRADUCTION ET SES DIFFICULTES

Traduisez le texte suivant:

Reflections on the Battle of Agincourt

War is a dreadful thing; and it is appalling to know how the English were obliged, next morning, to kill those prisoners mortally wounded who yet writhed in agony upon the ground; how the dead upon the French side were stripped by their own countrymen and countrywomen, and afterwards buried in great pits; how the dead upon the English side were piled up in a great barn, and how their bodies and the barn were all burned together. It is in such things, and in many more much too horrible to relate, that the real desolation and wickedness of war consist. Nothing can make war otherwise than horrible. But the dark side of it was little thought of and soon forgotten; and it cast no shade of trouble on the English people, except on those who had lost friends or relations in the fight. They welcomed their King home with shouts of rejoicing, and plunged into the water to bear him ashore on their shoulders, and flocked out in crowds to welcome him in every town through which he passed, and hung rich carpets and tapestries out of the windows, and strewed the streets with flowers, and made the fountains run with wine, as the great field of Agincourt had run with blood.

Charles Dickens, *A Child's History of England* (1852–1854)

CHAPITRE 7

LE COLONIALISME

Marie Cardinal, *Au Pays de mes racines*
Marguerite Duras, *L'Amant*
Kateb Yacine, *Nedjma*
Roch Carrier, *Il n'y a pas de pays sans grand-père*

Les grandes nations d'autrefois avaient des empires coloniaux. La littérature française comporte des écrivains qui ont été fortement marqués par le colonialisme et par tout ce qu'il implique (traumas, complexes, obsessions, sentiment de culpabilité, etc.). D'une part se groupent les Français et les Françaises qui font partie du monde colonisateur; de l'autre, les colonisés qui ont écrit en français, les deux groupes créant ensemble une littérature des plus intéressantes. Marie Cardinal (*Au Pays de mes racines*) et Marguerite Duras (*L'Amant*) traitent des expériences en Algérie et en Indochine qui les ont marquées. De Kateb Yacine, nous présentons un extrait de son roman poétique *Nedjma* (1948) et de Roch Carrier un extrait d'*Il n'y a pas de pays sans grand-père* (1977).

Marie Cardinal (1929–   )

Marie Cardinal est née à Alger dans une famille de colons. Professeure, puis journaliste, elle est devenue romancière après 1960. Son œuvre la plus remarquable, *Les Mots pour le dire*, retrace son expérience de la psychanalyse à la suite d'un traumatisme remontant à l'enfance: sa mère avait tout essayé afin d'avorter son enfant.

 Au Pays de mes racines (1980) décrit son retour au pays natal, l'Algérie, ses sentiments d'amour profond pour un sol qui ne lui appartient plus mais qui demeure à elle malgré tout. Le récit évoque le rendez-vous d'amour que certains Pieds-Noirs ont lorsqu'ils revoient la terre natale perdue. Le texte suivant est d'autant plus intéressant qu'il mêle au récit « Pied-Noir » le récit de la femme — fille qui ne peut oublier ce que sa mère lui fit. Mère et mère-patrie se rencontrent de nouveau comme dans le passé.

Cadre historique: La Guerre d'Algérie

La guerre d'Algérie (1961–1962) déchira non seulement ce pays même et ses divers habitants (Algériens et Français d'Algérie ou « Pieds-Noirs ») mais aussi la France métropole.

C'est entre 1841 et 1847 qu'eut lieu la conquête de l'Algérie qui devint en fait une partie de la France puisqu'elle fut divisée en trois départements sous la Deuxième République. La France voulait en principe *assimiler* les Algériens et les étrangers qui affluaient de plus en plus dans cette magnifique région. Pendant la Seconde Guerre mondiale, Alger fut le centre de la France libre sous les auspices du Général de Gaulle. Après la guerre, les Algériens, qui avaient combattu dans les Forces Françaises Libres, s'attendaient à une certaine liberté. Les Français d'Algérie, eux, considéraient ce pays comme *leur* pays. Dès 1945, des incidents (Sétif) causèrent des morts lorsque la police française tira sur les Musulmans.

La guerre d'Algérie fut sanglante. La célèbre bataille d'Alger commença le 22 avril 1961. L'armée des « paras » (parachutistes) s'empara d'Alger. Paris fut stupéfié. L'armée en France demeura avec de Gaulle. Par contre, des militaires français en Algérie et les Français d'Algérie luttèrent violemment contre le Front National de Libération, organisation algérienne. Ni la France ni les Nations Unies ne les soutinrent, et en mars 1962, les Accords d'Evian menèrent à la fin de la guerre le 3 juillet 1962. Plus d'un million de Pieds-Noirs furent forcés de se réfugier en France ou d'émigrer.

Au Pays de mes racines

[Lors de son retour en Algérie, le pays de son enfance et de son adolescence, l'auteure décrit les changements qu'elle constate et revit de pénibles souvenirs: ceux de la guerre d'Algérie et ceux associés au moment où sa mère lui avoua avoir tenté d'avorter à plusieurs reprises lorsqu'elle était enceinte d'elle.]

1   Oui, mais un paradis que je vais perdre bientôt. Et aussi un paradis où j'ai connu l'horreur. Paradis-enfer. Paradis à double face.

2   Pourquoi faut-il que j'attende aujourd'hui pour écrire mon émotion du premier jour, de la première heure, en voyant la Grande Poste?

3   Je me souviens, en l'apercevant, j'ai mis les mains devant ma figure. (...) J'ai dû accomplir un effort énorme pour que ne se termine pas là, tout de suite, mon retour à Alger. Pendant cet instant, je ne voyais qu'une solution: fuir, repartir, il n'y avait que du passé ici, un passé qui me torturait. Le choc avait été si violent et il m'a fallu plusieurs minutes pour que j'enlève les mains de mon visage et que je regarde de nouveau. Nous avions dépassé la Grande Poste.

4   C'est que rien n'a changé à cet endroit, impossible d'oublier.

5   Là, pendant la guerre d'Algérie, une voix jeune et affolée qui hurlait:
« Cessez le feu! Cessez le feu! » Mais le feu n'a pas cessé. Tuerie de la foule
à bout portant. Des corps, du sang, les gens qui criaient, qui se sauvaient,
qui tombaient. L'épouvante. Des tas de cadavres.

6   Là, au même endroit, il y a quarante ans, ma mère m'arrachait l'esprit...

7   Une longue rue en pente dont, comme par hasard, j'ai oublié le nom.
Une rue qui allait de la Grande Poste à l'hôtel Aletti. D'un côté des im-
meubles et de l'autre une rampe qui surplombait la rue d'Ornano puis, à la
fin, descendait à son niveau.

8   Une rue du centre, pleine de passants, de bruits. Ce que je voyais,
car je baissais la tête pendant qu'elle parlait, c'étaient les dalles de ciment
du trottoir et, sur ces dalles, les résidus de la ville: de la poussière, des
crachats, de vieux mégots, de la pisse et de la crotte de chien. Le même
trottoir sur lequel, vingt ans après, j'aurai peur de tomber, acculée à la mort
par la chose [C'est ainsi qu'elle nomme dans *Les Mots pour le dire* ce qui
l'avait obsédée.] (...)

9   Si j'avais pu savoir le mal qu'elle allait me faire, si, au lieu de n'en
avoir que la prémonition, j'avais pu imaginer la vilaine blessure inguérissable qu'elle allait m'infliger, j'aurais poussé un hurlement. Bien campée
sur mes deux jambes écartées j'aurais été chercher en moi la plainte fondamentale que je sentais se former, je l'aurais conduite jusqu'à ma gorge,
jusqu'à ma bouche de laquelle elle se serait effilée en un bruit de sirène et
elle se serait enflée en ouragan. J'aurais hurlé à la mort et je n'aurais jamais
entendu les mots qu'elle allait laisser tomber sur moi comme autant de lames
estropiantes.

10   Là, dans la rue, en quelques phrases, elle a crevé mes yeux, elle a
percé mes tympans, elle a arraché mon scalp, elle a coupé mes mains, elle
a cassé mes genoux, elle a torturé mon ventre, elle a mutilé mon sexe.

11   « Me trouver enceinte en plein divorce! Te rends-tu compte de ce que
cela représente!...Moi, ma fille, je suis allée chercher ma bicyclette qui
rouillait dans la remise depuis je ne sais plus combien de temps et j'ai pédalé
dans les champs, dans la terre labourée, partout. Rien. J'ai fait du cheval
pendant des heures: les obstacles, le trot — et pas enlevé du tout, je te
prie de me croire. Rien. Quand je laissais ma bicyclette ou mon cheval,
j'allais jouer au tennis, en pleine chaleur. Rien. J'ai avalé de la quinine et
de l'aspirine par tubes entiers. Rien...Après plus de six mois de ce traitement, j'ai été bien obligée d'admettre que j'étais enceinte, que j'allais avoir
un autre enfant. D'ailleurs ça se voyait, je me suis résignée. »

12   Elle me faisait face maintenant et, avec ces beaux gestes qu'ont les
Blancs des colonies, ces gestes créoles dans lesquels se mêlent la retenue
de l'Europe et la langueur des pays chauds, elle s'appliquait à glisser sous
le ruban de satin qui tenait mes cheveux mes boucles de devant qui
s'échappaient toujours.

       « Finalement tu es née car c'était toi que j'attendais. »

Finalement, impuissante, résignée, vaincue, déçue et humiliée, elle m'a laissé glisser vivante dans la ville, comme on laisse glisser un étron.

C'est là qu'elle m'a abandonnée, au coin de la Grande Poste, dans la rue. Je me suis accrochée à ce que j'ai pu, à la ville, au ciel, à la mer, au Djurdjura. Je me suis agrippée à eux, ils sont devenus ma mère et je les ai aimés comme j'aurais voulu l'aimer, elle.

Pourquoi est-ce que j'écris cela aujourd'hui et pas au commencement de mon séjour? Parce que je n'étais pas sûre de nous, pas sûre de nous aimer encore. L'Algérie et moi. Peut-être que les années et l'Histoire avaient tout démoli. Mais non, je suis bien là, cette terre est toujours ma mère.

Marie Cardinal, *Au Pays de mes racines* (1980)

QUESTIONNAIRE

1. Comment Marie Cardinal attire-t-elle l'attention du lecteur par le mot *paradis*?

2. L'auteure est soudainement atteinte de panique devant la Grande Poste. Pourquoi? Relevez les mots qui soulignent cette affectivité.

3. Montrez comment le rythme des phrases (longueur, coupures, ponctuations, propositions) prolonge cette affectivité dans les paragraphes suivants.

4. Pourquoi l'image violente de la mère apparaît-elle juste à ce moment-là? à cet endroit-là?

5. Qu'est-ce que c'est que cette «plainte fondamentale»?

6. Qu'est-ce que la mère de l'auteure lui avoue? Quelles en sont les implications?

7. La réaction de la fille vous semble-t-elle normale ou pathologique?

8. Comment la mère est-elle une «créole»? Qu'est-ce que Marie Cardinal révèle à propos de son affectivité dans ce paragraphe?

9. «Elle m'a laissée glisser vivante dans la vie, comme on laisse glisser un étron.» Est-ce là une image de vie ou de mort? Etudiez la connotation des mots.

10. A la fin, la mère se métamorphose dans l'esprit de la fille. Que devient-elle? Soulignez l'importance de l'environnement.

11. Comment pouvez-vous expliquer cette métamorphose?

12. Qu'implique l'expression française habituelle «la mère patrie»?

13. Relevez les mots, les images qui font de ce récit une histoire d'amour.

14. Relevez ceux et celles qui en font une histoire de haine.

STYLISTIQUE

Vocabulaire

1. Etudiez de près la connotation des mots en italique.

    (a) «...une voix jeune et *affolée* qui hurlait.»

    (b) «*Tuerie* de la foule à bout portant.»

(c) « L'*épouvante*. »

(d) « *Pour faire la chaîne*. »

(e) « ...c'est dans la rue qu'elle me les *débitait*. »

(f) « ...j'avais pu imaginer la *vilaine* blessure inguérissable qu'elle allait m'*infliger*... »

(g) « Je voulais me séparer d'un homme dont *j'attendais un enfant*... »

(h) « ...ces gestes *créoles* dans lesquels se mêlent la retenue de l'Europe... »

(i) « ...les années et l'Histoire avaient tout *démoli*. »

2. Donnez les synonymes des mots en italique. Marquez clairement les écarts de signification.

(a) « ...les *résidus* de la ville. »

(b) « ...j'aurai peur de tomber, *acculée* à la mort par la chose. »

(c) « ...puis elle se serait *effilée* en un bruit de sirène et elle se serait enflée en ouragan. »

(d) « ...elle a *mutilé* mon sexe »

(e) « ...je me suis *résignée*. »

Analyse de la phrase

1. Examinez le neuvième paragraphe. Comment Marie Cardinal, grâce au style, réussit-elle à traduire la souffrance qu'elle a éprouvée et qu'elle éprouve encore? Effet du conditionnel? connotation des adjectifs, des noms? Effet des sons? de la ponctuation? des propositions?

2. Comment Marie Cardinal arrive-t-elle en effet à nous montrer que son retour au pays de ses racines évoque à la fois le paradis et l'enfer?

3. Comment mêle-t-elle les deux thèmes, l'Algérie et la mère, pour les unir d'une certaine façon (amour/haine)? Appuyez-vous sur le style de la description de l'événement, de l'affectivité, de l'environnement, des intentions, des implications.

4. Faites le plan de l'extrait.

Marguerite Duras (1941–   )

Marguerite Duras est née en Indochine et y a passé ses années de formation. Dans une de ses premières œuvres, *Un Barrage contre le Pacifique* (1968), elle raconte l'histoire d'une mère qui lutte en vain pour cultiver une concession qu'elle a achetée à des représentants de la France; « la mère » vit dans une sorte d'enfer avec sa fille et son fils. Seize ans plus tard, elle révèle dans *L'Amant* (1984) que cette famille était la sienne. En 1931, elle quitte à jamais l'Indochine. Marguerite Duras est l'auteure du scenario de *Hiroshima mon amour*, de *Moderato Cantabile* et de bien d'autres romans, pièces de théâtre, scénarios, essais, etc.

Son œuvre a évolué et fait d'elle l'une des écrivaines les plus fascinantes et originales du XXᵉ siècle. Ses premiers romans demeurent traditionnels quoique des aspects de ce qui deviendra *l'univers durassien* y apparaissent déjà (la haine et l'amour, la folie, l'ennui, les lieux clos, étouffants, familiaux et les réminiscences personnelles). Toutefois, dès *Moderato Cantabile* (1950), elle présente une nouvelle forme de roman où les mots, la syntaxe, l'intrigue minimale désaxent les lecteurs et les forcent à jouer une part active dans le texte même. Le silence y joue un rôle crucial. Ses personnages sont à déchiffrer, la chronologie n'existe plus; à son écriture incantatoire s'ajoute la répétition obsédante des lieux (l'Indochine sous les traits de la Chine, de l'Inde; les fleuves: le Mékong, le Gange), des voix (de la folie, du désir, de la forêt, de la mère, des frères).

En 1970, Marguerite reçut le Prix Ibsen pour *L'Amante anglaise;* le prix Goncourt couronna *L'Amant* en 1984.

Cadre historique: La Guerre d'Indochine

La guerre d'Indochine (1946–1954), ancien nom du Viêt-Nam, opposa Hô Chi Minh, aux troupes françaises qui furent défaites à Diên-Biên-Phu en 1954. Le Viêt-Nam fut divisé en deux Etats, celui du Nord soutenu par les communistes et celui du Sud soutenu par les Etats-Unis. De 1962 à 1973, les Américains se battirent contre l'Etat du Nord et au Laos. En 1975, les forces du Nord envahirent Saïgon et un an plus tard les deux Etats vietnamiens s'unirent.

Les Français d'Indochine n'étaient pas attachés à ce pays comme les Pieds-Noirs à l'Algérie. Cependant, ils y vivaient en colonisateurs (riches ou pauvres) dans une atmosphère bien différente de celle de la métropole, atmosphère que Marguerite Duras n'a jamais pu oublier. Dans *Un Barrage contre le Pacifique,* (1968), livre qui pourrait servir d'introduction au passage à étudier, Duras présente une femme, une Française venue s'installer en Indochine avec son mari. Instituteurs, ils vivent assez bien avec leurs deux fils et leur fille. Mais la mort du père entraîne des changements pour le pire. Colonialiste, cette femme (la mère de Duras) est exploitée par le gouvernement français colonial qui lui vend une concession (de la terre où planter du riz) sans cesse inondée par le Pacifique. La mère qui favorise son fils aîné, surtout aux dépens de sa fille (Duras), devient violente, avide et finalement folle.

L'Amant

1   Jamais bonjour, bonsoir, bonne année. Jamais merci. Jamais parler. Jamais besoin de parler. Tout reste, muet, loin. C'est une famille en pierre, pétrifiée dans une épaisseur sans accès aucun. Chaque jour nous essayons de nous tuer, de tuer. Non seulement on ne se parle pas mais on ne se regarde pas. Du moment qu'on est vu, on ne peut pas regarder. Regarder

c'est avoir un mouvement de curiosité vers, envers, c'est déchoir. Aucune personne regardée ne vaut le regard sur elle. Il est toujours déshonorant. Le mot conversation est banni. Je crois que c'est celui qui dit ici le mieux la honte et l'orgueil. Toute communauté, qu'elle soit familiale ou autre, nous est haïssable, dégradante. Nous sommes ensemble dans une honte de principe d'avoir à vivre la vie. C'est là que nous sommes au plus profond de notre histoire commune, celle d'être tous les trois des enfants de cette personne de bonne foi, notre mère, que la société a assassinée. Nous sommes du côté de cette société qui a réduit ma mère au désespoir. A cause de ce qu'on a fait à notre mère si aimable [*dans de nombreux autres passages, cette mère est décrite plutôt comme un être violent, agressif*] si confiante, nous haïssons la vie, nous nous haïssons.

2   Notre mère ne prévoyait pas ce que nous sommes devenus à partir du spectacle de son désespoir, je parle surtout des garçons, des fils. Mais, l'eût-elle prévu, comment aurait-elle pu taire ce qui était devenu son histoire même? faire mentir son visage, son regard, sa voix? son amour? Elle aurait pu mourir. Se supprimer. Disperser la communauté invivable. Faire que l'aîné soit tout à fait séparé des deux plus jeunes. Elle ne l'a pas fait. Elle a été imprudente, elle a été inconséquente, irresponsable. Elle était tout cela. Elle a vécu. Nous l'avons aimée tous les trois au-delà de l'amour. A cause de cela même qu'elle n'aurait pas pu, qu'elle ne pouvait pas se taire, cacher, mentir, si différents que nous ayons été tous les trois, nous l'avons aimée de la même façon.

3   Ça a été long. Ça a duré sept ans. Ça a commencé. Nous avions dix ans. Et puis nous avons eu douze ans. Et puis treize ans. Et puis quatorze ans, quinze ans. Et puis seize ans, dix-sept ans.

4   Ça a duré tout cet âge, sept ans. Et puis enfin l'espoir a été renoncé. Il a été abandonné. Abandonnées aussi les tentatives contre l'océan. A l'ombre de la vérandah nous regardons la montagne de Siam, très sombre dans le plein soleil, presque noire. La mère est enfin calme, murée. Nous sommes des enfants héroïques, désespérés.

                                                            Marguerite Duras, *L'Amant* (1984)

QUESTIONNAIRE

1. Quel est l'effet des répétitions dans tout le passage? Qu'est-ce que ces répétitions reflètent quant à l'affectivité?

2. « sans accès aucun. » La forme syntactique plus habituelle serait « sans aucun accès. » Pourquoi Duras déroge-t-elle à l'ordre normal?

3. Qu'implique l'emploi du *on* (fin du premier paragraphe)?

4. Pourquoi la communauté familiale est-elle *dégradante*?

5. *Ma* mère, *notre* mère. Qu'est-ce cette insistance voulue révèle à propos de la narratrice (qui est Duras dans une grande mesure)?

6. Le raisonnement de la narratrice à propos de la haine vous semble-t-il logique?

7. La mère, en dépit de tout, est-elle une colonisatrice puisqu'elle vit sur une terre qui appartient en fait aux Indochinois? Comment se distingue-t-elle des autres colonisateurs? quelle est l'importance de l'environnement?

8. « Au delà de l'amour. » Pourquoi la narratrice insiste-t-elle sur l'amour que les enfants portaient à leur mère? Pensez-vous que cette insistance soit sincère ou qu'elle cache d'autres sentiments? quelle est l'importance de l'affectivité?

9. « L'espoir a été renoncé. » Quel est l'implication de ce passif? (Consultez la *Grammaire* a propos de la voix passive.)

10. Quelles sont ses *tentatives* contre l'océan? L'océan est-il une métaphore? un endroit précis?

11. Chez la narratrice, que représente une victoire sur les malheurs de la colonie?

13. Pourquoi ces enfants sont-ils à la fois héroïques et désespérés?

14. Pourquoi Duras termine-t-elle ce passage de cette façon? Quelles sont les implications de cette déclaration?

15. Montrez comment une vie telle que ces enfants mènent va les traumatiser.

STYLISTIQUE

Vocabulaire

1. Etudiez de près la connotation des mots en italique.

   (a) « C'est une famille en pierre, *pétrifiée*... »

   (b) « Regarder c'est avoir un mouvement de curiosité vers, envers, c'est *déchoir*. »

   (c) « Le mot conversation est *banni*. »

   (d) « ...cette personne...que la société a *assassinée*. »

   (e) « Elle aurait pu mourir. Se *supprimer*. Disperser la communauté *invivable*... Elle a été *imprudente*... »

   (f) « Abandonnées aussi les *tentatives* contre l'océan. »

2. Donnez les synonymes des mots en italique. Marquez clairement les écarts de signification.

   (a) « Je crois que c'est celui qui dit ici le mieux la honte et l'*orgueil*. »

   (b) « Toute communauté, qu'elle soit familiale ou autre, nous est haïssable, *dégradante*. »

   (c) « ...cette personne *de bonne foi*, notre mère... »

   (d) « ...elle a été imprudente, elle a *été inconséquente*, irresponsable. »

   (e) « Et puis enfin l'espoir a été *renoncé*. »

   (f) « La mère est enfin calme, *murée*. »

Analyse de la phrase

1. Etudiez les propositions des trois derniers paragraphes. Identifiez-les puis analysez l'affectivité (celle de l'auteur, celle de la lectrice et du lecteur).

2. Montrez qu'il y a quelque chose de pathologique dans ce texte en vous appuyant sur le vocabulaire et le style.

3. Essayez de trouver ce qui n'est pas dit directement par la narratrice mais que le lecteur découvre en se posant des questions à propos du choix des mots, de leur connotation, de la syntaxe très spéciale, des omissions, de ce qui aurait pu être dit d'autre, des intentions de l'auteure, etc.

Kateb Yacine (1929–1989)

Né à Constantine, en Algérie, Kateb Yacine est un écrivain francophone d'origine algérienne qui a choisi d'écrire ses premières œuvres en français plutôt que dans sa langue maternelle. Il commença ses études à l'école coranique et les poursuivit dans une école française (son père lui-même connaissait bien les deux cultures, les deux traditions). En 1945, il est emprisonné pour avoir participé aux émeutes de Sétif, ville où il était lycéen. Cet événement et les représailles qui le suivirent l'ont fortement marqué. A sa sortie de prison à 16 ans, les portes du lycée lui étant fermées, il partit en voyage, parcourut l'Algérie et la France, s'essayant à divers métiers. Plus tard, il voyagea en Italie, en Allemagne, en Belgique, en Russie. Après 1971, il s'établit de nouveau en Algérie et prit la direction du théâtre de Sidi Bel Abbès.

Pendant les années cinquante et surtout en 1953, il travailla à un roman qui le préoccupait depuis longtemps, *Nedjma* (1956). Plus tard parurent des pièces de théâtre, *Le Cercle des représailles* (1959), et *Le Polygone étoilé* (1956). Ces pièces ont été représentées en France et en Algérie, en français, en arabe classique, et an arabe parlé.

Nedjma (étoile en arabe) est fortement marqué par les événements survenus dans la vie de l'auteur. Ainsi, on y retrouve des éléments purement personnels aussi bien que des éléments attachés aux événements contemporains, Nedjma représentant tour à tour la femme rêvée, l'Algérie et un domaine mytho-poétique, les trois dimensions entrelacées et présentées selon une courbe chronologique spirale, circulaire, qui appartient au monde de la poèsie et une optique contemporaine pour la structuration du récit. Dans les passages suivants, Rachid, un des jeunes qui aiment Nedjma (mais qui est peut-être aussi son frère), se laissaint aller à des rêveries, peint le sort de différentes villes de l'Algérie, de l'Afrique du Nord, dont les origines remontent loin dans le passé et dont le sort a été de se voir traverser par différents conquérants, d'être nivelées et de renaître en dépit de tout.

Nedjma

1   Rachid ne distinguait plus ce qu'il pensait de ce qu'il disait: «…Pas les restes des Romains. Pas ce genre de ruines où l'âme des multitudes n'a eu que le temps de se morfondre, en gravant leur adieu dans le roc, mais les ruines en filigrane de tous les temps, celles que baigne le sang dans nos veines, celles que nous portons en secret sans jamais trouver le lieu ni l'instant qui conviendrait pour les voir: les inestimables décombres du présent… J'ai habité tour à tour les deux sites, le rocher puis la plaine où Cirta[1] et Hippone[2] connurent la grossesse puis le déclin dont les cités et les femmes portent le deuil sempiternel, en leur cruelle longévité de villes-mères; les architectes n'y ont plus rien à faire, et les vagabonds n'ont pas le courage d'y chercher refuge plus d'une nuit; ainsi la gloire et la déchéance auront fondé l'éternité des ruines sur les bords des villes nouvelles, plus vivantes mais coupées de leur histoire, privés du charme de l'enfance au profit de leur spectre ennobli, comme les fiancées défuntes qu'on fixe aux murs font pâlir leurs vivantes répliques; ce qui a disparu fleurit au détriment de tout ce qui va naître… Constantine[3] et Bône[4] les deux cités qui dominent l'ancienne Numidie[5] aujourd'hui réduite en département français… Deux âmes en lutte pour la puissance abdiquée des Numides. Constantine luttant pour Cirta et Bône pour Hippone comme si l'enjeu du passé, figé dans une partie apparemment perdue constituait l'unique épreuve pour les champions à venir: il suffit de remettre en avant les Ancêtres pour découvrir la phase triomphale, la clé de la victoire refusée à Jugurtha[6] le germe indestructible de la nation écartelée entre deux continents, de la Sublime Porte[7] à l'Arc de Triomphe, la vieille Numidie où se succèdent les descendants Romains, la Numidie dont les cavaliers ne sont jamais revenus de l'abattoir, pas plus que ne sont revenus les corsaires qui barraient la route à Charles-Quint[8]…Ni les Numides ni les Barbaresques[9] n'ont enfanté en paix dans leur patrie. Ils nous la laissent vierge dans un désert ennemi, tandis que se succèdent les colonisateurs, les prétendants sans titre et sans amour…

2   Gloire aux cités vaincues; elles n'ont pas livré le sel des larmes, pas plus que les guerriers n'ont versé notre sang: la primeur en revient aux épouses, les veuves éruptives qui peuplent toute mort, les veuves conservatrices qui transforment en paix défaite, n'ayant jamais désespéré des semailles, car le terrain perdu sourit aux sépultures, de même que la nuit n'est

---

[1] Ancienne capitale de la Numidie. Aujourd'hui Constantine.   [2] Colonie carthaginoise, puis romaine. St. Augustin y résida. Les Arabes l'occupèrent au VIIe siècle. Ses ruines sont tout près de Bône.   [3] Ville d'Algérie nommée en l'honneur de l'empereur Constantin Ier. Elle passa plus tard aux mains des Arabes et puis des Turcs.   [4] Aujourd'hui Annaba, en Algérie orientale.   [5] Région d'Afrique qui correspond à l'Algérie d'aujourd'hui.   [6] Roi de Numidie (ca. 160–ca. 104).   [7] Porte monumentale d'Istanbul.   [8] Charles V (1500–1558), Empereur d'Allemagne et du Saint-Empire et Roi d'Espagne, sous le nom de Charles Ier, lutta contre les Ottomans à partir de 1530, ses troupes occupent Tlemcen en 1530 et Tunis en 1535 et bombardent Alger en 1541.   [9] Habitants des hautes

qu'ardeur et parfum, ennemie de la couleur et du bruit, car ce pays n'est pas encore venu au monde: trop de pères pour naître au grand jour, trop d'ambitieuses races déçues, mêlées, confondues, contraintes de ramper dans les ruines...Peu importe que Cirta soit oubliée...Que le flux et le reflux se jouent de ce pays jusqu'à brouiller les origines par cette orageuse langueur de peuple à l'agonie, d'immémorial continent couché comme un molosse entre le monde ancien et le nouveau... Il existe bien peu de villes comme celles qui voisinent au cœur de l'Afrique du Nord, l'une portant le nom de la vigne et de la jujube, et l'autre un nom peut-être plus ancien, peut-être byzantin; un nom peut-être plus ancien que Cirta... Ici quelque horde barbare avait bâti son fort dans le roc, imitée par on ne sait quelles peuplades, on ne sait quelles tribus, jusqu'à l'arrivée des Romains puis des Janissaires[10] les deux villes grandies sous le mistral[11] et le sirocco[12] en marge du désert, à si peu de distance de Carthage; Bône, le golfe d'où partent nos richesses, par où se consomme notre ruine — Bône, grandie le long des plages, au comble de l'abondance, à la limite des plants de vigne et de tabac, Bône grandie depuis la plaine, depuis les plages ininterrompues du golfe, depuis le raidillon de la Place d'armes, les terrasses turques, la mosquée, jusqu'au flanc de la montagne abrupte plongeant sur les eaux, le maquis d'où les hommes de Bugeaud[13] purent dominer la ville, mais son vin les grisa, son tabac les attira au port... Ni les soldats ni les colons qui suivirent ne purent quitter la ville — ni la quitter, ni l'empêcher de grandir....

Kateb Yacine, *Nedjma* (1956)

QUESTIONNAIRE

1. Dans les sept premières lignes, quelle est la connotation des mots servant à décrire les ruines importantes?

2. Relevez et commentez les mots ou expressions qui soulignent le thème de la mort/défaite des cités et ceux qui, au contraire, illustrent le thème de la vie/victoire.

3. Pour quelles raisons l'adjectif *vierge* (fin du premier paragraphe) est-il un mot-clé?

4. Comment Kateb Yacine enrichit-il les thèmes mentionnés ci-dessus (considérez les images, les évocations exotiques, les sons, la structure des phrases, la ponctuation)?

5. Pourquoi Rachid confère-t-il des caractéristiques humaines aux cités?

---

terres du Nord-Ouest de l'Afrique. [10] Corps d'infanterie dans l'armée ottomane qui joua un rôle important dans la force militaire turque depuis sa création au XIVe jusqu'au XIXe siècle, connu pour sa discipline et son fanatisme. [11] Vent en France qui souffle du nord vers la Méditerranée. [12] En Afrique, vent chaud et sec qui souffle du désert vers la Méditerranée. [13] Bugeaud (1784–1849). Gouverneur général de l'Algérie (1840), du côté de ceux qui recherchaient la conquête du pays.

6. Quelles sont les caractéristiques que Rachid attribue aux femmes, aux épouses et aux veuves? Qu'est-ce que cela implique quant à Rachid?

7. Rachid est préoccupé par des questions ayant affaire avec le passé, l'histoire, les ancêtres. Pourquoi? Pensez à son environnement actuel.

8. Revoyez la question de la distance dans les *Conseils*. Comment l'auteur se sert-il de la distance et à quelle fin?

9. Bien que Rachid parle des soldats et des colons français dans la dernière phrase de l'extrait, sur quel ton finit-il?

10. Comment Kateb Yacine a-t-il entraîné les lecteurs vers ce message?

STYLISTIQUE

Vocabulaire

a. Etudiez de près la connotation des mots en italique.

   (a) « ...Corta et Hippone connurent *la grossesse* puis le déclin. »

   (b) « ...comme les fiancées défuntes qu'on fixe aux murs font pâlir leurs *vivantes répliques*. »

   (c) « ...comme si l'*enjeu* du passé, figé dans une *partie* apparemment perdue, constituait l'unique épreuve. »

   (d) « ...les cavaliers ne sont jamais revenus de l'*abattoir*. »

   (e) « ...elles n'ont pas *livré* le sel des larmes. »

   (f) « les deux villes grandies sous le mistral et le sirocco, *en marge du désert*. »

2. Donnez les synonymes des mots en italique.

   (a) « L'âme des multitudes n'a eu que le temps de *se morfondre*. »

   (b) « ...les inestimables *décombres* du présent. »

   (c) « ...les deux cités qui dominaient l'ancienne Numidie aujourd'hui *réduite* en département français. »

   (d) « ...tandis que se succèdent les colonisateurs, les *prétendants* sans titre et sans amour. »

   (e) « La *primeur* en revient aux épouses, les veuves éruptives... »

Analyse de la phrase

1. Montrez dans quelle mesure l'auteur conçoit la terre, la nation selon des termes propres au corps humain. Faites une liste des mots qui sont souvent employés par rapport au corps humain — par exemple, flanc, ceinture — mais qui sont transposés ici dans d'autres domaines. Etudiez les implications de cette transposition en vous penchant sur la connotation des mots que vous avez relevés.

2. Une série d'oppositions s'établit dans cet extrait. Indiquez-en quelques-unes (temps, lieu, âge, etc.) et montrez l'importance de ces différentes catégories pour le développement du récit.

3. Etablissez une liste des différents procédés de rhétorique employés par l'auteur. Qu'est-ce que cette liste révèle sur le style de l'auteur, sur sa façon de penser, sur son affectivité? Comment peut-on reconnaître que l'auteur n'est pas un Français?

Roch Carrier (1937–   )

Roch Carrier est né au Québec à Sainte-Justine-de-Dorchester, petit village au sud du Saint-Laurent. Tout jeune, il débute dans la vie littéraire comme poète. Après des études à l'université de Montréal, il est à la Sorbonne où il écrit une thèse sur Blaise Cendrars et obtient le doctorat en 1978. Son premier recueil de contes, *Jolie deuils* (1964) remporte le Prix littéraire de la Province de Québec. Parmi ses œuvres plus récentes, mentionnons *La Céleste Bicyclette* (1985), *L'Ours et le Kangourou* (1986) et *Prières d'un enfant très très sage* (1988).

Cadre Historique: Le Québec

Par certains côtés, l'expérience française de l'Amérique du Nord ressemble à celle des citoyens d'autres pays où deux ethnies se trouvent côte à côte dans une même nation. C'est pour cette raison que cet extrait se place dans ce chapitre.

En 1497, Jean Cabot (Giovanni Cabotto), au service du roi d'Angleterre, découvre le Canada. Au XVIe siècle, l'exploration de la Nouvelle France se voit encouragée par François Ier. Jacques Cartier y effectue plusieurs voyages (1534–1536) et prend possession du Canada au nom de François Ier.

La défaite des plaines d'Abraham (1759) est un tournant décisif dans l'expérience française. En 1763, la Nouvelle France est cédée à l'Angleterre par le Traité de Paris. Repliés sur eux-mêmes, contrôlés politiquement par les Anglais, spirituellement par le clergé, les Canadiens français jouissent d'une hausse de natalité impressionnante « la revanche des berceaux ». Mais les mécontentements continuent à se faire sentir, en 1837–38, avec la rébellion des Patriotes, au moment de l'exécution de Louis Riel en 1885, pendant la guerre des Boers et la première guerre mondiale — les Canadiens français sont hostiles à la conscription. Et même de nos jours, deux camps linguistiques s'opposent sur la question du statut spécial du Québec.

Une renaissance littéraire et culturelle au Québec a lieu au milieu du XXe siècle, grâce à l'expansion de la scolarisation, moins contrôlée par l'église, et la nouvelle importance légale accordée à la langue française (loi 101) qui permet aux Québécois de s'affirmer (car c'est ainsi que s'appellent désormais les Canadiens français).

Il n'y a pas de pays sans grand-père

Dans *Il n'y a pas de pays sans grand-père,* publié en 1977, Roch Carrier nous présente l'optique de Vieux-Thomas, vieillard énergique traité par sa famille comme un radoteur qui va subir un mauvais sort en faisant et en aimant les choses qui appartiennent au monde de l'habitant québécois au beau milieu du xxᵉ siècle.

Le moment critique autour duquel tourne tout le récit est un incident où le petit-fils de Vieux-Thomas, Jean-Thomas, injurie la reine d'Angleterre, qui n'est pas, dit-il, la reine du Québec. Cette interprétation des choses n'est pas exceptionnelle dans l'esprit des habitants francophones du Canada. En effet, ils se sont soulevés à plusieurs reprises contre les ''colonialistes'' anglophones, montrant à quel point ils ne s'identifiaient pas avec les sentiments pro-Britanniques de plusieurs de leurs compatriotes. L'auteur nous montre ici des continuateurs de ces traditions de méfiance et d'hostilité. Jean-Thomas est arrêté et emprisonné, ce qui suscite dans l'esprit du grand-père des réflexions sur le sort des francophones sur le continent de l'Amérique du Nord et sur sa propre vie.

Il n'y a pas de pays sans grand-père

Ces faiblards-là veulent être tranquilles et dormir sur leurs deux o-reilles, ile ne veulent pas être dérangés pendant que Jean-Thomas est en prison. Jean-Thomas, lui, n'a pas eu peur des Anglais. Jean-Thomas a même osé apprendre l'anglais dans ses livres. Non seulement il n'a pas eu peur de la Reine des Anglais, mais il doit lui avoir dit la vérité en anglais! Ah! s'il avait été accompagné de Jean-Thomas, au camp des Anglais, Vieux-Thomas n'aurait pas fui. Qu'est-ce que cette peur qu'il a des Anglais? C'était une peur mêlée à son sang. Au village, on disait de Thomas qu'il n'avait peur de rien. Il n'avait pas eu peur d'aller marcher dans le cimetière pendant la Nuit de la Fête des Morts. Dans ces temps-là, les âmes des morts sortaient sur la terre et dansaient toute la nuit, jusqu'au premier rayon du jour; alors, elles retournaient d'où elles venaient. Si un cheval s'emballait en levant les sabots aussi haut que les toits, on appelait Thomas: il avançait vers lui sans peur; le cheval devenait humble, tranquille et posait les quatre sabots sur la terre. Si, dans la nuit, le feu éventrait la cheminée d'une maison pour s'échapper sur le toit, on appelait Thomas qui n'avait pas peur de grimper, accroché on ne sait comment, malgré la neige et la glace: il s'approchait des flammes et, à coups de veston, il attaquait le feu et l'obligeait à reculer. On avait peur à le regarder ne pas avoir peur. Ce n'est pas tout à fait vrai qu'il n'avait peur de rien. A-t-il confié à Jean-Thomas que le Village des Anglais le terrifiait? Un homme ne parle pas de ses peurs. C'étaient quelques maisons rassemblées autour du chemin, comme un piège. Aucune de ces maisons n'avait entendu un seul mot de la langue québécoise. Jamais un seul Canadien français n'était entré dans l'une de ces maisons: en tout cas, Thomas n'en connaissait pas un seul qui ait osé même passer devant. Ceux qui habitaient là étaient de purs Anglais. Ces Anglais-là par leur religion, étaient tous des Protestants. Pas un seul Canadien français catholique n'aurait voulu traverser ce village ni le jour ni la nuit. Dans les temps anciens, des Canadiens français, qui n'avaient pas froid aux yeux, s'étaient risqués dans le chemin du Village des Anglais. Les Anglais avaient lâché leurs chiens, de gros chiens anglais qui jappaient dans la langue de leurs maîtres. Les Canadiens français qui n'avaient pas froid aux yeux avaient essayé d'amadouer les bêtes avec les mots qui font se coucher les chiens canadiens français, mais ces chiens anglais ne comprenaient pas un mot de québécois et ils sentaient, pour la première fois, de la viande canadienne française; ils jappaient à déchirer le ciel et ils montraient des dents coupantes comme des couteaux de chasse. Les Canadiens français avaient détalé, heureux de ne pas laisser une bouchée de leur chair ou de leurs os dans la gueule des chiens. Depuis que l'on racontait cette histoire, personne ne s'était aventuré dans le Village des Anglais. Cette histoire venait des temps anciens, mais on la racontait souvent au village afin que personne n'oublie.

Roch Carrier, *Il n'y a pas de pays sans grand-père* (1977)

QUESTIONNAIRE

1. Quels sont les différents incidents dans ce récit qui peuvent inspirer de la peur? Ces incidents reflètent-ils un milieu particulier?

2. Pour quelles raisons pourrait-on être effrayé par la « Reine des Anglais »?

3. Qui mentionne de « purs Anglais »?

4. Quel est le rôle de la tradition orale dans le milieu décrit dans cet extrait?

5. Ce récit combine deux styles. Il comporte des passages bien écrits (signalez-les) et d'autres qui semblent primaires (relevez-les). Pourquoi?

6. Combien de voix y a-t-il dans le récit?

7. Les répétitions ont-elles des caractéristiques diverses?

8. Les lecteurs non-québécois se sentent-ils engagés dans ce texte? (Etudiez la question de la distance.)

9. Montrez les différentes étapes dans la présentation de l'histoire.

10. Commentez le poids du passé dans cet extrait.

STYLISTIQUE

Vocabulaire

1. Etudiez de près la connotation des mots en italique.

   (a) « Ces *faiblards*-là veulent être tranquilles et *dormir sur leurs deux oreilles...* »

   (b) « Si un cheval s'emballait en levant les *sabots...* »

   (c) « ...des Canadiens français, qui n'*avaient* pas *froid aux yeux,* s'étaient risqué dans le chemin du Village des Anglais. »

   (d) « Les Canadiens français...avaient essayé *d'amadouer* les bêtes... »

   (e) « ...heureux de ne pas laisser une *bouchée* de leur chair... »

2. Donnez les synonymes des mots en italique. Faites entrer chacun de ces mots dans une nouvelle phrase.

   (a) « ...il doit lui *avoir dit la vérité* en anglais. »

   (b) « Si un cheval *s'emballait...* »

   (c) « Si, dans la nuit, le feu *éventrait* la cheminée d'une maison... »

   (d) « ...de gros chiens anglais qui *jappaient* dans la langue de leurs maîtres. »

   (e) « Les Canadiens français avaient *détalé...* »

Analyse de la phrase

1. Montrez par quels moyens stylistiques Roch Carrier crée une atmosphère, indique ses intentions, les qualités de ses personnages et exprime son opinion sur les Anglais.

2. Etudiez la présentation du chien et reliez-la aux intentions du narrateur.

DISCUSSION ET DISSERTATION

Sujets de discussion

1. Les colonisateurs sont-ils déraisonnables de vouloir rester là où ils sont nés?

2. Montrez comment le colonialisme algérien était un problème insoluble.

3. L'existence dans un seul pays d'une ou de plusieurs ethnies est-elle un avantage pour les citoyens de ce pays? Les inconvénients sont-ils insurmontables?

4. Croyez-vous qu'un citoyen d'un pays comme les Etats-Unis puisse comprendre l'affectivité de quelqu'un vivant dans une nation riche d'une longue histoire, de vielles traditions?

Sujets de dissertation

1. Comparez les textes de Marguerite Duras et de Marie Cardinal. Suivez le modèle présenté dans les Conseils pour la comparaison (Plan B).

2. Pensez-vous que la pensée consciente ou inconsciente soit affectée par le fait qu'un pays est conçu au féminin ou au masculin? Comparez vos sentiments envers les Etats-Unis (image masculine d'un homme portant un costume aux couleurs nationales et un chapeau haut de forme) et demandez à un(e) Français(e) ce qu'il ou elle ressent devant l'image de Marianne, aux seins découverts, qui symbolise souvent la France.

LA TRADUCTION ET SES DIFFICULTES

Traduisez le texte suivant:

Marius was now launched on his peroration. ''Here in Quebec,'' he was saying, ''beside our own great river, we French-Canadians are at home. We say it once. We say it twice. We will always say it. Perhaps if we say it enough the English will understand us. We are at home here with our families and our faith. We don't ask much. All we have ever asked is to be let alone. When we say ''Down with Conscription'' we do not say we fear to fight. We say ''Down with foreign tyranny and interference!'' We say...''

Marchand knew by heart what Marius would say. After all, he had previously said most of it himself earlier in the meeting. To him this was just a small gathering in a dirty hall in the east end of Montreal. There had been hundreds of other meetings like it all over the province through 1917 and 1918, all of them protesting the conscription act which the English-speaking provinces had forced on Quebec. If Bourassa had been able to speak tonight, the meeting would have been new, for he was a great orator and a symbol. Without him this hall was just one more place where oratory was being sprayed out like anaesthetic to deaden the French-Canadians' bitterness because the pressure of the eight English-speaking provinces east and west of them, and of the United States to the south, made them feel they were in a strait-jacket; because now, with the world gone crazy, they were almost powerless against an alien people who called themselves countrymen but did not understand the peculiar value of the French and did not want to understand it.

Hugh MacLennan, *Two Solitudes* (1945)

CHAPITRE 8

LE POÈME EN PROSE

Aloysius Bertrand, *Un Rêve*
Henri Alain-Fournier, *L'Amour cherche les lieux abandonnés*
Jules Supervielle, *Docilité*

Les auteurs étudiés jusqu'ici, bien que possédant une optique différente, ont tous essayé de résoudre le même problème: comment communiquer au lecteur une idée fidèle et précise des objets, des personnes, des situations qu'ils ont vus ou imaginés. Pour ce faire, ils ont utilisé tous les aspects stylistiques étudiés dans ce livre: le rythme, les sons, les images, etc., tous enfermés dans un cadre logique.

Dans ce chapitre nous abordons l'étude de la poésie. Les auteurs que nous étudions se servent bien sûr des mêmes outils que les prosateurs; mais, tout en conservant une certaine logique grammaticale traditionnelle, ils présentent leurs idées avec une nouvelle logique psychologique afin de traduire le monde qu'ils ont rêvé. L'accent porte donc moins sur la logique des mots (en fait, nous sommes en présence d'un vocabulaire en train de se créer) que sur la connotation, le pouvoir évocateur des mots; c'est-à-dire, le récit se base surtout sur les rythmes, les images, les sonorités. De ce fait les auteurs des poèmes en prose adoptent la plupart des aspects de la poésie sauf la disposition régulière des vers, que certains considèrent évidemment comme trop contraignants. Nous sommes par conséquent dans une zone intermédiaire, à mi-chemin entre la prose narrative, et la poésie lyrique. Pour ces raisons nous donnons au genre étudié ici le nom de « poème en prose ».

Le poème en prose s'est développé en France surtout à partir du XIXe siècle, depuis l'époque de Baudelaire. Les lecteurs trouveront donc dans ce genre l'élaboration de préoccupations modernes: la ville où l'on s'égare, l'imaginaire et le fantasme, la résistance des choses, des objets à l'ordre (ce qui devrait être, ce qui devrait pouvoir s'exprimer ou s'expliquer); nous nous trouvons dans le monde du rêve, de l'insolite, de la féerie, et parfois même de l'hallucination.

Aloysius Bertrand (1807–1841)

La production littéraire d'Aloysius Bertrand est limitée. Mort de tuberculose à 34 ans, il n'est connu que pour son recueil posthume publié en 1842, *Gaspard de la Nuit,* qui marque l'émergence de la poésie en prose. Dans ce volume, il présente des scènes de rue, des portraits bizarres, des chansons mystérieuses, des évocations gothiques très romantiques dont en voici une.

Un Rêve

J'ai rêvé tant et plus, mais je n'y entends note.   *Pantagruel,* livre III.

1   Il était nuit. Ce furent d'abord, — ainsi j'ai vu, ainsi je raconte, — une abbaye aux murailles lézardées par la lune, — une forêt percée de sentiers tortueux, — et le Morimont [*la place aux exécutions à Dijon*] grouillant de capes et de chapeaux.

2   Ce furent ensuite, — ainsi j'ai entendu, ainsi je raconte, — le glas funèbre d'une cloche auquel répondaient les sanglots funèbres d'une cellule, — des cris plaintifs et des rires féroces dont frissonnait chaque feuille le long d'une ramée — et les prières bourdonnantes des pénitents noirs qui accompagnaient un criminel au supplice.

3   Ce furent enfin, — ainsi s'acheva le rêve, ainsi je raconte, — un moine qui expirait couché dans la cendre des agonisants, — une jeune fille qui se débattait pendue aux branches d'un chêne, — et moi que le bourreau liait échevelé sur les rayons de la roue.

4   Dom Augustin, le prieur défunt, aura, en habit de cordelier, les honneurs de la chapelle ardente; et Marguerite, que son amant a tuée, sera ensevelie dans sa blanche robe d'innocence, entre quatre cierges de cire.

5   Mais moi, la barre du bourreau s'était, au premier coup, brisée comme un verre, les torches des pénitents noirs s'étaient éteintes sous des torrents de pluie, la foule s'était écoulée avec les ruisseaux débordés et rapides — et je poursuivais d'autres songes vers le réveil.

Aloysius Bertrand, *Gaspard de la nuit* (1842)

QUESTIONNAIRE

1. Dans quel univers les lecteurs se trouvent-ils immédiatement plongés grâce aux endroits décrits et à la parole du narrateur?

2. Quels sont les mots et les images qui illustrent l'aspect fantastique du deuxième paragraphe?

3. Qu'est-ce que l'image du « moine expirant dans la cendre des agonisants » suggère? Comment le moine et les agonisants sont-ils présentés?

4. L'auteur décrit la jeune fille en train de se débattre « pendue aux branches d'un chêne ». A quel sens fait-il appel? S'est-il déjà servi des sens?

5. Qu'est-ce que la « barre du bourreau », les « rayons de la roue » (troisième et cinquième paragraphe)? Montrez comment le narrateur devient un participant.

6. Pourquoi l'auteur choisit-il de dire que cette barre « s'était, au premier coup, brisée comme un verre »? (Pensez au titre et au mot *songe*.)

7. Qu'est-ce que les « torrents de pluie » et les « ruisseaux débordés et rapides » évoquent chez les lecteurs? Quelles sont les intentions d'Aloysius Bertrand?

8. Montrez comment l'emploi des temps des verbes permet de situer le narrateur. Les lecteurs se sentent-ils proches (distance par rapport à l'espace et/ou au temps) du narrateur? Où se trouve ce dernier du point de vue spatial, temporel et affectif?

9. Relevez tous les objets figurant dans le texte. Sont-ils statiques? Sont-ils vus d'une façon panoramique ou précise? Où se trouvent-ils par rapport à l'espace et au temps?

10. En combien de scènes le texte peut-il se diviser? Donnez un sous-titre poétique à chacune d'elles.

11. Quel est l'effet provoqué par la fragmentation (due à la ponctuation) du rythme de la phrase dans tout le texte?

12. Comment le rythme des trois premiers paragraphes est-il lié à la poésie?

13. Commentez la citation en tête du poème. Quelle en est l'importance?

STYLISTIQUE

Vocabulaire

1. Qu'est-ce que les mots suivants évoquent?

lézardés	glas	ardente
percée	bourdonnante	échevelé
grouillant	écoulée	

2. Relevez les mots qui expriment:

   (a) la souffrance

   (b) la mort

3. Commentez le choix des épithètes dans les expressions suivantes:

   le glas *funèbre*
   des cris *plaintifs*
   des rires *féroces*

4. Pourquoi l'auteur emploie-t-il le mot *songes* à la fin du morceau et non le mot *rêve* du titre?

5. Que suggère le verbe *poursuivais* (parag. 5)?

6. L'expression «*Il était nuit*» est inhabituelle (on dirait normalement «il faisait nuit»). Quel en est l'effet?

7. Quel est l'effet des répétitions (sons et mots)?

8. Quels sont les mots et expressions qui vous paraissent poétiques dans ce morceau? Pourquoi? (Définissez d'abord le mot *poétique*, puis montrez en quoi ces mots sont poétiques: pouvoir évocateur, position particulière dans la phrase, sens spécial, emploi habituel, affectivité, etc.)

Henri Alain-Fournier (1886–1914)

Disparu sur le champ de bataille à 28 ans, au début de la Première Guerre mondiale, Alain-Fournier nous a laissé un roman, *Le Grand Meaulnes,* publié en 1913, œuvre consacrée aux rêves, à l'aventure, à l'amour. Son succès universel provient de la beauté de l'univers imaginaire et de la manière dont l'auteur recrée l'affectivité qui existe à la sortie de l'adolescence et avant l'entrée dans le monde des adultes. Nous avons de lui également une *Correspondance* (publiée en 1926) avec son ami Jacques Rivière, qui épousera sa sœur, échange de lettres touchant à la création littéraire, la religion, la musique et beaucoup d'autres sujets, et avec le poète Péguy (publiée en 1973). C'est en 1924 que parut le recueil *Miracles* dans lequel figure le poème en prose présenté ici. *L'Amour cherche les lieux abandonnés* développe les thèmes favoris de l'auteur: le clair-obscur de la saison automnale, les brumes opaques, le rêve, la femme aimée inoubliable, l'amour-aventure, les domaines mystérieux, le tout enchâssé dans la richesse de sa prose poétique.

L'Amour cherche les lieux abandonnés

1   L'amour par les longues soirées pluvieuses, cherche les lieux abandonnés.

2   Nous avons suivi ce chemin d'herbe qui s'en allait je ne sais où dans le dimanche de septembre. Il nous a conduits sur la hauteur où s'amassait la pluie comme une blanche forêt perdue. C'est là, dans une vigne terreuse et noircie, que me précédait mon amour. Je regardais avec compassion sous la soie mouillée ses épaules transparues, et sa main en arrière, selon le geste de son écharpe fauve et trempée, disant: encore plus loin! Plus perdus encore!

3   Nous avons trouvé ce bosquet désert avec de grands arceaux de fer tombés, vestiges d'une tonnelle. On découvrait une ville au loin qui fumait de pluie dans la vallée. Visages humains, qui regardiez derrière les fenêtres, que les heures étaient lentes à passer devant vous dans les rues, et monotone à vos oreilles la sonnerie régulière de l'eau dans le chenal — auprès de la soirée errante dans les avenues de notre réduit de feuillage! Nous nous

sommes jeté de la pluie à la figure et nous nous sommes grisés à son goût profond. Nous sommes montés dans les branches, jusqu'à mouiller nos têtes dans le grand lac du ciel agité par le vent. La plus haute branche, où nous étions assis, a craqué, et nous sommes tombés tous deux avec une cascade de feuilles et de rire, comme au printemps deux oiseaux empêtrés d'amour. Et parfois vous aviez ce geste sauvage, amour, d'écarter, avec les cheveux, de vos yeux, les branches de la tonnelle, pour que le jour prolongeât dans notre domaine les chevauchées sur les chemins indéfinis, les rencontres coupables, les attentes à la grille, et les fêtes mystérieuses que vous donnent la pluie, le vent et les espaces perdus.

4   Mais pour le soir qui va venir, amour, nous cherchons une maison.

5   Dans la vigne, nous avons longtemps secoué la porte du refuge, en nous serrant sur le seuil pour nous tenir à l'abri, ainsi que deux perdrix mouillées. Nous entendions à nos coups répondre sourdement la voix de l'obscurité enfermée. Derrière la porte il y avait, pour nous, de la paille où nous enfouir dans la poussière lourde et l'ombre de juillet moissonné; des fruits traînant sur des claies avec l'odeur de grands jardins pourris où sombrent pour la dernière fois les amants attardés; dans un coin, des sarments noircis, avec de vieilles choses, amour, qu'en vain vous auriez voulu reconnaître; et, vers le soir, dans la cheminée délabrée, nous aurions fait prendre un grand feu de bois mort, dont la chaleur obscure aurait, le reste de la nuit, réchauffé vos pieds nus dans ses mains.

6   « Quelqu'un » avait la clef de ce refuge, et nous avons continué d'errer. Aucun domaine terrestre, amour, ne nous a paru suffisamment désert! Ni, dans la forêt, le rendez-vous de chasse comme une borne muette au carrefour de huit chemins égarés; ni même, au tournant le plus lointain de la route, cette chapelle rouillée sous les branchages funèbres.

7   Mais le lieu même de notre amour, ce fut par la nuit d'automne où nous dûmes nous déprendre, cette cour abandonnée sous la pluie, dont elle m'ouvrit secrètement la porte. Sur le seuil où elle m'appela tout bas, je ne pus distinguer la forme de son corps; et des jardins épais où nous entrâmes à tâtons, je ne connaîtrai jamais le visage réel. « Touchez, disait-elle, en appuyant sur mes yeux sa chevelure, comme mes cheveux sont mouillés! » Autour de nous ruisselaient immensément les profondes forêts nocturnes. Et je baisais sur cette face invisible que jamais plus je ne devais revoir la saveur même de la nuit. Un instant, elle enfonça dans mes manches, contre la chaleur de mes bras, ses mains fines et froides, caresse triste qu'elle aimait. Perdus pour les hommes et pour nous-mêmes, pareils à deux noyés confondus et qui flottent dans la nuit, ah! nous avions trouvé le désert où déployer enfin comme une tente notre royaume sans nom. Au seuil de l'abandon sans retour, vous me disiez, amour, dont la tête encore roule sur mon épaule, avec cette voix plus sourde que le désespoir: « Jamais!…il n'y aura jamais de fin! Eternellement, nous nous parlerons ainsi que deux en-

fants qu'on a mis à dormir ensemble, la veille d'un grand bonheur, dans une maison inconnue; — et la voix de la forêt qui déferle jusqu'à la vitre illuminée se mêle à leurs paroles... »

Alain-Fournier, *Miracles* (1924)

QUESTIONNAIRE

1. L'expression «dans le dimanche de septembre» crée une dimension à la fois spatiale et temporelle et lui donne une forme poétique. Montrez-le.

2. Quelle ambiance le mot *perdue* («une blanche forêt perdue») crée-t-il? Retrouvez dans le texte des mots, des images liés à l'innocence, au lieu et aux endroits cachés et qui assurent l'unité organique du poème en prose.

3. Pourquoi le narrateur a-t-il employé l'expression *mon amour* («que me précédait mon amour»)? Qu'est-ce qu'il nous révèle ainsi à son propos? Comment le mot *amour* dans tout le texte permet-il de constater la poécité de la prose?

4. Qu'est-ce que le mot *compassion* vous révèle sur l'affectivité du narrateur? Vous-même, que ressentez-vous?

5. Quel est l'effet du *vous* dans «Et parfois vous aviez ce geste sauvage... »? Parlez de l'emploi de la distance dans le texte.

6. La personnification du feu («un grand feu de bois mort... ») est un effet descriptif qui de nouveau participe à la dimension poétique de la prose. Montrez-le.

7. Pourquoi *rouillée* et *funèbres* à la fin du sixième paragraphe? Quelles sont les connotations de ces mots? (Répondez en pensant à la valeur des effets descriptifs, à la primauté des images afin d'assurer que le texte soit poétique, à l'unité finale du texte.)

8. «...et la voix de la forêt qui déferle jusqu'à la vitre illuminée se mêle à leurs paroles. » Qui parle? Pourquoi? Quelle est ici la valeur du présent de l'indicatif? Que ressentez-vous, que voyez-vous?

9. Pour quelles raisons le narrateur emploie-t-il tantôt *nous*, tantôt *vous* et tantôt *elle* dans son récit? Cette discontinuité est justifiable. Montrez-le.

10. Relevez les mots et expressions qui évoquent le douloureux mystère de l'amour. Comment Alain-Fournier conçoit-il l'amour?

11. Examinez les phrases dans lesquelles la continuité syntaxique n'est pas respectée. Montrez comment le déplacement des termes contribue à donner un caractère poétique au texte en prose.

12. La longueur inégale des paragraphes crée-t-elle un effet de discontinuité? Déterminez les diverses parties du plan du morceau. Donnez un titre poétique à chacune des parties. En combien de parties le développement peut-il se diviser? Donnez un sous-titre poétique à chacune des parties.

13. Relevez les mots et expressions se rapportant à l'eau et à la mort. Comment ces thèmes enrichissent-ils les effets descriptifs, allégoriques et les images et unifient le texte?

14. Pourquoi peut-on dire que cet extrait d'Alain-Fournier est un poème en prose? Comment se sert-il des éléments que nous associons habituellement au domaine de la poésie: rythme, sons répétés, images?

15. Ecrivez une explication de ce texte en vous basant sur les Conseils pour l'explication de textes (Plan C).

STYLISTIQUE

Vocabulaire

1. Etudiez de près la connotation des mots en italique.

   (a) « il nous a conduit sur *la hauteur* où s'amassait la pluie comme une blanche forêt *perdue*. »

   (b) « Je regardais avec compassion ses épaules *transparues*... »

   (c) « Nous nous sommes jeté de la pluie à la figure et nous nous sommes *grisés* à son goût *profond*. »

   (d) « ...les *chevauchées* sur les chemins indéfinis... »

   (e) « ...des sarments noircis, avec de vieilles *choses,* amour... »

   (f) « ...dans la cheminée *délabrée,* nous aurions fait prendre un grand feu de bois mort, dont la chaleur *obscure*... »

   (g) « ...pareils à deux noyés *confondus*. »

2. Donnez les synonymes des mots en italique. Faites entrer chacun de ces mots dans une nouvelle phrase. Montrez que chacun de ces mots est plus poétique, dans le contexte, que ses synonymes.

   (a) « L'amour cherche les *lieux* abandonnés. »

   (b) « Mais le lieu même de notre amour, ce fut, par la nuit d'automne où nous dûmes nous *déprendre*... »

   (c) « Et je *baisais* sur cette *face* invisible... »

   (d) « avec cette voix plus *sourde* que le désespoir... »

   (e) « et la voix de la forêt qui déferle jusqu'à la vitre *illuminée* se mêle à leurs paroles... »

   (f) « ...et des jardins *épais* où nous entrâmes à tâtons... »

3. Quelles sont les connotations poétiques des expressions suivantes? (sonorité des mots? construction particulière? etc.)

   (a) « ...auprès de la *soirée errante* dans *les avenues de notre réduit de feuillage* »

   (b) « dans *le grand lac du ciel* agité par le vent »

   (c) « Nous entendions à nos coups répondre sourdement *la voix de l'obscurité enfermée*. »

   (d) « ...où nous enfouir dans la poussière lourde et *l'ombre de juillet moissonné*... »

   (e) « ...un grand feu de bois mort, dont *la chaleur obscure* aurait... »

   (f) « Aucun *domaine terrestre*... »

   (g) « ...une borne *muette* au carrefour de *huit chemins égarés*... »

(h) « Autour de nous *ruisselaient immensément* les profondes forêts *nocturnes.* »

(i) « *...la voix de la forêt qui déferle* jusqu'à la vitre illuminée... »

4. « Touchez, disait-elle, en appuyant sur mes yeux sa chevelure, comme mes cheveux sont mouillés. » Pourquoi le narrateur a-t-il préféré se servir d'abord du mot *chevelure*?

5. Etudiez la place des adjectifs dans ce récit. Relevez ceux qui forment avec leurs substantifs des expressions particulièrement poétiques en raison de leur position.

6. Certains mots sont répétés. Lesquels et à quel effet?

7. Relevez les onomatopées et employez-les dans de nouvelles phrases auxquelles vous essayerez de donner une couleur poétique.

8. Commentez les comparaisons.

Jules Supervielle (1884–1960)

Jules Supervielle est né à Montevideo de parents français qui s'y étaient installés pour fonder une banque. Les deux meurent l'année même de la naissance de leur fils, ayant bu de l'eau empoisonnée. Ce malheur a comme conséquence le premier d'un très grand nombre de voyages entre l'Amérique du Sud et la France. Supervielle fait des études en France (il obtient une licence en espagnol) et participe à la Première Guerre mondiale. Installé en France après la guerre, il retourne pourtant en Uruguay assez souvent; cette possibilité de se séparer de son pays lui donne peut-être ce sentiment de détachement que certains croient reconnaître en lui. Fixé en Amérique du Sud pendant la Seconde Guerre mondiale, il rentre en France en 1945 comme attaché culturel pour le gouvernement uruguayen; c'est là qu'il finit ses jours paisiblement.

La qualité particulière qu'on trouve dans son œuvre poétique a parfois été attribuée aux ciels exotiques du nouveau monde et au contact avec les poètes du monde hispanophone. Le poème présenté ici s'accorde les libertés rythmiques et syllabiques que nous avons retrouvées dans les poèmes en prose.

Docilité

La forêt dit: « C'est toujours moi la sacrifiée,
On me harcèle, on me traverse, on me brise à coups de hache,
On me cherche noise, on me tourmente sans raison,
On me lance des oiseaux à la tête ou des fourmis dans les jambes,
Et l'on me grave des noms auxquels je ne puis m'attacher.   5
Ah! On ne le sait que trop que je ne puis me défendre
Comme un cheval qu'on agace ou la vache mécontente.
Et pourtant je fais toujours ce qu'on m'avait dit de faire.

On m'ordonna: « Prenez racine. » Et je donnai de la racine tant
    que je pus.
« Faites de l'ombre. » Et j'en fis autant qu'il était raisonnable.   10
« Cessez d'en donner l'hiver. » Je perdis mes feuilles jusqu'à
    la dernière.
Mois par mois et jour par jour je sais bien ce que je dois faire,
Voilà longtemps qu'on n'a plus besoin de me commander.
Alors pourquoi ces bûcherons qui s'en viennent au pas cadencé?
Que l'on me dise ce qu'on attend de moi, et je le ferai,   15
Qu'on me réponde par un nuage ou quelque signe dans le ciel,
Je ne suis pas une révoltée, je ne cherche querelle à personne.
Mais il me semble tout de même que l'on pourrait bien me répondre
Lorsque le vent qui se lève fait de moi une questionneuse. »

Jules Supervielle, La Fable du monde (1938)

QUESTIONNAIRE

1. Qu'est-ce que le *on* représente?

2. Ce *on* attaque-t-il seulement la forêt?

3. La forêt est normalement un endroit. Comment le poète la transforme-t-elle dans son imaginaire?

4. Cette forêt devient un personnage. Quelles sont ses caractéristiques?

5. Pour Supervielle la forêt est un être incompris. Commentez les mots qui le prouvent.

6. Quels effets les changements de temps produisent-ils?

7. Pourquoi la forêt ne peut-elle s'attacher aux noms gravés (cinquième ligne)?

8. Quelle est la connotation du mot *raisonnable* dans la dixième ligne?

9. Faites ressortir les intentions de l'auteur en résumant le poème en prose.

10. Justifiez le titre « Docilité ». Quels autres titres vous viennent à l'esprit en lisant ce passage?

STYLISTIQUE

Vocabulaire

1. Expliquez la connotation des mots suivants:

docilité	raisonnable	querelle
harcèle	révoltée	se lève
agace	pas cadencé	questionneuse

2. Etudiez le plaidoyer qu'est ce poème en prose en soulignant clairement sa structure (appuyez-vous sur le vocabulaire).

3. Expliquez à l'aide des images du texte quelle est la vision qui s'en dégage.

INTRODUCTION A LA POESIE

Le poème en prose mène naturellement à la poésie. Il n'est pas question dans le cadre du présent livre d'étudier les problèmes complexes soulevés par l'analyse textuelle dans ce domaine, mais seulement de présenter une introduction exposant les éléments techniques fondamentaux nécessaires à toute appréciation poétique, en tête desquels figure la versification.

La Versification

Compte des syllabes

Afin de déterminer le rythme d'un vers, il est nécessaire de savoir compter les syllabes: la structure même du vers français repose sur le nombre des syllabes. Ces syllabes « poétiques » sont en général énoncées plus distinctement que les syllabes d'un texte en prose. Toutefois la poésie contemporaine tend à ne plus exploiter cet aspect déclamatoire.

Toute syllabe terminée par un *e muet* s'élide devant un mot qui commence par une voyelle ou un *h muet,* et ne compte pas:

> Triomphant dans le templ(e), il ne s'informe pas.   (Racine)
> 1 2 3 4 5 6 7 8 9 10 11 12

> A quel indign(e) honneur m'avais-tu réservée?   (Racine)
> 1 2 3 4 5 6 7 8 9 10 11 12

La syllable finale lorsqu'elle est muette (c'est-à-dire lorsqu'elle contient un *e muet*) ne compte jamais:

> Car je croyais ouïr de ces bruits prophétiqu(es)   (Vigny)
> 1 2 3 4 5 6 7 8 9 10 11 12

On compte toujours le *e muet* précédé d'une consonne s'il n'est pas élidé ou s'il ne se trouve pas dans une syllabe finale:

> Cascades qui tombez des neiges entraînées,
> 1 2 3 4 5 6 7 8 9 10 11 12

> Sources, gaves, ruisseaux, torrents des Pyrénées.   (Vigny)
> 1 2 3 4 5 6 7 8 9 10 11 12

Remarque: A l'intérieur d'un mot le *e muet* précédé d'une voyelle ne compte pas dans le vers:

Ses chansons, sa gai(e)té, sont bientôt revenues   (Chénier)
 1   2   3   4   5   6   7   8   9 10 11   12

Lorsque deux voyelles sonores (toutes les voyelles sauf le *e muet*) pures par rapport aux semi-consonnes qui sont *ui, oui,* et le yod (lui, Louis, oui, nation, bien, etc.) se suivent dans le même mot, elles comptent en principe pour deux syllabes:

J'étudiai   Humilier
 1 2 3 4   1   2 3 4

En fait, dans ce cas, le poète est entièrement libre, et l'on ne peut vraiment savoir si les deux voyelles comptent pour deux syllabes qu'en étudiant le mètre des vers précédents.

LE MÈTRE

Parmi tous les mètres réguliers (décasyllabes, octosyllabes, etc.) le vers de douze syllabes, **l'alexandrin**, fut jusqu'à une époque récente le plus employé par les poètes français. Il apparut au douzièmes siècle (*Pèlerinage de Charlemagne à Jérusalem, Roman d'Alexandre*) mais son apogée se situe au XVIIe siècle avec Racine et Corneille:

Albe vous a nommé, je ne vous connais plus.
 1 2   3   4 5   6   7 8   9   10   11   12

Je vous connais encore et c'est ce qui me tue.   (Corneille)
 1   2   3   4   5   6   7   8   9   10   11   12

Le vers de dix syllabes ou décasyllabe était très employé au Moyen Age et au XVIe siècle. On lui préféra ensuite l'alexandrin qui correspondait mieux à l'esprit classique, mais le vers décasyllabe ne disparut pas:

Dans le vieux parc solitaire et glacé
 1   2   3   4   5 6 7   8 9 10

Deux formes ont tout à l'heure passé.   Verlaine (XIXe siècle)
 1   2   3   4   5 6   7   8 9 10

Le vers de neuf syllabes est peu commun:

De la musique avant toute chose
 1 2   3   4   5   6   7 8   9

Et pour cela préfère l'Impair
Plus vague et plus soluble dans l'air,
Sans rien en lui qui pèse ou qui pose.   Verlaine

Le vers de huit syllabes ou octosyllabe, apprécié au Moyen Age et pendant la Renaissance, est encore employé:

Donc, si vous me croyez, mignonne,
    1   2   3   4   5   6   7   8

Tandis que votre âge fleuronne
En sa plus verte nouveauté,
Ceuillez cueillez votre jeunesse.
Comme à cette fleur, la vieillesse
Fera ternir votre beauté.   Ronsard (xvɪᵉ siècle)

Pour des exemples de vers de sept, six, cinq, etc. syllabes, il suffit de se reporter au poème des *Djinns* de Victor Hugo, dont voici quelques strophes:

Ils sont passés — Leur cohorte
S'envole et fuit, et leurs pieds
Cessent de battre ma porte
De leurs coups multipliés.
L'air est plein d'un bruit de chaînes
Et dans les forêts prochaines
Frissonnent tous les grands chênes,
Sous leur vol de feu pliés!

De leurs ailes lointaines
Le battement décroit,
Si confus dans les plaines
Si faible que l'on croit
Ouïr la sauterelle
Crier d'une voix grêle,
Ou pétiller la grêle
Sur le plomb d'un vieux toit.

D'étranges syllabes
Nous viennent encor
Ainsi des Arabes
Quand sonne le cor,
Un chant sur la grève,
Par instants s'élève,
Et l'enfant qui rêve
Fait des rêves d'or.

                                                              Victor Hugo

EXERCICES

A. Comptez les syllabes et indiquez le mètre des vers suivants:

1. Encore un printemps de passé
   Je songe à ce qu'il eut de tendre.

   Apollinaire

2. Je t'aime à l'endroit à l'envers
   En long en large en profondeur
   A tout instant je perds mon cœur
   Au creux que tu creuses dans l'air.

   Marcel Béalu

3. J'ai vécu dans ces temps et depuis mille années
   Je suis mort. Je vivais, non déchu mais traqué.
   Toute noblesse humaine étant emprisonnée
   J'étais libre parmi les esclaves masquées.

   Robert Desnos, « L'Epitaphe »

4. Une souris craignit un Chat
   Qui dès longtemps la guettait au passage.
   Que faire en cet état? Elle, prudente et sage,
   Consulte son voisin: c'était un maître Rat,
   Dont la rateuse seigneurie
   S'était logée en bonne hôtellerie,

   La Fontaine

5. Un vaste et tendre
   Apaisement
   Semble descendre
   du firmament

   Verlaine

6. Le porc est un ami de l'homme
   il lui ressemble énormément
   pour des dents on le dit tout comme
   aussi point de vue aliments.

   Raymond Queneau, « Le Porc »

7. Les souvenirs légers en boucles sur le front
   Les repos sans réveil dans un lit trop profond
   La pente des efforts remis au lendemain
   Le sourir du ciel qui glisse dans la main
   Mais surtout les regrets de cette solitude
   O cœur fermé ô cœur pesant ô cœur profond
   Jamais de la douleur prendras-tu l'habitude

   Pierre Reverdy, « Encore l'amour »

8. Ce toit tranquille, où marchent des colombes,
   Entre les pins palpite, entre les tombes...

                                                            Valéry

9. Mon enfant, ma sœur,
   Songe à la douceur
   D'aller là-bas vivre ensemble!

                                                            Baudelaire

10. Ce n'est pas moi qui chante
    C'est les fleurs que j'ai vues
    Ce n'est pas moi qui ris
    C'est le vin que j'ai bu
    Ce n'est pas moi qui pleure
    C'est mon amour perdu.

                                                            Prévert, *Fatras*

B. Les vers suivants ont douze syllabes. Mettez entre parenthèse les *e muets* qui ne sont pas comptés:

1. Oui, madame, il est vrai, je pleure, je soupire   (Racine)
2. Et rose elle a vécu ce que vivent les roses   (Malherbe)
3. L'exemple d'une aveugle et basse obéisssance   (Racine)
4. Je couche d'un revers mille ennemis à bas   (Corneille)
5. Qui se venge à demi court lui-même à sa perte   (Corneille)
6. Nicomède, en deux mots, ce désordre me fâche   (Corneille)
7. Tu la préfères, lâche, à ces prix glorieux   (Corneille)
8. Oui, depuis que le monde est monde entre les mondes   (Rostand)
9. Je respire à la fois l'inceste et l'imposture   (Racine)
10. Rome seule pouvait Rome faire trembler   (Du Bellay)

CÉSURE, HÉMISTICHE, ÉLISION, ET ENJAMBEMENT

La césure est une pause à l'intérieur du vers marquée ou non par la ponctuation. A l'époque classique, elle divisait l'alexandrin en deux parties égales de six syllabes appelées **hémistiches**. Il n'est plus nécessaire que les hémistiches aient un nombre égal de syllabes; de nos jours on préfère d'ailleurs le mot *pause* au mot *césure* (il s'agit de pauses de *sens*).

> J'approuve son courroux, car, puisqu'il faut le dire,
> *(pause avec ponctuation)*

> Souvent de tous nos maux la raison est le pire.
> *(pause sans ponctuation)*

                                                            Boileau

L'élision. La voyelle muette *e* n'est pas prononcée lorsqu'elle se trouve devant une autre voyelle ou un *h* muet:

> Tous deux sont d'un(e) humeur aisé(e) à irriter
> L'un parle sans penser, et l'autr(e) à l'aventure.

Jean Passerat

L'enjambement. En principe, il doit y avoir une pause à la fin de chaque vers. S'il n'y a pas de pause, si le sens du vers continue jusque dans le vers suivant, on dit qu'il y a enjambement.

> Mais les vrais voyageurs sont ceux-là seuls qui partent
> Pour partir; cœurs légers, semblables aux ballons,
> De leur fatalité jamais ils ne s'écartent,
> Et, sans savoir pourquoi, disent toujours: Allons!

Baudelaire

> « partent Pour partir »: enjambement

> Puisque j'ai mis ma lèvre à ta coupe encor pleine,
> Puisque j'ai dans tes mains posé mon front pâli,
> Puisque j'ai respiré parfois la douce haleine
> De ton âme, parfum dans l'ombre enseveli,...

Victor Hugo

> « haleine De ton âme »: enjambement

La Rime

Le vers français est essentiellement syllabique; son rythme étant moins marqué que celui du vers anglais, la rime y joue un rôle primordial. « Deux mots riment ensemble quand leur dernière voyelle sonore et éventuellement les consonnes qui la suivent ont le même timbre. » (Bonnard, *Notions de style*, 1963.)

GENRES. *Rimes masculines* et *rimes féminines*
Au commencement du Moyen Age, l'assonance prévalait; les voyelles sonores étaient identiques mais pouvaient être suivies de consonnes différentes: *visage* et *larges*.

Les rimes féminines se terminent par une syllabe contenant un *e muet* (*incendie, hardie; calmes, palmes; entendue, vue; confondent, répondent*). Toutes les autres rimes sont masculines (*unité, clarté; enfants, triomphants; chercher, marcher*).

QUALITÉ. *Rime pauvre, rime suffisante et rime riche*

Rime pauvre: homophonie (c'est-à-dire similitude des sons) de la dernière voyelle sonore:
> *poilu et barbu*

Rime suffisante: homophonie de la dernière voyelle et d'un seul autre élément sonore (qui précède ou qui suit):

> *clerc et fer; enfant et éléphant*

Rime riche: homophonie de la dernière voyelle et d'au moins deux autres éléments sonores:

> *charmante et amante; portiques et basaltiques*

Disposition. *Rimes plates, croisées et embrassées*

Rimes plates: les rimes se succèdent deux à deux (**aa,bb**):

> Il nous regarde encore, ensuite il se recouche
> Tout en léchant le sang répandu sur sa bouche,
> Et sans daigner savoir comment il a péri,
> Refermant ses grands yeux, meurt sans jeter un cri.
>
> Vigny

Les poètes classiques avaient coutume d'alterner rimes plates masculines et rimes plates féminines; certains modernes respectent encore cette coutume.

Rimes croisées: les rimes se succèdent dans l'ordre **abab**:

> Il est amer et doux, pendant les nuits d'hiver,
> D'écouter, près du feu qui palpite et qui fume,
> Les souvenirs lointains lentement s'élever
> Au bruit des carillons qui chantent dans la brume.
>
> Baudelaire

Remarque: La rime *hiver* (où le *r* est prononcé), *s'élever* (où le *r* ne l'est pas) s'appelle une rime défectueuse.

Rimes embrassées: les rimes se succèdent dans l'ordre **abba**:

> Que mon fils ait perdu sa dépouille mortelle,
> Ce fils qui fut si brave et que j'aimai si fort,
> Je ne l'impute point à l'injure du sort,
> Puisque finir à l'homme est chose naturelle.
>
> Malherbe

En général, les rimes masculines alternent avec les rimes féminines, comme on peut le constater dans les textes précédents, quelle que soit la disposition des rimes.

Rime intérieure: La rime intérieure est un son qui se trouve à l'intérieur d'un vers et répète la rime finale:

> Dans un chemin montant, sablonneux, malaisé,
> Et de tous les côtés au soleil exposé,
>   Six forts chevaux tiraient un coche.

La Fontaine

EXERCICES

A. Marquez les césures d'un trait vertical dans les vers suivants:

> 1. Tels que la haute mer contre les durs rivages
>   A la grande tuerie ils se sont tous rués,
>   Ivres et haletants, par les boulets troués,
>   En d'épais tourbillons pleins de clameurs sauvages.

Leconte de Lisle

> 2. Un jour sera connu par pensée ou par foudre
>   Ce mélodrame qu'en des lignes de noirceur
>   Je chantai: quand mes yeux seront poudre en la poudre
>   Ma force mâle absente et ma main sans auteur,

Pierre Jean Jouve

> 3. L'odeur de chèvrefeuille et de terre mouillée
>   Montait dans la nuit blanche et de grands papillons
>   Tournaient autour des réverbères surannés.
>   Son ventre palpitait au souffle des sillons.

Robert Desnos, « L'Evadé »

B. Déterminez si les groupes de mots suivants sont des rimes masculines ou féminines ou des assonances:

manège *et* neige	milieu *et* dieu
serpents *et* rampants	automne *et* bonne
demain *et* plein	emblèmes *et* blasphèmes
étoile *et* voir	impossible *et* disponible
somme *et* pomme	clarté *et* chanter
remords *et* mort	chef *et* ceps
distraits *et* secrets	involontaire *et* frère

C. Distinguez les rimes pauvres, suffisantes ou riches parmi les groupes suivants:

poisson *et* poison	la table *et* véritable
compagnon *et* non	défunt *et* parfum
immonde *et* monde	la rue *et* une main inconnue
lampe *et* tempe	ils ont *et* ils sont
jette *et* fête	sonore *et* encore

maux *et* rameaux	tous *et* loup
culotte *et* tremblote	branche *et* blanche
souhaits *et* jamais	mouillés *et* chatouillés

D. Identifiez (*genre, qualité, disposition*) les rimes suivantes:

1. La nature est un temple où de vivants piliers
   Laissent parfois sortir de confuses paroles;
   L'homme y passe à travers des forêts de symboles
   Qui l'observent avec des regards familiers.

   Baudelaire

2. Pourquoi donc tant de gens ont-ils le mal de mer
   telle était la question qu'à moi-même posait
   la vue âcre de ceux qui en chœur vomissaient
   faisant route à vapeur vers la grande Angleterre

   Raymond Queneau, « Une traversée en 1922 »

3. O triste, triste était mon âme
   A cause, à cause d'une femme.
   Je ne me suis pas consolé
   Bien que mon cœur s'en soit allé.

   Verlaine

4. J'ai cherché trente ans, mes sœurs,
   Où s'est-il caché?
   J'ai marché trente ans, mes sœurs,
   Sans m'en rapprocher...

   Maeterlinck

5. Il n'aurait fallu
   Qu'un moment de plus
   Pour que la mort vienne
   Mais une main nue
   Alors est venue
   Qui a pris la mienne

   Qui donc a rendu
   Leurs couleurs perdues
   Aux jours aux semaines
   Sa réalité
   A l'immense été
   Des choses humaines

   Aragon, « L'Amour qui n'est pas un mot »

6. Je voudrais pas crever
   Non monsieur non madame
   Avant d'avoir tâté
   Le goût qui me tourmente
   Le goût qu'est le plus fort
   Je voudrais pas crever
   Avant d'avoir goûté
   La saveur de la mort...

   Boris Vian, « Je voudrais pas crever »

7. Espoir que je tente
   La chute me boit.

   Où la prairie chante
   Je suis, ne suis pas.

   Les étoiles mentent
   Aux cieux qui m'inventent.

   Nul autre que moi
   Ne passe par là,

   Sauf l'oiseau de nuit
   Aux ailes traçantes.

   René Char, Tradition de « météore »

DISCUSSION ET DISSERTATION

Sujets de discussion

1. Décrivez une histoire d'amour que vous avez connue par vos lectures ou par votre expérience personnelle. Opposez surtout les éléments qui entrent dans l'univers du rêve, de l'imaginaire, à ceux qui font partie du réel, qui sont véritables.

2. Décrivez poétiquement un des derniers rêves que vous avez fait.

Sujets de dissertation

1. Quelle est l'importance des rêves dans la vie? Nous aident-ils à nous débarrasser de nos obsessions, ou, au contraire, les avivent-ils? Nous apportent-ils le plus souvent des sentiments de bonheur ou de terreur?

2. Les plantes, les arbres, les animaux ont-ils une âme? Doit-on se sentir coupable de les arracher, de les abattre, de les tuer?

3. Comparez les deux poèmes suivants:

Mon Rêve familier

Je fais souvent ce rêve étrange et pénétrant
D'une femme inconnue, et que j'aime, et qui m'aime,
Et qui n'est, chaque fois, ni tout à fait la même
Ni tout à fait une autre, et m'aime et me comprend.
Car elle me comprend, et mon cœur, transparent
Pour elle seule hélas! cesse d'être un problème
Pour elle seule, et les moiteurs de mon front blême,
Elle seule les sait rafraîchir en pleurant.

Est-elle brune, blonde ou rousse? — Je l'ignore.
Son nom? Je me souviens qu'il est doux et sonore
Comme ceux des aimés que la Vie exila.
Son regard est pareil au regard des statues,
Et, pour sa voix, lointaine, et calme, et grave, elle a
L'inflexion des voix chères qui se sont tues.

Verlaine, Poèmes saturniens

J'ai tant rêvé de toi

J'ai tant rêvé de toi que tu perds ta réalité.

Est-il encore temps d'atteindre ce corps vivant et de baiser sur cette bouche la naissance de la voix qui m'est chère?

J'ai tant rêvé de toi que mes bras habitués en étreignant ton ombre à se croiser sur ma poitrine ne se plieraient pas au contour de ton corps peut-être.

Et que, devant l'apparence réelle de ce qui me hante et me gouverne depuis des jours et des années, je deviendrais une ombre sans doute.

O balances sentimentales.

J'ai tant rêvé de toi qu'il n'est plus temps sans doute que je m'éveille. Je dors debout, le corps exposé à toutes les apparences de la vie et de l'amour et toi, la seule qui compte aujourd'hui pour moi, je pourrrais moins toucher ton front et tes lèvres que les premières lèvres et le premier front venus.

J'ai tant rêvé de toi, tant marché, parlé, couché avec ton fantôme qu'il ne me reste plus peut-être, et pourtant, qu'à être fantôme parmi les fantômes et plus ombre cent fois que l'ombre qui se promène et se promènera allégrement sur le cadran solaire de ta vie.

Robert Desnos, Corps et biens
(Poèmes à la mystérieuse)

LA TRADUCTION ET SES DIFFICULTES

Traduisez le texte suivant:

So saying the Knight stopped his horse and let the reins fall on its neck: then, slowly beating time with one hand, and with a faint smile lighting up his gentle foolish face, as if he enjoyed the music of his song, he began.

Of all the strange things that Alice saw in her journey Through the Looking Glass, this was the one that she always remembered most clearly. Years afterwards she could bring the whole scene back again, as if it had been only yesterday — the mild blue eyes and kindly smile of the Knight — the setting sun gleaming through his hair, and shining on his armour in a blaze of light that quite dazzled her — the horse quietly moving about, with the reins hanging loose on his neck, cropping the grass at her feet — and the black shadows of the forest behind — all this she took in like a picture, as, with one hand shading her eyes, she leant against a tree, watching the strange pair, and listening in a half-dream, to the melancholy music of the song.

Lewis Carroll, *Through the Looking Glass* (1887)

CHAPITRE 9

LE MIROIR DU POÈTE

Alfred de Musset, *« La Nuit de mai »*
Charles Baudelaire, *« L'Albatros »*
Stephane Mallarmé, *« Le Cygne »*

Le XIXᵉ siècle voit s'établir une culture de masse. La bourgeoisie triomphante est avide de lire; le prolétariat, dont la conscience s'éveille peu à peu, lit lui aussi, surtout des journaux, des romans-feuilletons. Les écrivains jouent un rôle très important, car ils ne s'adressent plus seulement à une élite. Cependant ils souffrent de leur condition, car la société bourgeoise récuse leurs valeurs artistiques et se sent trop visée par leurs critiques sociales.

Les poèmes qui suivent se penchent sur ce que confronte le poète, sur sa condition telle qu'il la voit et l'exprime au moyen d'un thème commun, celui de l'oiseau.

Alfred de Musset (1810–1857), « La Nuit de mai »

Né à Paris d'une famille très cultivée, Musset fit de brillantes études secondaires, s'inscrivit à l'université qu'il délaissa aussitôt pour participer à la vie et à la création romantique. Afin de symboliser le poète, Musset a choisi un oiseau qui pour beaucoup n'est pas des plus gracieux, soulignant ainsi la différence qui existe entre l'artiste et le reste des humains. Ce portrait se trouve dans un des quatre poèmes composés entre 1835 et 1837, *Les Nuits,* qui prennent (à une exception près) la forme d'un dialogue entre le poète et la Muse et qui traitent de la souffrance et du désespoir du poète. Ces œuvres poétiques sont en partie le reflet de ce que ressentit Musset durant sa liaison avec George Sand (1804–1876), écrivaine célèbre. Cette aventure n'était qu'une étape surchargée d'émotions parmi bien d'autres. Musset mûrit tout aussi vite qu'il se vida de vigueur, d'énergie, d'engagement; en effet, sa créativité ne dura qu'une dizaine d'années.

La Nuit de mai [extrait]

Lorsque le pélican, lassé d'un long voyage,
Dans les brouillards du soir retourne à ses roseaux,
Ses petits affamés courent sur le rivage
En le voyant au loin s'abattre sur les eaux.
Déjà, croyant saisir et partager leur proie,   5
Ils courent à leur père avec des cris de joie,
En secouant leurs becs sur leurs goitres hideux.
Lui, gagnant à pas lents une roche élevée,
De son aile pendante abritant sa couvée,
Pêcheur mélancolique, il regarde les cieux.   10
Le sang coule à longs flots de sa poitrine ouverte;
En vain il a des mers fouillé la profondeur,
L'Océan était vide et la plage déserte;
Pour toute nourriture il apporte son cœur.
Sombre et silencieux, étendu sur la pierre,   15
Partageant à ses fils ses entrailles de père,
Dans son amour sublime il berce sa douleur;
Et, regardant couler sa sanglante mamelle,
Sur son festin de mort il s'affaisse et chancelle,
Ivre de volupté, de tendresse et d'horreur.   20
Mais parfois, au milieu du divin sacrifice,
Fatigué de mourir dans un trop long supplice,
Il craint que ses enfants ne le laissent vivant;
Alors il se soulève, ouvre son aile au vent,
Et se frappant le cœur avec un cri sauvage,   25
Il pousse dans la nuit un si funèbre adieu,
Que les oiseaux des mers désertent le rivage,
Et que le voyageur attardé sur la plage,
Sentant passer la mort, se recommande à Dieu.
Poète, c'est ainsi que font les grands poètes.   30
Ils laissent s'égayer ceux qui vivent un temps;
Mais les festins humains qu'ils servent à leurs fêtes
Ressemblent la plupart à ceux des pélicans.
Quand ils parlent ainsi d'espérances trompées,
De tristesse et d'oubli, d'amour et de malheur,   35
Ce n'est pas un concert à dilater le cœur.
Leurs déclamations sont comme des épées;
Elles tracent dans l'air un cercle éblouissant,
Mais il y pend toujours quelque goutte de sang.

Alfred de Musset, Les Nuits (1837)

QUESTIONNAIRE

1. Quelle impression vous donne les deux premiers vers? Où se trouve le narrateur?

2. Pourquoi le sang coule-t-il de la poitrine du pélican (v. 11)? Comment ce sang devient-il une métaphore et qu'est-ce que celle-ci signifie?

3. Les mots *volupté, tendresse,* et *horreur* (v. 20) reflètent quelles idées de l'auteur?

4. Quel est ce voyageur dont parle Musset (v. 28)? Est-ce qu'il contribue à l'atmosphère dramatique de la scène? Connotation du mot?

5. Pourquoi Musset qualifie-t-il le sacrifice de « divin » (v. 21)?

6. Quels sont les « festins humains » dont il parle?

7. A qui Musset s'adresse-t-il? Où se trouvent les lecteurs? Comment traite-t-il la distance?

8. Relevez les mots qui traduisent la grandeur, le bonheur du pélican et ceux qui décrivent sa souffrance et expliquez-en la connotation dans le contexte du passage.

9. Selon Musset, le poète se trouve-t-il hors de la société?

STYLISTIQUE

Vocabulaire

1. Expliquez la connotation et l'emploi des mots suivants:

brouillards	s'abattre	goitres
couvée	mamelle	volupté
tendresse	horreur	dilater

2. Etudiez les images du poème selon les impressions sensorielles représentées (visuelles, auditives, tactiles, olfactives).

Versification

1. Indiquez les rimes du poème.

2. Comment ces rimes sont-elles disposées?

3. Y a-t-il une rime intérieure?

4. Combien de syllabes y a-t-il dans chaque vers?

5. Trouvez des exemples d'enjambement.

Charles Baudelaire (1821–1867)

Baudelaire perdit son père à l'âge de six ans. Sa mère lui devint encore plus importante. Lorsqu'elle se remaria à un militaire de carrière peu après le décès de son premier mari, le jeune Charles supporta difficilement la situation.

Plus tard, après des études secondaires à Lyon et à Paris, il se destine au droit mais passe son temps en fait au sein de la jeunesse bohémienne du Quartier Latin. Ses parents l'encouragent alors à voyager et il s'embarque en 1841 à destination des côtes d'Afrique et de l'Inde.

L'île de la Réunion et son exotisme vont influencer à jamais son imaginaire poétique et sa vie personnelle. Les *Fleurs du mal* (1857), recueil de poèmes anciens et nouveaux, choque la bourgeoisie et on lui intente un procès qui se termine par la condamnation et l'expurgation du livre. Malade, endetté, côtoyant la folie, Baudelaire devient paralysé et aphasique en 1866. Il meurt l'année suivante.

L'Albatros

Souvent, pour s'amuser, les hommes d'équipage
Prennent des albatros, vastes oiseaux des mers,
Qui suivent, indolents compagnons de voyage,
Le navire glissant sur les gouffres amers.

A peine les ont-ils déposés sur les planches,   5
Que ces rois de l'azur, maladroits et honteux,
Laissent piteusement leurs grandes ailes blanches
Comme des avirons trainer à côté d'eux.

Ce voyageur ailé, comme il est gauche et veule!
Lui, naguère si beau, qu'il est comique et laid!   10
L'un agace son bec avec un brûle-gueule,
L'autre mime, en boitant, l'infirme qui volait!

Le Poète est semblable au prince des nuées
Qui hante la tempête et se rit de l'archer;
Exilé sur le sol au milieu des huées,   15
Ses ailes de géant l'empêchent de marcher.

Charles Baudelaire (1859)

QUESTIONNAIRE

1. Quel contraste y a-t-il entre la première et la deuxième strophe? (Relevez les expressions qui permettent de communiquer ce contraste au lecteur.)

2. Quel changement se produit dans la troisième strophe?

3. La description des hommes d'équipage se moquant de l'oiseau est-elle exagérée? Que signifie-t-elle du point de vue social et affectif?

4. Comment l'image de l'albatros contribue-t-elle à l'unité du tableau?

5. Quelle est la différence entre l'attitude de Baudelaire et celle de Musset?

6. Examinez le problème de la distance dans ce texte.

7. Dans la scène présentée, le poète aurait pu souligner certains autres aspects. Lesquels? Pourquoi ne l'a-t-il pas fait selon vous?

8. Dans quelle mesure la liberté du lecteur s'exerce-t-elle ici?

9. Que serait ce poème si la troisième strophe était omise? (Baudelaire l'a rajoutée.) Quel changement du point de vue des idées exprimées ici une telle omission apporterait-elle?

10. Quelles images, quels mots appartiennent au réel? Lesquels font partie de l'imaginaire?

STYLISTIQUE

Vocabulaire

1. Lisez la première strophe à haute voix et indiquez les *sons* répétés. Cette répétition a-t-elle un effet particulier?

2. Expliquez la connotation et l'emploi des mots suivants:

vastes	gouffres amers
piteusement	veule
hante	se rit de

3. Relevez et commentez les figures de style.

Analyse de la phrase

1. La syntaxe suit-elle l'ordre logique? Expliquez les intentions de l'auteur.

2. Déterminez les diverses parties du plan du poème. Donnez un titre à chacune des parties.

Versification

1. Combien de syllabes chaque vers contient-il?

2. Quels *e muets* ne sont pas comptés?

3. Quelles sortes de rimes le poète emploie-t-il?

4. Comment ces rimes sont-elles disposées?

5. Les césures sont-elles régulières?

6. Y a-t-il des cas d'enjambement?

7. Y a-t-il une rime intérieure?

Stéphane Mallarmé (1842–1898), « Le Cygne »

Professeur d'anglais en province, Stéphane Mallarmé est nommé à Paris en 1871. Poète, il l'était déjà depuis 1862 et on l'a associé au Parnasse et au

Symbolisme. En fait, il s'est évadé de toute influence. Dès 1880, il recevait régulièrement dans son célèbre salon des poètes et artistes avec lesquels il discutait de son mépris de la réalité vulgaire qui l'entourait et de son idéalisme. Selon lui, le poète doit s'évader du réel, renouveler le langage poétique (« changer les mots de la tribu »), un langage mystérieux, hermétique qui fait appel au rythme, à la musicalité des mots, à la suggestion (d'où l'emploi du symbolisme). Ses œuvres sont marquées par des traumatismes profonds (mort d'une sœur bien aimée, crises sexuelles et spirituelles).

Le Cygne

Le vierge, le vivace et le bel aujourd'hui
Va-t-il nous déchirer avec un coup d'aile ivre
Ce lac dur oublié que hante sous le givre
Le transparent glacier des vols qui n'ont pas fui !

Un cygne d'autrefois se souvient que c'est lui   5
Magnifique mais qui sans espoir se délivre
Pour n'avoir pas chanté la région où vivre
Quand du stérile hiver a resplendi l'ennui.

Tout son col secouera cette blanche agonie
Par l'espace infligée à l'oiseau qui le nie.   10
Mais non l'horreur du sol où le plumage est pris...

Fantôme qu'à ce lieu son pur éclat assigne,
Il s'immobilise au songe froid de mépris
Que vêt parmi l'exil inutile le Cygne.

Mallarmé, Poésies (1870–1898)

QUESTIONNAIRE

1. Quelle est l'importance du mot *vierge*? A quels mots est-il relié?

2. Quelle est la connotation du mot *nous* au vers 2?

3. Le verbe *déchirer* au deuxième vers semble avoir deux compléments d'objet directs. Rétablissez l'ordre syntaxique afin d'expliquer le sens de ce premier quatrain.

4. Quel est le sujet du verbe *hante* (v. 3)? Le complément? Montrez que cet effet de style enrichit le sens de tout le quatrain.

5. Quelle serait la syntaxe et l'expression ordinaires des vers 6 et 7?

6. Quelle sorte de chant associe-t-on d'habitude au cygne? Correspond-il à celui que nous avons ici?

7. Quelle est la connotation du mot *ennui*? A quels autres mots se rattache-t-il?

8. Quelle est la connotation du mot *col* (v. 9)? du mot *sol* (v.11)? Quel effet ces mots ont-ils sur les lecteurs?

9. Qu'est-ce que c'est que ce *fantôme* au vers 12? Quel est son rôle grammatical par rapport au verbe *assigne*? A quoi se rapporte *son pur éclat* selon vous?

10. Relevez les écarts par rapport à l'ordre normal de la phrase (par exemple, « Un cygne d'autrefois se souvient que c'est lui »; « Que vêt parmi l'exil inutile le cygne »; « Le transparent glacier »; « stérile hiver ») et indiquez les intentions du poète.

11. Le son *i* prédomine dans ce sonnet, à la rime et dans d'autres parties. Trouvez d'autres sons répétés et expliquez-en l'effet. Qu'est-ce que ces différentes répétitions suggèrent?

12. Transformez les métaphores de ce texte en comparaisons.

13. Comment Mallarmé traite-t-il l'espace, le lieu, l'endroit, le temps?

14. Quelle est la signification du poème?

STYLISTIQUE

Vocabulaire

1. Expliquez la connotation des mots suivants:

ivre (v. 2)	resplendi (v. 8)
givre (v. 3)	nie (v. 10)
se délivre (v. 6)	

2. Donnez le synonyme des mots suivants:

vierge (v. 1)	assigne (v. 12)
secouera (v. 3)	vêt (v. 14)
horreur (v. 11)	inutile (v. 14)

Versification

Relisez les pages sur la versification dans ce chapitre avant de répondre à ces questions.

1. Quelle est la disposition des vers dans ce sonnet? De quelle sorte de rime s'agit-il?

2. Que pouvez-vous dire à propos des césures, des groupes rythmiques? Est-ce que l'accent à l'intérieur de ces groupes met en valeur certaines sonorités en particulier?

3. A part les rimes ordinaires, y en a-t-il d'autres à l'intérieur des vers?

4. Y a-t-il des cas d'enjambement?

5. Quel est le rôle de la lettre *e* (*e muet*)?

INTRODUCTION A LA POESIE (suite)

Le Rythme

Comme on l'a vu dans le deuxième chapitre, l'accent joue un rôle important dans la langue française. C'est cet accent qui lui donne son caractère à la fois rythmique et musical. En matière de prose, le lecteur a beaucoup de liberté dans l'interprétation du rythme du passage. Il n'en est pas de même en poésie.

Traditionnellement, le rythme du vers français a imposé des limites à la liberté du poète qui est toujours conscient de la parenté de sa langue avec la musique. De nos jours, les poètes recherchent la pleine liberté et réussissent à se soustraire à la tyrannie de la forme, du rythme et de la rime.

En principe, le vers français est frappé de deux accents fixes, l'un sur la dernière syllabe non muette, l'autre sur la syllabe avant la césure:

> Bientôt nous plonger**ons** / dans les froides té**nèbres**
> Adieu vive clar**té** / de nos étés trop **courts**
> J'entends déjà tom**ber** / avec des chocs fu**nèbres**
> Le bois retentis**sant** / sur le pavé des **cours**.

> Baudelaire

Il existe d'autres accents (ce sont aussi des accents d'harmonie et de durée), des accents mobiles secondaires. La place la plus régulière dans l'alexandrin est sur la troisième et sur la neuvième syllabe:

> Mon é*poux* va pa**raître**, / et son *fils* avec **lui**.
> Je ver*rai* le té**moin** / de ma *flamme* adul**tère**
> Obser*ver* de quel **front** / j'ose abor*der* son **père**,
> Le cœur *gros* de sou**pirs**, / qu'il n'a *point* écou**tés**,
> L'œil hu*mide* de **pleurs**, / par l'in*grat* rebu**tés**.

> Racine

Sur ces cinq vers, quatre sont réguliers, mais le troisième pourrait être frappé d'un autre accent sur *ose,* ce qui en ferait ressortir la valeur.

Plus un poète observe la régularité de l'accent, plus l'accent mobile impressionne le lecteur. Ainsi, si les vers précédents n'avaient comporté que des accents fixes, leur force en eût été diminuée. L'hémistiche suivant de Corneille:

> *Va, cours, vole* et nous *venge*

nous montre que même deux syllabes qui se suivent peuvent être accentuées. Un vers trop régulier ennuie les lecteurs. Tout en respectant la césure, le poète peut toujours varier son vers en mettant ailleurs un mot important avec un accent d'intensité qui fait oublier la régularité de la césure:

> Ainsi, parfois, quand l'âme / est *triste*, nos pensées
> S'envolent un *moment* / sur leurs ailes blessées.

> Victor Hugo

Normalement *âme* devrait être frappé d'un accent puisque ce mot se trouve à la sixième syllabe, mais ici on ne peut pas séparer *âme* du verbe *être* et de l'adjectif qui l'accompagne; l'accent le plus important tombe donc sur le mot *triste*. Dans le deuxième vers, l'accent est normal et tombe à la césure sur *moment*. Le changement de position de l'accent donne une fluidité au vers qui s'accorde parfaitement avec le sens du verbe *s'envolent* du vers suivant. Quoique cet effet ne fût pas inconnu au dix-septième siècle, c'est surtout à partir du dix-neuvième qu'on l'exploita.

EXERCICES

A. Soulignez les accents (deux traits: accents fixes; un trait: accents mobiles) et expliquez leurs effets dans les vers suivants. Après chaque accent se place une coupe; indiquez par des nombres les groupes rythmiques. Exemple:

Et pour ce reste enfin / j'ai moi-même en un jour
  1   2   3   4   5 6   7   8   9   10 11 12

Sacrifié mon sang, / ma haine et mon amour.
  1 2 34   5   6   7   8   9   10 11 12

Racine

1. Je ne t'écoute plus. Va-t'en, monstre exécrable.
    Va, laisse-moi le soin de mon sort déplorable.

Racine

2. Il pleure dans mon cœur
    Comme il pleut sur la ville,
    Quelle est cette langueur
    Qui pénètre mon cœur?

Verlaine

3. Etoile de la mer voici la lourde nappe
    Et la profonde houle et l'océan des blés
    Et la mouvante écume et nos greniers comblés,
    Voici votre regard sur cette immense chape.

Péguy

4. Il est un jour, une heure, où dans le chemin rude,
    Courbé sous le fardeau des ans multipliés,
    L'esprit humain s'arrête, et pris de lassitude,
    Se retourne pensif vers les jours oubliés.

Leconte de Lisle

B. Dans les vers suivants, indiquez les accents et expliquez les effets qu'ils provoquent:

1. L'homme qui maintenait à contre-vent la barre,
   Sentait vibrer tout le navire entre ses mains

Verhaeren

2. Saint-Pierre a renié Jésus…, il a bien fait!

Baudelaire

3. Tu fouettais tous ces viles marchands à tour de bras

Baudelaire

Les Formes poétiques

Les vers se groupent en *strophes* dans des poèmes à forme non fixe et dans des poèmes à forme fixe. La strophe est un groupe de deux à douze syllabes qui forme un ensemble rythmique et logique; les formes les plus employées sont le distique, le tercet (strophe de trois vers), et le quatrain (strophe de quatre vers).

POÈMES À FORME NON FIXE. La plupart des poèmes dramatiques (les pièces de Racine, Corneille, Molière, et Hugo, par exemple), sont constitués d'une longue série de distiques, c'est-à-dire de deux vers rimant ensemble (**aa, bb, cc,** etc.). Lisez les exemples suivants.

Poème dramatique

Non, non, je te défends, Céphise, de me suivre.
Je confie à tes soins mon unique trésor:
Si tu vivais pour moi, vis pour le fils d'Hector.
De l'espoir des Troyens seule dépositaire,
Songe à combien de rois tu deviens nécessaire.
Veille auprès de Pyrrhus; fais-lui garder sa foi:
S'il le faut, je consens qu'on lui parle de moi.
Fais-lui valoir l'hymen où je me suis rangée;
Dis-lui qu'avant ma mort je lui fus engagée,
Que ses ressentiments doivent être effacés,
Qu'en lui laissant mon fils, c'est l'estimer assez.
Fais connaître à mon fils les héros de sa race;
Autant que tu pourras, conduis-le sur leur trace.
Dis-lui par quels exploits leurs noms ont éclaté,
Plutôt ce qu'ils ont fait que ce qu'ils ont été;
Parle-lui tous les jours des vertus de son père;
Et quelquefois aussi parle-lui de sa mère.
Mais qu'il ne songe plus, Céphise, à nous venger:
Nous lui laissons un maître, il le doit ménager.
Qu'il ait de ses aïeux un souvenir modeste:

Il est du sang d'Hector, mais il en est le reste;
Et pour ce reste enfin j'ai moi-même en un jour
Sacrifié mon sang, ma haine et mon amour.

Racine, *Andromaque* (1667)

Distique

Colloque sentimental

Dans le vieux parc solitaire et glacé
Deux formes ont tout à l'heure passé.

Leurs yeux sont morts et leurs lèvres sont molles,
Et l'on entend à peine leurs paroles.

Dans le vieux parc solitaire et glacé
Deux spectres ont évoqué le passé.

— Te souvient-il de notre extase ancienne?
— Pourquoi voulez-vous donc qu'il m'en souvienne?

— Ton cœur bat-il toujours à mon seul nom?
Toujours vois-tu mon âme en rêve? — Non.

Ah! les beaux jours de bonheur indicible
Où nous joignions nos bouches! — C'est possible

— Qu'il était bleu, le ciel, et grand, l'espoir!
— L'espoir a fui, vaincu, vers le ciel noir.

Tels ils marchaient dans les avoines folles,
Et la nuit seule entendit leurs paroles.

Paul Verlaine, *Les Fêtes Galantes*

Tercet

En Arles

Dans Arles, où sont les Aliscans,
Quand l'ombre est rouge, sous les roses,
   Et clair le temps,
Prends garde à la douceur des choses,
Lorsque tu sens battre sans cause
   Ton cœur trop lourd,
Et que se taisent les colombes:
Parle tout bas, si c'est d'amour,
   Au bord des tombes.

Paul-Jean Toulet, *Les Contrerimes*

Quatrain

Chanson gothique

Belle épousée
J'aime tes pleurs!
C'est la rosée
Qui sied aux fleurs.

Les belles choses
N'ont qu'un printemps,
Semons de roses
Les pas du Temps!

Soit brune ou blonde
Faut-il choisir?
Le Dieu du monde,
C'est le Plaisir.

Gerard de Nerval (1808–1855)

POÈMES À FORME FIXE. Autrefois ils étaient nombreux (le rondeau, le virelai, la ballade) mais un seul est resté en honneur à l'époque moderne: le sonnet. D'origine italienne, le sonnet se compose de quatre strophes (en général deux quatrains et deux tercets rimant **ccd**, **ede**, mais d'autres dispositions sont également possibles). Nous donnons un exemple du rondeau et du sonnet; la ballade fera le sujet du chapitre prochain.

Rondeau

Le Temps a laissé son manteau...

Le temps a laissé son manteau
De vent, de froidure et de pluie
Et s'est vêtu de broderie
De soleil luisant, claire et beau.

Il n'y a bête ni oiseau,
Qu'en [= qui en] son jargon ne chante ou crie:
Le temps...

Rivière, fontaine et ruisseau
Portent, en livrée jolie,
Gouttes d'argent d'orfèvrerie,
Chacun s'habille de nouveau:
Le temps...

Charles d'Orleans (1394–1465)

Sonnet

Vous ne saurez jamais...

Vous ne saurez jamais que votre âme voyage
Comme au fond de mon cœur un doux cœur adopté;
Et que rien, ni le temps, d'autres amours, ni l'âge,
N'empêcheront jamais que vous ayez été,

Que la beauté du monde a pris votre visage,
Vit de votre douceur, luit de votre clarté,
Et que ce lac pensif au fond du paysage
Me redit seulement votre sérénité.

Vous ne saurez jamais que j'emporte votre âme
Comme une lampe d'or qui m'éclaire en marchant;
Qu'un peu de votre voix a passé dans mon chant.

Doux flambeau, vos rayons, doux brasier, votre flamme,
M'intruisent des sentiers que vous avez suivis,
Et vous vivez un peu puisque je vous survis.

Marguerite Yourcenar (1929)

DISCUSSION ET DISSERTATION

Sujets de discussion

1. Le poème de Mallarmé ne peut se comprendre entièrement sans connaître la vie du poète. L'analyse historique, sociale, psychanalytique et psychologique *du texte* est liée à celle, plus difficile, de cette vie. Après avoir relu les notes prises lors de la présentation de Mallarmé par votre professeur, reprenez le poème et discutez-le en considérant ce que le Cygne laisse entrevoir de Mallarmé, l'homme.

2. Imaginez que vous vous transformez en une autre créature, en un objet. Qu'est-ce que cette expérience peut vous enseigner à propos de notre personnalité?

3. Si vous aviez à vivre une deuxième vie dans le corps d'un animal, lequel choisiriez-vous? Pourquoi?

Sujets de dissertation

1. Comparez deux des trois poèmes que nous avons étudiés dans ce chapitre. Suivez le plan donné pour la comparaison de deux œuvres (voir Conseils, Plan B).

2. Ecrivez une dissertation sur la valeur symbolique des oiseaux ou des animaux. Dites ce qu'ils représentent pour vous.

LA TRADUCTION ET SES DIFFICULTES

Traduisez le texte suivant:

The Ambitious Bird

So it has come to this —
insomnia at 3:15 a.m.,
the clock tolling its engine

like a frog following
a sundial yet having an electric
seizure at the quarter hour

The business of words keeps me awake.
I am drinking cocoa,
that warm brown mama.

I would like a simple life
yet all night I am laying
poems away in a long box.

It is my immortality box,
my lay-away plan,
my coffin.

All night dark wings
flopping in my heart.
Each an ambition bird.

The bird wants to be dropped
from a high place like Tallahatchie Bridge.

He wants to fly into the hand of Michelangelo
and come out painted on a ceiling.

He wants to pierce the hornet's nest
and come out with a long godhead.

He wants to take bread and wine
and bring forth a man happily floating in the Caribbean.

He wants to be presssed out like a key
so he can unlock the Magi.

He wants to take leave among strangers
passing out bits of his heart like hors d'œuvres.

He wants to die changing his clothes
and bolt for the sun like a diamond.

He wants, I want.
Dear God, wouldn't it be
good enough to just drink cocoa?

I must get a new bird
and a new immortality box.
There is folly enough inside this one.

Anne Sexton, *The Book of Folly* (1972)

CHAPITRE 10

LA VOIX HUMAINE

François Villon, *« Ballade des pendus »*
Louis Aragon, *« Ballade de celui qui chanta dans les supplices »*
Jacques Rabemananjara, *« Antsa »*

L'inspiration lyrique ne se trouve pas uniquement dans le rêve et les fantasmes; elle est souvent bien ancrée dans la réalité. Ce chapitre présente trois poètes engagés qui dénoncent l'injustice et font appel à l'espoir.

François Villon (1431–après 1463)

François Villon est souvent considéré comme le premier poète français moderne. Et pourtant sa langue, les thèmes poétiques et les formes qu'il emploie, comme la *Ballade des pendus* reproduite ici, sont bien ancrés dans son époque.

Le portrait qui se dégage de ses œuvres — et des documents que nous avons à son propos — le *Lais* (un bref testament fictif), le *Testament* et des ballades — est celui d'un lettré (il est Maître-ès-Arts) dont les talents s'adaptent mal à la « bonne » société de son temps. On le trouve lié à des histoires de vol, au meurtre d'un prêtre, à des rixes, ce genre de vie le conduisant tout naturellement en prison où il écrit ses œuvres poétiques, ses dernières volontés. Des images frappantes se mêlent à ses œuvres, où la maîtrise des formes du temps est évidente. Tout un monde de l'époque y figure — hommes de finance, hommes de loi, femmes de différentes conditions, voleurs, parents, maîtresses. Les thèmes principaux sont ceux de la jeunesse disparue, de la beauté éphémère et de la mort.

Ballade des pendus

Frères humains qui après nous vivez,
N'ayez les cœurs contre nous endurcis,[1]

---

[1] En français moderne: *N'ayez pas les cœurs endurcis contre nous.*

Car, si pitié de nous pauvres avez,
Dieu en aura plus tôt de vous mercis.[2]   5
Vous nous voyez ci[3] attachés cinq, six:
Quant de[4] la chair, que trop avons nourrie,
Elle est pieça[5] dévorée et pourrie,
Et nous, les os, devenons cendre et poudre.
De notre mal personne ne s'en rie;
Mais priez Dieu que tous nous veuille absoudre!   10

Si frères vous clamons,[6] pas n'en devez
Avoir dédain, quoi que fûmes occis[7]
Par justice. Toutefois, vous savez
Que tous hommes n'ont pas bons sens rassis;[8]
Excusez nous, puisque sommes transsis,[9]   15
Envers le fils de la Vierge Marie,
Que sa grâce ne soit pour nous tarie,
Nous préservant de l'infernale foudre.
Nous sommes morts, âme ne nous harie;[10]
Mais priez Dieu que tous nous veuille absoudre!   20

La pluie nous a debuez[11] et lavez,
Et le soleil desséchiez et noircis;
Pies, corbeaux, nous ont les yeux cavez,[12]
Et arrachié la barbe et les sourcis.
Jamais nul temps nous ne sommes assis;[13]   25
Puis ça, puis là, comme le vent varie,
A son plaisir, sans cesser, nous charie,
Plus becquetez d'oiseaux que dez à coudre.
Ne soyez donc de notre confrairie;
Mais priez Dieu que tous nous veuille absoudre!   30

Prince Jésus, qui sur tous a maistrie,
Garde qu'Enfer n'ait de nous seigneurie:
A lui n'ayons que faire ne que soudre.[14]
Hommes, ici n'a point de mocquerie;
Mais priez Dieu que tous nous veuille absoudre!   35

François Villon (1431–après 1463)

---

[2] **mercis**: miséricorde.   [3] **ci**: ici.   [4] **Quant de**: quant à.   [5] **pieça**: depuis quelque temps.   [6] **Si frères vous clamons**: Si nous vous appelons frères.   [7] **occis**: p.p. du verbe *occire*, tuer.   [8] **tous hommes...rassis**: tous les hommes ne possèdent pas du bon sens.   [9] **sommes transsis**: nous sommes morts.   [10] **âme ne nous harie**: que nul ne nous harcèle.   [11] **debuez**: nettoyé.   [12] **cavez**: crevé.   [13] **Jamais...assis**: nous n'avons jamais de repos.   [14] **soudre**: payer.

QUESTIONNAIRE

1. Dégagez clairement le sens du poème.

2. Résumez le thème de chaque strophe.

3. Quels aspects de la mort le poète nous présente-t-il? Relevez les mots qui l'illustrent et étudiez leur connotation. Comment la conçoit-il? Quelle dimension donne-t-il à cette conception?

4. Quelles émotions (affectivité) essaye-t-il de provoquer chez le lecteur?

5. Quelles images, quelles figures de style choisit-il pour les provoquer?

6. En combien de parties ce poème pourrait-il se diviser? Donnez un titre « poétique » à chacune de ces parties. La syntaxe subit-elle des bouleversements? Justifiez le choix du poète.

7. Quel rôle la religion joue-t-elle ici?

8. Etudiez le problème de la distance spatiale et temporelle envers le lecteur.

9. Quel est le rôle de la nature dans ce poème? Relevez et commentez les mots, les images qui la caractérisent. Parlez de leur connotation. Montrez comment la beauté peut naître de détails laids.

10. Pour les 36 vers de cette ballade, le poète n'emploie que quatre rimes. Pensez-vous qu'une forme aussi stricte limite l'auteur, l'empêche de s'exprimer librement?

STYLISTIQUE

Vocabulaire

1. Lisez le poème à haute voix et indiquez les sons répétés. Cette répétition a-t-elle un effet particulier?

2. Expliquez la connotation des mots suivants:

occis	infernale
foudre	chair
seigneurie	sourcils
dé	garder

Versification

1. Quelle est la forme du poème?

2. Quelles sont les rimes? Comment sont-elles disposées?

3. Y a-t-il une rime intérieure?

4. Combien de syllabes y a-t-il dans chaque vers?

5. Indiquez les césures et les enjambements. Quel est l'effet créé par les enjambements?

6. Le rythme met-il certains mots en valeur?

Louis Aragon (1897–1982)

Louis Aragon passa sa jeunesse dans les milieux aisés de Paris. Jeune, il s'intéressa aux auteurs russes et finit par adhérer au Parti communiste en 1927. L'idéal politique russe s'accordait à un côté de sa philosophie personnelle qui lui faisait éprouver le besoin de rejeter ce qui l'attachait au milieu bourgeois. Ces mêmes sentiments de rejection des valeurs bourgeoises et ses rapports avec André Breton ont été des plus productifs, surtout dans le domaine poétique. Mais le Surréalisme, bien que représentant une révolte, ne possédait pas la substance sociale nécessaire pour permettre à des adhérents comme Aragon de se pencher sur des questions attachées à la condition humaine, et il a dévoué toute son énergie à la cause communiste.

En 1928, eut lieu la rencontre avec le poète russe Maïakovski et sa belle-sœur, Elsa Triolet. Il sera attaché à celle-ci jusqu'à la fin de ses jours.

Après 1934, Aragon se consacre moins à la poésie et plus au roman, et jusqu'en 1941, c'est le genre qui le préoccupe surtout et qui lui permet de développer ses penchants politiques. Pendant la Seconde Guerre mondiale, il se remet à la poésie, et il devient une des voix de la Résistance les plus appréciées. Après la guerre, il s'occupe de la direction de la revue les *Lettres françaises*. Un grand nombre de ses poèmes ont été mis en musique et chantés par des artistes comme Ferré, Brassens et Ferrat, fait qui a contribué à répandre encore plus sa renommée.

Jusqu'à la fin de ses jours il reste attaché à ces sources d'inspiration: la politique, Elsa, les aspects de la vie qu'il considère comme les plus importants.

Ballade de celui qui chanta dans les supplices[1]

Et s'il était à refaire
Je referais ce chemin
Une voix monte des fers
Et parle des lendemains

On dit que dans sa cellule   5
Deux hommes cette nuit-là
Lui murmuraient Capitule
De cette vie es-tu las

Tu peux vivre tu peux vivre
Tu peux vivre comme nous   10

---

[1] Gabriel Péri, résistant fusillé le 15 décembre 1941, qui déclara: «Je meurs pour préparer des lendemains qui chantent.»

Dis le mot qui te délivre
Et tu peux vivre à genoux

Et s'il était à refaire
Je referais ce chemin
La voix qui monte des fers   15
Parle pour les lendemains

Rien qu'un mot la porte cède
S'ouvre et tu sors Rien qu'un mot
Le bourreau se dépossède
Sésame Finis tes maux   20

Rien qu'un mot rien qu'un mensonge
Pour transformer ton destin
Songe songe songe songe
A la douceur des matins

Et si c'était à refaire   25
Je referais ce chemin
La voix qui monte des fers
Parle aux hommes de demain

J'ai dit tout ce qu'on peut dire
L'exemple du Roi Henri[2]   30
Un cheval pour mon empire
Une messe pour Paris[3]

Rien à faire Alors qu'ils partent
Sur lui retombe son sang
C'était son unique carte   35
Périsse cet innocent

Et si c'était à refaire
Referait-il ce chemin
La voix qui monte des fers
Dit Je le ferai demain   40

Je meurs et France demeure
Mon amour et mon refus
O mes amis si je meurs
Vous saurez pour quoi ce fut

---

[2] Henri IV abjura le protestantisme en 1593 afin de devenir roi de France. [3] **Une messe...Paris:** exclamation attribuée à Henri IV.

Ils sont venus pour le prendre   45
Ils parlent en allemand
L'un traduit Veux-tu te rendre
Il répète calmement

Et si c'était à refaire
Je referais ce chemin   50
Sous vos coups chargé de fers
Que chantent les lendemains

Il chantait lui sous les balles
Des mots *sanglant est levé*[4]
D'une seconde rafale   55
Il a fallu l'achever

Une autre chanson française[5]
A ses lèvres est montée
Finissant la Marseillaise
Pour toute l'humanité   60

Aragon, *La Diane française* (1946)

QUESTIONNAIRE

1. Quelle est la connotation des mots *vie, vivre, dire, dis le mot*?

2. A quoi servent les répétitions?

3. Que souligne le temps des verbes?

4. Relevez des tournures inhabituelles et dites quelles sont leurs fonctions.

5. Quels sont les êtres qui sont en présence dans ce poème?

6. Qui dit « J'ai dit tout ce qu'on peut dire »?

7. Identifiez celui qui chante la Marseillaise.

8. Quelles sont les tentations auxquelles on le soumet?

9. Comment y répond-il?

10. Décrivez le contexte historique de ce poème.

11. A quoi servent les objets? Etudiez-les de près.

12. Etudiez le problème de la distance.

13. Etudiez le rôle du narrateur.

14. Examinez et commentez l'emploi du style direct et indirect.

15. Montrez comment Aragon, par le choix de la ballade, à l'aide des mots, d'allusions historiques, du rythme et des images, oppose deux forces: celle de Gabriel Péri qui devient *le Résistant* et *Le Français* et celle des bourreaux qui le torturent, *L'Ennemi de la France*.

[4] Extrait de la Marseillaise, l'hymne national français.   [5] L'Internationale, chanson communiste exaltant la fraternité humaine.

STYLISTIQUE

Vocabulaire

1. Expliquez la connotation et l'emploi des mots suivants:

supplices	maux	fers	carte
lendemains	périsse	Capitule	demeure
cède	rafale	Sésame	

2. Analysez la fonction des mots ou groupes de mots en italique:

   (a) On dit que *dans sa cellule* / Deux hommes *cette nuit-là* / Lui murmuraient Capitule (vers 5–7).

   (b) Et si c'était à refaire / Je referais ce chemin / La voix qui monte *des fers* / *Parle* aux hommes *de demain* (vers 25–28).

   (c) Une *autre* chanson *française* / *A ses lèvres* est montée / *Finissant* la Marseillaise / Pour *toute l'humanité* (vers 57–60).

Versification

1. Indiquez les rimes du poème.
2. Comment ces rimes sont-elles disposées?
3. Combien de syllabes y a-t-il dans chaque vers?
4. Quel est l'effet du son *é* à travers le poème?
5. Etudiez de près le rythme de ce texte.

Jacques Rabemananjara (1913–   )

Jacques Rabemananjara est né au Madagascar le 23 juin 1913. En 1939, on le retrouve à Paris où il est stagiaire au ministère des Colonies et étudiant à la Sorbonne. Il obtient sa licence-ès lettres et se noue d'amitié avec les fondateurs de *Présence Africaine* (1947), revue qui fait appel à la conscience de l'Afrique noire des Antilles, de Madagascar et qui est patronnée par des écrivains variés tels que Gide, Sartre, Aimé Césaire, Richard Wright, Paul Hazoumé.

A un moment donné, Rabemananjara fut considéré comme un des trois grands poètes de la « Négritude » bien qu'il soit en fait un malgache, un métis d'origine polynésienne. Le mot « Négritude » a de multiples définitions. Mouvement né à Paris, il s'est proposé de défendre les valeurs culturelles des noirs ou de montrer comment les blancs ont détruit ces valeurs. La Négritude, c'est aussi une révolte contre les noirs qui participent au système colonial ou demeurent passifs par peur, par lâcheté. Mais surtout c'est une nouvelle façon de voir et de comprendre le monde négro-africain et de le recréer, pour eux-mêmes et pour les autres. On a parlé aussi de « Négrité » en visant la culture et la civilisation noires. A l'heure actuelle, les critiques préfèrent employer les mots Noir, Africain ou préciser l'origine directe de l'auteur (écrivain, poète malgache, sénégalais, du Zayre, etc.).

Député de Madagascar en 1946, il est arreté lors de l'insurrection de 1947 et condamné à l'emprisonnement à vie. Libéré sous condition en 1956, il revient à Paris puis est réélu député lors de l'indépendance de Madagascar. Des dissensions politiques le forcent à quitter son pays et à vivre en exil à Paris où il collabore à *Présence Africaine*.

Cadre historique: Madagascar

En 1880, un corps expéditionnaire français débarque dans « la Grande Ile » occupée par les Anglais. Tananarive, la capitale est conquise en 1895. Toutefois, les insurrections se succèdent jusqu'à la féroce répression de 1915. En mars 1947, une insurrection majeure entraîne la mort de 89.000 malgaches. Treize ans plus tard, Madagascar obtient enfin son indépendance.

Antsa [extraits]

Ile!
Ile aux syllabes de flamme,
Jamais ton nom
ne fut plus cher à mon âme!
Ile,   5
ne fut plus doux à mon cœur!
Ile aux syllabes de flamme,
Madagascar!

Quelle résonance!
Les mots   10
fondent dans ma bouche:
Le miel des claires saisons
dans le mystère de tes sylves,
Madagascar!

Je mords la chair vierge et rouge   15
avec l'âpre ferveur
du mourant aux dents de lumière,
Madagascar!

Un viatique d'innocence
dans mes entrailles d'affamé,   20
je m'allongerai sur ton sein avec la fougue
du plus ardent de tes amants,
du plus fidèle,
Madagascar!

Qu'importent le hululement des chouettes,　　　　　25
le vol rasant et bas
des hiboux apeurés sous le faîtage
de la maison incendiée! oh, les renards,
qu'ils lèchent
leur peau puante du sang des poussins,　　　　　30
du sang auréolé des flamants-roses!
Nous autres, les hallucinés de l'azur
nous scrutons éperdument tout l'infini de bleu de la nue,
Madagascar!

La tête tombée à l'aube levante　　　　　35
un pied sur le nombril du ponant[1]
et le thyrse
planté dans le cœur nu du Sud,
Je danserai, ô Bien-Aimée,
je danserai la danse-éclair　　　　　40
des chasseurs de reptiles,[2]
Madagascar!

Je lancerai mon rire mythique
sur la face blême du Midi!
Je lancerai sur la figure des étoiles　　　　　45
la limpidité de mon sang!
je lancerai l'éclat de ta noblesse
sur la nuque épaisse de l'Univers,
Madagascar!

Un mot,　　　　　50
Ile!
rien qu'un mot!
Le mot qui coupe du silence
La corde serrée à ton cou.
Le mot qui rompt les bandelettes　　　　　55
du cadavre transfiguré!
Dans le ventre de la mère
l'embryon sautillera.
Dans les entrailles des pierres
danseront les trépassés.　　　　　60
Et l'homme et la femme,
et les morts et les vivants
et la bête et la plante,

---

[1] Le soleil couchant, synonyme de occident.　[2] Les serpents sont recherchés dans de nombreux pays pour la magie, la nourriture.

tous se retrouvent haletants,
dans le bosquet de la magie,   65
là-bas, au centre de la joie,
Un mot,
Ile
Rien qu'un mot!

Le mot de l'âge d'or.   70
Le mot sur le déluge.
Le mot qui fait tourner
le globe sur lui-même!
La fureur des combats!
Le cri de la victoire!   75
L'étendard de la paix!
Un mot, Ile
et tu frémis!
Un mot, Ile,
et tu bondis   80
Cavalière océane!

Le mot de nos désirs!
Le mot de notre chaîne!
Le mot de notre deuil!
Il brille   85
dans les larmes des veuves,
dans les larmes des mères
et des fiers orphelins.
Il germe
avec la fleur des tombes,   90
avec les insoumis
et l'orgueil de captifs.

Ile de mes Ancêtres,
ce mot, c'est mon salut.
Ce mot, c'est mon message.   95
Le mot claquant au vent
sur l'extrême éminence!
Un mot.
Du milieu du zénith
un papangue[3] ivre fonce,   100
siffle
aux oreilles des quatre espaces
Liberté! Liberté! Liberté! Liberté!

Jacques Rabemananjara, *Antsa* (1956)

---

[3] Un oiseau rapace.

QUESTIONNAIRE

1. Comment le poète-narrateur définit-il l'île de Madagascar dans la première strophe? Trouvez quelques noms de lieux ou d'endroits, vrais ou imaginaires, français ou étrangers, qui évoquent en vous des sentiments poétiques.

2. Qu'est-ce que les mots *mourant* (v. 17), *affamé* (v. 20), *m'allongerai* (v. 21), *hallucinés* (v. 33) semblent indiquer en ce qui concerne la situation actuelle, réelle du narrateur?

3. Une série d'images négatives apparaît dans la cinquième strophe. A quelles idées sont-elles associées?

4. Où se situe (problème de la distance) le narrateur dans cette strophe? Parlez de son affectivité.

5. Que symbolisent «la maison incendiée» (rôle des objets), «les renards et leur peau puante» (rôle des animaux)?

6. Quelle est la connotation des mots précédant l'expression «ô Bien-Aimée» (v. 35–38)?

7. Que fait le narrateur dans les sixième et septième strophes?

8. Pourquoi son rire est-il mythique, son sang limpide?

9. Quel effet produit la répétition du verbe *lancerai* (v. 43, 45, 47)?

10. Comment le narrateur dévalue-t-il le monde afin de faire ressortir «l'éclat de la noblesse» de Madagascar (v. 47)?

11. Quelle est la situation actuelle de Madagascar dans le texte?

12. Qu'est-ce que les mots *bandelettes de cadavre* évoquent (v. 55–56)?

13. Le poète choisit des images de mort et de vie afin d'évoquer ce «mot» que nous ignorons encore. Relevez ces contrastes et commentez-les.

14. A quoi sert la neuvième strophe?

15. Les vivants et les morts sont à nouveau évoqués dans la dixième strophe. Est-elle plus pessimiste que la huitième? Est-elle plus poétique ou plus réaliste?

16. Quelle est la connotation des mots *chaîne* et *deuil* (v. 83, 84)?

17. Comment est-ce que la force du *mot* (identifiez-le) s'accentue au cours du poème?

18. Qui sont ces orphelins, ces insoumis, ces captifs (v. 88–92)? Quelle connotation le mot *insoumis* a-t-il dans l'énumération?

19. Quelle est la connotation du mot *Ancêtres* (v. 93)?

20. Quels sont ces quatre espaces? Que signifient-ils dans la pensée du poète? Montrez comment ce poème tout en évoquant des tragédies, exalte en fait la vie, l'amour de la patrie et l'espoir.

STYLISTIQUE

Vocabulaire

1. Etudiez de près la connotation des mots en italique.

   (a) Les mots *fondent* dans ma bouche.

    (b) Je *mords* la chair.

    (c) Les *hallucinés* de l'azur.

    (d) Nous *scrutons* éperdument tout l'infini.

2. Donnez les synonymes des mots en italique.

    (a) Je m'allongerai sur ton sein avec la *fougue* du plus ardent de tes amants.

    (b) Oh, les renards, qu'ils lèchent leur peau *puante* du sang des poussins.

    (c) Je lancerais mon rire mythique sur la face *blême* du Midi.

    (d) Il germe avec la fleur des tombes, avec les *insoumis*.

    (e) Le mot claquant au vent sur l'extrême *éminence*.

DISCUSSION ET DISSERTATION

Sujets de discussion

1. Il n'y a pas très longtemps dans l'histoire des Etats-Unis que des noirs étaient lynchés et pendus. Est-ce que les blancs qui commettaient ces atrocités étaient des monstres ou des gens ordinaires pris dans un milieu particulier, agissant sur leur logique et leur affectivité?

2. Mentionnez des cas où le courage et l'héroïsme ont triomphé. (Ne considérez pas des exemples relevant de l'histoire).

Sujets de dissertation

1. Comparez la ballade de François Villon à celle de Théodore de Banville (1823–1891):

> *Ballade des pendus*
>
> Sur ses larges bras étendus,
> La forêt où s'éveille Flore[1]
> A des chapelets de pendus
> Que le matin caresse et dore.
> Ce bois sombre, où le chêne arbore
> Des grappes de fruits inouïs[2]
> Même chez le Turc et le More[3]
> C'est le verger du roi Louis.
>
> Tous ces pauvres gens morfondus,
> Roulant des pensers qu'on ignore
> Dans les tourbillons éperdus

---

[1] Déesse romaine des fleurs et des jardins. [2] Inouïs, parce que trop cruels. [3] Les Turcs et les Mores représentent la cruauté.

Voltigent, palpitants encore.
Le soleil levant les dévore.
Regardez-les, cieux éblouis,
Danser dans les feux de l'aurore,
C'est le verger du roi Louis.

Ces pendus, du diable entendus,
Appellent des pendus encore.
Tandis qu'aux cieux, d'azur tendus,
Où semble luire un météore,
La rosée en l'air s'évapore,
Un essaim d'oiseaux réjouis
Par-dessus leur tête picore.
C'est le verger du roi Louis.

Prince, il est un bois que décore
Un tas de pendus enfouis
Dans le doux feuillage sonore.
C'est le verger du roi Louis.

Théodore de Banville (1823–1891)

En préparant le plan, dégagez clairement les événements, la connotation des mots ou énoncés, les personnages (les pendus, le Turc, le More, le roi Louis), les objets, les oiseaux, les autres manifestations de la nature. Etudiez l'imaginaire (relevez les images, les métaphores, les couleurs). Soulignez l'importance de la sonorité, des répétitions, du rythme. N'oubliez pas de considérer l'affectivité (narrateur, lecteur, lectrice), la distance, etc.

2. Montrez comment et pourquoi la « Ballade de celui qui chanta dans les supplices » *n'est pas déprimante* en dépit de certains événements, et de la conduite de l'Ennemi. Montrez qu'elle est en fait *exaltante*, non seulement pour les Français mais pour tous les lecteurs.

LA TRADUCTION ET SES DIFFICULTES

Traduisez le texte suivant:

We know through painful experience that freedom is never voluntarily given by the oppressor; it must be demanded by the oppressed. Frankly, I have never yet engaged in a direct action movement that was ''well-timed,'' according to the timetable of those who have not suffered unduly from the disease of segregation. For years now I have heard the words ''Wait!'' It rings in the ear of every Negro with a piercing familiarity. This ''Wait'' has almost always meant ''Never.'' It has been a tranquilizing thalidomide, relieving the emotional stress for a moment, only to give birth to an ill-informed infant of frustration. We must come to see with the distinguished jurist of yesterday that ''justice too long delayed is justice denied.'' We have waited for more than 340 years for our constitutional and God-given rights. The nations of Asia and Africa are moving with jetlike speed toward the goal of political independence, and we still creep at horse and buggy pace toward the gaining of a cup of coffee at a lunch counter. I guess it is easy for those who have never felt the stinging darts of segregation to say, ''Wait.'' But when you have seen vicious mobs lynch your mothers and fathers at will and drown your sisters and brothers at whim; when you have seen hate-filled policemen curse, kick, brutalize and even kill your black brothers and sisters with impunity; when you see the vast majority of your twenty million Negro brothers smothering in an airtight cage of poverty in the midst of an affluent society; when you suddenly find your tongue twisted and your speech stammering as you seek to explain to your six-year-old daughter why she can't go to the public amusement park that has just been advertised on television, and see tears welling up in her little brown eyes when she is told that Funtown is closed to colored children, and see the depressing clouds of inferiority begin to form in her little mental sky, and see her begin to distort her little personality by unconsciously developing a bitterness toward white people; when you have to concoct an answer for a five-year-old son asking in agonizing pathos: ''Daddy, why do white people treat colored people so mean?''; when you take a cross-country drive and find it necessary to sleep night after night in the uncomfortable corners of your automobile because no motel will accept you; when you are humiliated day in and day out by nagging signs reading ''white'' and ''colored''; when your first name becomes ''nigger'' and your middle name ''boy'' (however old you are) and your last name becomes ''John,'' and when your wife and mother are never given the respected title ''Mrs.''; when you are harried by day and haunted by night by the fact that you are a Negro, living constantly at tiptoe stance never quite knowing what to expect next, and plagued with inner fears and outer resentments; when you are forever fighting a degenerating sense of ''nobodiness''; then you will understand why we find it difficult to wait. There comes a time when the cup of endurance runs over, and men are no longer willing to be plunged into an abyss of injustice where they experience the blackness of corroding despair. I hope, sirs, you can understand our legitimate and unavoidable impatience.

Martin Luther King, Jr., *Letter from Birmingham Jail* (1963)

GRAMMAIRE ET EXERCICES

I. The Indefinite Article

A. FORMS

	Singular		Plural	
Masculine	**un** homme	*a man*	**des** hommes	*men*
Feminine	**une** femme	*a woman*	**des** femmes	*women*

B. USES

1. The indefinite article in French corresponds to the indefinite article *a, an* in English:

une sorte de corridor	*a sort of corridor*
un lourd soleil	*an oppressive sun*

   Exceptions:
   a. The indefinite article in French (unlike English) has no distributive function:

Il gagne 1300 dollars **par** mois.	*He earns $1300 **a** month.*
Ces poires coûtent 2 dollars **la** livre.	*Those pears cost 2 dollars **a** pound.*

   As preceding examples show, the distributive idea is expressed in French by *par* (usually in expressions of time) or by the definite article (usually in expressions of price).

   b. With parts of the body, French usually uses the definite article:

Il a **la** barbe rouge.	*He has **a** red beard.*

2. The indefinite article is omitted:
   a. with nouns denoting profession, religion, nationality, and political affiliation when those nouns are not qualified by an adjective. The article is omitted when these nouns follow *être* and such verbs as *devenir, rester,*

se faire, naître, and *mourir,* that is, when the nouns function as predicate nominatives:

Madame Raquin était mercière.	*Madame Raquin was **a** notions merchant.*
Madame Raquin était **une** vieille mercière de Vernon.	*Madame Raquin was **an** old notions merchant from Vernon.*
Camille était resté petit garçon.	*Camille had remained **a** little boy.*
Camille était resté **un** petit garçon doux et charmant.	*Camille had remained **a** sweet and charming boy.*
Il est docteur.	*He is **a** doctor.*
C'est **un** docteur célèbre.	*He is **a** famous doctor.*

b. in apposition to nouns and clauses:

Permettez-moi de vous présenter Monsieur Maxime, Vice-président de cette compagnie.
Laurent s'est lié à Thérèse, jeune mercière du quartier.

But when the noun or clause in apposition is particularized or modified, the indefinite article is used:

Permettez-moi de vous présenter Monsieur Maxime, **un** Vice-président qui a beaucoup fait pour cette compagnie.

c. Note the following omissions of the indefinite article:

Jamais famille n'a souffert de la sorte.	*Never did **a** family suffer so.*
Quel homme! Quel dommage! Quelle veine!	*What **a** man! What **a** pity! What luck!*

EXERCISE

Traduisez:

1. a handsome man   2. intelligent women   3. Mr. Dupont has grey hair. 4. Didn't you know that Bertrand was a famous professor of French?   5. He became a soldier.   6. How many books do they have apiece?   7. If only I earned $2000 a month.   8. Bananas cost two francs a pound.   9. Jean-Paul is a professor.   10. He married Cassandra, a girl from the neighborhood.

II. *The Definite Article*

A. FORMS

	Singular	Plural
Masculine	le, l' (before vowel or mute *h*)	les
Feminine	la, l' (before vowel or mute *h*)	les

Contraction with *à* and *de*:

à plus *le*	= *au*	*de* plus *le*	= *du*
à plus *la*	= *à la*	*de* plus *la*	= *de la*
à plus *l'*	= *à l'*	*de* plus *l'*	= *de l'*
à plus *les*	= *aux*	*de* plus *les*	= *des*

B. Uses. The definite article is used:

1. to generalize a noun:

    L'histoire est un sujet intéressant.   *History is an interesting subject.*
    Les rues étroites sont dangereuses.   *Narrow streets are dangerous.*

2. to particularize a noun:

    Je veux **le** beurre que j'ai acheté.   *I want the butter that I bought.*
    La rue est étroite.   *The street is narrow.*

Note: When the noun is used neither in a specific nor a general sense, the partitive article is used (see Section III).

3. The definite article is repeated with each noun in a series:

    Le français, l'italien, l'espagnol et le portugais sont des langues romanes.
    French, Italian, Spanish, and Portuguese are romance languages.

4. to refer to a part of the body (English generally uses a possessive adjective for this purpose):

    Chacun court à ses occupations, **la** tête basse.
    *Everyone is running to his occupations, with **his** head lowered.*

Note: To indicate the possessor of the part of the body, an indirect object is used. When the possessor is the subject, the reflexive pronoun *se* is used:

    Elle **lui** lava les mains.   *She washed **his** (her, another person's) hands.*
    Il **se** lava les mains.   *He washed **his** (own) hands.*
    Il **s'**est fait mal à la tête.   *He hurt **his** (own) head.*

But when the action or state is not one of the commoner ones, or when the part of the body is qualified in such a way that it ceases to be ordinary, the possessive adjective is used:

    Il mit la boîte sur **ses** genoux et l'ouvrit avidement.
    *He put the box in **his** lap and opened it greedily.*
    Elle vint à moi, **ses** grands yeux noirs chargés de larmes.
    *She came towards me, **her** big black eyes filled with tears.*

5. to indicate the time when a habitual action occurs:

> **Le soir,** trois becs de gaz éclairent le passage.
> *In the evening, three lamp-posts light the passageway.*
> **Le dimanche** il se promène.
> *On Sundays he goes for a walk.*

Note: When referring to a particular day, no article is used:

> Il est venu nous voir dimanche.
> *He came to see us on Sunday.*

6. when expressing price:

> Le pain coûte un franc **la** livre.
> *Bread costs one franc a pound.*

7. with titles or professions used as titles, and before a proper noun preceded by an adjective:

le général de Gaulle	*General de Gaulle*
le colonel Chabert	*Colonel Chabert*
le docteur Dupont	*Doctor Dupont*
la vieille Mélanie	*old Melanie*

C. OMISSION. The definite article is omitted:

1. in appositions, unless the noun or clause is particularized:

> Il se sont adressés à Cicéron, célèbre orateur romain.
> *They spoke to Cicero, the (a) famous Roman orator.*
> Cicéron, l'orateur romain le plus célèbre, fut assassiné le 7 décembre 43 av. J.-C.
> *Cicero, the most famous Roman orator, was assassinated on December 7, 43 B.C.*

2. with *de* plus a noun forming an adjectival phrase (English usually uses an adjective for this construction):

par les beaux jours **d'**été	*on beautiful summer days*
par les vilains jours **d'**hiver	*on unpleasant winter days*
des marchands **de** jouets	*toy merchants*

3. with *sans*, *ni...ni*, and *avec* plus a noun, when used adverbially:

> Ils attendaient **sans** peur son arrivée.
> *They were waiting fearlessly for his arrival.*
> **Ni** or **ni** argent ne l'intéressait.
> *Neither gold nor silver interested him.*

Elle se questionnait **avec** colère.
She questioned herself angrily.

Thérèse repoussait les livres **avec** impatience.
Thérèse pushed the books back impatiently.

But if the noun is particularized, the definite article is kept:

Ils l'attendaient sans *la* peur qui accompagne d'ordinaire ces événements.
They were waiting for him without the fear which ordinarily accompanies these events.

4. with names of languages after the verb *parler*:

Il parle français.   *He speaks French.*

5. The definite article is sometimes omitted in enumerating a list of nouns:

Arbres, rivières, fleurs, montagnes, lacs défilaient devant les voyageurs.
Trees, rivers, flowers, mountains and lakes were passing before the travelers.

EXERCISE

Traduisez:

A. 1. Give it to the professor. 2. He was speaking to the students. 3. I found it at the hotel. 4. Where is the key to the room? 5. He is going to speak to us about the countries he has visited. 6. I have not yet spoken to the others. 7. Did you close the door of the house? 8. The young man's sister is here. 9. I like chemistry. 10. Where are the books I gave you? 11. Horses and cows are domestic animals. 12. He was sitting by the window with his mouth open. 13. The doctor felt his (the little boy's) arm. 14. He broke his leg. 15. Her beautiful blue eyes were staring at him.

B. 1. On Tuesdays he would go to the movies. 2. Eggs cost two dollars a dozen. 3. Will you come to see us Friday? 4. Julius Caesar, the famous Roman general, spent several years in Gaul. 5. He had neither friends nor enemies. 6. What a beautiful silk dress! 7. Do your work courageously. 8. Unhesitatingly, he jumped from the window. 9. Don't you speak English? 10. Men, women, and little children died in the accident.

III. *The Partitive Article*

A. Partitive forms

The full partitive forms (*de* plus the definite article) are:

du sucre
de la crème
des livres
*de l'*argent

B. Use of the full partitive form

When a noun falls into neither the general nor the specific categories mentioned in Section II, the partitive is used. In English, "some" or "any" are often used to express the French concept of the partitive, although these words may be omitted in English.

Je voudrais **du** café après mon repas.
*I would like coffee (or **some** coffee) after my meal.*

C. Use of the short partitive form

The short partitive form is *de* without the definite article.

1. Use the short partitive *de* alone after a negative verb:

Ne fais pas **de** bruit.   *Don't make any noise.*
Je ne veux plus **d'**histoires.   *No more nonsense.*
Il n'a jamais **d'**argent sur lui.   *He never has any money on him.*

    a. Note that *ne...que* does not convey the concept of the negative:

Les vitres ne jettent que de la nuit sur les dalles gluantes.
The panes throw only darkness onto the sticky flagstones.

    b. Note that *pas un* usually means *not a single*:

La jeune femme ne trouva **pas un** geste, ne prononça **pas une** parole.
*The young woman found **not a single** gesture, spoke **not a single** word.*

2. Use *de* alone before a plural noun preceded by an adjective (unless the noun and adjective are so closely connected they take on the meaning of one word, as in *des jeunes filles, des petits pois*):

De grandes ombres s'allongent sur les dalles.
Large shadows stretch out on the flagstones.

But:

Des souffles humides viennent de la rue.   (*Adjective follows.*)
Damp puffs of air come from the street.

3. Use *de* alone after expressions of quantity:

Donnez-moi **un peu de** temps.   *Give me a little time.*

Les boutiques pleines de ténèbres sont **autant de** trous lugubres.
The shops filled with darkness are so many dismal holes.

Here is a list of common expressions of quantity:

beaucoup de   *much, many, very much, very many*
peu de   *little, few*

un peu de	*a little*
assez de	*enough*
combien de	*how many, how much*
plus de	*more*
moins de	*less*
trop de	*too much, too many*
beaucoup trop de	*far too much (many)*
tant de	*so much, so many*
autant de	*as much, as many, so many*
une bouteille de	*a bottle of*
une livre de	*a pound of*
une douzaine de	*a dozen (of)*
une tasse de	*a cup of*
un tas de	*a heap of*
un million de	*a million* (but mille francs = 1000 francs)
un grande nombre de	*a great number of*

Exceptions:

a. *La plupart* (most of) takes the full form of the partitive:

Je suis chez lui la plupart **du** temps.
I am at his place most of the time.

b. *Plusieurs* (several) takes no form of the partitive:

Plusieurs hommes se trouvaient dans l'église.
Several men were in the church.

4. Use *de* alone after certain adjectives and verbal expressions:

Les boutiques **pleines de** ténèbres sont autant de trous lugubres.
The shops filled with darkness are so many dismal holes.

Il termina son voyage **dépourvu de** provisions.
He ended his trip devoid of supplies.

J'ai **besoin de** ces livres.
I need these books.

Closely resembling this last usage of the partitive is the use of the preposition *de* to express the idea of "by" or "with" in a passive construction. In this construction also, the definite article is omitted, as it is in English:

La route était bordée **de** fleurs.
*The road was lined **with** flowers.*

Le prisonnier fut entouré **d'**ennemis.
*The prisoner was surrounded **by** enemies.*

5. Use *de* alone before adjectives and nouns with the following words:

Qu'y a-t-il **de** nouveau?   *What's new?*

Tout ce qu'il y a **d'**important se trouve dans ce livre.
Everything important is found in this book.

Il n'a **rien** dit **d'**extraordinaire.
He said nothing extraordinary.

Je veux **quelque chose de** nouveau.
I want something new.

EXERCISE

Traduisez:

1. Have you seen the key to the house? 2. I want some money. 3. I have some tobacco. 4. There are some girls at the door. 5. I did not see any letters on the table. 6. She had only coffee to offer me. 7. Anne knows many young men. 8. Are there any girls in your French class? 9. He told me some interesting stories. 10. A bottle of ink, please. 11. Few men could have done that. 12. Buy me a dozen eggs and a pound of coffee. 13. Most professors do not have a beard. 14. I see that several students have decided not to study. 15. The city is surrounded by mountains. 16. His bag was full of supplies. 17. He said nothing new.

EXERCISES ON SECTIONS I–III

I. Employez les mots suivants pour créer des phrases complètes. Faites les changements de formes qui conviennent.

A. 1. Appartement / coûter / 2000 francs / mois. 2. Il / vouloir devenir / docteur. 3. Mon frère / être / avocat célèbre. 4. Mon père / juif / mère / catholique. 5. Lundi / je / aller / école. 6. Je / aime / chats. 7. Anglais / boire / leur thé / sans / citron. 8. Etudiant / intelligent / lever / la main. 9. Samedi / jour de congé / Etats-Unis. 10. Louis XIV / être / roi / terrible. 11. Ce / être / professeur / éminent. 12. Ceux-ci m'ont coûté soixante francs / douzaine. 13. Il / parler / français / maison / anglais / école. 14. Il était / journaliste / vouloir devenir / le meilleur journaliste / monde. 15. Je suis tombé amoureux de Marie, fille / fermier. 16. Voltaire / écrivain / célèbre, était / naturel / terrible. 17. Je / aimer / histoire. 18. Chien / meilleur ami / homme. 19. Elle a mené son enfant / salle de bain / laver / mains / brosser / dents / peigner / cheveux / et a dit: « C'est à moi maintenant / laver / mains / à moi ». 20. Matin / il se levait de bonne heure pour faire / longue promenade. 21. Le jour il écrivait / soir / prendre / café / avec / amis. 22. Beurre / jaune. 23. Sa maison / remplie / meubles / fer. 24. Vendeurs d'autos / sans / scrupules. 25. Ni chiens / chats / étaient admis / ce restaurant.

B. 1. Elle déchira / lettre / avec / colère. 2. Par les jours / chaud / printemps / je / passer / temps / faire / objets / bois. 3. Je le verrai / mercredi. 4. Il écrit / sa mère / trois fois / an. 5. Nous / vivre / époque / où tout enfant a / mère /

père. 6. Il a peint en jaune / lit / chaises / marron / bibliothèque / table. 7. Aventure / bon / et mauvais / que j'ai eu / cette ville / inoubliable. 8. Thérèse n'avait / amour / amitié. 9. Docteur Durand / notre docteur. 10. Je / venir de / acheter / livres. 11. Il n'a pas / amis. 12. Ce restaurant a / trop / clients / trop peu / nourriture / trop / bruit / pas assez / garçons. 13. Combien / pain / avez-vous? 14. Il y a / bouteille / vin / chaque / table. 15. D'habitude j'aime / café / après / repas. 16. Ne faites pas / bruit. 17. Il n'a jamais / argent. 18. Argent / source / tout maux. 19. Il y avait / ne...que / gens / malades / dans / maison-là. 20. Elle n'a pas / robes / élégant. 21. Il a / beaucoup / talent. 22. J'aime beaucoup / lait. 23. La plupart / étudiant / dans cette école / malade. 24. Quoi / neuf? 25. Talent / cet homme / bien connu.

C. 1. Je / avoir besoin / argent / pour ce projet. 2. Il a dit / quelque chose / intéressant. 3. Maison / était / plein / poussière. 4. Je / avoir besoin / argent / je vous ai parlé / hier. 5. Quelques jeunes filles étaient / école / dimanche. 6. Je / préférer / écharpes rouges / mais d'habitude / porter / écharpes / bleu clair. 7. Ils / avoir / ne...plus / lait. 8. J'ai quelque chose / nouveau / lui raconter. 9. J'ai / un million / franc / chez moi. 10. Combien / verres / vin / désirez-vous? 11. Vaches / utile. 12. Il fume / cigarettes. 13. Madeleine m'apporta / lait / pommes de terre. 14. Nous avons mangé / excellent / biftecks. 15. Murs / avoir / oreilles. 16. Je / vouloir / ne...pas / conseils. 17. Donnez-moi quelque chose / meilleur. 18. Je suis allé / fête / village. 19. Achetez-moi / chemises / été. 20. La plupart / temps / je / malheureux.

II. Complétez par la forme de l'article qui convient:

1. Nous avons tous besoin _____ compréhension envers _____ autres.
2. Vous avez montré beaucoup _____ patience et bien _____ gens n'en auraient pas eu autant.
3. Il n'y a plus _____ espoir de retrouver _____ deux alpinistes qui se sont perdus récemment.
4. _____ poésie est intéressante à étudier. Dans ce recueil, il y a _____ poèmes que j'aime bien.
5. Il manque _____ importants détails à votre travail.
6. N'avez-vous pas _____ papier collant spécial pour cela?
7. Je n'ai jamais _____ argent liquide sur moi. Je paie toujours avec _____ chèques.
8. Il n'y a plus _____ beurre, ni _____ légumes dans le réfrigérateur; il faudrait en acheter, et aussi _____ fromage et _____ bouteille _____ eau minérale.
9. Voulez-vous encore _____ thé?
10. Il ne peut pas vivre sans disques. _____ musique est essentielle pour lui.
11. J'aime étudier _____ mathématiques, mais je ne suis pas _____ étudiant _____ plus studieux.
12. Nous avons enfin _____ nouvelles, et _____ bonnes nouvelles.
13. Avec _____ patience, _____ courage et un minimum _____ intelligence, rien n'est impossible.

14. Ce vieillard se déplace avec _____ difficulté; il marche avec _____ canne.
15. S'il ne reste plus _____ journaux, donnez-moi _____ revues.
16. Wagner a composé _____ nombreux opéras.
17. Wagner a composé _____ opéras très longs.
18. Je suis souvent sorti avec _____ Françaises, mais jamais avec _____ Québécoises.
19. On trouve peu _____ chevaux en Sicile, mais on y trouve _____ ânes.
20. La France n'a plus _____ colonies, mais elle garde _____ certaine influence dans _____ nombreux pays africains.

IV. Nouns

A. GENDER

All nouns in French are considered masculine or feminine. Not all nouns can be classified as one or the other gender according to their form or sense; however, certain general groups can be established.

1. Words denoting masculine beings are usually masculine; those denoting feminine beings are usually feminine:

   la mère, la fille, la nièce   le père, le fils, le neveu

   Note: La personne, la sentinelle, la connaissance (acquaintance), and *la victime* are always feminine even when they refer to masculine beings:

   Henri fut la malheureuse victime de cet accident.
   Henri was the unfortunate victim of that accident.

   Chose (thing) is feminine, but *quelque chose* (something) is not:

   Je viens d'acheter **quelque chose** de **nouveau.**
   I have just bought something new.

2. The following nouns are usually masculine:

   a. Trees: *le pommier, le poirier, le chêne*
   b. Metals: *un acier, le fer, le cuivre*
   c. Seasons: *un été, un automne, un hiver, un printemps*
   d. Months, days of the week
   e. All countries not ending in *-e* (except *le Mexique*): *le Portugal, le Chili, le Pérou, le Madagascar*

3. Nouns with the following endings are usually masculine:

   A vowel other than *-e*:

   le cinéma, le métro

-asme and *-isme*:

le pléonasme, le romantisme

Many nouns of Greek origin ending in *-e*, *-ème*, *-ège*, *-ète*, *-ée*:

le problème, le stratagème; le collège, le sacrilège; le diabète, l'athlète; le lycée, le musée.

4. The following masculine endings have corresponding feminine forms:

-eur (when it denotes an agent, a doer of something):

un vendeur	*a salesman*	une vendeuse	*a saleswoman*
un serveur	*a barman*	une serveuse	*a barmaid*
un tricheur	*a cheat*	une tricheuse	*a cheat*
un acteur	*an actor*	une actrice	*an actress*
un aviateur	*an aviator*	une aviatrice	*an aviatrix*

Abstract nouns in *-eur* are usually feminine: *la douleur* (sorrow), *la grandeur* (greatness); exceptions: *le bonheur* (happiness), *un honneur* (an honor).

-er, -ier:

| un mercier | une mercière | *a notions merchant* |
| un boutiquier | une boutiquière | *a shopkeeper* |

-eau:

| un chapeau | *a hat* | une chapelle | *a chapel* |
| un vaisseau | *a vessel* | la vaisselle | *the dishes* |

-t:

un plat	*a dish*	une pâte	*a paste*
un lot	*a share*	une patte	*a paw*
un but	*a goal*	une butte	*a mound*
un projet	*a project*	une botte	*a boot*
		une date	*a date*
		une allumette	*a match*

-c:

| un sac | *a bag* | une sacoche | *a saddlebag* |
| un lac | *a lake* | une tache | *a stain* |

-ail:

un détail	*a detail*	une bataille	*a battle*
un travail	*a work*	la canaille	*crooks*
un chandail	*a sweater*	une trouvaille	*a find*

-oir:

| un soir | *an evening* | une balançoire | *a swing* |
| un noir | *a black (male)* | une noire | *a black (female)* |

-é:

un dé	*a thimble, a die*	une année	*a year*

Abstract nouns in *-té* and *-ité* are feminine: *la liberté* (freedom), *la fraternité* (brotherhood).

-on:

un baron	*a baron*	une baronne	*a baroness*
un bâton	*a stick*	une consonne	*a consonant*

5. The following names are usually feminine:

   a. Names of countries ending in *-e* (with the exception of *le Mexique*):

   La France, la Chine, la Russie

   b. Most names of rivers ending in *-e*:

   la Seine, la Loire

   c. Words ending in:

   -aison:
   une maison, une saison, une raison

   -ion:
   une civilisation, une nation

   -esse:
   la paresse, la vieillesse

   -ance, -anse, -ence, -ense:
   une connaissance, une danse, la décence, une dépense

6. Nouns of indeterminate gender:

   a. Certain nouns can be either masculine or feminine. For example, *après-midi* and *interview*. *Amour* is masculine today, but it was feminine in the Middle Ages and can be found in the feminine in medieval contexts (*la fine amour, les folles amours*); *gens* is either masculine or feminine: when modifying adjectives precede, *gens* is feminine (*de bonnes gens*); when they follow, gens is masculine (*des gens peu communs*).

   b. Certain nouns have different meanings in their masculine and feminine forms:

le manche	*broom handle*	la Manche	*English Channel*
le voile	*veil*	la voile	*sail*

un grand merci	*heartfelt thanks*	à sa merci	*at his (her) mercy*
le tour	*turn, round*	la tour	*tower*
le garde	*guardian, watchman*	la garde	*care, custody*

Traditionally, certain professions or activities were practiced by men, and the noun for them is masculine: *le docteur, le professeur, le pilote, un avocat, un écrivain*. To refer to a woman professional one had to resort to such awkward expressions as *madame le professeur, un écrivain femme, madame le docteur*. Today these are giving way to feminine forms such as *la professeure, une écrivaine*, etc.

B. NUMBER

1. To form the plural of most nouns, add -*s* to the singular form when it ends in a vowel or a consonant other than -*s*, -*x*, or -*z*:

| le seuil | *threshold* | les seuils | *thresholds* |
| la caisse | *cashbox* | les caisses | *cashboxes* |

2. Nouns ending in *s*-, -*x*, or -*z* are unchanged in the plural:

le lis	*lily*	les lis	*lilies*
le prix	*prize*	les prix	*prizes*
la noix	*nut*	les noix	*nuts*
le nez	*nose*	les nez	*noses*

3. Family names remain unchanged regardless of their ending, the article indicates the plurality:

| les Raquin | *the Raquins* | les Duisit | *the Duisits* |

4. The noun ending -*au* becomes -*aux:* le tuyau, les tuyaux (*tubes*)
        "   "   **-al**   "   **-aux:** le mal, les maux (*evils*)
        "   "   **-ail**   "   **-aux:** le vitrail, les vitraux (*stained glass windows*)
        "   "   **-eau**   "   **-eaux:** le bateau, les bateaux (*boats*)
        "   "   **-eu**   "   **-eux:** le jeu, les jeux (*games*)

5. A limited number of nouns ending in -*ou* add -*x* for the plural:

les bijoux	*jewels*	les hiboux	*owls*
les cailloux	*pebbles*	les joujoux	*toys*
les choux	*cabbages*	les poux	*lice*
les genoux	*knees*		

All other nouns in *-ou* add *-s* for the plural:

le fou   *madman*   les fous   *madmen*

6. The following nouns have irregular plurals:

l'œil, les yeux   *eyes*
le ciel, les cieux (ciels)   *skies*
monsieur, messieurs
madame, mesdames
mademoiselle, mesdemoiselles

7. Hyphenated compound nouns fall into several groups:

   a. In an adjective-noun compound, both elements are made plural:

   la belle-mère, les belles-mères   *mothers-in-law*
   le grand-père, les grands-pères   *grandfathers*

   b. In a noun-prepositional element compound, the noun is made plural:

   le chef-d'œuvre, les chefs-d'œuvre   *masterpieces*

   c. A verb-noun compound is usually invariable or may add *-s* to the noun
   part. When in doubt, consult the dictionary.

   l'abat-jour, les abat-jour (*lampshades*)
   le porte-monnaie, les porte-monnaie (*wallets*)
   l'essuie-glace, les essuie-glaces (*windshield wipers*)

8. Certain nouns generally used in the singular in English are most often used
   in the plural in French:

   les vacances (de Noël)   *(Christmas) vacation*
   ses forces   *his (her) strength*
   les progrès   *progress*
   les ténèbres   *darkness*
   les cheveux   *hair*

EXERCISES

A. Donnez la forme convenable de l'article defini. Employez l'article indéfini si le
mot commence par une voyelle:

_____ comptoir, _____ crasse, _____ mercerie, _____ passage, _____ carton,
_____ éclairage, _____ muraille, _____ couturière, _____ paresse, _____ Seine,
_____ Mexique, _____romantisme, _____ Belgique, _____ thème, _____ Manche,
_____ lycée

B. Mettez au pluriel:

nez	garde-manger	beau-frère
mal	porte-plume	monsieur
œil	seuil	hors-d'œuvre
grand-père	Smith	genou

V. *Adjectives*

A. FORMS

1. Plural forms:
   a. Add *-s* to the singular form of most adjectives to form the plural unless the singular already ends in *s*, *x*, or *z*:

un chat gris	deux chats gris
un garçon content	deux garçons contents
une fille charmante	deux filles charmantes

   b. Adjectives ending in *-au*, *-eau*, and *-eu* add *x* to form the plural:

nouveau	nouveaux	*new*
beau	beaux	*beautiful (handsome)*

   c. Adjectives ending in *-al* change the ending to *-aux* to form the plural:

   original, originaux
   loyal, loyaux

   Exceptions: banal, banals; fatal, fatals; final, finals, etc.

2. Feminine forms:
   a. To form the feminine of an adjective, add *-e* to the masculine form unless the adjective already ends in *-e*:

masculine	*feminine*	
petit	petite	*little*
méchant	méchante	*wicked, bad, naughty*
riche	riche	*rich*

   b. Certain common adjectives ending in *-en*, *-on*, *-eil*, *-as*, *-os*, *-et*, double the consonant and add *-e* to form the feminine:

parisien	parisienne	*Parisian*
breton	bretonne	*Breton*
pareil	pareille	*like*

sensationnel	sensationnelle	*sensational*
quel	quelle	*what*
gras	grasse	*fat*
gros	grosse	*big*
(ce) cet	cette	*this*
net	nette	*clean*

c. Adjectives ending in *-er* become *-ère*:

| cher | chère | *dear* |
| dernier | dernière | *last* |

d. Adjectives ending in *-eux* usually become *-euse*:

| merveilleux | merveilleuse | *marvelous* |
| paresseux | paresseuse | *lazy* |

e. Other feminine forms of adjectives are best learned separately:

neuf	neuve	*(brand) new*
vif	vive	*alive*
bref	brève	*short*
blanc	blanche	*white*
sec	sèche	*dry*
frais	fraîche	*fresh*
doux	douce	*sweet*
jaloux	jalouse	*jealous*
faux	fausse	*false*
gentil	gentille	*nice*
favori	favorite	*favorite*
épais	épaisse	*thick*
grec	grecque	*Greek*
long	longue	*long*
public	publique	*public*
roux	rousse	*red(headed)*

f. The following five adjectives have an additional form which is always used before a masculine singular noun beginning with a vowel or mute **h**:

beau, bel, belle	un bel étudiant	*a good-looking student*
vieux, vieil, vielle	un vieil homme	*an old man*
nouveau, nouvel, nouvelle	le nouvel enfant	*the new child*
fou, fol, folle	le fol amour	*the mad love*
mou, mol, molle	un mol album	*a soft album*

g. Nouns used as adjectives of color are invariable:

une robe *marron*   (marron: *chestnut*)   *a brown dress*

Note that *rose* (pink) is treated as a true adjective and agrees with the noun it modifies:

des robes *roses*   *pink dresses*

3. French often uses the preposition *de* plus a noun where English would use an adjective:

un chapeau de feutre	*a felt hat*
des bas de nylon	*nylon hose*
une maison de pierre	*a stone house*

B. PLACEMENT

As a general rule, adjectives are placed immediately following the noun they modify. This applies especially to adjectives denoting nationality, religion, profession, etc. This rule is quite flexible, however, as shown below.

1. The following short and frequently used adjectives precede the noun they modify:

autre	*other*	mauvais	*bad*
beau	*beautiful*	meilleur	*better*
bon	*good*	moindre	*less*
court	*short*	nouveau	*new*
gros	*big*	petit	*little*
haut	*high*	pire	*worse*
jeune	*young*	vaste	*vast*
joli	*pretty*	vieux	*old*
long	*long*	vilaine	*nasty*

2. Certain other frequently used adjectives change meaning depending on whether they precede or follow the noun they modify:

un homme brave	*a brave man*
un brave homme	*a good man*
une chose certaine	*a sure thing* (i.e., beyond doubt)
une certaine chose	*a certain thing* (particular)
un fruit cher	*an expensive fruit*
un cher homme	*a dear man*
la semaine dernière	*last week* (time expression)
la dernière semaine	*the last week* (in a series)
un homme grand	*a tall man*
un grand homme	*a great man*
un artiste méchant	*a wicked artist*
un méchant artiste	*a worthless artist*
la rue même	*the very street*
la même rue	*the same street*
l'homme pauvre	*the poor man* (penniless)

le pauvre homme	*the poor man* (pitiful)
la semaine prochaine	*next week* (time expression)
la prochaine rue	*the next street* (in a series)
une maison propre	*a clean house*
sa propre maison	*his own house*

3. As the preceding list shows, an adjective in its customary position (following a noun) conveys its usual, literal meaning. When it precedes the noun, however, the adjective often takes on a figurative or attenuated sense. (For a discussion of the displacement of the adjective as an element of style, see Chapter 5.)

The following examples taken from the reading passage in Chapter 1, show the flexibility of adjective position:

un **lourd** soleil	*an oppressive sun*
des lanternes **lourdes** et **carrées**	*heavy, square lanterns*
d'**étroites** armoires	*narrow wardrobes*
l'**unique** souci	*the only care*
des **maigres** rayons	*feeble rays*
une planche **étroite** et **longue**	*a long and narrow plank*
des vitrines **profondes**	*deep shopwindows*
de **minces** planches peintes d'une **horrible** couleur **brune**	
thin planks painted in a horrible brown color	
l'aspect **sinistre** d'un **véritable** coupe-gorge	
the sinister aspect of a veritable cut-throat place	

4. The position of an adjective is not affected when it is modified by a short adverb such as *moins, plus, si, très, trop*:

| une si grande rue | *such a large street* |
| la plus jolie femme | *the prettiest woman* |

But when modified by a long adverb, the adjective is placed after the noun:

| une rue extraordinairement grande | *an extraordinarily wide street* |
| un homme terriblement vieux | *a terribly old man* |

5. When two adjectives modify the same noun, their position before or after the noun is not affected:

un beau petit garçon	*a good-looking little boy*
un petit garçon blond	*a little blond boy*
une table noire rectangulaire	*a rectangular black table*

But if the adjectives are connected by a conjunction, those which usually precede may follow:

une belle et grande église	*a beautiful and large church*
une église belle et grande	*a beautiful and large church*
une planche étroite et longue	*a long narrow plank*

EXERCISES

A. Faites accorder l'adjectif et placez-le par rapport au nom. Ex. Une maison (beau). Une belle maison.

1. l'année (dernier) 2. un film (grand) 3. une habitude (mauvais) 4. des robes (joli) 5. une romancière (allemand) 6. des voitures (grand) 7. une chanson (beau) 8. la fois (dernier) 9. une idée (génial) 10. la semaine de mai (dernier) 11. des habitations (luxueux) 12. des cristaux (hexagonal) 13. l'Assemblée (national) 14. Monsieur Dupont (pauvre) 15. des uniformes (bleu foncé) 16. une décision tout à fait (déplorable) 17. les conseillers (municipal) 18. des fleurs extrêmement (frais) 19. une chance (incroyable) 20. des chattes (gentil, petit, blanc) 21. une surprise (bon) 22. une cérémonie (religieux, protestant) 23. une ville (détruit) 24. Les Nations (Uni) 25. le colonel Chabert (héroïque)

B. Ecrivez les phrases suivantes en mettant les noms au féminin:

1. le héros est courageux. 2. Son mari est aimable et riche. 3. Un menteur est-il jamais franc? 4. Le pauvre veuf est triste et déprimé. 5. Mon oncle est conservateur.

C. Mettez les phrases suivantes au pluriel. Effectuez tous les changements nécessaires:

1. Il a l'œil vif. 2. C'est un vieil ami. 3. Son chef-d'œuvre est bien apprécié. 4. Le ciel est bleu. 5. Cet exemple est banal. 6. Son nouveau bijou est fort cher.

D. Mettez l'adjectif entre parenthèses à la forme qui convient:

1. Ce n'est pas nécessairement parce que Julie est tombée (amoureux) _____ qu'elle est _____ (pensif).

2. Grâce à la liberté de la presse, l'opinion (public) _____ n'est plus (muet) _____.

3. La police (secret) _____ est toujours (discret) _____.

4. Les bêtes (sauvage) _____ ne sont pas plus (cruel) _____ que les animaux (domestique) _____.

5. L'(avant-dernier) _____ pièce de Jean Anouilh est (supérieur) _____ à toutes les (précédent) _____.

6. La (vieux) _____ dame a laissé sa fortune à la Société (Protecteur) _____ des Animaux.

7. Après cette (long) _____ promenade, nous avons tous la gorge (sec) _____; une boisson (frais) _____ serait la (bienvenu) _____.

8. Tous mes (meilleur) _____ vœux pour le (nouveau) _____ an.

9. Il faut qu'elles soient (fou) _____ pour faire une bêtise (pareil) _____.

10. Quand elle m'a critiqué, elle l'a fait avec une délicatesse et un tact (parfait) _____.

E. Traduisez les phrases suivantes:

1. He wrote a very long book.   2. I bought an expensive dress because my old one was torn.   3. Have you seen my little black cat?   4. There is a good hotel near here.   5. Here are my new pants and my green socks.   6. The long and painful illness destroyed my ambition.   7. John is a good man but he is a worthless artist.   8. My girl friend has rich parents.   9. I was helped by a small, friendly, and intelligent boy.   10. What a pleasant surprise!

VI. Adverbs

A. FORM

1. Most adverbs are formed by adding **-ment** to the feminine of the adjective (the masculine is used if it ends in a vowel: *vrai, vraiment* — true, truly):

    malheureux, malheureuse — malheureusement   *unfortunately*
    sec, sèche — sèchement   *dryly*

    Note two exceptions: *fou — follement* (foolishly) and *nouveau — nouvellement* (newly).

2. A few adjectives change *e* to *é* before adding **-ment** to form the adverb:

    | aveugle | aveuglément | *blindly* |
    | précis, précise | précisément | *precisely* |
    | énorme | énormément | *enormously* |
    | profond, profonde | profondément | *deeply* |

3. The adjectival endings **-ant** and **-ent** result in the adverbial endings **-amment**, **-emment**:

    | indépendant | indépendamment | *independently* |
    | prudent | prudemment | *prudently* |

4. In certain common expressions, the adjective conveys the adverbial meaning:

    | parler haut (bas) | *to speak loudly (in a low voice)* |
    | chanter juste (faux) | *to sing on key (off key)* |
    | coûter cher | *to be expensive* |
    | sentir bon (mauvais) | *to smell good (bad)* |

B. PLACEMENT

1. In its usual sentence position, the adverb comes after the conjugated form of the verb:

    Une clarté blanchâtre traîne **misérablement** dans le passage.
    J'ai **déjà** vu Thérèse.

For emphasis, the adverb may be shifted to the beginning or end of the sentence:

normal: Ils marchent rapidement dans la rue.
emphatic: Rapidement, ils marchent dans la rue.
emphatic: Ils marchent dans la rue rapidement.

2. Adverbs of time (*aujourd'hui, demain, hier*) and place (*ici, là, partout*) are usually in a stressed position. With simple tenses (e.g., present, future) these adverbs are usually placed at the beginning or end of the sentence:

Maintenant je vois que vous avez raison.   *Now I see that you are right.*

Similarly, in compound tenses (*passé composé*, etc.) these adverbs do not follow the conjugated form of the verb:

J'ai fait cela hier.   *I did that yesterday.*
Hier j'ai fait cela.   *Yesterday I did that.*

ADVERBS OF TIME:

alors	*then*	ensuite	*then*
après	*afterwards*	hier	*yesterday*
aujourd'hui	*today*	maintenant	*now*
auparavant	*previously*	puis	*then, next*
autrefois	*formerly*	souvent	*often*
avant	*before*	tard	*late*
demain	*tomorrow*	tôt	*soon*
		tôt ou tard	*sooner or later*

ADVERBS OF LOCATION:

ailleurs	*elsewhere*	ici	*here*
dedans	*inside*	là	*there*
dehors	*outside*	là-bas	*over there*
en bas	*below*	nulle part	*nowhere*
en haut	*above*	partout	*everywhere*

3. When adverbs and adverbial phrases are fairly long or cumbersome, they are not usually placed between the conjugated form of the verb and the past participle:

L'institutrice a parlé vraiment très mal.
The teacher spoke very badly indeed.

4. The adverbs *bien, mieux, mal, trop,* and *peu* usually precede the infinitive:

Pour bien chanter...   *To sing well...*
Pour mieux réussir...   *To succeed better...*

5. *A peine* (scarcely), *aussi* (consequently, so), *du moins* (at least), *peut-être* (perhaps) and *toujours* (always), when they are the first word in the sentence, require an inversion of the verb:

    Peut-être a-t-il dit cela.   *Perhaps he said that.*

EXERCISES

A. Placez dans la phrase l'adverbe indiqué:

1. Vous lui avez donné du travail. (aussi)
2. N'oubliez pas de vérifier vos réponses. (bien)
3. Ils ont affirmé cela. (toujours)
4. Il parle trois langues. (très couramment)
5. Tu es revenu de ton voyage. (hier)
6. Ce n'est pas possible. (malheureusement)
7. La vie était-elle plus facile? (autrefois)
8. Ils feront un voyage cet été. (probablement)
9. Il vient de sortir. (juste)
10. J'ai dormi la nuit dernière. (mal)

B. Refaites chaque phrase en y ajoutant l'adverbe qui correspond à l'adjectif entre parenthèse:

1. (mauvais) Ils ont nourri l'animal.
2. (clair) Il explique les choses.
3. (précis) Les faits nous mèneront à cette conclusion.
4. (bon) Il s'est exprimé sur ce sujet.
5. (profond) Votre histoire m'a touché.

C. Insérez dans la phrase les mots donnés entre parenthèse. Si le mot est un adjectif, donnez la forme correspondante de l'adverbe:

1. (de bonne heure) Il se lève.
2. (hier) Où est la voiture qu'il a achetée?
3. (malheureux) Le professeur n'a pas donné son cours. (*trois possibilités*)
4. (terrible) Gérard parle vite.
5. (peut-être) Michel sera là.
6. (souvent) J'allais au théâtre lorsqu'il était à Paris.
7. (toujours) Cet étudiant arrive en retard.
8. (beaucoup) En France il y a de jolies villes.
9. (probable) Bernard l'a vue.
10. (néanmoins) Je l'aimerai.
11. (cependant) Lui, m'oubliera.

12. (pas encore) Je l'ai vue.

13. (bon souvent) Pour chanter, on doit faire des exercices.

14. (bon [*superlatif*]) C'est _____ étudiant _____ classe.

15. (plus) Frank travaille maintenant qu'il a son propre appartement.

16. (vite [*superlatif*]) C'est Alain qui court.

17. (grand [*comparatif*]) Paris est _____ je pensais.

18. (plus/moins) Il la voit, il l'aime.

19. (mal [*comparatif*]) Il n'y a rien _____ que de se lever de bonne heure le matin.

20. Tu ne viendras pas à ma soirée? (*so much the worse*) _____ pour toi!

D. Traduisez les phrases suivantes:

1. Your remark touches me deeply.   2. That's precisely what I bought.   3. Have you seen the newly arrived cars?   4. We can barely hear you. Speak loudly.   5. Do it, if you insist, but do it prudently.   6. Was this dress expensive?   7. Haven't you seen her yet?   8. Speak softly; the children are sleeping.   9. He is badly dressed.   10. She has unfortunately not yet finished her work.   11. Today I am doing what I should have done yesterday.   12. Do the dishes first; afterwards you will have enough time to have fun.   13. If you do not find your hat over there, you will find it nowhere.   14. He played marvelously well last night.   15. To speak well one must have something to say.   16. At least I had the time to see the museum.

VII. *Comparison*

A. COMPARISON WITH ADJECTIVES

POSITIVE

une **grande** maison	*a large house*
une maison **intéressante**	*an interesting house*

COMPARATIVE (AFFIRMATIVE)

une **plus grande** maison	*a larger house*
une maison **plus intéressante**	*a more interesting house*

SUPERLATIVE (AFFIRMATIVE)

la plus grande maison	*the largest house*
la maison **la plus intéressante**	*the most interesting house*

COMPARATIVE (NEGATIVE)

une **moins grande** maison	*a smaller (less large) house*
une maison **moins intéressante**	*a less interesting house*

SUPERLATIVE (NEGATIVE)

la moins grande maison	*the smallest (least large) house*
la maison **la moins intéressante**	*the least interesting house*

B. COMPARISON WITH ADVERBS

C'est Henri qui court **vite**.   *It's Henry who runs fast.*

COMPARATIVE

C'est Marie qui court **plus vite/**   *It's Marie who runs faster/slower.*
moins vite.

SUPERLATIVE

C'est ma nièce qui court **le plus**   *It's my niece who runs the fastest/*
vite/le moins vite.   *slowest.*

C. COMPARISON WITH ''QUE''

Cette maison-ci est **plus** intéressante **que** celle-là.
This house is more interesting than that one.

Henri court **plus** vite **que** David.
Henry runs faster than David.

Cette maison-ci est **moins** intéressante **que** celle-là.
This house is less interesting than that one.

Henri court **moins** vite **que** David.
Henri runs less fast than David.

Cette maison-ci est **aussi** intéressante **que** celle-là.
This house is as interesting as that one.

Henri court **aussi** vite **que** David.
Henry runs as fast as David.

D. COMPARISON WITH NOUN CLAUSES

Noun clauses following a comparative usually take *ne* before the verb (in col-
loquial speech, this *ne* tends to drop):

Cette rue est plus étroite que je **ne** le pensais.
This street is narrower than I thought.

E. IRREGULAR COMPARATIVE FORMS

Certain common adjectives and adverbs have irregular comparatives and superlatives:

good	bon (*adj.*)	meilleur	le meilleur
well	bien (*adv.*)	mieux	le mieux
bad	mauvais (*adj.*)	pire (*also:* plus mauvais)	le pire (*also:* le plus r
badly	mal (*adv.*)	pis	le pis

F. ''MORE'' AND ''LESS''

Davantage may be used for ''more'' but it cannot modify an adjective or an
adverb. Its normal position is at the end of the sentence or clause:

Maintenant il travaille davantage.   *He is working more now.*

Note the following expressions:

de plus en plus	*more and more*
de moins en moins	*less and less*
plus...plus	*the more...the more*
moins...moins	*the less...the less*

Plus je travaille, plus je veux travailler.
The more I work, the more I want to work.

G. "DE"

1. In "more than" or "less than" phrases expressing numerical amounts, *de* is used for "than":

Je l'ai vu **plus de** trois fois à Paris.
I saw him more than three times in Paris.

Nous avons acheté **moins de** quatre kilos.
We bought less than four kilos.

2. After superlatives, *de* translates the English "in":

Est-ce que Tokyo est la plus grande ville **du** monde?
*Is Tokyo the largest city **in** the world?*

EXERCISES

A. Faites des comparaisons avec les adjectifs suivants:

1. (long) En juillet les jours sont _____ les nuits.

2. (rapide) Le train est _____ l'avion.

3. (léger) Une plume est _____ rocher.

4. (bon) La note A est _____ un F.

5. (dur) Le climat de la Sibérie est _____ celui de la France.

B. Faites accorder l'adjectif entre parenthèses et donnez les trois comparatifs:

1. Dans cette famille, les femmes sont (fou) que les hommes.

2. De nos jours, on construit des maisons (spacieux) que par le passé.

3. Ces couleurs-ci ne me semblent pas (vif) que celles-là.

4. Cette année on porte des jupes (long) que l'année dernière.

5. Je n'ai jamais entendu une (bon) interprétation de mon concerto.

6. La cuisine anglaise est (mauvais) que la cuisine allemande.

C. Traduisez:

1. This house is interesting, but mine is prettier. 2. He reads slowly, but he doesn't read more slowly than I. 3. I speak French as fast as you. 4. He sings more off key than I thought. 5. My sister is taller than yours. 6. He did it better the first time. 7. These flowers are worse than the last. 8. Here is the best restaurant in Paris. 9. She loves him more each day. 10. The countries in Africa

are becoming more and more independent.   11. The more I work, the happier I am.   12. You've told me that story more than a hundred times.   13. What is the largest city in the world?

EXERCISES ON SECTIONS I–VII

A. Articles and nouns

1. Donnez l'article defini qui convient. Mettez l'article indéfini si le nom commence par une voyelle:

_____ tante, _____ marteau, _____ cousin, _____ panorama, _____ sentinelle, _____ serviteur, _____ chose, _____ cerisier, _____ mardi, _____ fer, _____ été, _____ Angleterre, _____ Danemark, _____ Chine, _____ décembre, _____ naturalisme, _____ peur, _____ vendeuse, _____ hôtelière, _____ bonnet, _____ hâte, _____ navette, _____ volaille, _____ chat, _____ poche, _____ éducation, _____ thé, _____ raton, _____ Mexique, _____ bonne, _____ cloison, _____ plaisance, _____ sentence, _____ nacelle, _____ bac, _____ bétail, _____ mangeoire, _____ fierté, _____ Garonne, _____ rudesse.

2. Mettez au pluriel:

le fauteuil, fol, le riz, la perdrix, l'eau, le chou, le lance-bombes, la chaise, le fils, le fou, le beau-frère, le hors-d'œuvre.

B. Traduisez:

1. His eyes are blue. (*two ways*)   2. She fixed her eyes on him.   3. His wound reopened; he could feel the pain in his arm.   4. He stopped short; his tooth was aching.   5. He cast his penetrating eyes around the room.   6. He walked up to her with a diabolical look in his eyes and asked her for a match.   7. If it were not for fear, these prisoners would not be working.   8. He entered the battle without fear.   9. Men, women, and children were all put in the train.   10. Old and young, good and bad, all perished in the disaster.   11. With his head lowered and his hands in his pockets, he walked out of the room.   12. The boy with the long nose is my friend.   13. When he was young his hair was blond and his face was covered with acne, but now that he is grown, his hair is brown and his skin is without a blemish.   14. The lady in the red hat is my aunt.   15. With a flower in her mouth, she danced all around the room.   16. With tears in her eyes, she saw him leaving.

C. Adverbs. Traduisez:

1. He gets up early.   2. Where is the car he bought yesterday?   3. Unfortunately the professor did not meet with his class. (*Indicate the three possible positions of the adverb.*)   4. John speaks frightfully fast.   5. Perhaps Paul will be there.   6. I often went to the theater when I was in Paris.   7. That student always arrives late.   8. In France, there are many pretty cities.   9. He probably saw her.   10. Nevertheless, I shall love him.   11. He, however, will forget me.   12. I have not seen her yet.   13. In order to sing well, one must practice often.   14. He is the best student in the class.   15. He works more now that he has his own apartment.   16. Jacques runs the fastest.   17. Paris is bigger than I thought.

18. The more he sees her, the less he loves her.   19. There is nothing worse than getting up early in the morning.   20. You won't come to my party? Too bad for you!

VIII. Possession

A. POSSESSIVE ADJECTIVES

Masculine singular	Feminine singular	Plural	
mon	ma (mon)	mes	*my*
ton	ta (ton)	tes	*your*
son	sa (son)	ses	*his, her, its*
notre	notre	nos	*our*
votre	votre	vos	*your*
leur	leur	leurs	*their*

Note: The alternative form for feminine singular is used when the word following the possessive adjective begins with a vowel or mute *h*:

son aimable femme	*his pleasant wife*
son étudiante	*his (her) student*
sa belle étudiante	*his (her) beautiful student*

1. The possessive adjective takes the number and gender of the noun it modifies and *not* of the possessor; it takes its person from the possessor:

   Son livre et sa table.   *Her (his) book and her (his) table.*

2. To indicate the gender of the possessor or to show emphasis, the disjunctive pronoun is used (for the disjunctive pronouns, see Section XII):

son livre **à elle**	*her book*
sa table **à lui**	*his table*
C'est ma maison **à moi.**	*It is my house.*

   An additional way of emphasizing ownership is by using *propre* (own) with the possessive adjective:

   Mon **propre** livre   *My own book*

3. When something is owned by a thing rather than by a person, French often uses the definite article plus *en*:

   J'ai vu la maison dont tu parlais. **La** porte **en** était fermée.
   I saw the house you talked about. The (its) door was closed.

4. With parts of the body, the definite article is used where English uses the possessive adjective (see II,B,4).

5. As is the case with articles and prepositions, the possessive adjective must be repeated before each noun:

> Mon père et ma mère...   *My father and mother...*

B. POSSESSIVE PRONOUNS

	Singular		*Plural*	
Masculine	*Feminine*	*Masculine*	*Feminine*	
le mien	la mienne	les miens	les miennes	*mine*
le tien	la tienne	les tiens	les tiennes	*yours*
le sien	la sienne	les siens	les siennes	*his, hers*
le nôtre	la nôtre	les nôtres		*ours*
le vôtre	la vôtre	les vôtres		*yours*
le leur	la leur	les leurs		*theirs*

The possessive pronoun agrees in gender and number with the noun it replaces and *not* with the possessor from which it takes its "person."

> Tous les livres sont sur la table. Les siens sont bleus.
> *All the books are on the table. Hers (his) are blue.*

C. POSSESSION WITH *ÊTRE*

A further way to express possession is to use *être à* plus the disjunctive pronoun:

> Ce chapeau est à lui (à elle, à nous, etc.).
> *This hat is his (hers, ours, etc.).*

D. POSSESSION WITH *DE*

Possession with *de* is the equivalent of *'s*:

> Le livre de mon ami.   *My friend's book.*

EXERCISE

Traduisez les phrases suivantes:

1. His administration was famous for its lack of imagination.   2. My sweater and your shirt are of the same color.   3. Her uncle has died.   4. It's her hat, not his.   5. It's *my* toy.   6. Your own father said it.   7. His head hurts.   8. Holland is an interesting country. Do you know its history?   9. My father, mother, and brother decided to take a trip.   10. I'm thinking about your remark, not mine.   11. *Our* children are good, but theirs are real monsters.   12. She gave me her book, not yours.   13. That pencil is mine.

IX. Demonstratives

A. Adjectives

1. The forms for the demonstrative adjectives are:

Masculine	*Feminine*	*Plural*
ce, cet (*this, that*)	cette (*this, that*)	ces (*these, those*)

The masculine singular form *cet* is used when the demonstrative adjective precedes a word beginning with a vowel or mute *h*:

ce garçon   *this boy*   cet aimable garçon   *this pleasant boy*

2. For more explicit distinction between "this" and "that," "these" and "those," **-ci** or **-là** is attached to the noun:

ce garçon-ci   *this boy*
ce garçon-là   *that boy*
ces enfants-là   *those children*

B. Demonstrative Pronouns

1. The demonstrative pronoun has the following forms:

Singular

Masculine	celui-ci, celui-là	*this one, that one*
Feminine	celle-ci, celle-là	*this one, that one*

Plural

Masculine	ceux-ci, ceux-là	*these, those*
Feminine	celles-ci, celles-là	*these, those*

2. The demonstrative pronoun is used for "this" or "that," "these" or "those," when a specific noun is being replaced. Consequently, it has number and gender.

J'ai acheté beaucoup de livres. **Celui-ci** est le meilleur.
*I bought many books. **This one** is the best.*

a. The suffixes *-ci* and *-là* serve to indicate proximity to or distance from the speaker.

J'aime celui-**ci** mais je n'aime pas du tout celui-**là.**
I like this one (here), but I don't like that one (there) at all.

b. The forms *celui* and *celle, ceux, celles* cannot stand alone; they require a distinguishing element such as: (1) *-ci* or *-là*, (2) a relative clause, (3) a prepositional phrase, or (4) a combination of these:

(1) Je veux ceux-**ci**.	*I want these.*
(2) Celui **que j'ai acheté** est cassé.	*The one I bought is broken.*
(3) Celui (celle) **de ta sœur** ne m'intéresse pas.	*Your sister's doesn't interest me.*
(4) **Celui-là** que tu vois est mon frère.	*That one whom you see is my brother.*

c. The demonstrative pronoun is used to distinguish "the former" and "the latter":

J'ai vu Marie et Pierre. **Celui-ci** est gentil, **celle-là** est méchante.
I saw Mary and Peter. The latter is nice, the former is mean.

Ce dernier (*cette dernière*), however, is the more common form for "the latter."

d. The demonstrative pronoun plus *de* denotes possession and is equivalent to the English construction *'s* (apostrophe s):

Le chapeau **de** Marianne est bleu, mais **celui de** Monique est rouge et **celui de** sa mère est jaune.
Marian's hat is blue, but Monique's is red and her mother's is yellow.

e. Notice the French translation for the following English constructions:

He who says that is not my friend.	**Celui qui** dit cela n'est pas mon ami.
She is the one who said that.	**C'est elle qui** a dit cela.

3. The forms *ceci* and *cela* (*ça*) are used when the object to which they refer is not specific and consequently has no number and gender:

Il m'a dit **ceci**.	*He told me this.*
Que pensez-vous de **celà**?	*What do you think of that?*

Important: Cela is used as impersonal subject (English *it, that, those*) with all verbs except *être*:

Cela m'intéresse beaucoup.	*It (that) interests me very much.*

4. As subject of *être*, *ce* is used for "it," "that," "he," "she," "they," etc., when *être* is followed by (a) a proper noun, (b) a pronoun, (c) a superlative, (d) a noun preceded by a modifier, or (e) when the antecedent is impersonal and has no gender and number.

(a) C'est Marie-Hélène.	*It's Mary-Helen.*
(b) C'est moi.	*It is I. (It's me.)*

(c) C'est le meilleur mouton du troupeau.   *It is the best sheep in the flock.*

(d) C'est ma sœur.   *She is (It's) my sister.*

(e) C'est amusant, ce que tu me dis.   *What you are telling me is funny.*

EXERCISE

Donnez la forme convenable de l'adjectif démonstratif ou du pronom démonstratif:

1. Connaissez-vous _____ femme?

2. Madame, _____ abominable enfant vient de me donner un coup de pied.

3. _____ fleur-ci est rose, pas _____ là.

4. _____ petit cochon est allé au marché.

5. J'ai plusieurs montres, mais _____ (*this one*) est la meilleure.

6. Donnez-moi _____ (*this one*) et gardez _____ (*those*).

7. _____ (*The one*) que j'ai vu était bleu.

8. Il faudra que je vous présente à Isabelle et à Chantal. _____ (*the latter*) est ma sœur, _____ (*the former*) est son amie.

9. La robe de Sophie est bleue et _____ de sa sœur est verte.

10. Où est _____ (*the one*) qui a dit cela?

11. _____ (*That*) est ce que je pensais.

12. Qui vous a dit _____ (*that*)?

13. Où diable avez-vous acheté _____ (*this*)?

14. _____ est Jacques.

15. Est-ce que _____ (*that*) vous amuse?

X. Subject Pronouns

A. Subject Pronouns

		Singular		Plural
First person	je	*I*	nous	*we*
Second person	tu	*you*	vous	*you*
Third person	il	*he, it*	ils	*they*
	elle	*she, it*	elles	*they*

B. Use. Subject Pronouns are used only as the subject of a verb.

Tu is the familiar form of address used with a spouse, close friend, classmate, child, animal, etc. Otherwise the use of *tu* would show rudeness or contempt on the part of the speaker. The second person plural form *vous* is the polite form of address, used in all other cases.

Il and *elle* are used for both persons and things:

Paul est absent. Il est malade.	*He is ill.*
J'ai acheté une voiture. Elle est rouge.	*It is red.*

Il is also used as an impersonal subject for (1) impersonal verbs and (2) with *être* when the real subject is cumbersome and is placed after the verb:

(1) Il pleut, il neige, il fait beau.
   It is raining, it is snowing, the weather is beautiful.

(2) Il est malheureux que vous soyez malade.
   It is unfortunate that you are sick.
   Il est bon de vous voir.
   It is good to see you.

C. *CE* AND *IL*

Compare the following sentences:

C'est mon père.	Il est père de famille.
He is (It's) my father.	*He is a father.*
C'est une avocate.	Elle est avocate.
She is a lawyer.	*She is a lawyer.*
C'est une Française.	Elle est française.
She is a Frenchwoman.	*She is French.*

In column one, *ce* is the subject of *être* (see IX, B, 4). In column two, each noun functions as an adjective modifying the subject pronoun *il, elle,* which in turn refers to a previously identified antecedent.

EXERCISE

Traduisez:

1. What's your name, little one?   2. Did you see those girls? They took the baby's lollipop!   3. Are we leaving?   4. Look at that tree. It doesn't have any leaves.   5. How is the weather? It's snowing.   6. He must (use *falloir*) speak to me.   7. It is evident that you won't pass your exam.   8. He's a professor.   9. Is he an American?   10. They are the women I was talking about.

XI. *Object Pronouns*

A. FORMS

1. The direct object pronouns are:

me	*me*	nous	*us*
te	*you*	vous	*you*

le, la, l'	*him, her, it*	les	*them*
(se)	*(oneself)*		

2. The indirect object pronouns are:

me	*to me*	nous	*to us*
te	*to you*	vous	*to you*
lui (se)	*to him, to her,*	leur	*to them*
	to it, (to oneself)		

B. PLACEMENT

1. Object pronouns are placed before the verb, in all cases except the affirmative imperative, in the following order:

me								
te		le						
se	*before*	la	*before*	lui	*before*	y	*before*	en
nous		les		leur				
vous								

Il me le donne.	Il la lui donne.	Il nous en donne.
He gives it to me.	*He gives it to him.*	*He gives us some.*

2. With the affirmative imperative, the object pronouns are attached to the verb and follow the order *direct object before indirect object*. Y and *en* come last.

   With the affirmative imperative, the forms for *me* and *te* are *moi* and *toi*. Before *y* and *en* the following elisions take place: *m'en, m'y, t'en, t'y.*

Donne-le-moi.	Donne-m'en.	Dites-le-moi.
Give it to me.	*Give me some.*	*Tell it to us.*

Note: The pronoun *le* is used in French in some cases when its English equivalent is omitted:

Il est plus grand que je (ne) **le** pensais.	*He is bigger than I thought (he was).*
Etes-vous étudiante? — Je **le** suis.	*Are you a student? — I am.*

On m'a dit que vous étiez triste et je vois maintenant que vous **l'**êtes toujours.
They told me you were sad and I see now that you still are.

Vous êtes intelligent. — Je le sais.	*You are intelligent. — I know (it).*

C. EN

En is used to replace *de* plus a pronoun referring to a thing (or persons when quantity is involved) whether the thing or persons are expressed or not in English. This occurs:

1. with certain expressions of which *de* is a fixed element:

> Il m'a donné trois stylos. J'**en** avais besoin. (avoir besoin **de**)
> *He gave me three pens. I needed them. (I had need of them.)*

2. with expressions of quantity:

> Jacques avait beaucoup d'argent, mais Henri **en** avait peu.
> *Jacques had a lot of money, but Henry had little (of it).*
> Il m'**en** a donné dix.
> *He gave me ten (of them).*

3. to replace the partitive *de*:

> Voulez-vous du café? Merci, j'**en** ai.
> *Do you want some coffee? No, thank you, I have some.*
> Avez-vous des amies? Oui, j'**en** ai.
> *Do you have friends? Yes, I have (some).*

4. to indicate motion *from* a place:

> Il part de Paris. Il **en** part.
> *He is leaving from Paris. He is leaving from there.*

5. to indicate possession by things, not by people (see Section VIII, A, 3).

D. *Y*

Y is used to replace *à* plus a pronoun that refers to a thing. This occurs:

1. with certain verbs or expressions of which *à* is a fixed element:

> Pensez-vous à ce que je vous ai dit? Oui, j'**y** pense souvent.
> *Are you thinking about what I told you? Yes, I often think about it.*

2. to express motion *to* a place:

> Allez-vous souvent à la bibliothèque? Oui, j'**y** vais souvent.
> *Do you often go to the library? Yes, I often go there.*

It is consequently always used with the verb *aller*, but not in the future or conditional when two *i* sounds would come together.

> Quand irez-vous en ville? — J'irai demain.
> *When will you go the city? — I will go (there) tomorrow.*

3. as an equivalent to *sur, dans, sous, en,* etc.:

> Avez-vous mis le livre sur la table? — Oui, je l'y ai mis.
> *Did you put the bok on the table? — Yes, I put it **there**.*

EXERCISES

A. Remplacez les tirets par le pronom qui convient au sens:

1. Qu'est-ce que Pierre vous a fait? Cessez de _____ tourmenter.

2. Quand elle arrivera, dites- _____ de venir _____ voir.

3. Armelle est heureuse que vous _____ ayez promis ce voyage.

4. Entrez donc, je suis seul et vous ne _____ dérangez pas.

5. Regardez bien ces gens car vous ne _____ reverrez plus.

6. Elles sont parties avant que je n'aie pu _____parler.

7. J'aurais voulu _____ demander où ils allaient.

B. Remplacez les tirets par *le, la, les, y* ou *en*, selon le cas:

1. Comment trouvez-vous sa maison? Je _____ trouve superbe.

2. Voyez-vous des taxis dans la rue? Oui, nous _____ voyons.

3. Combien d'enfants ont-ils? Ils _____ ont cinq.

4. Jean-Claude est parti pour Bordeaux. Qu'est-ce qu'il va _____ faire?

5. Combien de courses avez-vous à faire? Nous _____ avons beaucoup.

6. Jean a-t-il un but dans la vie? Oui, il _____ a même plusieurs.

C. Les pronoms compléments entre parenthèse ne suivent pas nécessairement l'ordre grammatical. Faites les changements nécessaires là où il y a lieu. Pour les dernières phrases, donnez le pronom nécessaire:

1. Voilà les renseignements que j'ai obtenus. Donnez (lui, les).

2. Vous avez acheté une nouvelle vidéo. Montre (moi, le).

3. Je ne sais pas où se trouve cette rue. L'agent (me, le) dira.

4. Ce crime est révoltant. Ne (nous, le) racontez pas.

5. Ils connaissent le règlement. Je ne (le, leur) répéterai pas.

6. Ce paquet est trop lourd. Il est impossible de (lui, le) envoyer par la poste.

7. Voilà les disques que j'ai promis à Jacques. Il (en, lui) faut six pour la soirée.

8. Elle a reçu une lettre importante. Il faut _____ répondre tout de suite.

9. As-tu besoin de papier à lettres? Je viens d(e) _____ acheter.

10. Vous intéressez-vous à l'art moderne? Oui, nous nous _____ intéressons beaucoup.

Traduisez:

1. Give it to him. 2. Give him one. 3. Give him some. 4. Has she bought it? 5. Do you want some? 6. Alain told it to me. 7. Give them to

him.　8. Send it to me.　9. Don't tell it to her.　10. Didn't you send it to her?　11. You're not as intelligent as I thought.　12. Is your grandson still sick? Yes, he is.　13. How many books do you have? — I have three (of them).　14. Is Rodolphe ashamed of what he has done? Yes, he is.　15. Do you want any beaujolais? No thanks, I don't want any.　16. Don't go to the post office. I've just come back from there.　17. Are you paying attention to your work? — Of course I'm paying attention to it.　18. Will you go to school soon? Yes, I'll go there tomorrow.　19. Did you put the car in the garage? Yes, I put it there.　20. What is he doing there when he ought to be at the library?

XII. *Disjunctive Pronouns*

A. FORMS

The disjunctive pronouns are:

moi	*me*	nous	*us*
toi	*you*	vous	*you*
lui	*him*	eux	*them*
elle	*her*	elles	*them*
soi	*oneself*		

B. USES

Disjunctive pronouns are used:
1. as the subject, when the verb is not given:

> Qui a dit cela? Pas **lui**.
> *Who said that? He didn't. (Not he)*

2. in compound subjects and objects:

> **Lui et moi,** nous allons au théâtre ce soir. (*Nous* summarizes the compound subject. This "conjunctive" pronoun is not required, but euphony dictates its frequent use.)
> *He and I are going to the theater tonight.*
> Je les ai injuriés, **elle** et son mari.
> *I insulted them, her and her husband.*

3. for emphasis:

> **Lui,** il nous dit de ne pas faire cela.　　*He is telling us not to do that.*
> Il le leur a dit à **elles.**　　　　　　　　*He said it to **them.***
> **Moi,** je n'en veux pas.　　　　　　　　　*I don't want any.*

4. after *que* in comparisons and with *ne...que*:

> Il court plus vite que **toi.**　　　　　*He runs faster than **you.***
> Je n'ai vu que **lui.**　　　　　　　　*I saw only **him.***

5. as the object of a preposition:

    Il s'occupe d'**eux**.   *He is taking care of **them**.*

6. when the pronoun subject is separated from the verb by any word other than *ne* or the object pronouns:

    Eux seuls l'ont fait.   ***They** alone did it.*

7. as an indirect object when the direct object is *me, te, se, nous,* or *vous*:

    Je te présente à **elle**.   *I introduce you to **her**.*
    (*Je te la présente* means "I introduce her to you.")

EXERCISE

Traduisez:

1. Who did this? I did.   2. I told him and his sister not to bother me.   3. She and I are going out tonight.   4. *They* are going to do it.   5. I love only you.   6. I too intend to finish in August.   7. But I did it for you.   8. Think of me from time to time.   9. *He* wouldn't say that.   10. You are taller than she.

XIII. Relative Pronouns

A. *QUI, QUE, CE QUI, CE QUE*

The relative pronoun *qui* (who, which, that) is used as the subject of a verb and refers to a specific antecedent:

    L'homme **qui** parle maintenant est fou.
    *The man **who** is speaking now is mad.*

The relative pronoun *que* (whom, which, that) is used as the object of a verb and refers to a specific antecedent:

    Voilà la femme **que** j'ai vue.
    *There is the woman (**whom**) I saw.*

When the relative pronoun refers to a whole clause or to an unspecified antecedent, *ce qui* is used as a subject of the verb, *ce que* as object:

    J'étudie les sciences, **ce qui** ne lui plaît pas du tout.
    *I am studying science, **which** doesn't please him at all.*
    Il a jeté sa femme par la fenêtre, **ce que** je trouve ridicule.
    *He threw his wife out the window, **which** I find ridiculous.*

Note: With certain verbs that take *de* as an integral part of the expression (*avoir envie de,* to want, to feel like, *avoir besoin de,* to need, *il s'agit de,* it is a matter of), *ce dont* is the proper form for referring to things (for persons, see below, XIII, B):

Voici **ce dont** il s'agit.   *This is **what** it is about.*

With verbs that take *à* as an integral part (*penser à*) the proper form for referring to things is *ce à quoi*:

Dites-moi **ce à quoi** vous pensez.   *Tell me **what** you are thinking about.*

B. INFLECTED FORMS OF THE RELATIVE PRONOUN

As the object of a preposition, *lequel, laquelle, lesquels,* or *lesquelles* is used as the relative pronoun when the antecedent has number and gender:

Voilà la porte par **laquelle** on entre dans le bâtiment.
*There is the door through **which** one enters the building.*

The use of these forms is ordinarily restricted to things, while for persons *qui* is often preferred:

Voilà l'homme à **qui** j'ai parlé.
*There is the man to **whom** I spoke.*

But:

Voilà une personne en **laquelle** j'ai toute confiance.
*There is a person in **whom** I have complete confidence.*

Note: After *entre* and *parmi,* the inflected form (*lequel,* etc.) is used to refer to a person:

Voici tous les hommes parmi **lesquels** je devrai choisir un mari.
*Here are all the men among **whom** I will have to choose a husband.*

In the written language, the inflected forms of the relative pronoun (*lequel,* etc.) are also used when ambiguity could result from the use of *qui* or *que*:

Je suis entré par la porte principale du château, **laquelle** était rouge.
*I entered by the main door of the castle, **which** (i.e., the door) was red.*

C. DONT

Dont is a simplified relative pronoun replacing *de* plus *qui,* or a form of *de* plus *lequel* when the noun it modifies is not the object of a preposition:

Voici l'homme **dont** je t'ai parlé.
Here is the man I spoke to you about.

But:

> Voici la maison à la porte **de laquelle** j'ai frappé.
> *Here is the house at **whose** door I knocked.*

Unlike English usage, a subject and verb always follow immediately after *dont*:

> Voilà la jeune fille **dont** j'ai fait la connaissance hier.
> *There is the girl **whose** acquaintance I made yesterday.*

D. QUOI

The relative pronoun *quoi* (what, which) is used as the object of a preposition when referring to an indefinite thing (without gender or number):

> N'oubliez pas de me dire de **quoi** il a parlé.
> *Don't forget to tell me **what** he spoke about.*
> A **quoi** s'intéresse-t-elle?
> ***What** is she interested in?*

E. OÙ

Où (where, when) is used as a relative pronoun for place and time:

> Voilà la maison **où** je l'ai vu.
> *That's the house where I saw him.*
> Le pays d'**où** il vient est loin d'ici.
> *The country he comes from is far from here.*
> Vous le lui direz au moment **où** il arrivera.
> *Tell him the moment (**when**) he arrives.*

EXERCISES

A. Complétez en employant le pronom relatif qui convient:

1. J'ai hâte de recevoir le magazine _____ j'ai commandé.

2. Voilà la ligne au-dessus de _____ il faut écrire.

3. Il vit avec des gens parmi _____ il se sent heureux.

4. C'est une chose _____ je ne pense jamais.

5. J'ai eu une nouvelle _____ je suis très contente.

6. Voilà une jeune fille _____ j'envie. Elle va passer trois semaines en Europe.

Elle a des parents chez _____ elle s'arrêtera pendant quelques jours.

7. Elle a des lunettes _____ elle ne s'habitue pas.

8. C'est le village _____ je viens.

9. Devinez _____ j'ai fait hier.

10. _____ me surprend, c'est votre incrédulité excessive.

11. Vous déciderez _____ vous voulez; moi, je sais _____ je veux.

12. Je ne sais pas ———— elle passe son temps.

13. Je voudrais bien savoir ———— ils se souviendront.

14. C'est une note ———— je m'attendais.

15. C'est l'endroit ———— je suis né.

16. Je suis parti, ———— était normal.

17. Le professeur ———— vous parlez est ennuyeux.

18. Ils sont allés en ville, ———— ils sont revenus regarder un programme de télévision.

19. La raison pour ———— ils se sont disputés n'est pas claire.

20. Où est la jeune fille auprès ———— il s'est assis?

B. Reliez les deux phrases en employant un pronom relatif:

1. Elle doit aller au marché. Elle déteste y aller.

2. Vous écrivez avec ce crayon. Il n'est pas pointu.

3. Elle n'a pas remarqué le paquet mystérieux. Elle était assise à côté du paquet.

4. Vous lui avez prêté les dix dollars. Il en avait besoin.

5. Voici la bouteille de vin. Je vous ai promis la bouteille de vin.

C. Remplacez les mots en italiques de la proposition relative par les mots donnés et changez le pronom relatif d'après la construction.

Exemple: Voilà un tableau qui *est cher*.   (a) j'ai peint
        Voilà un tableau que j'ai peint.

1. Voilà le livre que *je veux*.   (a) j'ai envie   (b) j'ai acheté   (c) je pense   (d) j'ai besoin   (e) me plaît

2. Je fais un devoir qui *est dur*.   (a) je déteste   (b) est pour demain   (c) m'intéresse   (d) je suis satisfait   (e) est trop long

3. C'est une note qui *est bonne*.   (a) je suis heureux   (b) je mérite   (c) m'étonne   (d) je m'attendais   (e) j'ai honte

4. C'est l'endroit que *je connais bien*.   (a) elle l'a rencontré   (b) j'aime le calme   (c) vous avez parlé   (d) je suis né   (e) nous fait peur

5. Je suis parti, ce qui *était inattendu*.   (a) tout le monde a été étonné   (b) je pouvais faire si je le voulais   (c) a semblé bizarre   (d) il comptait (compter sur)   (e) l'a troublé

D. Donnez la forme convenable du pronom relatif:

1. Voilà l'homme ———— j'aime.

2. La jeune fille ———— frappe à la porte est ma sœur.

3. Dites-moi ———— il a répondu.

4. ———— m'amuse, c'est ———— elle a un chapeau rose.

5. Il est impossible d'obtenir _____ il a envie.

6. _____ vous pensez est sans doute intéressant. Parlez-nous-en.

7. Connaissez-vous la femme à _____ je parlais?

8. Le bureau de tabac _____ je veux aller est fermé.

9. Voilà les deux garçons entre _____ j'étais assis.

10. Est-ce la rue _____ vous m'avez parlé?

11. Voici le restaurant à la porte _____ je l'ai vu.

12. Est-ce que je vous ai dit avec _____ il a ouvert la porte?

13. Est-ce l'hôtel _____ vous l'avez vu?

14. Je me demande _____ il vient.

15. La voiture _____ j'ai achetée, coûte cher.

XIV. *Interrogatives*

A. Interrogative adjectives

The forms for the interrogative adjectives are:

	Singular	*Plural*	
Masculine	quel	quels	which, what
Feminine	quelle	quelles	which, what

Like other adjectives, the interrogative adjective always agrees in gender and number with the noun it modifies:

> **Quel** livre avez-vous acheté?
> *Which (**what**) book did you buy?*
>
> Par **quelle** porte sont-ils entrés?
> *Through **which** door did they enter?*

Quel as the subject of *être* is translated "who" or "what."

> **Quelle** est votre profession?
> *What is your profession?*
>
> **Quel** est cet homme?
> *Who is that man?*

For questions asking for a definition, *Qu'est-ce que c'est que* is the proper form:

> **Qu'est-ce que c'est qu'**une mouche?
> *What is a fly?*

B. INTERROGATIVE PRONOUNS

1. The form of the interrogative pronoun for persons is *qui*, whether it be subject, object of a verb, or object of a preposition:

> SUBJECT:
> **Qui** a dit cela? **Qui est-ce qui** a dit cela? (The alternate "long" form, with *est-ce* and without inversion, is used principally in conversation.)
> *Who said that?*
>
> OBJECT:
> **Qui** avez-vous vu? **Qui est-ce que** vous avez vu?)
> *Whom did you see?*
>
> OBJECT OF A PREPOSITION:
> A **qui** a-t-il parlé? A **qui est-ce qu'**il a parlé?)
> *To whom did he speak?*

2. For things, *qu'est-ce qui* is the form of the subject, *que (qu'est-ce que)* the form for the object, and *quoi* the form for object of a preposition:

> SUBJECT:
> **Qu'est-ce qui** vous fait penser qu'il a tort? (*Note: Qu'est-ce qui* is the only form; there is no short form.)
> *What makes you think he is wrong?*
>
> OBJECT:
> **Qu'**a-t-il dit? (**Qu'est-ce qu'**il a dit?)
> *What did he say?*
>
> OBJECT OF A PREPOSITION:
> A **quoi** pensez-vous? (A quoi **est-ce que** vous pensez?)
> *What are you thinking about?*

3. *Lequel, laquelle,* etc. are the forms used when referring to specific persons and things (having number and gender):

> Un de mes frères a dit que vous étiez triste. **Lequel** a dit cela?
> *One of my brothers said that you were sad. Who (which one) said that?*
> Une de ces jeunes filles est jolie. De **laquelle** parlez-vous?
> *One of these girls is pretty. Whom (which one) are you speaking of?*

C. INDIRECT QUESTIONS

In indirect questions, *quel, qui, quoi,* and *lequel* do not change:

> Elle lui a demandé **qui** il a vu.
> *She asked him whom he saw.*
> Savez-vous **lequel** j'ai acheté?
> *Do you know which one I bought?*

But notice that *qu'est-ce qui* and *qu'est-ce que* are replaced by the relative pronouns *ce qui* and *ce que*:

Qu'est-ce qu'il y a sur la table? Il me demande **ce qu'**il y a sur la table.
*What is there on the table? He asks me **what** there is on the table.*

Qu'est-ce qui vous fait penser à cela? Il veut savoir **ce qui** me fait penser à cela.
*What makes you think of that? He wants to know **what** makes me think of that.*

D. WHOSE?

When the English interrogative "whose" expresses possession, *à qui est* is the proper form to use:

A qui est ce chapeau?
Whose hat is this?

EXERCISE

Remplacez le tiret par la forme qui convient:

1. _____ chapeau préférez-vous?
2. _____ enfants sont les vôtres?
3. Sur _____ table avez-vous posé votre paquet?
4. _____ est le but du passage?
5. _____ un calendrier?
6. _____ est là?
7. Avec _____ est-il sorti?
8. _____ a-t-elle vu? (*whom*)
9. _____ vous fait penser qu'il a dit cela? (*what*)
10. _____ faisait-il allusion? (*to what*)
11. _____ faisait-il?
12. _____? Il n'est pas encore parti? (*what*)
13. _____ avez-vous vu? (*which one*)
14. Savez-vous _____ auto il a choisie?
15. Elle m'a demandé _____ je comptais faire.
16. Dites-moi _____ vous avez vu et _____ vous avez fait. (*what, what*)
17. Voudriez-vous savoir _____ il a acheté. (*which one*)
18. _____ est ce manteau? (*whose*)
19. _____ parlait-elle. (to whom)
20. _____ des trois chattes avez-vous achetée? (*which one*)

EXERCISES ON SECTIONS VIII–XIV

A. Traduisez:

1. Do you like my dress? I don't like yours.   2. Sylvia's is the best.   3. Their car is new.   4. This hat is mine.   5. I like that country. Its history is interesting.   6. This is what he told me.   7. I like this one.   8. This child is my sister.   9. He who says that is not my friend.   10. He is the one I saw.   11. Give it to me.   12. Give them some.   13. Send it to him.   14. Don't give me any.   15. You were sick last year. Are you still sick? (Use *malade* only once.)   16. He bought ten (of them).   17. I've got a lot of it.   18. He has many books, but I have very few.   19. Do you often go there?   20. How many do you have there?   21. They alone can do it.   22. Introduce me to her.   23. He runs faster than you.

B. Traduisez:

1. Who wrote *Tartuffe*? Not I.   2. I went out with them.   3. What book do you have?   4.   What did he say?   5.   What makes you think so?   6.   What is a mongoose?   7.   What is your profession?   8. What I have to do tonight will be boring.   9. What struck me was that his car had no wheels.   10. What do you need?   11. What I am thinking about would surprise you.   12. What are you thinking about?   13. What is today's date?   14. Which one do you want?   15. Whose hat is this?   16. Tell me what you think of it.   17. There is the man he spoke about.   18. Whom did you see?   19. What does one write with?   20. There is the table I put the book on.   21. There is the woman whose husband I went to school with.   22. There is the man whose car we can go in.   23. Who said that?   24. Here is the door at which he knocked.   25. What I want is a good meal.   27. Which one of them locked the door?   25. Nobody knows what has happened to him.

C. Traduisez:

1. Each century has its own pleasures, customs, and traditions.   2. It is not nice of you to make fun of him.   3. It means that you will not go to Paris.   4. Here are my children: this one is talented, that one is not.   5. It is good to hear you speaking.   6. Give him those.   7. I am always happy when I can work without her.   8. Give her a lot of it.   9. Several men attended the reunion, but most of them should not have been there.   10. Does he often go there?   11. He and I often see one another.   12. His faults were those of a stupid man.   13. I ate very little. So did they.   14. Think of them often.   15. She is my sister.   16. It's interesting.   17. She is nice.

XV. *Indefinite Pronouns, Adjectives, and Adverbs*

A. *AUTRE*

J'en ai **un autre**.	*I have **another** one.*
J'en ai **d'autres**.	*I have **others**.*
Je veux **autre chose**.	*I want **something else**.*

Note: une autre chose (another thing) is feminine; *autre chose* (something else) is not. Translate *l'un...l'autre*: the one...the other, one another; translate *les uns...les autres*: one another.

> Je ne vois ni **l'un** ni **l'autre**.
> *I see neither **the one** nor **the other**.*
> Aimez-vous **les uns les autres**.
> *Love **one another**.*
> Ils sont entrés dans la salle **les uns après les autres**.
> *They entered the room **one after another**.*

Note: The plural of *un autre* is *d'autres*; *des autres* means "of the others."

B. *Chaque, chacun*

Chaque is an invariable adjective meaning "each," "every." *Chacun (chacune)* is a pronoun meaning "each (one)," "every (one)."

> **Chaque** femme portait un chapeau.   ***Each** woman wore a hat.*
> **Chacune** en portait un.   ***Each one** wore one.*

C. *N'importe*

Notice the following combinations with *n'importe* and their translations.

n'importe qui	*anyone whatever (whoever, whomever)*
n'importe quoi	*anything whatever*
n'importe comment	*in any way whatever*
n'importe où	*at any place whatever (wherever)*
n'importe quand	*at any time whatever (whenever)*
n'importe quel (livre)	*any (book) whatever (whichever)*

D. *Même*

1. As an adjective, *même* (plural *mêmes*) agrees with the word it modifies. When *même* precedes the noun, it is usually best rendered in English by "same":

> J'ai le **même** livre que toi.
> *I have the **same** book as you.*

Following the noun, *même* has these translations:

> Le jour **même** de mon arrivée, je suis allé la voir.
> *On the **very** day of my arrival, I went to see her.*
> La voiture **même** ne marchait pas.
> *The car **itself** was not working.*

2. As an adverb, *même* is translated "even":

> Je ne suis **même** pas sorti.   *I did not **even** go out.*

3. As a pronoun attached to a form of the disjunctive pronouns, *même* (plural *mêmes*) has the meaning of "-self," "-selves,":

> Elle l'a fait **elle-même**.   *She did it **herself**.*
> Ils l'ont acheté **eux-mêmes**.   *They bought it **themselves**.*

E. *ON*

The indefinite pronoun *on* is used only as a subject and it is translated by "one," "people," "they," "we," "you" — all of them used in a general or unspecific sense. *On* is being used more and more to replace the first person plural: *nouns* (*on parle*, instead of *nous parlons*). For the use of *on* as an alternate form of the passive voice, see Section XXIV.

F. *PLUSIEURS*

Plusieurs (masc. and fem.) is used as adjective or pronoun meaning several.

> Plusieurs femmes m'ont dit cela.   *Several women told me that.*
> Plusieurs m'ont parlé de lui.   *Several spoke to me of him.*

Note: When *plusieurs* is used as an object pronoun, *en* or *de* must be present.

> Des fautes? j'**en** ai fait plusieurs.
> *Mistakes? I have made several (of them).*

G. *QUELCONQUE, QUICONQUE*

1. *Quelconque* is an adjective meaning "any...whatever." There is only one form for the masculine and feminine; it always follows the noun:

> Donnez-moi un livre **quelconque**.
> *Give me **any** book **whatever**.*

2. *Quiconque* is a pronoun meaning "whoever," "anyone whatever," and is used both as subject and as object:

> **Quiconque** n'obéira pas à cette loi sera arrêté.
> ***Whoever** does not obey that law will be arrested.*

H. *QUELQUE, QUELQU'UN*

1. Adjective: *quelque(s)* = some, a few.

> Il finit par lui dire bonjour, ce qui ne fut pas fait sans **quelque** difficulté.
> *He ended up by saying hello to him, which was not done without **some** difficulty.*

Quelques jeunes filles vous attendent.
A few girls are waiting for you.

2. Adverb: *quelque...que* plus subjunctive = however.

Quelque laid **qu**'il soit, c'est toujours mon mari.
However ugly he may be, he is still my husband.

Directly before a numerical expression, *quelque* means "some," "about," "approximately":

Il y a **quelque** cinquante ans de cela.
That happened some fifty years ago.

3. Pronoun: *quelqu'un, quelqu'une, quelques-uns, quelques-unes*:

Quelqu'un est à la porte.	*Someone is at the door.*
J'en ai **quelques-uns**.	*I have a few of them.*

I. TEL

Tel as an adjective has the following forms:

	Singular	Plural
Masculine	tel	tels
Feminine	telle	telles

1. *Tel* may stand alone as the subject of *être*:

Telle est la grandeur de la France.
Such is the greatness of France.

2. *Tel* may also directly modify a noun. Notice the following translations:

Une **telle** jeune fille	*such a girl*
de **telles** jeunes filles	*such girls*

Note: When *such* in English modifies an adjective, French uses *si*:

une **si** belle femme	*such a beautiful woman*

J. TOUT

1. Pronoun. As a pronoun, *tout* translates the English "all," "everything," "everybody" and has the following forms:

	Singular	Plural
Masculine	tout	tous (the *s* is pronounced)
Feminine	toute	toutes

a. *Tout* as a pronoun can be either subject or object:

Tous sont allés au cinéma.   *All of them went to the movies.*
Je vais vous raconter **tout** (*or* **tout**   *I'll tell you **everything**.*
raconter).

However, *tout* is more commonly found in apposition to the subject or object and is usually placed after the conjugated form of the verb (i.e., after the auxiliary and before the past participle):

Ils sont **tous** allés au cinéma.   *They **all** went to the movies.*
Je les ai **toutes** achetées.   *I bought them **all**.*

b. When the pronoun *tout* is followed by a relative pronoun, the form *ce que* or *ce qui* is used:

Tout ce qui est sur la table est à moi.
Everything *(that is) on the table is mine.*
Voilà **tout ce qu'**il m'a dit.
*That is **all** (that) he told me.*

2. Adjective. *Tout* as an adjective has the same forms as the pronoun, but in the masculine plural, *tous,* the *s* is not pronounced:

Tous les garçons sont là.
All *(of) the boys are there.*
J'ai lu **tout** le livre.
*I read the **whole** book.*

Note: Tous les jours = every day.

When *tout* in the singular is used without a definite article or possessive adjective, it means "each and every."

Toute personne qui veut s'instruire devrait suivre un cours de français.
Everyone *who wants to improve the mind should take a French course.*

3. Adverb. As an adverb, *tout* is usually invariable (does not agree) and means "quite," "entirely," "very":

Mon fils est **tout** petit.   *My son is **quite** small.*

Note: Before a feminine adjective beginning with a consonant or an aspirate *h*, agreement takes place in the singular and plural:

Ils sont **tout contents**.   *They are very happy.*
Elles sont **toutes contentes**.   *They are very happy.*
Elles sont **tout attristées**.   *They are very sad.*
Elle fut **toute haineuse**.   *She was completely filled with hatred.*

Note the following expression:

Tout le monde sera là.　　　　　　　　*Everybody* will be there.

EXERCISE

Traduisez:

1. If you don't have another one of them, I'll choose something else.　2. Do you have others?　3. They ran across the street one after the other.　4. Each one will have a task to do.　5. Everyone of the women wore a blue dress.　6. Take a card, any card whatever.　7. Anyone could have done that.　8. Are you taking the same courses as I?　9. He himself said he would be here tonight.　10. He hasn't even come to see me.　11. Isabel died on the very day he left.　12. We should try to do our best.　13. Several students were already there when the professor arrived.　14. Apples? Yes, I bought several of them.　15. Whoever obeys his orders will be rewarded.　16. Some of my friends will not be able to come.　17. However powerful you are, I'm not afraid of you.　18. Some prisoners refused to give their names.　19. Someone has just telephoned you.　20. Such was the glory of Rome.　21. Such a crime must not remain unpunished.　22. Such accidents are often unavoidable.　23. Everything interests him.　24. Are you all there?　25. I saw them all.　26. Everything you do is badly done.　27. All my friends are poor.　28. I go to school every day.　29. The whole class was sick.　30. They are completely happy.

XVI. Verb Tenses and Participles

A. PRESENT TENSE (LE PRÉSENT DE L'INDICATIF)

1. The present tense in French has the following English translations:

    je chante　　　*I sing, I am singing, I do sing*

2. The present tense is used to describe an action, a general idea, or a state of being in progress at the present time:

    Elle vous dit la vérité.　　　　　　*She is telling you the truth.*

3. With *depuis, depuis quand, il y a combien de temps, voilà...que,* French uses the present tense whereas English uses the present perfect. (Although the action begins in the past, it continues to the present.)

Voilà une semaine **qu'**il ne travaille plus.	*He hasn't been working for a week.*
Il y a un mois **qu'**il m'aime.	*He has loved me for a month.*
Je suis en Amérique **depuis** trois ans.	*I have been in America for three years.*

4. To enliven an action, French will often use the present tense for a past or future action:

> Encore un pas et je tire.   *One more step and I (will) shoot.*

The use of the present tense for past time events, often called the *présent historique,* is much more frequent in French than in English (historic present). See the many examples in this book in the author biographies and historical backgrounds of the readings. But in general, this *présent historique* is used with the verbs *arriver, revenir, sortir,* and *rentrer* with a very near past or future:

> Pierre vient d'arriver de Londres.
> Pierre arrive de Londres.
> *Peter has just arrived from London.*

5. Notice that the French equivalent of *have just* plus verb is *venir* in the present plus *de* and the infinitive:

> Il vient de sortir.   *He has just gone out.*

EXERCISE

Traduisez:

1. Are you sleeping, brother James? 2. Where are we going? 3. I have been studying for a week.   4. How long have you been in France?   5. I have just left his house.

B. FUTURE TENSE (LE FUTUR)

1. In general, the future tense in French corresponds to the future tense in English:

> Vous direz vos adieux demain.   *You will say goodbye tomorrow.*

2. In a compound sentence when the verb in the main clause is in the future or the imperative and the subordinate clause is introduced by the conjunctions of time *quand* (when), *lorsque* (when), *tant que* (as long as), *après que* (after), *comme* (as), *dès que* (as soon as), and *aussitôt que* (as soon as), or any expression denoting future time, the verb in the subordinate clause must be in the future tense:

> Tu iras le voir quand il sera de retour.
> *You will go see him when he gets back.*

> Embrasse-la dès qu'elle arrivera.
> *Kiss her as soon as she arrives.*

> Dites ce que vous voudrez, moi je pense que j'ai raison.
> *Say what you like, I think that I am right.*

3. The future is often used as an imperative:

> Le café? Vous irez droit devant vous, vous prendrez la première à droite et après cent mètres, à gauche, vous le trouverez.
> *The cafe? Go straight ahead, take your first right, and 100 meters down, on your left, you'll find it.*

4. For an action that is about to take place (referred to as the near or immediate future), use *aller* plus the infinitive:

> Quelqu'un frappe à la porte. Je vais voir qui c'est.
> *Someone is knocking at the door. I'll see who it is.*

EXERCISE

Traduisez:

1. I will arise and go now.   2. Say hello to him for me when you see him.   3. Will you talk to him about it as soon as you see him?   4. I'll help him as long as he wants.   5. Will you come to see us this evening?

C. Conditional (le conditionnel)

1. In general, the conditional mode (usually containing "would") has the same usage in French and in English:

> Après un tel affront, il ne dirait pas cela.
> *After such an insult he would not say that.*

2. For translating "should" (ought to), use the conditional of *devoir*:

> Elle devrait le faire, cela lui ferait du bien.
> *She should (ought to) do it, it would do her (some) good.*

3. The conditional also expresses probability:

> Selon les déclarations de Bertrand, Monique serait coupable.
> *According to Bertrand, Monique is probably guilty.*

4. The conditional is also used (as in English) to soften a request:

> Voudriez-vous me répéter cette histoire?   *Would you repeat that story to me?*
>
> Aimeriez-vous faire une promenade?   *Would you like to take a walk?*

EXERCISE

Traduisez:

1. After all you've done, would he refuse?   2. Benoît should not behave that way.   3. According to the paper, Mr. Martin is probably the one you are looking

for.   4. Would you give me that book, please?   5. Isabelle would not have done that alone.

D. IMPERFECT TENSE (L'IMPARFAIT DE L'INDICATIF)

The imperfect is used:

1. for description in the past; it is not concerned with the beginning or end of an action, but with its duration:

> Il pleuvait fort.   *It was raining hard.*
> La maison était rouge.   *The house was red.*

But note that an extended period of time can be considered as one unit, in which case a *passé composé* or *passé défini* would be used:

> L'été dernier, pendant six semaines, il a travaillé pour moi.
> *Last summer for six weeks he worked for me.*

2. to denote an action that was going on when another action occurred in the past:

> Elle pleurait quand il l'a épousée.   *She was crying when he married her.*
>
> Elle nageait près de la plage quand   *She was swimming near the beach*
> il disparut.   *when he disappeared.*

If two actions occur at the same time and the beginning and end of the actions are not specified, both are in the imperfect:

> Je pleurais pendant qu'il se   *I was crying while he was*
> lamentait.   *lamenting.*

3. to describe a continuing, habitual, or repeated action or state:

> Il se levait tous les jours à huit heures.
> *He would get up (used to get up, got up) every day at eight o'clock.*

4. when an action or state begun in the remote past progresses to a more recent past time (cf. XVI, A, 3):

> Je le connaissais depuis un an lorsqu'il me demanda en mariage.
> *I had known him for a year when he proposed to me.*

5. to describe mental states and emotions in the past:

> Je savais qu'il n'était pas là, mais cela n'avait aucune importance; j'allais le voir le lendemain.
> *I knew he wasn't there, but it was of no importance; I was going to see him the next day.*

6. Notice that the French equivalent of *had just* plus verb is *venir* in the imperfect plus *de* and the infinitive:

> Il venait de sortir.   *He had just gone out.*

EXERCISE

Traduisez:

1. His shirt was yellow.   2. She was reading when he arrived.   3. I would see her often when I was in Berlin.   4. When I arrived, Jules told me that he had been waiting for two hours.   5. I thought you were sick, Patricia.   6. He had just said it to me when I saw you.

E. Past participle: agreement

1. When *être* is used as the auxiliary, the past principle agrees in gender and number with the subject:

> Ils sont allés au cinéma.   *They went to the movies.*
> Elle est allée la voir en prison.   *She went to see her in prison.*

2. When *avoir* is used as the auxiliary, the past participle agrees in gender and number with the preceding, not following, direct object, if there is one; otherwise, it is invariable:

> Les danseuses? Je les ai toutes vues.
> *The dancers? I have seen them all.*
>
> Les livres que j'ai achetés m'ont coutés très cher.
> *The books (that) I bought were very expensive.*

3. Reflexive verbs, though conjugated with *être*, follow the *avoir* rule; that is, the past participle agrees with the preceding direct object.

> Elles se sont levées de bonne heure pour aller à la prison. (Elles ont levé quoi?)
> *They got up early to go to the prison.*
> Elle s'est lavé le visage. (Elle a lavé quoi? Le visage *is the direct object and follows the auxiliary.*)
> *She washed her face. (In this instance* **visage** *is the direct object,* **se** *the indirect object.)*

4. When used with the passive voice, the past participle agrees with the noun it modifies as an adjective:

> Est-ce que ces livres ont été achetés chez lui?
> *Were these books bought at his place?*

5. The past participle can be isolated in French, in which case it functions as an adjective and agrees in number and gender with the noun it modifies:

> Vue de chez nous, la France est bien petite.
> *Seen from our country, France is very small.*

6. Agreement when verbs are followed by infinitives requires particular attention. Consider the following example:

> La maison qu'elle a voulu acheter coûtait trop cher.
> *The house she wanted to buy was too expensive.*

Recast, this sentence reads:

> Elle a voulu acheter la maison qui coûtait trop cher.

In both instances, it is clear that *maison* is the direct object of the verb *acheter*. It is not the object of the verb *vouloir* (*acheter* is). *Maison*, then, is not the preceding direct object of *vouloir*, and agreement does not take place.

Here is an additional example:

> Les règles grammaticales que nous avons dû apprendre étaient difficiles.

When the sentence is recast (*nous avons dû apprendre les règles*) we see that *règles* is the direct object of the infinitive *apprendre* not of *devoir*. There is no preceding direct object with which *dû* would agree.

Consider:

> Le jeune femme que j'ai entendue chanter était belle.

Recast, the sentence reads:

> J'ai entendu la jeune femme chanter...

Jeune femme is obviously the direct object of *entendre*, and the subject of *chanter*. When it precedes the verb, then, there is agreement of the past participle: *Le jeune femme que j'ai entendue chanter...*

Consider still another example:

> Les ballades que j'ai entendu chanter étaient belles.

Recast, this reads:

> J'ai entendu chanter les ballades.

Ballades is the direct object of *chanter*, not of *entendre*: I heard (someone) sing the ballads. The object of *entendre* is *chanter*, and the object of *chanter* is *ballades*.

7. The past participle of an impersonal verb is invariable:

La chaleur qu'il a fait la nuit dernière m'a empêchée de dormir.
Last night's heat prevented me from sleeping.

8. *Excepté, passé, vu, y compris* when used as prepositions are invariable:

Toutes les jeunes femmes riaient excepté *Marianne*.
All the young women were laughing except Marianne.

But:

Marianne exceptée, toutes les jeunes femmes riaient.
Except for Marianne, all the young women were laughing.

F. Conversational past (le passé composé)

1. The *passé composé* is translated into English in several ways:

J'ai acheté un couteau.   *I have bought, I bought, I did buy a knife.*

2. The *passé composé* is used to show both an action completed in the past and an action completed in the present. It is also used when the time in the past is not specified:

Hier j'ai acheté un couteau.	*Yesterday I bought a knife.*
Ce matin j'ai fait une promenade.	*This morning I took a walk.*
J'ai déjà lu ce livre.	*I have already read this book.*

EXERCISES

Traduisez:

1. She cut her finger.   2. At what time did they get up this morning?   3. Haven't they arrived yet?   4. Where are the pipes you bought?   5. Marlène was struck by her brother.   6. Seated in front of the door were two old ladies.   7. I have seen him entering the house.   8. Henrietta has not gone out today.   9. I heard them laughing.   10. Were these kittens left on the side of the road?

G. Past definite (le passé défini or passé simple)

1. The past definite is a literary tense seldom used in conversation, but common in writing. This tense is used for actions that take place in a limited span of time in the past — most often at a precise moment:

Descartes publia son *Discours de la Méthode* en 1637.
Descartes published his Discours de la Méthode *in 1637.*
En me promenant le long du boulevard, je vis un accident terrible.
As I was walking along the boulevard, I saw a terrible accident.

2. The past definite is also used to express a strong emotion or mental state in the past:

> Je sus immédiatement à son regard que tout était fini entre nous.
> *I knew immediately by his look that everything was over between us.*

3. When a succession of precise actions occurs in the past, French often uses the past definite:

> Le chant d'un coq vibra dans l'air. D'autres y répondirent: c'était le jour, et il reconnut, au delà des orangers, le faîte de son palais. (Flaubert)
> *The crowing of a rooster vibrated in the air. Others answered it: it was day, and he recognized, beyond the orange trees, the rooftop of his palace.*

4. The literary usage of the past definite does not preclude, however, the use of the conversational past in literary style (see Section XVI, F).

EXERCISES

Traduisez:

1. The Bastille was taken on July 14, 1789. 2. He put his hand in the drawer, selected a piece of yellow chalk, and headed toward the blackboard. (Literary style) 3. *Madame Bovary* appeared in 1857. 4. He glanced at the one-eyed cat and fled. 5. Régine came in, kissed her and left.

H. PLUPERFECT (PLUS-QUE-PARFAIT), PAST ANTERIOR (PASSÉ ANTÉRIEUR), AND PASSÉ SURCOMPOSÉ

1. The *plus-que-parfait* has the same function in both French and English:

> Il m'avait déjà dit cela la semaine passée.
> *He had already told me that last week.*

English may be less exact than French in expressing sequence of time:

> Annick m'a assuré qu'il l'avait fait.
> *Annick assured me that he did it (he had done it).*

2. The *passé antérieur* is used in a subordinate clause introduced by a conjunction of time, when the main clause is in the past definite and when the context does not imply habit or repetition. (Note that English usage requires a pluperfect.)

> Dès qu'il eut franchi le mur de la prison, il se sentit libre.
> *As soon as he had jumped over the prison wall, he felt free.*

3. In conversation, the *passé surcomposé* is used after a conjunction of time when the *passé composé* is used in the main clause:

> Dès qu'il a eu fini sa lettre, il est allé au bureau de poste.
> *As soon as he had finished his letter, he want to the post office.*

EXERCISE

Traduisez:

1. Henry told me yesterday that he saw you.   2. She had often been to Singapore.   3. After she had finished her work, he arrived.   4. As soon as he had finished, he closed the door.   5. The dog had already bitten the thief.

I. OTHER COMPOUND TENSES

The conversational past and the pluperfect tenses have already been mentioned. Other compound tenses deserving mention are:

1. The future perfect (*futur antérieur*) which is used as in English except that it can also be used to denote probability. It is also used to translate the English present perfect after a conjunction of time:

> Il aura fini son travail avant sept heures.
> *He will have finished his work before seven o'clock.*
>
> Ce lit aura (aurait) appartenu à George Washington.
> *This bed probably belonged to George Washington.*
>
> Quand les moines auront bu leur eau, ils iront à la chapelle.
> *When the monks have drunk their water, they will go to the chapel.*

2. The conditional perfect (*conditionnel antérieur*) is simply a form of the conditional, but one step back in the past:

> Je suis certain que Jacques n'aurait pas dit cela après un tel affront.
> *I am certain that Jacques would not have said that after such an insult.*
>
> Elle serait allé le voir sans m'en parler.
> *She probably went to see him without talking to me about it.*

EXERCISE

Traduisez:

1. Without you he would not have had the courage to do it.   2. This knife probably belonged to Genghis Khan.   3. He will tell us about it after he has seen her.

J. PRESENT PARTICLE

1. The present participle is formed by adding *-ant* to the verb stem. (For most verbs, the stem is derived by dropping the ending from the first person plural of the indicative.) This form, as in English, often functions as a simple adjective. In this case it agrees in gender and in number with the noun it modifies:

> émouvoir, émouvant
> Ce film a des scènes émouvantes.

2. The present participle can indicate a passing or temporary state or activity.

When it functions not as a descriptive adjective, but with verbal force —
i.e., when it describes an action — it remains invariable:

Ils sont entrés **portant** des costumes de carnaval.
*They entered **wearing** carnival costumes.*

3. The present participle is never used to translate the progressive form of
English verbs (i.e., I am going, he was going, etc.):

Il la voyait pour la première fois.   *He was seeing her for the first time.*

4. When the action of the present participle and the action of the main verb
occur simultaneously, the present participle is usually introduced by *en*:

En voyant les livres rares, il sentit une émotion jusque-là inconnue.
*(Upon) **Seeing** the rare books, he felt an emotion which he had never before
experienced.*

To reinforce this idea of simultaneity, *tout* can precede *en* and the
present participle:

Tout en l'estimant, je ne pouvais pas m'empêcher de le détester.
***While holding him in high esteem,** I couldn't help detesting him.*

Note: En translates many English prepositions, for example, *when, while,
by, on, upon,* etc., plus an "ing" form (e.g., upon seeing: *en voyant*), except
with the verbs *commencer* and *finir* which take *par* and an infinitive:

Il ferma la porte en disant adieu.   *He closed the door while saying
                                            farewell.*
Il commença par étudier.   *He began by studying.*
Il finit par dire bonjour.   *He ended by saying hello.*

5. The present participle normally refers to the subject of the sentence:

Il l'a rencontrée **en revenant** du cinéma.
*He met her (as he was) **coming back** from the movies.*

When the present participle in English modifies the object of the sentence,
the meaning of the sentence may be ambiguous:

Il l'a rencontrée revenant du cinéma.
He met her (as he was, as she was) coming back from the movies.

To avoid ambiguity, the present participle can be replaced by a relative
clause:

Il l'a rencontrée qui revenait du cinéma.
He met her: she was coming back from the movies.

6. After verbs of sensory perception (*voir*, to see; *entendre*, to hear; *sentir*, to feel, to smell; *ouïr*, to hear) the infinitive often replaces the relative clause. In English, the "ing" form is often used.

J'ai vu Marie qui tombait.	*I saw Mary (who was) falling.*
J'ai vu Marie tomber.	*I saw Mary falling. (I saw Mary fall.)*

Notice also the word order after these verbs of sensory perception:

J'ai entendu dire cela.	*I heard that (said).*
J'ai entendu Sylvie dire cela.	*I heard Sylvia say that.*
J'ai vu commettre le crime.	*I saw the crime being committed.*
J'ai entendu Paule prononcer le discours.	*I heard Paula deliver the speech.*

7. When the English "ing" form functions as a noun, it is replaced in French by either a noun or an infinitive:

Il aime chanter.   Il aime le chant.   *He likes singing.*

8. When the English present participle describing a state can be replaced by a past participle, the French will use the past participle:

Assis dans un fauteuil se trouvait un homme qui lisait un livre.
Sitting (seated) *in an armchair was a man reading a book.*

EXERCISE

Traduisez:

1. That story is truly touching.   2. Is he leaving?   3. He arrived carrying an enormous suitcase.   4. Proverb: "It's by forging that one becomes a blacksmith."   5. While studying he would listen to the radio.   6. Coming back from Versailles, I found a little boy.   7. I see them playing in the street.   8. Never in my life have I heard that.   9. Do you like hunting?   10. There he is again, lying on the bed.

XVII. "If" Clauses and Sequence of Tenses

Special attention should be paid to the French use of verb tenses with *si* meaning *if*. When *si* means *if*, it can *never* be followed by the future, conditional, or conditional perfect. Notice the tense sequence in the following examples:

1. When the main clause is in the future, the present tense is used after *si*:

Si je la vois, je lui en parlerai.
If I see her, I will speak to her about it.

2. When the main clause is in the conditional, the imperfect tense is used after *si*:

> Si je la voyais, je lui en parlerais.
> *If I saw her, I would speak to her about it.*

3. When the main clause is in the conditional perfect, the pluperfect tense is used after *si*:

> Si je l'avais vue, je lui en aurais parlé.
> *If I had seen her, I would have spoken to her about it.*

Note: When *si* means "whether," the preceding rules do not apply:

> Je ne sais pas si Jean le lui dira.
> *I do not know whether John will tell it to him.*

XVIII. Verbs Requiring Special Attention

A. The "faire faire" construction

1. Notice the following English ways of expressing *faire* plus an infinitive (the *faire faire* construction):

> Il **a fait** bâtir la maison.   *He had the house built.*
> Son histoire **a fait** pleurer Thérèse.   *His story caused Theresa to cry.*
> Les accusations lui **firent** voir la méchanceté de sa femme.
> *The accusations made him see (showed him) the maliciousness of his wife.*

2. Position of object with the *faire faire* construction :

   a. *Faire* and the infinitive which follows it function as one verb and are therefore never separated by adverbs and object pronouns, as we have seen in the preceding examples.
   b. When this construction has only one pronoun object, it is always a direct object:

> J'ai fait faire le devoir; je l'ai fait faire.   *I had the task done; I had it done.*
> J'ai fait étudier les élèves; je les ai fait étudier.   *I made the students study; I made them study.*

When, however, this construction is followed by two objects, the person or thing caused to perform the action is the indirect object:

> J'ai fait faire le devoir **aux** étudiants; je le leur ai fait faire.
> *I made the students do the homework: I made them do it.*

Should ambiguity arise, *à* is replaced by *par* to express the agent:

Il a fait envoyer la lettre par sa femme.

EXERCISE

Traduisez:

1. The teacher made us read the whole book. 2. Why don't you have him sing? 3. I'll have the book sent to your wife; I'll have it sent to her. 4. He had the letter read to his father, he had it read to him. 5. Did she have François sing a song?

B. DEVOIR

1. When *devoir* means *to owe,* it presents no special problem:

> Je dois dix dollars à mon ami.　　　*I owe my friend ten dollars.*
> Je me dois de vous déclarer que vous ne m'avez point ébranlé.
> *I owe it to myself to declare to you that you have not shaken me at all.*

2. *Devoir* expressing obligation may be translated in several ways:

  a.　Present tense:

> Je dois aller en ville.
> *I have to (must, am supposed to) go to the city.*

> Il doit exister un homme parfait.
> *There must be (has to be) a perfect man.*

  b.　Imperfect (expresses *duration*, not *completion*):

> Je devais l'accompagner.
> *I had to (was supposed to, was to) accompany him.*

> Ma présence continuelle devait étonner ces gens.
> *My continual presence must have astonished those people.*

  c.　Past definite and conversational past:

> Il a dû acheter beaucoup de choses.
> *He must have bought many things.*

> Il dut travailler douze heures par jour.
> *He had to work twelve hours a day.*

  d.　Future:

> Il devra rendre visite à Anne quand il sera en France.
> *He will have to visit Anne when he is in France.*

e. Conditional:

Vous devriez le lui dire.
*You **should** (**ought to**) tell it to him.*

f. Conditional perfect:

Vous auriez dû le lui dire.
*You **ought to have** (**should have**) told it to him.*

C. FALLOIR

1. The impersonal pronoun *il* (it) is the only subject of the defective verb *falloir*.

Il faut faire cela.   *It is necessary to do that.*

2. *Falloir* can be followed by:
   a. *que* plus the subjunctive:

Il faut que vous soyez chez moi avant six heures.
You must be (it is necessary that you be) at my house before six o'clock.

   b. an infinitive:

Il faut se lever de bonne heure tous les jours.
It is necessary to (one must) get up early every day.

3. *Falloir* is most often translated by *it is necessary,* but other translations are possible:

Il faut que Jean parte demain.   *John **has to** (**must**) leave tomorrow.*

4. *Falloir* in the negative is translated by *must not*:

Il ne faut pas que Jean parte demain.   *John must not leave tomorrow.*

To express *it is not necessary*...in French, use *il n'est pas nécessaire que* plus the subjunctive:

Il n'est pas nécessaire que vous soyez là.
It is not necessary for you to be (that you be) there.

5. When *falloir* has an indirect object pronoun and a direct object, it is usually translated by *to need*:

Il nous faut encore trois hommes.   *We still need three more men.*

The indirect object of *falloir* is often the person or thing experiencing the necessity:

Pour terminer, il leur faut encore cinq minutes.
They need five more minutes to finish.

D. *Pouvoir*

1. *Pouvoir* is used to express the ideas found in the English words *can* and *may*: ability and possibility. Notice the translations of *pouvoir* in the various tenses below.

   a. Present:

Je peux chanter.	*I can (am able) to sing.* (ability)
Pouvons-nous nous asseoir?	*May we sit down?* (possibility)

   b. Imperfect:

   Je pouvais sortir tous les jours si je le voulais.
   I could (I was able to, I used to be able to) go out every day if I wanted.

   c. Past definite:

   Je ne pus la voir.
   I was unable to (I could not, i.e., failed to) see her.

   d. Conversational past:

   Je n'ai pu obtenir de vous cette justice.
   I could not (I was not able to, I have not been able to) obtain this justice from you.
   Elle a pu partir avant notre arrivée.
   She could have (she was able to, she might have) left before our arrival.

   e. Future:

   Je pourrai vous aider.
   I shall (I may) be able to help you.
   Je cacherai, autant que je pourrai, votre étrange démarche.
   I shall hide, as much (as well) as I can (in the future), your strange step.

   f. Conditional and conditional perfect:

   Il pourrait le faire seul.
   He should (he would be able to) do it alone.
   S'il venait à l'heure, il pourrait me voir.
   If he came on time he might (he could, he would be able to) see me.
   Il aurait pu partir sans moi.
   He could have (he might have) left without me.

2. Omission of *pouvoir* where English uses the forms *can, could, may, might*:

   a. Present tense:

   Je vous entends.   *I can hear you.*

   b. Past tense:

   Sous son regard pénétrant, je sentais mes idées devenir de plus en plus vagues.
   Under her sharp gaze, I could feel my ideas becoming vaguer and vaguer.

E. *VOULOIR*

1. *Vouloir* (to want, to wish) has additional ways of being translated. In the present tense, *vouloir* is sometimes best translated by to expect:

   Que veut-il que je lui dise?   *What does he expect me to tell him?*

2. In the past definite or conversational past, *vouloir* may be translated by a verb other than "to want" or "to wish":

   Je n'ai voulu, répondis-je, vous faire manquer à aucun devoir.
   I did not intend, I answered, to make you fail in any duty.
   En retournant à pied, Anne voulut éviter un drame avec son fiancé.
   By returning on foot, Anne tried to avoid a scene with her fiancé.

3. *Vouloir* in the future tense often conveys the meaning of "to like":

   J'irai vous voir quand vous voudrez.
   I'll go to see you when you like.

   This is also the case in the conditional and conditional perfect, which are more polite ways of expressing desire:

   Elle m'arrachait par ses reproches l'aveu de ma fatigue que j'aurais voulu déguiser.
   She drew from me, by her reproaches, an admission of my weariness, which I would have liked to conceal.

F. *CONNAÎTRE* AND *SAVOIR*

1. *Connaître* means "to know" in the sense of "to be acquainted with":

   Je connais cette jeune fille, ce livre, les Etats-Unis.
   I know this girl, this book, the United States.

2. *Savoir* means *to know* as one knows a fact:

   Je sais ce que vous allez me dire.   *I know what you are going to tell me.*

3. *Savoir* often expresses "to know how to" or "can":

   Je sais jouer du piano, mais je n'ai jamais étudié la musique.
   I know how to (can) play the piano, but I have never studied music.

   Note: The physical ability (I can play; my finger doesn't hurt any more) would be translated using *pouvoir*: *Je peux jouer, mon doigt ne me fait plus mal.*

4. In the conversational past or past definite, *savoir* often means "to learn" or "to find out":

   Mais, après tout, la pure nature est bonne, puisque ces gens-ci, au lieu de me manger, m'ont fait mille honnêtetés dès qu'ils ont su que je n'étais pas jésuite. (Voltaire)

But, after all, uncorrupted nature is good, since these people, instead of eating me, showered me with a thousand civilities as soon as they learned (found out) that I was not a Jesuit.

EXERCISE

Traduisez:

1. How much does he owe you? 2. I have to work. 3. I was supposed to see him. 4. You will have to go to the library tonight. 5. You should have studied more. 6. You ought to see her before her departure. 7. I had to leave at six o'clock. 8. *Must* you say that? 9. I need three minutes to explain it. 10. You must not try to get along without food. 11. May I smoke? 12. Could you have done it? 3. I was able to see her. 14. Mother told me that I could go out if I wanted to. 15. I can see you behind the door. 16. I could feel my heart beating. 17. What do you expect me to say? 18. Would you like to take a walk? 19. You don't know Cassandra? 20. I would not know how to help you.

IX Inverted Word Order

Normal word order is subject then verb. When the verb precedes the subject, this is known as inverted word order.

A. After certain words. When *peut-être* (perhaps), *à peine* (hardly), *aussi* (so, consequently), *ainsi* (thus), *du moins* (at least) come at the beginning of a sentence or clause, the subject and verb following them are inverted:

Ainsi en est-il des enfants.   *That's how it is with children.*
Aussi l'a-t-il fait.   *Consequently he did it.*
A peine Jules fut-il arrivé qu'il se mit à pleurer.
Scarcely had Jules arrived than he began to cry.

Note: toujours requires inversion in the construction *toujours est-il* ("the fact remains").

B. After direct quotations or in parenthetical expressions:

« Elle est malade, » murmura-t-il.   *"She is sick," he whispered.*
La France est, dit-on (semble-t-il, paraît-il), notre patrie spirituelle.
France is, they say (it seems), our spiritual fatherland.

C. INTERROGATIVES

1. Personal pronouns, *on*, and *ce* as subjects are inverted in questions:

Y est-il allé?   *Did he go there?*

2. With noun subjects, the noun comes first and a subject pronoun which takes the number and gender of the subject is placed after the verb:

La maison est-elle rouge?   *Is the house red?*
Fabien vient-il souvent?   *Does Fabien come often?*

3. With the interrogative words *quel* (which, what), *comment* (how), *où* (where), and *quand* (when) when the verb is in a simple tense and has no complement, a noun subject may be inverted:

Comment se termine l'histoire?   *How does the story end?*
Où est le chat?   *Where is the cat?*

4. In compound tenses or when the verb has a complement, a pronoun subject must be placed after the verb:

Quand notre livre sera-t-il terminé?   *When will our book be finished?*
A quelle heure votre mari arrivera-t-il?   *At what time will your husband arrive?*

Notice that *pourquoi* (why) also follows this rule:

Pourquoi Marc a-t-il fait cela?
Why did Mark do that?

EXERCISE

Traduisez:

1. Perhaps he is already waiting for you. 2. So may it be. 3. "I refuse," he answered. 4. Do you have any? 5. Are all trees green? 6. Where are you going? 7. Why did John want to buy that?

XX. Negatives

A. The negative is formed by using *ne* before the verb (and before any preceding object pronouns) and reinforced by *pas* or another negative adverb after the verb.

B. *Guère* (scarcely), *jamais* (never), *pas* (not), *plus* (no longer), *point* (not at all), *rien* (nothing), and *nullement* (not at all) are placed immediately after the verb in a simple tense, but immediately after the auxiliary in a compound tense:

Je **ne** vois **point** de livres sur la table.
I do not see any books at all on the table.

Je **n'**ai **point** vu de livres sur la table.
I did not see any books at all on the table.

C. *Aucun* (any, any one), *nul* (no, not one), and *personne* (no one) are placed after the verb in a simple tense and after the past particle in a compound tense:

> Je ne vois **personne**: je n'ai vu **personne**.   *I see **no one**: I saw **no one**.*

D. *Aucun, nul, personne, rien*

1. As pronouns, *aucun, nul, personne* and *rien* may be the subject of a verb, and thus precede it:

> Rien n'est arrivé.   *Nothing happened.*

2. As adjectives, *aucun* and *nul* may modify noun subjects which precede the verb:

> Nul autre ne m'en a parlé.
> *No one else has spoken to me about it.*

E. *Jamais* may be placed at the beginning of the sentence for emphasis, but inversion does not take place as it usually does in English:

> Jamais il n'a dit cela.   *Never has he said that.*

F. *Ne...que*

1. *Que* of *ne...que* (only) must be placed before the word it modifies:

> Je n'ai vu **que** Sylvie dans toute cette foule.
> *I saw **only** Sylvie in all that crowd.*

2. If the English word *only* modifies a verb, the French *ne faire que* plus infinitive is used:

> Il **ne fait que** chanter.   *He **only** sings.*

3. If *only* modifies a subject, *seulement, seul,* or *il n'y a que* are used:

> **Seulement** Michel y sera.   *Only Michael will be there.*
> Michel **seul** y sera.
> **Il n'y a que** Michel qui y sera.

G. *Ni...ni* (neither...nor) precede the words they qualify whether these are subject, object, or past participle:

> **Ni** lui **ni** elle ne vont sortir cette semaine.
> *Neither he nor she is going to go out this week.*
> Elle n'a pardonné **ni** affront **ni** insulte.
> *She forgave **neither** affront **nor** insult.*
> Elle n'a **ni** menti **ni** dissimulé.
> *She **neither** lied **nor** covered up.*

H. With infinitives, both parts of the negative precede the verb (and its preceding object pronouns):

Ne pas le faire serait un crime.   *Not to do it would be a crime.*

I. When several negatives are combined, use the following order: *plus, jamais, rien (guère), aucun (personne).*

Je n'ai plus jamais rien dit à personne sur ce sujet.
I never again said anything to anybody on that subject.

J. *Oser, cesser, pouvoir,* and sometimes *savoir* governing a positive infinitive or *savoir* introducing a clause may be made negative without *pas*:

Il ne cesse de mentir.   *He lies all the time.*
Il ne sait que faire.   *He doesn't know what to do.*

EXERCISE

Traduisez:

1. I didn't see them.   2. I don't have any more tobacco.   3. I don't see any of my friends.   4. She asked no one what time it was. (She didn't ask anyone what time it was.) 5. No one is going there. 6. No one else can do this work. 7. Never have I said that. 8. I love only you. 9. Eric only sleeps.   10. I alone arrived on time.   11. Sabine has neither eaten nor drunk since last night. 12. I saw neither your father nor your mother.   13. I never go there any more. 14. Have you ever seen a doberman?   15. I don't know what to say.

EXERCISES ON SECTIONS XVI–XX

I. Remplacez les tirets par les temps qui conviennent.

1. La vertu recevra sa récompense, le vice _____ (avoir) son châtiment.

2. Je t'avais écrit que je _____ (partir) de bonne heure.

3. En te quittant ce matin, je me suis dit que tu _____ (terminer) le travail avant midi.

4. Je suis content de vous voir. Votre frère m'a dit que vous partirez demain quand vous _____ (obtenir) votre passeport.

5. Si nous _____ (se connaître) mieux, nous nous corrigerions plus facilement de nos défauts.

6. Si les riches _____ (pratiquer) mieux la charité et si les pauvres _____ (comprendre) mieux la pauvreté, il y aurait moins de malheureux.

7. Si vous aviez eu la possibilité, vous _____ (voyager) toute votre vie.

8. Nous sortirons quand nous _____ (finir) notre travail.

9. Lorsqu'il aura fini ses devoirs, il _____ (aller) jouer.

10. Si vous veniez me voir, vous me _____ (faire) plaisir.

11. Si je _____ (suivre) son conseil, j'aurais été content toute la vie.

12. Quand vous _____ (déclarer) vous intentions, je vous donnerai quelques conseils.

13. Si vous _____ (épouser) cette jeune fille, vos parents seraient très heureux.

14. S'il avait fait beau, nous _____ (aller) vous voir.

15. Si l'auto ne marche pas, nous _____ (prendre) l'autobus.

II. Mettez les verbes entre parenthèse au temps correct de l'indicatif présent ou de l'impératif ou des temps passés (imparfait, passé composé ou plus-que-parfait).

1. Dans l'adversité _____ (savoir) maintenir la fermeté de ton âme.

2. Quand je _____ (réciter) parfaitement ma leçon, ma mère me donnait une image.

3. Si l'on avait dit à nos arrière-grands-pères qu'on _____ (franchir) la lune en quelques jours, ils ne l'auraient pas cru.

4. Autrefois, on _____ (écrire) les livres à la main.

5. Si vous _____ (réfléchir), vous feriez moins de fautes.

6. Pendant qu'il _____ (pleuvoir), je faisais mes devoirs.

7. Tandis qu'il _____ (parler) nous écoutions avec ravissement.

8. Si j'en _____ (avoir) la possibilité, je voyagerais toute ma vie.

9. Depuis quand _____ (faire)-il son travail quand vous êtes arrivé?

10. Je _____ (aller) les voir tous les jours l'année dernière.

11. Je _____ (pleurer) pendant qu'il se lamentait.

12. Elle _____ (nager) près de la plage quand il disparut.

13. Le jeune homme la _____ (connaître) depuis un an quand il la demanda en mariage.

14. J'ai embrassé l'aube d'été. Rien ne _____ (bouger) encore au front des palais. L'eau _____ (être) morte. Les camps d'ombre ne _____ (quitter) pas la route du bois.

15. Je _____ (marcher), réveillant les haleines vives et tièdes.

III. Traduisez:

A. 1. Are you going out?

2. Have you been studying French for a long time?

3. Jean-Michel has been waiting for you since this morning.

4. Éric has just arrived from France.

5. As soon as François enters, tell me.

6. Noëlle will go to the Bibliothèque Nationale when she goes to Paris.

7. Anne would be lost without him.

8. You should not enter without knocking.

9. Claude called while you were at the library.

10. Did you know Pascal was gone?

11. I wanted to give Roch my shirt, but he had just bought one.

12. Fabrice was killed three days before the armistice.

13. Did Isabelle buy this dress yesterday?

14. Has Sophie washed her hands?

B. 1. Stretched out on the sidewalk was a little girl.

2. I have not seen him today.

3. Goldsmith's *Deserted Village* appeared in 1770.

4. I saw him, I blushed, I grew pale at his sight.

6. I had often asked Patrick to go to Africa.

7. Peter had already spoken to his mother when I saw him.

8. Denise told me yesterday that you had seen her.

9. When she had finished her work, she went up to bed.

10. Alex will have finished his test at noon.

11. After you have read your books, put them away.

12. Patrick would not have done that without permission.

13. If I see Claire, I shall speak to her about it.

14. I wouldn't do that if I were you.

15. I don't know if Peter will go to the city today.

16. If you had been sick, I would not have spoken to you in that way.

C. 1. Thinking that she was dealing with a madman, she locked the door.

2. She saw him coming back home.

3. I don't know him, but I have heard of him.

4. Do you like swimming.?

5. I saw a stranger sitting in the chair.

6. I am having my car repaired.

7. Have Jack sing the song. Have him sing. Have it sung. Have him sing it.

8. Here is the dollar I owe you.

9. She should have told me that sooner.

10. Was he supposed to be here?

11. I ought to tell you what he has done.

12. She will have to say it again.

13. He must have finished.

14. Is it really necessary to say that?

15. You must leave before his arrival.

16. You must not ask what Philippe did last night.

D. 1. He will need three more weeks to finish.

    2. May we go now?

    3. I can sing better than you.

    4. He was not able to see me.

    5. I could see him when I wanted.

    6. Even if I had wanted to, I could not have seen him.

    7. Can you see the bridge over there?

    8. Marc expects me to help him.

    9. I would like to go to Paris.

    10. I didn't know you were in Tasmania.

    11. Consequently he was shot.

    12. No one will come to see me today, it seems.

    13. Where do you come from?

    14. What book is this?

    15. How did your wife spend her vacation?

E. 1. I have never seen such a strange house.

    2. I don't see her any more.

    3. Nothing interests him.

    4. No man came to his aid.

    5. Never would I have done such a thing.

    6. He does nothing but work.

    7. I saw Zeno only last year.

    8. Only Plato is interested in it.

    9. She has neither gold nor silver, but she is charming.

    10. I beg you not to see him.

    11. I never saw him again.

    12. Would you like some sugar with your coffee?

    13. Have you ever been to Paris?

    14. He cannot see you.

    15. She never stops talking.

XXI. Imperfect, Passé Composé, and Passé Simple Used Together

In Section XVI, specific uses were enumerated for each of these tenses; in writing, it is likely that two or three would be used in combination. The combined use of the imperfect, passé composé, and passé simple is not governed by strict grammatical rules, and authors exercise a certain amount of freedom of choice. Where one author might use the imperfect, for example, another might use the passé simple. We can understand the author's intentions better if we understand the various nuances which verbs conjugated in these tenses can express. Furthermore, the relationships established between the three tenses often contribute to the stylistic enrichment of a text.

By way of example, we will analyze two passages below, giving explanations in English. Next we will present an analysis in French to serve as an example for the exercises that follow it.

A. IMPERFECT AND PASSÉ SIMPLE USED TOGETHER

Un spectacle extraordinaire l'*arrêta*.[1] Des cerfs *emplissaient*[2] un vallon ayant la forme d'un cirque; et tassés, les uns près des autres, ils se *réchauffaient*[2] avec leurs haleines que l'on *voyait*[3] fumer dans le brouillard.

L'espoir d'un pareil carnage, pendant quelques minutes, le *suffoqua*[3] de plaisir. Puis il *descendit*[4] de cheval, *retroussa*[4] ses manches, et se *mit*[4] à tirer.

Au sifflement de la première flèche, tous les cerfs à la fois *tournèrent*[5] la tête. Il *se fit*[6] des enfonçures dans leur masse; des voix plaintives *s'élevaient*,[7] et un grand mouvement *agita*[8] le troupeau.

Le rebord du vallon *était*[9] trop haut pour le franchir. Ils *bondissaient*[10] dans l'enceinte, cherchant à s'échapper. Julien *visait*,[10] *tirait*;[10] et les flèches *tombaient*[10] comme les rayons d'une pluie d'orage. Les cerfs rendus furieux *se battirent*,[11] *se cabraient, montaient*[12] les uns par-dessus les autres; et leurs corps avec leurs ramures emmêlées *faisaient*[13] un large monticule, qui *s'écroulait*,[14] en se déplaçant.

Enfin ils *moururent*,[15] couchés sur le sable, la bave aux naseaux, les entrailles sorties, et l'ondulation de leurs ventres s'abaissant par degrés. Puis tout *fut*[16] immobile.

Flaubert, *La Légende de Saint Julien l'Hospitalier* (1877)

---

[1] Passé simple: The tense reflects the extraordinary character of the situation as seen by Julien, thirsting after slaughter.
[2] Imperfect: Describes the background or the on-going nature of the action.
[3] p.s.: « pendant quelques minutes » — limited action and strong emotion.
[4] p.s.: Series of precise actions which permit the development of the principal action.
[5] p.s.: Clearly delimited action.
[6] p.s.: Empty places *suddenly* appeared in the mass.
[7] imp.: Voices were heard all around for a certain period of time; these voices were not very strong, as is indicated by the adjective *plaintives* which attenuates the verb *s'élever*. The imperfect here prolongs the scene and underlines the pathetic nature of the situation.
[8] p.s.: One single, sudden action.
[9] imp.: Simple description.
[10] imp.: Imperfect of repetition; the author is insisting on the image of the stags, powerless, but not yet vanquished and on the repetition of Julien's actions.
[11] p.s.: The use of the passé simple, in contrast to the imperfect, emphasizes the brevity and intensity of the battle and also its desperation.
[12] imp.: The use of the imperfect here gives importance not to the movement, but to its duration and frequency. Thus, thanks to this very special use of the imperfect and the passé simple, the

author can express through three verbs of action both the violence of the first movement and the despair which can be felt in the duration of the other two.

[13] imp.: Description.

[14] imp.: Importance given to the movement evoked by the verb *s'écrouler*, a movement that is repeated.

[15] p.s.: Last action of the passage: all animal resistance has been vanquished.

[16] p.s.: Accentuates the tragic nature of the passage. The immobility is made more striking because it is sudden and complete.

B. IMPERFECT, PASSE COMPOSÉ, AND PASSÉ SIMPLE USED TOGETHER

J'*ai embrassé*[1] l'aube d'été.

Rien ne *bougeait*[2] encore au front des palais. L'eau *était*[2] morte. Les camps d'ombre ne *quittaient*[2] pas la route du bois. J'*ai marché*,[3] réveillant les haleines vives et tièdes; et les pierreries *regardèrent*,[4] et les ailes *se levèrent*[4] sans bruit.

La première entreprise *fut*,[5] dans le sentier déjà empli de frais et blêmes éclats, une fleur qui me *dit*[6] son nom.

Je *ris*[6] au wasserfall qui *s'échevela*[6] à travers les sapins; à la cime argentée je *reconnus*[6] la déesse.

Alors je *levai*[6] un à un les voiles. Dans l'allée, en *agitant*[7] les bras. Par la plaine, où je l'*ai dénoncée*[8] au coq. A la grand'ville, elle *fuyait*[9] parmi les clochers et les dômes; et, courant comme un mendiant sur les quais de marbre, je la *chassais*.[9]

En haut de la route, près d'un bois de lauriers, je l'*ai entourée*[10] avec ses voiles amassés, et j'*ai senti* un peu son immense corps.[10] L'aube et l'enfant *tombèrent*[11] au bas du bois.

Au réveil, il *était* midi.[12]

Rimbaud, *Les Illuminations* (1874–1875)

---

[1] passé composé: The author is going to tell us how *l'enfant* did the action of the first sentence. He is considering a clearly delimited past from the point of view of the present either because the past experience is still vivid in his mind or because he wants the reader to share the experience, or both.

[2] imperfect: The story, which is going to help us understand the preceding action, begins with a description.

[3] p.c.: The action here, although it is continued, is not in the imperfect because the author still wants to limit it, all the while making the present aspect of the situation stand out. The use of the imperfect would give no precision to his action — a man would be walking more or less at random; the passé simple would place the action solidly in the past.

[4] passé simple: The writer situates his precise actions in the faraway past which he has discovered. He wants the reader to accept his discovery without questioning.

[5] p.s.: The first clear-cut action. *Fut* opens the door through which we catch a glimpse of the actions that will follow.

[6] p.s.: Succession of precise actions. Once again, the author imposes his vision upon us and insists on the fact that his experience is unique.

[7] present participle: The author wishes to give neither beginning nor end to this action.

[8] p.c.: The return to the passé composé shows that the author thinks he possesses *l'aube* and wants to communicate to the reader the striking aspect of this possession.

[9] imp.: The flight is an action which is not limited; that is, it is a description of the state of *l'aube*: *je la chassais* — the action of the author occupies the same duration of time as the flight.

[10] p.c.: Finally, complete possession. It is still the communication of a past experience to a reader who is in the present.
[11] p.s.: The dream abruptly ends with this use of the passé simple.
[12] imp.: Description by which the author expresses the bareness of the awakening: *midi* is not a moment but a state of mind. The "child," the poet, knows that he will never apprehend poetic truth.

EXERCISES

I. Exemple: Lisez le passage suivant et justifiez le choix des temps.

La nuit tombait,[1] des corneilles volaient.[2]

Il lui sembla tout à coup[3] que des globules couleur de feu éclataient[4] dans l'air comme des balles fulminantes en s'aplatissant,[4] et tournaient, tournaient,[4] pour aller se fondre dans la neige, entre les branches des arbres. Au milieu de chacun d'eux, la figure de Rodolphe apparaissait.[5] Ils se multiplièrent,[6] et ils se rapprochaient,[6] la pénétraient;[6] tout disparut.[6] Elle reconnut[7] les lumières des maisons, qui rayonnaient[8] de loin dans le brouillard.

Alors sa situation, telle qu'un abîme, se représenta.[9] Elle haletait[10] à se rompre la pointrine. Puis, dans un transport d'héroïsme qui la rendait[11] presque joyeuse, elle descendit[12] la côte en courant, traversa[12] la planche aux vaches, le sentier, l'allée, les halles, et arriva[12] devant la boutique du pharmacien.

Flaubert, *Madame Bovary* (1857)

---

[1] *la nuit tombait* (imp.). Si l'auteur avait employé le passé simple (*tomba*), il aurait évoqué chez les lecteurs une image sombre de l'obscurité totale. Or, l'intention de Flaubert est de présenter un lieu, un espace pris dans son ensemble qui n'est pas statique: on peut observer encore des jeux de lumière. La connotation du mot *nuit*, grâce au choix de l'imparfait, évoque aussi la lumière déclinante.
[2] *volaient* (imp.). Emploi régulier: description et répétition du vol.
[3] *Il lui sembla tout à coup* (p.s.). Après le calme créé par les deux imparfaits et leur sonorité, la locution adverbiale « tout à coup » annonce un événement qui ressemble à un feu d'artifice, mais la qualité imaginaire de la scène ressort du choix du verbe *sembler* au lieu de *paraître* et du passé simple qui suggère la surprise.
[4] *éclataient, s'aplatissant, tournaient* (imp.). Ces globules couleur de feu continuent d'éclater, de s'aplatir et de tourner. L'auteur ici doit employer l'imparfait pour souligner la répétition, la durée.
[5] *apparaissait* (imp.). L'endroit même est précisé (au milieu de chacun d'eux) mais Flaubert poursuit la description de l'imaginaire d'Emma Bovary, obsédée par son affectivité envers son amant. La figure de Rodolphe ne cesse d'apparaître.
[6] *se multiplièrent* (p.s.), *se rapprochaient* (imp.), *pénétraient* (imp.), *disparut* (p.s.). En premier lieu, il faut envisager les quatre verbes ensemble. Flaubert est le maître de ce genre d'emploi de l'imparfait, du passé simple et d'une syntaxe réduite au minimum. *Se multiplièrent* et *tout disparut* donnent une impression concrète de rapidité. L'auteur aurait pu écrire: *Ils se multipliaient*: les lecteurs et Emma auraient continué d'assister à l'événement et *disparut* en aurait indiqué simplement la fin. En entourant les deux imparfaits *se rapprochaient, la pénétraient*, les deux autres verbes au passé simple acquièrent une connotation très importante du point de vue affectif. L'obsession d'Emma atteint un paroxysme souligné encore plus par les deux imparfaits qui traduisent les intentions de l'auteur, les implications de l'événement et l'affectivité du personnage. Gram-

maticalement, Flaubert aurait pu écrire: *Ils se multiplièrent, et ils se rapprochèrent, la pénétrèrent: tout disparut.* L'affectivité d'Emma et des lecteurs en auraient souffert puisqu'ils auraient seule-ment assister à cet événement dont la force imaginaire ne ressortirait pas. Le caractère obsessionel de la vision, des sentiments est accentué aussi par les refus de l'enrichissement syntaxique: quatre sujets, quatre verbes, rien d'autre que la ponctuation harcelante, un autre atout de cette phrase extraordinaire.

[7] *reconnut* (p.s.). Réveil brusque.

[8] *rayonnaient* (imp.) Description ordinaire.

[9] *se représenta* (p.s.). Annoncé par « alors », un autre événement (sa situation) est envisagé. Il n'est pas nouveau (*représenta*); toutefois, il est fort (la connotation du mot *abîme* le souligne).

[10] *haletait* (imp.). Le passé simple (*haleta*) était acceptable du point de vue grammatical. L'im-parfait rétablit une distance entre les lecteurs et le personnage — distance perdue dans la phrase précédente — il permet de présenter Emma dans une distance spatiale et temporelle où elle continue à souffrir.

[11] *rendait* imp.). Ici encore, Flaubert exploite au maximum la richesse des deux temps étudiés. Normalement, les lecteurs s'attendent au passé simple (*rendit*) puisque la décision d'Emma est prise rapidement (*transport*) et que tous les verbes qui suivent (*descendit, traversa, arriva*) sont au passé simple et mettent en relief cette rapidité. Toutefois, Flaubert désire exprimer et la rapidité et l'affectivité. Le mot « transport » s'accorde avec le but des trois derniers verbes, « rendait » accentue le mot ironique *héroïsme* et se relie à l'affectivité du personnage.

[12] *descendit, traversa, arriva* (p.s.). Voir l'explication précédente.

II. Justifiez le choix des temps dans le texte suivant:

> L'air du bal était lourd: les lampes pâlissaient. On refluait dans la salle de billard. Un domestique monta sur une chaise et cassa deux vitres; au bruit des éclats de verre, Mme Bovary tourna la tête et aperçut dans le jardin, contre les carreaux, des faces de paysans qui regardaient. Alors le souvenir des Bertaux lui arriva. Elle revit la ferme, la mare bourbeuse, son père en blouse sous les pommiers, et elle se revit elle-même, comme autrefois, écré-mant avec son doigt les terrines de lait dans la laiterie. Mais, aux fulgurations de l'heure présente, sa vie passée, si nette jusqu'alors, s'évanouissait tout entière, et elle doutait presque de l'avoir vécue. Elle était là; puis autour du bal, il n'y avait plus que de l'ombre, étalée sur tout le reste. Elle mangeait alors une glace au marasquin, qu'elle tenait de la main gauche dans une co-quille de vermeil, et fermait à demi les yeux, la cuiller entre les dents. Une dame, près d'elle, laissa tomber son éventail. Un danseur passait.
>
> Flaubert, *Madame Bovary* (1857)

III. Justifiez le choix des temps.

> Les artisans que j'emmenais dans mes tournées me causèrent peu de soucis: leur goût du voyage égalait le mien. Mais j'eus des difficultés avec les hommes de lettres. L'indispensable Phlégon a des défauts de vieille femme, mais c'est le seul secrétaire qui ait résisté à l'usage: il est encore là. Le poète Florus, à qui j'offris un secrétariat en langue latine, s'écria partout qu'il n'au-rait pas voulu être César et avoir à supporter les froids scythes et les pluies bretonnes. Les longues randonnées à pied ne lui disaient rien non plus. De mon côté, je lui laissais volontiers les délices de la vie littéraire romaine, les tavernes où l'on se rencontre pour échanger chaque soir les mêmes bons mots

et se faire fraternellement piquer des mêmes moustiques. J'avais donné à Suétone la place de curateur des archives, qui lui permit d'accéder aux documents secrets dont il avait besoin pour ses biographies des Césars. Cet habile homme si bien surnommé Tranquillus n'était concevable qu'à l'intérieur d'une bibliothèque: il resta à Rome, où il devint l'un des familiers de ma femme, un membre de ce petit cercle de conservateurs mécontents qui se réunissaient chez elle pour critiquer le train dont va le monde.

Marguerite Yourcenar, Mémoires d'Hadrien (1951)

IV. Mettez les verbes entre parenthèse au passé simple ou à l'imparfait, et justifiez vos choix.

Il ne (passer) _____ qu'une nuit dans la prison de la ville. Dès le lendemain, il (être) _____ transféré, non sans certains égards, dans une chambre donnant sur la cour du vieux greffe, munie de barreaux et de verrous solides, mais qui offrait à peu près toutes les commodités auxquelles un incarcéré de marque (pouvoir) _____ prétendre. On y (avoir) _____ naguère retenu un échevin accusé de malversations et, plus anciennement, un seigneur gagné à prix d'or au parti français; rien n'(être) _____ plus convenable qu'un tel lieu de détention. La nuit au cachot (avoir) _____ d'ailleurs suffi pour encombrer Zénon d'une vermine dont il (mettre) _____ plusieurs jours à se débarrasser. A son étonnement, on lui (permettre) _____ de se faire apporter son linge; au bout de quelques jours, on lui (rendre) _____ même son écritoire. On lui (refuser) _____ pourtant des livres. Il (avoir) _____ bientôt la permission de se promener quotidiennement dans la cour au sol tantôt gelé, tantôt boueux, en compagnie du drôle qu'il (avoir) _____ pour geôlier. Une peur néanmoins ne le (quitter) _____ pas, celle de la torture. Que des hommes fussent payés pour tourmenter méthodiquement leurs semblables (avoir) _____ toujours scandalisé cet homme dont c'(être) _____ le métier de soigner. De longue date, il s'(être) _____ cuirassé, non contre la peine, guère pire en elle-même que celle du blessé opéré par un chirurgien, mais contre l'horreur qu'elle (être) _____sciemment infligée. Il s'(être) _____ fait par degré à l'idée d'avoir peur. S'il lui (arriver) _____ un jour de gémir, de crier, ou d'accuser mensongèrement quelqu'un comme l'(avoir) _____ fait Cyprien, la faute en serait à ceux qui réussissent à disloquer l'âme d'un homme. Mais cette épreuve tant crainte ne (venir) _____pas. De puissantes protections (entrer) _____ évidemment en jeu. Elles ne (pouvoir) _____ empêcher que la terreur du chevalier ne durât quelque part en lui jusqu'à la fin, l'obligeant à refréner un sursaut chaque fois qu'on (ouvrir) _____la porte.

Marguerite Yourcenar, L'Œuvre au noir (1963)

V. Mettez les verbes entre parenthèse au passé simple, à l'imparfait, ou au temps convenable, selon le contexte.

(Une petite fille de douze ans, la petite Roque, a été violée et assassinée dans un bois près du village. Le lendemain, sa mère trouve devant sa porte les sabots de l'enfant.)

Les recherches (durer) _____ tout l'été; on ne (découvrir) _____ pas le criminel. Ceux qu'on (soupçonner) _____ et qu'on (arrêter) _____ (prouver) _____ facilement leur innocence, et le Parquet (devoir) _____ renoncer à la poursuite du coupable. Mais cet assassinat (sembler) _____ avoir ému le pays entier d'une façon singulière. Il (être) _____ resté aux âmes des habitants une inquiétude, une vague peur, une sensation d'effroi mystérieux, venue non seulement de l'impossibilité de découvrir aucune trace, mais aussi et surtout de cette étrange trouvaille des sabots devant la porte le lendemain. La certitude que le meurtrier (assister) _____ aux constatations, qu'il (vivre) _____ encore dans le village, sans doute, (hanter) _____ les esprits, les (obséder) _____, (paraître) _____ planer sur le pays comme une incessante menace.

La futaie, d'ailleurs, (être) _____ devenue un endroit redouté, évité, qu'on (croire) _____ hanté. Autrefois, les habitants (venir) _____ s'y promener chaque dimanche l'après-midi. Ils (s'asseoir) _____ sur la mousse au pied des arbres énormes, ou bien s'en (aller) _____ le long de l'eau en guettant les truites qui (filer) _____ sous les herbes...Maintenant personne n'(aller) _____ plus sous la voûte épaisse et haute, comme si on se fût attendu à y trouver toujours quelque cadavre couché.

L'automne (venir) _____, les feuilles (tomber) _____, Elles (tomber) _____ jour et nuit, (descendre) _____ en tournoyant, rondes et légères, le long des grands arbres; et on (commencer) _____ à voir le ciel à travers les branches. Quelquefois, quand un coup de vent (passer) _____ sur les cimes, la pluie lente et continue (s'épaissir) _____ brusquement, (devenir) _____ une averse vaguement bruissante qui (couvrir) _____ la mousse presque insaisissable, le murmure flottant, incessant, doux et triste de cette chute, (sembler) _____ une plainte, et ces feuilles tombant toujours (sembler) _____ des larmes, de grandes larmes versées par les grands arbres tristes qui (pleurer) _____ jour et nuit sur la fin de l'année, sur la fin des aurores tièdes et des doux crépuscules, sur la fin des brises chaudes et des clairs soleils, et aussi peut-être sur le crime qu'ils (voir) _____ commettre sous leur ombre, sur l'enfant violée et tuée à leur pied. Ils (pleurer) _____ dans le silence du bois désert et vide, du bois abandonné et redouté, où (devoir) _____ errer, seule, l'âme, la petite âme de la petite morte.

Guy de Maupassant, La Petite Roque (1885)

XXII. The Subjunctive (*Le Subjonctif*)

A. GENERAL USES

The subjunctive is used, almost always in a subordinate clause, after verbs or expressions of fear, joy, negation, doubt, possibility, volition, desire, personal judgment, and necessity:

1. Fear

J'ai peur qu'il ne soit mort.	*I'm afraid he died.*
Je crains qu'elle ne me voie.	*I'm afraid she'll see me.*

Note: Verbs expressing fear and doubt, and certain conjunctions (*à moins que, avant que, de peur que, de crainte que*) use a pleonastic **ne** which is not translated in English.

2. Joy

Je suis content qu'il ait réussi.	*I'm happy he has succeeded.*
Quel bonheur qu'elle soit guérie!	*How wonderful that she has recovered!*

3. Negation

Je nie qu'il ait dit la vérité.	*I deny that he spoke the truth.*
Je refuse de croire qu'il ne soit pas là.	*I refuse to believe that he is not there.*

(The subjunctive here is literary in style.)

4. Doubt

Crois-tu donc qu'elle l'ait aimé?   *Do you believe (that) she loved him?*

Je doute qu'elle soit aussi jeune qu'elle le déclare.
I doubt that she is as young as she says she is.
Doutez-vous qu'elle ne soit aussi jeune qu'elle le déclare?
Do you doubt that she is as young as she says she is?

5. Possibility

Il se peut qu'il réussisse à son examen.
It is possible that he will pass his exam.
Il est possible que je ne sois pas dans mon bureau demain.
It is possible that I will not be in my office tomorrow.

6. Volition

Je veux que vous appreniez la grammaire.
I want you to learn the grammar.
Je demande que vous m'aidiez.
I ask that you help me.

7. Wish, desire

J'aimerais que nous soyons amis.	*I would like us to be friends.*
Je veux bien qu'il parte à la campagne.	*I don't mind if he goes to the country.*

8. Personal judgment
The subjunctive implies that doubt exists in the mind of the person using it.

> Il semble que vous ayez été malade.
>
> *It seems that you have been (were) sick.*

To express a fact in an indirect manner use *Il me semble* followed by the indicative:

> Il me semble que vous mentez.
>
> *It seems to me that you are lying.*

Il ne me semble pas (expressing negation) takes the subjunctive.

The subjunctive is used with the verbs *penser, croire, espérer, imaginer* in the negative and interrogative but not in the affirmative:

> Je ne pense pas que vous ayez été malade.
> *I do not think that you have been sick.*

9. Necessity

> Il faut que vous soyez à la gare à trois heures.
> *You must be at the station at three o'clock.*
> Est-il nécessaire que vous fassiez ce travail maintenant?
> *Is it necessary that you do this work now?*

B. OTHER USES OF THE SUBJUNCTIVE

1. Certain conjunctions require the subjunctive:

bien que	non que
quoique	soit que...soit que
afin que	malgré que
pour que	*à moins que
pourvu que	*avant que
sans que	*de crainte que
jusqu'à ce que	*de peur que
autant que	

*The starred expressions use a pleonastic *ne* before the verb:

> Nous aurons à revoir ces objections, **à moins qu'elles ne soient** secondaires.
> *We will have to review these objections unless they are secondary.*

2. Many impersonal expressions showing doubt, possibility, volition, preference, etc. take the subjunctive. The list below is but a small sampling:

Il importe que	Il est impossible que
Il y a des chances que	Il est hors de question que
Il est peu probable que	Il est exclu que
Il ne semble pas que	Il y a bien peu de chances pour que
Il est fort peu probable que	Il n'y a guère de
Il est peu vraisemblable que	Il vaut mieux que

But: impersonal expressions showing certainty, probability, strong conviction, etc. take the indicative. Indeed, the use or nonuse of the subjunctive often indicates the author's degree of certainty or conviction.

Il me semble que	Il est indubitable que
Il parait que	Il est incontestable que
Il est certain que	Il ne fait pas de doute que
Il est vrai que	Il est hors de doute que
Il est dangereux que	Il est probable que
Il est regrettable que	Il est évident que

3. Subordinate clauses with an indefinite or imprecise antecedent require the subjunctive:

Je cherche un homme qui soit capable de m'apprécier à ma juste valeur. (I may not find such a man. Does such a man exist?)
I am looking for a man who can fully appreciate me.
Je ne connais personne qui puisse m'aider.
I know no one who can help me.

Note: Quite often, the speaker or the writer has a choice between the subjunctive and the infinitive.

4. In superlative expressions with *meilleur, pire, seul, unique, premier, dernier,* etc., the subjunctive expresses a strong personal feeling. With expressions of possibility where English uses *may* or *might*, French use the subjunctive:

C'est le meilleur livre que j'aie jamais lu.
It's the best book I've ever read.   (strong personal feeling)
C'est peut-être le meilleur livre qu'il ait lu de sa vie.
It may be the best book he read in his life.   (possibility)

But:

C'est le seul indicateur de chemin de fer que nous possédons.
That's the only train schedule we have.   (Here the indicative is used to show that the speaker is expressing a fact.)

5. *Qui que, quoi que, quel que, où que, quelque* (whoever, whomever, whatever, wherever, and however) require a subjunctive because they suggest doubt. Study the following sentences and their translations:

Qui que ce soit qui ait fait cela, qu'il s'avance et se confesse.
***Whoever** did that, let him come forward and confess.*

Qui que vous soyez, je ne vous crois pas.
***Whoever you may be,** I don't believe you.*

Qui que ce soit que l'on ait vu, il était charmant.
Whomever we saw, he was charming.

Quoi que ce soit qui vous ait rendu malade, vous devriez aller à l'hopital.
Whatever (it is that) made you sick, you ought to go the hospital.

Quoi qu'il dise, il a toujours tort.
Whatever he says, he is always wrong.

Quels que soient ses défauts, il est toujours charmant.
*Whatever his faults **may be**, he is still charming.*

Où que vous soyez, je vous attends.
Wherever you are, I am waiting for you.

Quelque petit **que** soit le livre, il est bien lourd.
However small the book may be, it certainly is heavy.

6. The subjunctive is used as an imperative for giving commands in the first and third persons:

Qu'il le fasse avant mon arrivée.
Let him (Make him) do it before I arrive.
Que je sache la vérité.
Let me know the truth.
Qu'elles finissent le travail tout de suite.
Have them finish the job right away.

The *que* is dropped in expressions like « Vive le roi! » and « Dieu soit loué! »

EXERCISES

A. Traduisez:

1. She told John to leave.   2. I hope he leaves.   3. I don't think he is leaving.   4. I want you to learn your lesson.   5. I am asking him to learn his lesson.   6. He is happy that you are succeeding.   7. I have heard that you are sick.   9. They were afraid that he would come.   10. It seems to me that she is your friend.   11. What a pleasure that you are leaving!   12. I wish she would come.   13. I think you are wrong.   14. I refuse to believe that you will say that.   15. We are sure that you will succeed.   16. It is possible that I will fail.   17. It does not seem to him that the film was a triumph.   18. It is necessary for us to study tonight.   19. Although you were wrong and although I am right, I want her to go away now so that she will not be here when he comes back.   20. I will ask her to have dinner with me tonight provided she pays for it.   21. Before you leave I would like to tell you something, unless you have something to tell me.   22. He is the only friend I have who can help me.   23. Wherever she may be, I still think of her.   24. However interesting you may be, you mean nothing to me.   25. Whatever he might do, he is bound to do it wrong.   26. Whoever said that should be hanged.   27. Whoever you are, come forward.   28. Whatever his charms may be, I found him unappealing.   29. Whatever fascinates you does not

mean much to me. 30. Whomever we might have seen, he has disappeared now. 31. Let them come home. 32. Let him speak.

B. Mettez les verbes entre parenthèse au subjonctif présent ou passé:

1. Je vais rentrer mon linge avant qu'il ne _____ (pleuvoir).

2. Marc est le seul qui nous _____ (reconnaître).

3. Que Dieu vous _____ (bénir).

4. Je crains qu'elle ne _____ (se faire) pas des illusions.

5. Je m'étonne que vous ne _____ (savoir) pas cela.

6. Elle a envoyé sa lettre en exprès de peur qu'elle ne vous _____ (parvenir) pas à temps.

7. Pourvu que Marie n' _____ pas _____ son train. (rater)

8. Il est rare que votre femme _____ (venir) nous voir.

9. Il est important que vous ne _____ (parler) pas de cette histoire.

10. Il est étonnant qu'il _____ (être) si méchant.

11. Il est temps que le président _____ (agir) énergiquement.

12. Il est douteux qu'ils _____ (trouver) l'argent.

13. Quelles que _____ (être) vos idées, gardez-les pour vous-mêmes.

14. Si paresseux qu'ils _____ (être), ils doivent travailler afin de vivre.

15. Où qu'il _____ (aller), il se fait des amis facilement.

16. Quoi qu'il _____ (faire), le destin est contre lui.

17. Si sages qu'ils _____ (être), leur mère n'est jamais satisfaite.

18. Il est bon que nous _____ (être) parfois exigeants des autres.

19. Connaissez-vous quelqu'un qui _____ (pouvoir) réparer notre télévision tout de suite?

20. Madame Lesage est heureuse que vous lui _____ (promettre) de venir à sa soirée.

XXIII. The Subjunctive (continued)

A. SEQUENCE OF TENSES

1. In the conversational style:

Main clause:	Subordinate clause whose verb must be in the subjunctive:
All tenses	a. The action expressed by the verb is simultaneous to or follows the action expressed by the verb of the main clause: *present subjunctive*
	b. The action precedes the action of the main verb: *perfect subjunctive*

2. In the literary style:

Main clause	Subordinate clause
a. Main verb is in the Indicative present and future	Same rules as for conversational style.
b. Main verb is in the Indicative past tenses and conditional	(1) The action expressed by the verb is simultaneous to or follows the action expressed by the verb of the principal clause: *imperfect subjunctive*
	(2) The action precedes the action of the main verb: *pluperfect subjunctive*

B. Using the infinitive instead of the subjunctive

If the subject of the subordinate clause is identical to the subject of the main clause use the infinitive rather than the subjunctive:

Le professeur craint de ne pouvoir assister à la conférence.
The professor is afraid he will not be able to attend the lecture.
Croyez-vous pouvoir venir?
Do you think (that) you will be able to come?

1. Since a conjunction cannot introduce an infinitive, the conjunction is replaced by the corresponding preposition. Here is a list of conjunctions and the prepositions which correspend to them:

après que	après
avant que	avant de
afin que	afin de
à moins que	à moins de
de crainte que	de crainte de
de peur que	de peur de
pour que	pour
sans que	sans
jusqu'à ce que	jusqu'à

2. *Demander, ordonner, commander, conseiller, permettre,* and *défendre* usually take an indirect object and are followed by *de* and an infinitive:

Je lui demande de venir.	*I am asking him to come.*
Je lui conseille de le faire.	*I am advising him to do it.*

3. *Empêcher, persuader,* and *prier* usually take a direct object and are followed by *de* and an infinitive:

Il les empêchait de parler.	*He prevented them from speaking.*
Elle le persuade de se soigner.	*She is persuading him to take care of himself.*

C. HYPOTHETICAL CONSTRUCTIONS

In literary style, the imperfect and pluperfect subjunctives — especially in the third person singular — replace the imperfect, conditional, pluperfect, and conditional perfect tenses in hypothetical constructions (that is, constructions introduced by *si*):

> *conversational:* Ah! si seulement il m'avait légué son argent.
> *literary:* Ah! si seulement il m'eût légué son argent.
> *Ah! If only he had left me his money.*
>
> *conversational:* Comme il aurait été heureux de la voir! (s'il...)
> *literary:* Comme il eût été heureux de la voir! (s'il...)
> *How happy he would have been to see her! (if...)*

EXERCISES

A. Traduisez:

1. I am afraid Mark has left.   2. Must he always be late?   3. I will go out with you provided you have done your work.   4. I'll try to see him before he leaves.   5. Noémie would not go for fear that she would catch a cold.   6. I'll do it so that he knows I love him.   7. Dad wants us to wash the dishes before we leave.   8. I am afraid we do not have much inspiration today.   9. We doubt that they understand what it was all about.   10. It is possible that I will not be at home when you arrive.   11. It is not necessary for them to attend the reunion.   12. Jean-Philippe wanted us to be friends.   13. She went to bed without his knowing it.   14. Eléna did not believe that Michel knew Sarah.   15. He will stay in bed until she cures him.   16. In spite of the fact that the girls had not yet arrived, John locked the door.   17. Although he had once been burned, he was not afraid of fire.   18. It does not seem to me that we turned off the gas.   19. I hope that he will not talk about me when I am gone.   20. I insist that we be friends.

B. Complétez les phrases suivantes en employant le style littéraire.

1. Un homme moins pénétrant que lui ne s'en (être) _____ peut-être pas aperçu.   (Mme de La Fayette)

2. Il me sembla dès lors que le lui (devoir) _____ des soins nouveaux, qu'elle (avoir) _____ droit à plus de tendresse.   (Gide)

3. Tout le monde fut surpris lorsqu'il entra, et il n'y eut personne qui ne lui (demander) _____ de ses nouvelles. (Mme de La Fayette)

4. Qu'il (suffire) _____ qu'une des vaches du fermier (tomber) _____ malade pour devenir une de mes vaches, je n'avais pas encore pensé que cela (être) _____ possible: ni qu'il (suffire) _____ qu'une de mes vaches (aller) _____ très bien pour devenir celle du fermier. (Gide)

5. De ces quatre chevaux, il en était un qu'on nommait encore « le poulain », malgré qu'il (avoir) _____ trois ans passés. (Gide)

6. Quoiqu'une heureuse naissance (apporter) _____ de si grands dons à notre prince, il ne cessait de l'enrichir par ses réflexions. (Bossuet)

7. Le nez de Cléopâtre: s'il (être) _____ plus court, toute la face de la terre aurait été changée. (Pascal)

8. Voulez-vous qu'on (croire) _____ du bien de vous, n'en dites pas. (Pascal)

9. Tout mon cœur te bénit, bonté consolatrice!
Je n'aurais jamais cru que l'on (pouvoir) _____ tant souffrir
D'une telle blessure, et que sa cicatrice
(Etre) _____ si douce à sentir.   (Alfred de Musset)

10. Sans qu'il (s'en douter) _____, cette démarche était décisive. (Stendhal)

11. Le trouble et l'embarras de Mme de Clèves étaient au-delà de tout ce que l'on peut s'imaginer et si la mort se (être) _____ présentée pour la tirer de cet état, elle l'aurait trouvée agréable. (Mme de La Fayette)

12. Je te jure, mon cher chevalier, que tu es l'idole de mon cœur et qu'il n'y a que toi au monde que je (pouvoir) _____ aimer de la façon dont je t'aime. (l'Abbé Prevost)

13. Quoique nous (choisir) _____ les meilleurs guides, nous trouverons encore beaucoup d'épines et d'obstacles dans cette carrière. (La Mettrie)

14. Mais il leur fit tant de tristesse et une crainte si respectueuse de l'approcher qu'elle ne le trouva plus si coupable, quoiqu'il ne (avoir) _____ rien dit pour se justifier. (Mme de La Fayette)

15. Quoi, mon père, vous voudriez que j'(aimer) _____ comme un sot! (Saint-Evremond)

D. The Subjunctive in context

The following excerpts and explanations illustrate various uses of the subjunctive.

1. Je ne te vante point cette faible victoire,
Titus. Ah! plût[1] au ciel que, sans blesser ta gloire,
Un rival plus puissant voulut[2] tenter ma foi,
Et pût[2] mettre à mes pieds plus d'empires que toi;
Que de sceptres sans nombre il pût[2] payer ma flamme;
Que ton amour, n'eût[2] rien à donner que ton âme!

---

[1] Subjunctive used as imperative (XXII, B, 6).
[2] The wish expressed in *plût au ciel que* calls for the subjunctive (XXII, A, 7).

C'est alors, cher Titus, qu'aimé, victorieux,
Tu verrais de quel prix ton cœur est à mes yeux.

Racine, Bérénice (1670)

2. Mais elle évitait la présence et les yeux de M. de Nemours avec tant de
soin qu'elle lui ôta quasi toute la joie qu'il avait de se croire aimé d'elle.
Il ne voyait rien dans ses actions qui ne lui persuadât[1] le contraire. Il ne
savait quasi si ce qu'il avait entendu n'était point un songe, tant il y trouvait
peu de vraisemblance. La seule chose qui l'assurait[2] qu'il ne s'était pas
trompé était l'extrême tristesse de Mme de Clèves, quelque effort qu'elle
fît[3] pour la cacher; peut-être que des regards et des paroles obligeantes
n'eussent[4] pas tant augmenté l'amour de M. de Nemours que faisait cette
conduite austère.

Mme de La Fayette, La Princesse de Clèves (1678)

---

[1] *persuadât* (imp. subj.): Negation (XXII, A, 3).
[2] *assurait* (imp.): The general rule would require *assurât* (subj.) after *la seule chose* (superlative),
the author wants to show that there is no doubt in the mind of M. de Nemours.
[3] *fît*: subjunctive required after *quelque* (XXII, B, 5).
[4] *Peut-être que* would normally be followed by a conditional here. The author chose instead to
use the alternate literary (hypothetical) form (XXIII, C).

3. J'allais alors d'un pas plus tranquille chercher quelque lieu sauvage dans
la forêt, quelque lieu désert où rien ne montrant la main de l'homme n'
annonçât[1] la servitude et la domination, quelque asile où je pusse[1] croire
avoir pénétré le premier, et où nul tiers importun ne vînt[1] s'interposer entre
la nature et moi.

Rousseau, Correspondance, lettre du 20 janvier, 1762

---

[1] Subjunctive required in subordinate clauses with an indefinite antecedent: *quelque lieu, rien,
quelque asile où* (XXII, B, 3).

4. « Quant à moi, je rejoins mon régiment dans quelques jours, mais, absent
ou présent, vous pouvez compter sur mon appui, s'il s'agit jamais d'une
mesure à prendre pour que cet enfant devienne[1] ce qu'il doit devenir, un
homme qui puisse[2] servir bravement son pays et, si Dieu permet, son
roi.... »
Ce petit discours, que je crois bien vous reproduire presque fidèle-
ment, n'avait rien qui dût[3] m'étonner. Il était trop naturel que dans une
maison où le père était un vieux maniaque, la mère une simple ménagère,
la sœur timide et très jeune, le frère aîné tînt[4] une place dirigeante, et qu'il
prît[4] langue avec un précepteur arrivé du jour. Il était trop naturel aussi
qu'un soldat et un gentilhomme élevé dans les idées de sa classe et de son
métier me parlât[5] en soldat et en gentilhomme. Vous, mon cher maître,
avec votre universelle compréhension des natures, avec votre facilité à

dégager le lien nécessaire qui unit le tempérament et le milieu aux idées, vous eussiez vu[6] dans le comte André un cas très défini et très significatif.

Bourget, *Le Disciple* (1889)

----

[1] Subjunctive after *pour que* (XXII, B, 1).
[2] *un homme qui puisse:* indefinite antecedent (B, 3).
[3] Negation (A, 3).
[4] *Il était trop naturel* means *nécessairement* (A, 9).
[5] Same as 4.
[6] *eussiez vu:* subjunctive replaces conditional in a literary hypothetical construction (XXIII, C).

EXERCISES

Justifiez l'emploi du subjonctif dans les passages suivants.

1. Je souhaite que tous mes étudiants aient un idéal. Certes, il importe qu'ils sachent distinguer la réalité du rêve, mais je ne crois pas que le bonheur soit possible s'il n'est pas fondé sur une certaine conception idéaliste du monde. Cet Idéalisme est la seule chose qui me permet d'accepter certains aspects de la réalité auxquels je ne puis échapper. J'espère donc que mes étudiants resteront toujours un peu comme Le Petit Prince de Saint-Exupéry.

Il est indubitable que la vie les marquera, mais la conscience est le meilleur guide que nous avons. Espérer que tous les jeunes (et les autres) fassent de leur conscience le guide du bonheur est peut-être en effet utopique. Pourtant je veux croire qu'il n'y a guère de gens qui n'aient le désir de devenir meilleurs et de trouver une forme de bonheur. Il n'est pas douteux que la nature humaine est déchirée entre le Bien et le Mal. S'ensuit-il qu'il faille la critiquer sans cesse?

Il importe que mes étudiants se souviennent à jamais du Petit Prince. Hélas, il y a bien peu de chances pour qu'ils le fassent. Ce dernier subjonctif ne serait-il pas l'admission d'un pessimisme fondamental que je cherche à dénier. Je veux croire qu'il est impossible que moi et les autres soyons en partie les Mozart assassinés dont parle le Saint-Exupéry réaliste; je sais au fond que nous le sommes. Espérais-je qu'il en soit autrement? Peut-être vaut-il mieux que je ne poursuive plus ma pensée...

2. M. de Clèves se trouvait heureux sans être néanmoins entièrement content. Il voyait avec beaucoup de peine que les sentiments de Mlle de Chartres ne passaient pas ceux de l'estime et de la reconnaissance et il ne pouvait se flatter qu'elle en cachât de plus obligeants, puisque l'état où ils étaient lui permettait de les faire paraître sans choquer son extrême modestie. Il ne se passait guère de jours qu'il ne lui en fît ses plaintes.

« Est-il possible, lui disait-il, que je puisse n'être pas heureux en vous épousant? Cependant il est vrai que je ne le suis pas. Vous n'avez pour moi qu'une sorte de bonté qui ne me peut satisfaire; vous n'avez ni impatience, ni inquiétude, ni chagrin; vous n'êtes pas plus touchée de ma passion que vous le seriez d'un attachement qui ne serait fondé que sur les avantages de votre fortune et non pas sur les charmes de votre personne. »

Mme de La Fayette, *La Princesse de Clèves* (1678)

XXIV. *The Passive Voice*

A verb is in the passive voice when the subject receives the action; the being or thing that causes the action is the *agent*:

La souris est mangée par le chat.
(*passive subject*)   (*agent*)

The agent is introduced by the preposition *de* when the verb expresses a state (*la table est couverte d'une nappe*) and by the preposition *par* when the verb expresses an action (*elle a été frappée par la foudre*).

The passive is constructed with the auxiliary verb *être* and the past participle of the active verb, which agrees in gender and number with the subject.

Notice the transposition of the verb from the active to the passive voice:

Active	*Passive*
Le chat mange la souris.	La souris est mangée par le chat.
Le chat a mangé la souris.	La souris a été mangée par le chat.
Le chat aurait mangé la souris.	La souris aurait été mangée par le chat.

It is not always easy to recognize the passive when the agent is not expressed since certain passive forms are identical to certain active forms. Consider the following, for example:

1. Paul va rendre visite à son ancienne maîtresse d'école. Il monte l'escalier et arrive au cinquième étage. La porte est ouverte. Il entre donc sans sonner.

2. Paul va rendre visite à son ancienne maîtresse d'école. Il monte l'escalier et arrive au cinquième étage. Il sonne et entend des pas. La porte est ouverte et la bonne le conduit au salon.

In the first example, *ouverte* is simply an adjective modifying *porte*. The sentence merely indicated the position of the door; on the other hand, *ouverte* in the second example is the past participle of the active verb *ouvrir* which has been put into the passive voice. The information « il entend des pas » and « la bonne » allows us to supply « par la bonne » after « la porte est ouverte » and thus to identify the form.

A. GENERAL USE OF THE PASSIVE VOICE

The forms of the passive, always constructed with an auxiliary, are clumsy and very often unclear. Yet the passive is necessary when one wishes to express:

1. the result of a preceding action:

> Au bout de trois jours, la ville avait été détruite. L'ennemi put donc y entrer sans craindre aucune résistance.

2. an impersonal idea:

> Il est interdit de fumer dans cette salle.
> Il est prouvé qu'il est coupable.

Note: the use of *on* here (« on ne doit pas fumer dans cette salle; on a prouvé qu'il était coupable »), since it implies some type of agent, would deprive the sentences of their completely impersonal nature.

In all other cases the passive can be avoided (unless, of course, the agent is mentioned).

B. Avoiding the passive voice

The passive can be avoided by using:

1. a reflexive verb, when the verb expresses a habitual or present state, not an action, and when no agent is expressed:

> Les tomates se vendent bien cette année. (*state of the tomato market*)
> La maison se construit. (*status of the house under construction*)

2. *on*, when no agent is mentioned but one is implied:

> Lorsque j'arrivai là-bas, on m'avait volé toutes mes affaires.
> *When I arrived there, all my belongings had been stolen.*
> On vous demande au téléphone.   *You are wanted on the phone.*

C. When to avoid the passive voice

Although the passive is often clumsy and unclear, the use of *on* can also be unclear. Furthermore, reflexive forms do not always have a passive value, as the following examples demonstrate.

Here are a few guidelines to help students translate an English passive into French (these guidelines are just as helpful for students writing a composition in French):

1. Be sure you have recognized the passive. Do not confuse it with the active form *être*-adjective (« la porte est ouverte ») or with the "false" passive ("Monique was given a cat" = « On a donné un chat à Monique. » Monique was not given to anyone. A cat was given to her. The subject of the passive is in fact a direct object).

2. Examine carefully the meaning of the following sentences, especially the meaning of the verb in italics:

> I arrive at La Jussière: workers are busy everywhere; the castle *is demolished* before my very eyes! How sad to see this masterpiece of the past reduced to nothing in such a short time....

> J'arrive à La Jussière: des ouvriers s'affairent partout; le château *est démoli* sous mes yeux! Quelle tristesse de voir ce chef-d'œuvre du passé réduit à rien en si peu de temps....

Here one may not use the reflexive « le château se démolit » because a reflexive verb replaces the passive form only when the verb expresses a habitual state. The verb *démolir* expresses an action, not a state of being.

Having eliminated the reflexive, you must still choose between a passive form (« le château est démoli ») and the active voice with *on* (« on démolit le château »). The context should determine your choice. If you immediately identify it as a passive voice, you may keep the passive form in French. In this example, thanks to the context (« sous mes yeux »), there is no confusion with the active form.

Let us look at another sentence:

> J'arrive...Le château est démoli. Ce spectacle me remplit de mélancolie.

The use of « est démoli » here might leave someone in doubt about its meaning. The context does not make clear whether the person sees the castle already demolished or as it is being demolished (which is what English clearly indicates by the use of the progressive tense — *is being demolished*). If one wants to express clearly that the demolition is being seen, the best translation would be: **On démolit le château**.

Only through practice will you learn all aspects of the use of the passive voice. In your reading, when you encounter a passive form, or a construction using *on*, or a reflexive verb being used passively, you should always pause and ask yourself why the author used that specific form.

Note: Entendre, faire, laisser, and *voir,* when they are followed by an infinitive in English, are never put into the passive in French:

> *He was seen to fall.*   On le vit tomber.

EXERCISES

A. Dans les phrases suivantes, indiquez les verbes qui sont à la voix passive. Certains verbes pourraient être considérés comme étant à la voix passive et à la voix active; si c'est le cas, expliquez pourquoi.

1. La fin du monde fut annoncée par de nombreux signes.
2. Dès qu'il fut sorti, je me mis à pleurer.
3. Cet ouvrage est connu de tous.
4. Ce livre serait resté inconnu de tous si mon père ne l'avait découvert.

5. Aussitôt que le couvert fut mis, les chats sautèrent sur la table.

6. Il aurait été très aimé.

7. J'étais en larmes quand votre lettre est arrivée.

8. La rue Duret serait démolie d'après les dernières nouvelles.

9. Quand il fut repêché, il était mort.

10. La porte fut ouverte aussitôt.

11. Je me suis placée près de ma mère.

12. Il respirait encore. La corde avait été coupée à temps.

13. Elle a été prise d'une quinte de toux.

14. L'édition était déjà épuisée.

15. Il ne pouvait plus avancer; il était épuisé.

16. La lettre était signée de sa main.

17. Cette histoire n'était connue que d'une seule personne.

18. Le train est arrivé à l'heure.

19. Dès qu'ils auront fini de creuser, ils seront fusillés.

20. Elle était attirée involontairement vers le gouffre.

B. Traduisez les phrases suivantes. Justifiez vos choix de temps.

1. As soon as I heard about the house, I called my husband; but when we arrived there the house had already been sold.

2. The door had been locked from the inside. How could anybody have killed the poor old man whose money was scattered all over the floor?

3. He was asked if he wanted to see the old family castle. It has not been lived in for fifty years and was almost in ruins.

4. These products are sold everywhere in the United States. Even a motion picture, which was highly criticized, has been made about them.

5. Very few words were said that evening at the table; the boys were simply reminded that there was still one day left before the end of the semester.

C. Refaites ces phrases à la voix active.

1. Toutes les maisons furent fouillées mais le prisonnier ne fut pas retrouvé.

2. Les cloches se firent entendre. Le pays était enfin libéré.

3. Un homme ne doit pas être jugé sur son physique.

4. Le programme radiophonique a été interrompu par une panne d'électricité.

5. Elle ne fut jamais demandée en mariage.

6. Le jeune homme avait été mal jugé par ses parents.

7. Les animaux furent abandonnés sur l'ile.

8. Quelques livres lui ont été laissés par le bibliothécaire.

9. L'insulte ne sera pas oubliée.

10. Le livre n'était pas classifié.

D. Refaites ces phrases à la voix passive.

1. On ajoutera une préface à ce livre.

2. Un Espagnol ne vous oubliera jamais.

3. Beaucoup de gens n'aimaient pas la femme qui avait causé le malheur de ce garçon.

4. Les soldats entourèrent le prisonnier.

5. La chatte léchait affectueusement son maître.

6. Toutes les Parisiennes avaient suivi la mode.

7. La peur m'envahit.

8. Il m'accompagna jusqu'à la frontière.

9. D'après certains, on l'aurait fusillé à l'aube.

10. On ne pouvait même pas qualifier un tel acte d'immoral.

XXV. *Prepositions: Equivalent Translations*

Prepositions are among the trickiest parts of a foreign language to master. There are many similarities between English and French but also many differences. In English you say, "Take the book *out of* the drawer," but in French you say, "Prenez le livre *dans* le tiroir." (Of course, "retirer *du* tiroir" would come closer to the English form, but French usage prefers "prendre dans.") Is *out of* more logical than *dans*, which usually means *in* or *into*? English in this case gives more importance to the gesture; French considers chiefly the location (position) of the book. Learning which prepositions to use and where is not a matter of logic but of memorization; it comes with years of study and practice. Nevertheless, we can offer some helpful guidelines.

A. Certain French prepositions, especially *à* and *de*, are closely connected to the verb. When translating a preposition, first try to find a verb which alone would translate the English preposition and verb. If this verb cannot be found, consult the following alphabetical list.

ABOUT
1. "About" following a verb can often be translated as *parler (de)*, *dire (de)*, *entendre parler (de)*, *entendre dire (de)*, *penser (à)*, *songer (à)*:

J'ai entendu parler de son dernier succès.	*I heard about his latest success.*
Il a dit beaucoup de mal de vous.	*He said many bad things about you.*
Pensez souvent à moi.	*Think about me often.*

2. "About to" is translated by *sur le point de* or by the verb *aller* and the infinitive:

Il allait partir quand je l'ai vu.
Il était sur le point de partir quand je l'ai vu.
He was about to leave when I saw him.

3. "About" referring to time corresponds to *vers*:

Je vous rencontrerai vers la fin du mois.
I will meet you about the end of the month.

4. "About" referring to numbers corresponds to *environ* or numerical expressions ending in *-aine*:

La classe comportait environ vingt étudiants.
The class had about twenty students.
Il y a une vingtaine d'étudiants dans la classe.
There are about twenty students in the class.

5. Notice the following uses:

Il ne comprend rien à l'histoire.	*He understands nothing about the story.*
Il m'interrogea sur mon examen.	*He asked me about my examination.*

6. "About" is often translated by *à propos de, au sujet de*:

Qu'avez-vous entendu à propos de mon voyage?
What have you heard about my trip?

AFTER

1. "After" most often corresponds to *après*:

Il est entré après moi.	*He came in after me.*

2. "After" sometimes corresponds to *au bout de*:

Au bout d'un mois il allait mieux.	*After a month he was feeling better.*

AMONG

1. "Among" corresponds most often to *parmi*:

Parmi les visiteurs il reconnut Don Juan.
Among the visitors he recognized Don Juan.

2. "Among" sometimes corresponds to *entre*:

Après le vol ils se querellèrent entre eux.
After the robbery they quarreled among themselves.

AS

"As" most often corresponds to *en*:

Il est déguisé en prince.	*He is disguised as a prince.*
Vous voyez la chose en prêtre.	*You see the matter as a priest (would).*

Il regarde le monde en (comme un) simple spectateur.
He looks at the world as a mere spectator.

AT

1. "At" most often corresponds to *à*:

Quelqu'un est à la porte.	*Someone is at the door.*
Il est au café.	*He is at the cafe.*

2. "At" sometimes corresponds to *en*, and less frequently to *sur*:

en mer: at sea

Il se trouvait tout seul en pleine mer.	*He was all alone out at sea.*

en même temps: at the same time

En même temps, il était tout mouillé.	*At the same time, he was all wet.*

sur un signe, (un mot) de: at a sign (a word) from
Sur un signe (un mot) d'Yvonne, j'ai fermé mon livre.
At a sign from Yvonne, I closed my book.

3. *Chez* corresponds to "at" and "to":

Je passe mes vacances chez mes parents.
I spend my vacation at my parents' house.
Je vais chez le dentiste cet après-midi.
I am going to the dentist this afternoon.

BECAUSE OF

"Because of" corresponds to *pour* or *à cause de*:

Je l'ai épousé pour (à cause de) son argent.
I married him for (because of) his money.

BEFORE

"Before" corresponds to *avant* (when referring to time) and to *devant* (when referring to place):

Je ne partirai pas avant samedi.	*I will not leave before Saturday.*

Il me traita de menteuse devant mes amis.
He called me a liar in front of my friends.

BEHIND
"Behind" is translated by *derrière* or *sous*:

Il était derrière moi.	*He was behind me.*
Que cachait-il sous ce sourire?	*What was he hiding behind that smile?*

BETWEEN
"Between" is translated by *entre*:

Je mets une tranche de viande entre deux morceaux de pain, et voilà mon repas, dit l'Earl de Sandwich.
I put a slice of meat between two pieces of bread, and that's my meal, said the Earl of Sandwich.

BY
1. "By" usually corresponds to *par*:

La maison a été construite par mon frère.	*The house was built by my brother.*

Note: In a passive construction indicating a state rather than an action, "by" is translated by *de*: *La ville est entourée d'un mur* (see Section XXIV).

2. "By" sometimes corresponds to *à* or *de*:

un à un: one by one
Un à un tous mes frères se sont mariés.
One by one all my brothers got married.

pas à pas: step by step
Pas à pas on va bien loin.
Step by step one can go far.

côte à côte: side by side
Mettez-vous côte à côte près du mur.
Put yourselves side by side near the wall.
Je l'ai reconnu à sa voix (à son allure).
I recognized him by his voice (by his walk).
Je le connais de vue.
I know him by sight.

3. Notice the following equivalents:

Promenons-nous en auto (en bateau).	*Let's travel by car (by boat).*
But: à bicyclette	
Il était assis auprès de (près de) la fenêtre.	*He was sitting by the door.*

DURING

"During" is translated by *pendant* or *durant*:

Pendant (durant) la matinée   *During the morning I teach.*
j'enseigne.

FOR

"For" usually corresponds to *pour*, but with expressions of time it is translated by *pendant* or *depuis*.

Elle l'a fait pour lui.   *She did it for him.*
Je suis ici depuis trois jours.   *I have been here for three days.*

FROM

1. "From" corresponds most often to *de*:

J'ai reçu une lettre de ma mère.   *I received a letter from my mother.*

Note: To express the idea "from...to" and "from...on," use *depuis...jusqu'à* and *à partir de*:

Un tapis persan recouvrait le parquet depuis le bureau jusqu'à la porte.
A Persian rug covered the floor from the desk to the door.
A partir de maintenant je ne t'aime plus.
From now on I don't love you any more.

2. Notice the following expressions:

à ce qu'il dit: from what he says
A ce qu'il dit, Paris est la plus belle ville du monde.
From what he says, Paris is the most beautiful city in the world.

à ce que j'ai entendu dire: from what I have heard
Un voyage à San Francisco vaut la peine, à ce que j'ai entendu dire.
A trip to San Francisco is worth the effort, from what I have heard.

du côté de: from (or in) the direction of
Les cris venaient du côté de l'école.
The shouts were coming from the direction of the school.

d'après ce que j'ai ai lu: according to what I have read
Il est clair, d'après le compte rendu que j'ai lu, que ce livre est utile.
It is clear, from the review I read, that this book is useful.

EXERCISE

Traduisez les mots entre parenthèse:

1. (*I was about to*) lui confesser mon amour lorsque son ami est arrivé.

2. Il (*asked me about*) les dernières nouvelles politiques.

3. L'amour vient (*after*) le mariage.

4. Il m'a (*spoke about*) son dernier livre.

5. Bibi, the Haitian man, (*was dreaming about*) le gros poisson.

6. (*About how many*) étudiants sont malades aujourd'hui?

7. Horace figurait (*among*) les combattants.

8. Il est allé au bal masqué déguisé (*as a professor*).

9. Ils se partagèrent le butin (*among themselves*).

10. Je viens de lire une excellente critique (*about*) votre dernier livre.

11. Ils avaient (*heard about*) la fin du monde.

12. Il parlait (*as an expert*): il avait déjà volé dix banques.

13. (*After*) trois jours il en avait assez.

14. (*About twenty*), voilà ce qu'il nous faut.

15. L'assassin parut (*before*) le juge.

16. Ils moururent presque (*at the same time*).

17. Je te prie de m'excuser, mais j'étais (*at*) la bibliothèque.

18. (*Behind*) cette barbe se cachait un beau visage hindou.

19. La théorie du naturalisme a été édifiée (*by*) Zola.

20. Quelqu'un est (*at*) la porte.

21. (*Because of*) sa dépendance elle le détestait.

22. (*Behind*) la porte il y avait un cadavre!

23. Il y a un restaurant (*between*) la boucherie chevaline et le tripier.

24. Je l'aimais surtout (*because of*) ses beaux yeux.

25. (*Before*) de parler, tourne ta langue sept fois dans ta bouche.

26. Lorsqu'on est (*at sea*) il n'y a jamais grand'chose à faire.

27. J'aimais passer mes après-midi (*at Mimi's*).

28. (*During*) la semaine je dors.

29. La table est recouverte (*by*) une nappe.

30. Si je ne le reconnais pas (*by*) sa voix, je le reconnaîtrai (*by sight*).

31. (*From this moment on*) vous n'êtes plus mon ami.

32. (*From what*) j'ai entendu dire, M. Smith est malhonnête.

33. (*One by one*) ils furent fusillés.

34. Je le respectais (*for*) ses qualités d'esprit.

35. Ce livre (*by*) Proust est fascinant.

36. Il aimait voir (*go by*) les gens.

37. Ne l'avez-vous pas vu assis (*by*) la porte lorsque vous êtes entré?

38. Jeanne a reçu des fleurs (*from*) son père.

39. (*From*) ma maison (*to*) l'université il y a quatre kilomètres.

40. Je vais me rendre en Amérique (*by boat*).

IN

1. "In" usually corresponds to *dans* when it means *à l'intérieur de* or *au bout de*:

   Dans ma chambre il y a quatre   *In my room there are four cats.*
   chats.
   Ils vont se marier dans trois jours. *They are getting married in three days.*

2. In matters of general direction, "in" corresponds to *à*:

   Je le retrouverai à la gare.   *I will meet him at (in) the station.*
   (To specify that *"inside"* is meant, use *à l'interieur de*.)

3. Referring to parts of the body and clothing, "in" corresponds to *à*:

   Il avait un couteau **à** la main.   *He had a knife **in** his hand.*

4. "In" with the superlative corresponds to *de* (see VII, G, 2).

5. Notice these equivalents of "in" with time of day and the seasons:

   sept heures *du* matin   *en* été, *en* automne, *en* hiver,
   deux heures *de l'*après-midi   *au* printemps
   neuf heures *du* soir.

6. For expressing manner, "in" corresponds to *d'une manière* plus adjective:

   Il m'a répondu d'une manière désagréable.
   He answered me in an unpleasant way.

7. To express duration, "in" corresponds to *en*:

   On peut voyager de Paris à San Francisco **en** six heures.
   *One can travel from Paris to San Francisco **in** six hours.*

   Note: dans is used to indicate that an action will begin at the end of a period of time.

   Je pars pour San Francisco dans six heures.
   I am leaving for San Francisco in six hours.

8. When "in" means "out of" with numbers, it corresponds to *sur*:

   Un sur cent n'a pas réussi.   *One in a hundred did not succeed.*

9. Notice the following expressions:

   au jardin, au salon, au champ; *in the garden, living room, field*
   à mon avis: *in my opinion*
   du côté de la gare: *in the direction of the station*

de nos jours, de mon temps: *in our day, in my time*
du temps de: *in the time of*

INTO
"Into" corresponds to *dans*:

Nous sommes tombées dans le piège.　　*We fell into the trap.*

Note: With the verb *changer*, use *en*:

A minuit cette citrouille se changera en carrosse doré.
At midnight this pumpkin will change into a gilded coach.

NEAR
"Near" coresponds in general to *près de*:

Il est près de moi.　　　　　　*He is near me.*

ON
1. "On" corresponds most often to *sur*:

Il avait posé des fruits sur la table.　*He had put some fruit on the table.*

Note: With dates, French uses no preposition:

Elle est née le 14 août.　　　　*She was born August 14th.*

2. Notice the following use:

dans la rue　　　　　　　　　*on the street*

Note: The preposition is omitted in addresses:

J'habite 7, rue de la Huchette.

3. Notice the following expressions:

par un beau jour d'été: *on a beautiful summer day*
par terre: *on the ground, on the floor*
à mon arrivée: *on my arrival*
à cheval, à pied: *on horse, on foot*
à genoux: *on one's knees*

OUT OF
"Out of" is usually translated by *dans* or *par*:

Il prit un petit objet dans sa poche.
He took a small object out of his pocket.

par politesse: out of politeness
Il a accepté par politesse.
He accepted out of politeness.

par la fenêtre: out of the window
Elle a jeté le bouquet de fleurs par la fenêtre.
She threw the flowers out of the window.

OUTSIDE OF

"Outside of" corresponds to *hors de* or *en dehors de*:

Il demeura hors de (en dehors de) Paris.   *He lived outside of Paris.*

EXERCISE

Traduisez les mots entre parenthèse:

1. (*In*) quelques mots, je ne puis vous résumer la situation.

2. (*In the*) temps de Louis XIV, les hommes étaient plus galants.

3. (*In*) mon avis, sa maison se trouve (*in the direction*) de la gare.

4. Six femmes (*in a*) cent portent des perruques.

5. Il répondait toujours (*in a*) façon agaçante.

6. Tokyo est la plus grande ville (*in the*) monde.

7. J'ai trouvé mon mari (*in the*) restaurant.

8. J'ai un livre (*in*) ma poche.

9. Il avait une cigarette (*in*) la bouche.

10. Je me lève toujours à quatre heures (*in the*) matin.

11. Ils étaient allés de New York à Baltimore (*in*) trois heures.

12. Quelle est la plus grande rue (*in*) Paris?

13. Nous allons nous asseoir (*in*) l'ombre.

14. L'inauguration se fit (*in the presence of the*) président de la République.

15. Les bombes tombèrent (*outside of*) la ville.

16. Il prit un canif (*out of*) sa poche.

17. (*On my arrival*) tous se turent.

18. Posez cette caisse (*on the floor*).

19. Un homme me suivait (*in*) la rue.

20. Il posa le bébé doucement (*on*) la table.

21. Elle fut changée (*into a*) citrouille.

22. (*In our country*) on mange beaucoup trop.

23. Il tomba (*out of*) la fenêtre (*into*) la rue.

24. Mettez-vous (*near*) moi.

25. Je le verrai (*on December 27th*).

26. Il fit sa rencontre (*on a sunny day*).
27. Il a fait tout ce chemin (*on foot*).
28. Il ne regardait malheureusement pas (*on this side*).
29. Ils l'avaient recueillie (*out of*) gentillesse.
30. (*I was unhappy in Paris.*)

SINCE

The preposition "since" (meaning *from...on*) corresponds to *depuis*:

> Je vous attends depuis trois heures du matin.
> *I have been waiting for you since three o'clock in the morning.*

Depuis que translates the conjunction "(ever) since."

> Depuis qu'il est venu je me porte mieux.   *Ever since he came, I feel better.*

Note: Do not confuse the conjunction "since" (meaning "because"), which corresponds to *puisque* or *parce que*.

TO

1. "Toward" corresponds most often to *à*:

> Il va à Paris.   *He is going to Paris.*

2. Referring to emotions or attitudes, "to" corresponds to *pour* or *envers*:

> Soyez bon pour (envers) les animaux.   *Be kind to animals.*

3. Notice the following use:

> La route de Paris est très encombrée le dimanche soir.
> *The road to Paris is very crowded on Sunday nights.*

TOWARD

1. "Toward" corresponds to *vers* in directions:

> Le navire se dirigea vers le port.   *The ship went toward the port.*

2. "Toward" corresponds to *envers* in feelings or social relations, but not in physical direction.

> Nos devoirs envers la société ne doivent pas être négligés.
> *Our duties toward society should not be neglected.*

UNDER

"Under" corresponds to *sous*:

> Le chat est sous la table.   *The cat is under the table.*

UNTIL

"Until" corresponds to *avant* or *jusqu'à*:

> Je ne la verrai pas avant six heures.   *I will not see her until six o'clock.*
> Jusqu'au jour de leur libération ils ne cesseront pas de souffrir.
> *Until the day of their release, they will not stop suffering.*

WITH

1. "With" corresponds to *avec*:

> Il partit en vacances avec sa sœur.   *He left on a vacation with his sister.*

Note: Sometimes, as in English, the preposition is omitted:

> Il est arrivé, un sourire aux lèvres.   *He came, (with) a smile on his lips.*

2. Notice the following constructions:

> J'aime la fille aux cheveux d'or.   *I love the girl with the golden hair.*
> La tête basse, il entra dans la   *With his head lowered, he entered*
> salle.   *the room.*

3. Notice the following expressions:

> d'une main tremblante: *with a trembling hand*
> de tout mon cœur: *with all my heart*
> de toutes mes forces: *with all my strength*

WITHOUT

"Without" corresponds to *sans*:

> Ils iront à Brest sans vous.   *They will go to Brest without you.*

B. OTHER PREPOSITIONAL EXPRESSIONS

> un jeune homme de vingt à vingt-deux ans: *a young man of 20 or 22*
> au besoin: *in a pinch (if needs be)*
> à la rigueur: *in a pinch*
> à regret: *regretfully*
> à mon avis: *in my opinion*
> à vrai dire: *to tell the truth*
> au secours! *help!*
> frapper du pied, battre des mains, cligner des yeux: *to stamp, to clap,*
> *to blink*
> j'en ai pour deux heures: *it will take me two hours*
> revenir sur ses pas: *to retrace one's steps*
> sous peu: *shortly*
> par suite de ces malheurs: *as a result of these misfortunes*

EXERCISES

Traduisez les mots entre parenthèse:

1. Il n'y a pas de fumée (*without*) feu.
2. On appelait aussi Charlemagne: l'Empereur (*with*) la barbe fleurie.
3. Prenez-vous votre café (*with*) du sucre?
4. Je ne pourrais pas envoyer ce paquet (*until*) demain.
5. Ils fuyaient tous (*toward*) la mer.
6. Nous avons eu une panne (*on*) route (*to*) Paris.
7. Irez-vous (*to*) Calcutta?
8. (*Since*) mon arrivée, il ne fait que pleuvoir.
9. (*Ever since*) vous êtes ici, je suis bien malheureuse.
10. (*Since*) il a dit la vérité, je suis d'accord.
11. Ne soyez pas cruel (*to*) votre belle-mère.
12. (*Under*) cette pile de papiers tu trouveras cinq dollars.
13. (*Until*) le moment de sa mort il a refusé de se repentir.
14. Etes-vous fâché (*with*) moi?
15. (*With*) tout mon cœur et (*with*) toutes mes forces je te défends de partir.
16. Je ferai ce travail pour vous (*if need be*).
17. Connais-tu Marie-Thérèse et Marie-Cécile? Ce sont de jolies petites filles (*of nine to eleven*).
18. Je reverrai (*shortly*) fumer la cheminée de ma maison natale.
19. (*If need be*) on peut se servir de sucre au lieu de sel.
20. Ne vous impatientez pas. (*It will take me 10 or 15 minutes.*)

C. Certain frequently used verbs in English, e.g. *get, carry,* require a more precise expression in French.

EXERCISES

Traduisez les phrases suivantes en faisant attention aux mots en italique:

A. 1. Exemple: I am *getting off* at the next stop. Je descends au prochain arrêt.
    2. He *got away* before I could speak to him.
    3. He *got* all his money *back*.
    4. *Get down* on your knees!
    5. *Get on* the chair and fix the window.
    6. *Get out* of this house!
    7. He knows how to *get around*.
    8. He *got through* the crowd and finally *got to* the pre-enrollment room.

9. I usually *get up* at 8 o'clock. She *goes to bed* late.

10. Why don't we *get together* on Sunday?

B. 1. Exemple: "*Come in*," said the spider to the fly. — Entrez! dit l'araignée à la mouche.

2. Have you *come across* my book?

3. Good night, and *come again*.

4. His suitcase fell down the stairs and *came apart*.

5. *Come back*, I still love you.

6. *Come down* for breakfast at 6 o'clock.

7. *Come forward* and confess your crime.

8. *Come on* boys! Where is your spirit?

9. *Come out* of the house!

10. Bad dog. *Come over* here!

C. 1. Exemple: *Go after* her; she forgot her purse. — Rattrape-la; elle a oublié son sac.

2. *Go away* from my window.

3. *Go back* home, you are not needed any more.

4. I love to watch the people *go by*.

5. He *went through* the window and broke his arm.

6. I would like *to go to* the movies with you tonight.

D. 1. Exemple: *Take* the picture *down* from the wall. — Décrochez le tableau du mur.

2. He *took up* the piano last year.

3. Enough of this foolishness, *take off* your clothes!

4. *Take* me *out* to the ball game.

5. His wife made his life miserable and he *took to* drinking.

6. *Take* your hands *off* me!

7. *Take* me in your arms.

8. Let's *take* a walk.

9. *Take up* this dress. (Use « raccourcir »)

E. 1. Exemple: *Give* me *back* what you took from me. — Rendez-moi ce que vous m'avez pris.

2. *Give* me your word.

3. He had too many cars so he *gave* one *away*.

4. Don't *give up* French.

5. He *gave up* the idea of ever seeing her again.

F.   1. Exemple: Does your car *work?* — Votre voiture marche-t-elle?

      2. My father *works* day and night.

      3. *Call* me *up* tonight.

      4. She *called out* the window, "Help!"

      5. *Call* the waiter.

G.   1. Exemple: *Bring* it to me. — Apportez-le-moi.

      2. This *brought* tears to his eyes.

      3. *Bring* him *along* too!

      4. Did you *get* the groceries?

      5. He *got* ten years in prison.

      6. He *got* her to open the window.

      7. Go *get* your hat.

H.   1. Exemple: I was *carried away* by the opera. — J'étais enthousiasmé (transporté de joie) par l'opéra.

      2. He *carried* a load of furniture to the dump.

      3. *Carry* your head high.

      4. *Carry on!*

XXVI. Prepositions (continued)

A. PREPOSITIONS WITH CORRESPONDING CONJUNCTIONS

In the preceding section, a list of the most commonly used prepositions was given. The corresponding conjunctions for some of these prepositions are listed here. Conjunctions marked with an asterisk use the subjunctive (see §XXII, B).

Preposition		*Conjunction*
afin de	*in order to, so that*	*afin que
après	*after*	après que
avant de	*before*	*avant que
à cause de	*because*	parce que
à condition de	*providing*	*à condition que
de crainte de	*for fear*	*de crainte que
depuis	*since*	depuis que
jusqu'à	*until*	*jusqu'à ce que
malgré	*in spite of*	*malgré que
à moins de	*unless*	*à moins que
de peur de	*for fear*	*de peur que
pour	*for, so that*	*pour que
sans	*without*	*sans que

Coordinating conjunctions are used to unite two words, two groups of words, two clauses, and even two sentences:

Il était beau *et* jeune.

Subordinating conjunctions are used to unite two clauses:

Je ne lui adresserai pas la parole *parce qu'*il me déplaît.

EXERCISE

Traduisez les mots entre parenthèse.

1. On a défendu à Jean de sortir (*because*) il ne voulait pas faire son travail.
2. Yvonne l'a fait (*in spite of*) les conseils de sa mère.
3. N'oubliez pas de dire « au revoir » à vos copains (*before*) partir.
4. Il a bien étudié sa leçon (*because*) il voulait plaire à son professeur.
5. Que personne ne parle (*before*) je ne lui aie donné la permission.
6. Soyez gentil et faites cela (*for*) moi.
7. Il préfère son café (*without*) sucre.
8. C'est seulement (*because of*) vous que nous avons fait construire cette maison.
9. François fut tué (*before*) il n'ait eu le temps de mettre son chapeau.
10. Il le fait (*so that*) elle l'aime.
11. Elle est partie (*without*) je le sache.
12. Je n'en ai rien dit (*for fear*) elle ne soit triste.
13. (*Since*) ton départ, tout le monde attend ton retour.
14. (*Until*) vous me disiez la vérité, je refuse de vous parler.
15. Qu'avez-vous fait (*since*) vous êtes en France?
16. (*After*) avoir dit cela, il a donné un coup de pied à son chien.
17. Je veux que tu m'accompagnes, (*unless*) tu n'aies quelque chose à faire.
18. Il refusa de se présenter à l'examen (*for fear*) ne pas réussir.
19. Achetez-lui un bouquet de roses (*so that*) elle soit contente.
20. Je t'aime (*because*) tu m'aimes.

B. PREPOSITIONS FOLLOWED BY PRONOUNS

In English, prepositions can be followed by pronouns referring either to persons or to things:

*There was a dog in front of John. There was a dog in front of **him**.*
*Put the book on the table. Put the book on **it**.*

In French, however, only pronouns referring to persons can follow prepositions. When the English pronoun refers to *a thing*, French usually uses *an adverb and leaves the pronoun unexpressed*:

> Il y avait un chien devant Jean. Il y avait un chien devant lui.
> Mettez le livre sur la table. Mettez le livre (là)-dessus.

Study the following examples, in which French adverbs alone replace what in English would be prepositions and pronouns referring to things. Notice that this construction most often is used when the preposition and noun have just been mentioned:

J'ai trouvé mon livre dans le sac.	J'ai mis mon livre sur le cahier.
I found my book in the bag.	J'ai mis mon livre dessus.
J'ai trouvé mon livre dedans.	
I found my book in it.	
J'ai mis mon livre sur la table.	J'ai trouvé mon livre sous la table.
J'ai mis mon livre (là-)dessus.	J'ai trouvé mon livre dessous.
J'ai mis le chat devant la porte.	J'ai mis le balai derrière la porte.
J'ai mis le chat devant.	J'ai mis le balai derrière.
Mettez le verbe après le sujet.	Mettez de l'herbe autour de la maison.
Voilà le sujet, mettez le verbe après.	Mettez de l'herbe tout autour.
Il y avait un arbre à côté de la maison.	Il y avait un arbre près de la maison.
Il y avait un arbre à côté.	Il y avait un arbre tout près.

EXERCISE

In the following sentences insert the appropriate prepositions, pronouns or adverbs.

1. Asseyez-vous à côté de votre frère. Asseyez-vous _____.

2. Mettez du lait dans le café. Mettez du lait _____.

3. Cachez vos sabots derrière la porte. Cachez-vos sabots _____.

4. Versez de l'eau sur Jacques. Versez de l'eau _____.

5. Pierre sort toujours après sa sœur. Pierre sort toujours _____.

6. Mettez la perruque sur la table. Mettez la perruque _____.

7. Quand le professeur entrera, tu pourras cacher le morceau de papier sous le livre. Quand le professeur entrera, tu pourras cacher le morceau de papier _____.

8. Le pauvre petit garçon est tombé devant sa maison. Le pauvre petit garçon est tombé _____.

9. Trois chiens couraient autour de Marie. Trois chiens couraient _____.

10. Elle tomba dans les bras de l'homme près de Jean-Paul. Elle tomba dans les bras de l'homme _____.

11. J'ai vu cet homme près de la rivière. L'homme que j'ai vu était _____.

12. Lancez la bombe derrière Jean. Lancez la bombe _____.

13. Est-ce un poignard que je vois devant Macbeth, le manche tourné vers sa main? Est-ce un poignard que je vois _____?

14. N'oubliez pas de mettre des chaises autour de la table. N'oubliez pas de mettre des chaises _____.

15. La salle de bain est à côté de ma chambre. La salle de bain est _____.

C. Uses of the preposition *à*

1. The following verbs require the preposition *à* to introduce an infinitive:

aider à	*to help to*
aimer à*	*to like to*
amener à	*to bring to*
s'amuser à	*to enjoy (doing)*
s'appliquer à	*to apply oneself to*
apprendre à	*to learn to*
s'apprêter à	*to get ready to*
arriver à	*to manage to*
s'attendre à	*to expect to*
avoir à	*to have to*
chercher à	*to try to*
commencer à	*to begin to*
condamner à	*to sentence to*
conduire à	*to lead to*
se consacrer à	*to devote oneself to*
consentir à	*to consent to*
continuer à	*to continue to*
décider à	*to persuade to*
se décider à	*to decide to*
se disposer à	*to take steps to*
encourager à	*to encourage to*
engager à	*to urge to*
enseigner à	*to teach to*
s'exposer à	*to expose oneself to*
forcer à	*to force to*
habituer à	*to accustom to*
s'habituer à	*to get used to*
hésiter à	*to hesitate to*
s'intéresser à	*to be interested in*

---

* *Aimer* can also be followed directly by an infinitive (see E): *j'aime faire du ski; j'aimerais rester ici*; etc.

inviter à	*to invite to*
se mettre à	*to begin to*
obliger à	*to oblige to*
s'occuper à	*to busy oneself with*
parvenir à	*to succeed in*
passer son temps à	*to spend one's time*
pousser à	*to urge to*
prendre plaisir à	*to take pleasure in*
renoncer à	*to renounce*
se résoudre à	*to make up one's mind to*
rester à	*to remain*
réussir à	*to succeed in*
servir à	*to serve to*
songer à	*to think of*
suffire à	*to suffice to*
tarder à	*to be long in*
tenir à	*to be anxious to, insistent on*
viser à	*to aim at*

2. The following adjectives, take the preposition *à* when they introduce an infinitive:

bon à	*good to, for*	mauvais à	*bad to, for*
dernier à	*last to*	prêt à	*ready to*
difficile à	*hard to*	prompt à	*quick to, ready to*
facile à	*easy to*	propre à	*appropriate to, fit for*
léger à	*light to*	seul à	*only one to*
lent à	*slow to*	utile à	*useful for*
lourd à	*heavy to*	premier, deuxième...à	*first, second...to*

D. Uses of the preposition *DE*

1. The following verbs require the preposition *de* to introduce an infinitive:

accuser de	*to accuse of*
achever de	*to finish*
s'apercevoir de	*to notice*
s'arrêter de	*to stop*
s'aviser de	*to take it into one's head to*
cesser de	*to cease*
charger de	*to charge with*
choisir de	*to choose to*
commander de	*to order to*
conseiller de	*to advise to*
se contenter de	*to be satisfied with*
convaincre de	*to convince to*
convenir de	*to agree to*

craindre de	*to fear to*
crier de	*to shout to*
décider de	*to decide to*
dédaigner de	*to disdain to*
défendre de	*to forbid to*
demander de	*to ask to*
se dépêcher de	*to hurry to*
dire (à quelqu'un) de	*to tell (someone) to*
se douter de	*to suspect of*
écrire (à quelqu'un) de	*to write (someone) to*
s'efforcer de	*to strive to*
empêcher de	*to prevent from*
entreprendre de	*to undertake to*
essayer de	*to try to*
s'étonner de	*to be astonished at*
éviter de	*to avoid*
s'excuser de	*to apologize for*
se fatiguer de	*to be tired of*
finir de	*to finish*
forcer de	*to force to* (je suis forcé de…, *but* forcer quelqu'un à)
se garder de	*to take care not to*
gêner de	*to embarrass (requires an impersonal construction:* ça me gêne de…*)*
s'impatienter de	*to be impatient to*
interdire de	*to forbid to*
jouir de	*to enjoy*
manquer de	*to narrowly miss (to almost —)*
menacer de	*to threaten to*
mériter de	*to deserve to*
se moquer de	*to make fun of*
mourir de	*to die from (requires the perfect infinitive)*
négliger de	*to neglect to*
s'occuper de	*to take charge of*
offrir de	*to offer to*
ordonner de	*to order to*
oublier de	*to forget to*
parler de	*to talk of, about*
se passer de	*to do without*
permettre de	*to permit to*
persuader de	*to persuade to*
plaindre de	*to pity for*
se plaindre de	*to complain of*
prier de	*to beg to*
promettre de	*to promise to*
proposer de	*to propose to*
punir de	*to punish for*
refuser de	*to refuse to*

regretter de	*to regret to*
remercier de	*to thank for*
reprocher de	*to reproach for*
résoudre de	*to resolve to*
risquer de	*to risk*
souffrir de	*to suffer from*
se souvenir de	*to remember to*
tâcher de	*to try to*

3. The following adjectives use *de* before an infinitive:

capable de	*capable of*	digne de	*worthy of*
certain de	*certain of*	fatigué de	*tired of*
content de	*happy to*	heureux de	*happy to*
coupable de	*guilty of*	libre de	*free to*
curieux de	*curious to*	sûr de	*sure to*

4. The following expressions also use *de* before an infinitive:

avoir besoin de	*to need to*	courir le risque de	*to run the risk of*
avoir peur de	*to be afraid to*		
avoir tort de	*to be wrong to*	faire semblant de	*to pretend to*
avoir l'intention de	*to intend to*	il est temps de	*it is time to*

5. Other uses of the preposition *de*:

   a. With *quelque chose de, rien de,* etc.

      Il n'a rien dit d'intéressant.

   b. With the passive

      La route était bordée de fleurs.

   c. With the superlative, *de* translates English *in.*

      La plus petite maison de la ville.

   d. With a number in comparisons:

      Je l'ai vu plus de trois fois à Paris.

   e. In the following idomatic expressions:

      (1) Where **de** translates the English *from:*

         d'aujourd' hui en huit   *a week from today*

(2) Where *de* expresses manner, the way of doing something (English usually uses *with* in these cases):

> Ma mère me regarde d'un air bizarre.
> *My mother is staring at me with a strange look.*

> Vous ne devriez pas courir de la sorte.
> *You shouldn't run like that.*

E. NO PREPOSITION BEFORE AN INFINITIVE

The verbs listed below are followed directly by the infinitive, without a preposition:

aimer	*to like*
aimer mieux	*to prefer*
aller	*to go, to be about to*
assurer	*to assure*
avoir beau	*to do in vain*
j'ai beau crier	*it's no use my shouting*
compter	*to expect, to intend*
croire	*to believe*
daigner	*to deign to*
désirer	*to desire*
devoir	*to have to*
écouter	*to listen to*
entendre	*to hear*
envoyer	*to send*
espérer	*to hope*
falloir (*il* faut)	*to be necessary (one must ———)*
s'imaginer	*to imagine*
laisser	*to let*
mener	*to lead*
mettre	*to place, to put*
monter	*to go up*
oser	*to dare*
paraître	*to appear*
penser	*to think*
pouvoir	*to be able to*
préférer	*to prefer*
prétendre	*to claim*
se rappeler	*to remember*
reconnaître	*to recognize*
regarder	*to look at*
rentrer	*to go home*
retourner	*to return*
revenir	*to come back*
savoir	*to know (how to)*

sembler	to seem
sentir	to feel
souhaiter	to wish
supposer	to suppose
valoir mieux	to be better
venir	to come
voir	to see
voler	to fly
vouloir	to want to

F. Uses of the preposition *EN*

1. In general, *en* is less precise than *dans*:

   Je suis allé le voir en prison.
   Je suis allé le voir dans la prison que vous connaissez.

2. To express *to, in,* or *into* with a feminine country, French uses *en*:

   en France, en Angleterre

   Note: With masculine countries, French uses *au*:

   au Canada, au Mexique

3. With three seasons of the year *en* is used:

   en été, en automne, en hiver
   But: au printemps

   Note: When *en* is followed by a noun, no article is used. Note the following exceptions, however:

   en l'honneur de
   en l'absence de
   en l'air

EXERCISES

Mettez la préposition convenable s'il en faut une:

A. 1. Donnez-leur quelque chose _____ manger.

    2. Demandez _____ Monsieur _____ s'asseoir.

    3. Je veux _____ sortir.

    4. C'est une chose _____ voir.

    5. Il a peur _____ tomber.

    6. Le docteur lui a conseillé _____ ne plus quitter la maison.

7. Je lui ai dit _____ m'écrire.

8. Avez-vous le temps _____ étudier?

9. Jacques aime _____ se promener en voiture.

10. Qu'a-t-il décidé _____ acheter?

11. Essayer _____ manger.

12. Vous paraissez _____ vous amuser.

13. Il préfère _____ parler.

14. Vous souvenez-vous _____ m'avoir dit cela?

15. Il doit _____ aller à Paris.

16. J'avais tort _____ me plaindre.

17. Il s'agit _____ faire des courses.

18. Il n'y a plus rien _____ faire chez nous.

19. J'ai appris très vite _____ bien parler français.

20. Je voudrais _____ te parler français.

B. 1. Ce travail est très difficile _____ faire.

2. Etes-vous capable _____ finir ce soir?

3. Il riait pour faire semblant _____ ne pas pleurer.

4. Marie est toujours la première _____ faire son devoir.

5. Vous avez tort _____ vouloir toujours parler d'elle.

6. Avez-vous jamais voyagé _____ Algérie?

7. Allez dire _____ Jean-Pierre, qui est _____ le salon que je serai là _
   deux minutes.

8. J'aime _____ me promener _____ cheval.

9. Si vous voulez _____ parler, parlez _____ voix basse.

10. Ce livre est _____ moi, mais je vais le donner _____ Tessa.

11. Connaissez-vous cette jeune fille _____ yeux bleus?

12. Mais, ma machine _____ écrire ne marche plus.

13. _____ vrai dire, c'est Jean-Paul qui aurait dû _____ le faire.

14. Je n'ai rien vu _____ intéressant depuis mon arrivée.

15. La maison est entourée _____ fleurs.

16. Est-ce Tokyo ou Londres qui est la plus grande ville _____ monde?

17. Vous ne devez jamais parler _____ cette façon.

18. _____ printemps, je commence _____ travailler _____ jardin.

19. J'ai plus _____ six lapins.

20. Soyez polis! Ne mangez pas _____ la sorte!

CONJUGAISONS MODÈLES

> A. Les verbes **être** et **avoir**
> B. Verbes réguliers
> C. Verbes irréguliers

A. Les verbes **être** et **avoir**

INDICATIF

Présent		*Futur*		*Imparfait*	
être	**avoir**	**être**	**avoir**	**être**	**avoir**
je suis	j' ai	je serai	j' aurai	j' étais	j' avais
tu es	tu as	tu seras	tu auras	tu étais	tu avais
il / elle est	il / elle a	il / elle sera	il / elle aura	il / elle était	il / elle avait
nous sommes	nous avons	nous serons	nous aurons	nous étions	nous avions
vous êtes	vous avez	vous serez	vous aurez	vous étiez	vous aviez
ils / elles sont	ils / elles ont	ils / elles seront	ils / elles auront	ils / elles étaient	ils / elles avaient

Passé composé	*Futur antérieur*	*Plus-que-parfait*
être / avoir	**être / avoir**	**être / avoir**
j' ai été / eu	j' aurai été / eu	j' avais été / eu
tu as été / eu	tu auras été / eu	tu avais été / eu
il / elle a été / eu	il / elle aura été / eu	il / elle avait été / eu
nous avons été / eu	nous aurons été / eu	nous avions été / eu
vous avez été / eu	vous aurez été / eu	vous aviez été / eu
ils / elles ont été / eu	ils / elles auront été / eu	ils / elles avaient été / eu

PARTICIPES

Présent		*Passé*	
être	**avoir**	**être**	**avoir**
étant	ayant	été	eu

IMPÉRATIF

être	**avoir**
sois	aie
soyons	ayons
soyez	ayez

CONDITIONNEL

Présent		*Passé antérieur*
être	**avoir**	**être** / **avoir**
je serais	j' aurais	j' aurais été / eu
tu serais	tu aurais	tu aurais été / eu
il / elle serait	il / elle aurait	il / elle aurait été / eu
nous serions	nous aurions	nous aurions été / eu
vous seriez	vous auriez	vous auriez été / eu
ils / elles seraient	ils / elles auraient	ils / elles auraient été / eu

SUBJONCTIF

Présent		*Passé*
être	**avoir**	**être** / **avoir**
que je sois	que j' aie	que j'aie été / eu
que tu sois	que tu aies	que tu aies été / eu
qu'il / elle soit	qu'il / elle ait	qu'il / elle ait été / eu
que nous soyons	que nous ayons	que nous ayons été / eu
que vous soyez	que vous ayez	que vous ayez été / eu
qu'ils / elles soient	qu'ils / elles aient	qu'ils / elles aient été / eu

Temps littéraires

INDICATIF		SUBJONCTIF	
Passé simple		*Imparfait*	
être	**avoir**	**être**	**avoir**
je fus	j' eus	que je fusse	que j' eusse
tu fus	tu eus	que tu fusses	que tu eusses
il / elle fut	il / elle eut	qu'il / elle fût	qu'il / elle eût
nous fûmes	nous eûmes	que nous fussions	que nous eussions
vous fûtes	vous eûtes	que vous fussiez	que vous eussiez
ils / elles furent	ils / elles eurent	qu'ils / elles fussent	qu'ils / elles eussent

Passé antérieur	*Plus-que-parfait*
être / **avoir**	**être** / **avoir**
j'eus été / eu	que j'eusse été / eu
tu eus été / eu	que tu eusses été / eu
il / elle eut été / eu	qu'il / elle eût été / eu
nous eûmes été / eu	que nous eussions été / eu
vous eûtes été / eu	que vous eussiez été / eu
ils / elles eurent été / eu	qu'ils / elles eussent été / eu

B. Verbes réguliers

Verbes en -*er*	Verbes en -*ir*		Verbes en -*re*
INFINITIF			
parler	finir	partir	rendre
PARTICIPES			
*Présent**			
parlant	finissant	partant	rendant
Passé			
parlé	fini	parti	rendu

* Il existe aussi une forme passée du participe présent: **ayant parlé, ayant fini, étant parti, ayant rendu.**

INDICATIF			
Présent			
je parle	je finis	je pars	je rends
tu parles	tu finis	tu pars	tu rends
il / elle parle	il / elle finit	il / elle part	il / elle rend
nous parlons	nous finissons	nous partons	nous rendons
vous parlez	vous finissez	vous partez	vous rendez
ils / elles parlent	ils / elles finissent	ils / elles partent	ils / elles rendent
Futur			
je parlerai	je finirai	je partirai	je rendrai
tu parleras	tu finiras	tu partiras	tu rendras
il / elle parlera	il / elle finira	il / elle partira	il / elle rendra
nous parlerons	nous finirons	nous partirons	nous rendrons
vous parlerez	vous finirez	vous partirez	vous rendrez
ils / elles parleront	ils / elles finiront	ils / elles partiront	ils / elles rendront
Imparfait			
je parlais	je finissais	je partais	je rendais
tu parlais	tu finissais	tu partais	tu rendais
il / elle parlait	il / elle finissait	il / elle partait	il / elle rendait
nous parlions	nous finissions	nous partions	nous rendions
vous parliez	vous finissiez	vous partiez	vous rendiez
ils / elles parlaient	ils / elles finissaient	ils / elles partaient	ils / elles rendaient
Passé composé			
j' ai parlé	j' ai fini	je suis parti(e)	j' ai rendu
tu as parlé	tu as fini	tu es parti(e)	tu as rendu
il / elle a parlé	il / elle a fini	il / elle est parti(e)	il / elle a rendu
nous avons parlé	nous avons fini	nous sommes partis(es)	nous avons rendu
vous avez parlé	vous avez fini	vous êtes parti(e)(s)(es)	vous avez rendu
ils / elles ont parlé	ils / elles ont fini	ils / elles sont partis(es)	ils / elles ont rendu

INDICATIF

Plus-que-parfait

j' avais parlé	j' avais fini	j'étais parti(e)	j' avais rendu
tu avais parlé	tu avais fini	tu étais parti(e)	tu avais rendu
il / elle avait parlé	il / elle avait fini	il / elle était parti(e)	il / elle avait rendu
nous avions parlé	nous avions fini	nous étions partis(es)	nous avions rendu
vous aviez parlé	vous aviez fini	vous étiez parti(e)(s)	vous aviez rendu
ils / elles avaient parlé	ils / elles avaient fini	ils / elles étaient partis(es)	ils / elles avaient rendu

Futur antérieur

j' aurai parlé	j' aurai fini	je serai parti(e)	j' aurai rendu
tu auras parlé	tu auras fini	tu seras parti(e)	tu auras rendu
il / elle aura parlé	il / elle aura fini	il / elle sera parti(e)	il / elle aura rendu
nous aurons parlé	nous aurons fini	nous serons partis(es)	nous aurons rendu
vous aurez parlé	vous aurez fini	vous serez parti(e)(s)(es)	vous aurez rendu
ils / elles auront parlé	ils / elles auront fini	ils / elles seront partis(es)	ils / elles auront rendu

CONDITIONNEL

Présent

je parlerais	je finirais	je partirais	je rendrais
tu parlerais	tu finirais	tu partirais	tu rendrais
il / elle parlerait	il / elle finirait	il / elle partirait	il / elle rendrait
nous parlerions	nous finirions	nous partirions	nous rendrions
vous parleriez	vous finiriez	vous partiriez	vous rendriez
ils / elles parleraient	ils / elles finiraient	ils / elles partiraient	ils / elles rendraient

Passé antérieur

j'aurais parlé	j'aurais fini	je serais parti(e)	j'aurais rendu
tu aurais parlé	tu aurais fini	tu serais parti(e)	tu aurais rendu
il / elle aurait parlé	il / elle aurait fini	il / elle serait parti(e)	il / elle aurait rendu
nous aurions parlé	nous aurions fini	nous serions partis(es)	nous aurions rendu
vous auriez parlé	vous auriez fini	vous seriez parti(e)(s)(es)	vous auriez rendu
ils / elles auraient parlé	ils / elles auraient fini	ils / elles seraient partis(es)	ils / elles auraient rendu

IMPÉRATIF

parle	finis	pars	rends
parlons	finissons	partons	rendons
parlez	finissez	partez	rendez

SUBJONCTIF

Présent

que je parle	que je finisse	que je parte	que je rende
que tu parles	que tu finisses	que tu partes	que tu rendes
qu'il / elle parle	qu'il / elle finisse	qu'il / elle parte	qu'il / elle rende
que nous parlions	que nous finissions	que nous partions	que nous rendions
que vous parliez	que vous finissiez	que vous partiez	que vous rendiez
qu'ils / elles parlent	qu'ils / elles finissent	qu'ils / elles partent	qu'ils / elles rendent

SUBJONCTIF

Passé

que j'aie parlé	que j'aie fini	que je sois parti(e)	que j'aie rendu
que tu aies parlé	que tu aies fini	que tu sois parti(e)	que tu aies rendu
qu'il / elle ait parlé	qu'il / elle ait fini	qu'il / elle soit parti(e)	qu'il / elle ait rendu
que nous ayons parlé	que nous ayons fini	que nous soyons partis(es)	que nous ayons rendu
que vous ayez parlé	que vous ayez fini	que vous soyez parti(e)(s)(es)	que vous ayez rendu
qu'ils / elles aient parlé	qu'ils / elles aient fini	qu'ils / elles soient partis(es)	qu'ils / elles aient rendu

Temps littéraires

INDICATIF

Passé simple

je parlai	je finis	je partis	je rendis
tu parlas	tu finis	tu partis	tu rendis
il / elle parla	il / elle finit	il / elle partit	il / elle rendit
nous parlâmes	nous finîmes	nous partîmes	nous rendîmes
vous parlâtes	vous finîtes	vous partîtes	vous rendîtes
ils / elles parlèrent	ils / elles finirent	ils / elles partirent	ils / elles rendirent

Passé antérieur

j'eus parlé	j'eus fini	je fus parti(e)	j'eus rendu
tu eus parlé	tu eus fini	tu fus parti(e)	tu eus rendu
il / elle eut parlé	il / elle eut fini	il / elle fut parti(e)	il / elle eut rendu
nous eûmes parlé	nous eûmes fini	nous fûmes parti(es)	nous eûmes rendu
vous eûtes parlé	vous eûtes fini	vous fûtes partis(e)(s)(es)	vous eûtes rendu
ils / elles eurent parlé	ils / elles eurent fini	ils / elles furent partis(es)	ils / elles eurent rendu

SUBJONCTIF

Imparfait

que je parlasse	que je finisse	que je partisse	que je rendisse
que tu parlasses	que tu finisses	que tu partisses	que tu rendisses
qu'il / elle parlât	qu'il / elle finît	qu'il / elle partît	qu'il / elle rendît
que nous parlassions	que nous finissions	que nous partissions	que nous rendissions
que vous parlassiez	que vous finissiez	que vous partissiez	que vous rendissiez
qu'ils / elles parlassent	qu'ils / elles finissent	qu'ils / elles partissent	qu'ils / elles rendissent

Plus-que-parfait

que j'eusse parlé	que j'eusse fini	que je fusse parti(e)	que j'eusse rendu
que tu eusses parlé	que tu eusses fini	que tu fusses parti(e)	que tu eusses rendu
qu'il / elle eût parlé	qu'il / elle eût fini	qu'il / elle fût parti(e)	qu'il / elle eût rendu
que nous eussions parlé	que nous eussions fini	que nous fussions partis(es)	que nous eussions rendu
que vous eussiez parlé	que vous eussiez fini	que vous fussiez parti(e)(s)(es)	que vous eussiez rendu
qu'ils/elles eussent parlé	qu'ils/elles eussent fini	qu'ils/elles fussent partis(es)	qu'ils/elles eussent rendu

C. Verbes irréguliers

INFINITIF PARTICIPES	INDICATIF			SUBJONCTIF
	Présent	*Futur*	*Imparfait*	*Présent*
1. acquérir	j' acquiers	acquerrai	acquérais	acquière
acquérant	tu acquiers	acquerras	acquérais	acquières
acquls	il / elle acquiert	acquerra	acquérait	acquière
auxiliaire: avoir	nous acquérons	acquerrons	acquérions	acquérions
	vous acquérez	acquerrez	acquériez	acquériez
	ils / elles acquièrent	acquerront	acquéraient	acquièrent
2. aller	je vais	irai	allais	aille
allant	tu vas	iras	allais	ailles
allé	il / elle va	ira	allait	aille
auxiliaire: être	nous allons	irons	allions	allions
	vous allez	irez	alliez	alliez
	ils / elles vont	iront	allaient	aillent
3. asseoir (s')*	je m' assieds	assiérai	asseyais	asseye
asseyant	tu t' assieds	assiéras	asseyais	asseyes
assis	il / elle s' assied	assiéra	asseyait	asseye
auxiliaire: être	nous nous asseyons	assiérons	asseyions	asseyions
	vous vous asseyez	assiérez	asseyiez	asseyiez
	ils / elles s' asseyent	assiéront	asseyaient	asseyent
assoyant	je m' assois	assoirai	assoyais	assoie
	tu t' assois	assoiras	assoyais	assoies
	il / elle s' assoit	assoira	assoyait	assoie
	nous nous assoyons	assoirons	assoyions	assoyions
	vous vous assoyez	assoirez	assoyiez	assoyiez
	ils / elles s' assoient	assoiront	assoyaient	assoient
4. battre	je bats	battrai	battais	batte
battant	tu bats	battras	battais	battes
battu	il / elle bat	battra	battait	batte
auxiliaire: avoir	nous battons	battrons	battions	battions
	vous battez	battrez	battiez	battiez
	ils / elles battent	battront	battaient	battent
5. boire	je bois	boirai	buvais	boive
buvant	tu bois	boiras	buvais	boives
bu	il / elle boit	boira	buvait	boive
auxiliaire: avoir	nous buvons	boirons	buvions	buvions
	vous buvez	boirez	buviez	buviez
	ils / elles boivent	boiront	buvaient	boivent

* Le verbe **asseoir** a deux conjugaisons, sauf au passé simple, au passé composé et à l'imparfait du subjonctif.

CONDITIONNEL	IMPÉRATIF	TEMPS LITTÉRAIRES	
		INDICATIF	SUBJONCTIF
Présent		*Passé simple*	*Imparfait*
acquerrais		acquis	acquisse
acquerrais	acquiers	acquis	acquisses
acquerrait		acquit	acquît
acquerrions	acquérons	acquîmes	acquissions
acquerriez	acquérez	acquîtes	acquissiez
acquerraient		acquirent	acquissent
irais		allai	allasse
irais	va	allas	allasses
irait		alla	allât
irions	allons	allâmes	allassions
iriez	allez	allâtes	allassiez
iraient		allèrent	allassent
assiérais		assis	assisse
assiérais	assieds-toi	assis	assisses
assiérait		assit	assît
assiérions	asseyons-nous	assîmes	assissions
assiériez	asseyez-vous	assîtes	assissiez
assiéraient		assirent	assissent
assoirais		assis	assisse
assoirais	assois-toi	assis	assisses
assoirait		assit	assît
assoirions	assoyons-nous	assîmes	assissions
assoiriez	assoyez-vous	assîtes	assissiez
assoiraient		assirent	assissent
battrais		battis	battisse
battrais	bats	battis	battisses
battrait		battit	battît
battrions	battons	battîmes	battissions
battriez	battez	battîtes	battissiez
battraient		battirent	battissent
boirais		bus	busse
boirais	bois	bus	busses
boirait		but	bût
boirions	buvons	bûmes	bussions
boiriez	buvez	bûtes	bussiez
boiraient		burent	bussent

INFINITIF PARTICIPES	INDICATIF			SUBJONCTIF
	Présent	*Futur*	*Imparfait*	*Présent*
6. conclure	je conclus	conclurai	concluais	conclue
concluant	tu conclus	concluras	concluais	conclues
conclu	il / elle conclut	conclura	concluait	conclue
auxiliaire: avoir	nous concluons	conclurons	concluions	concluions
	vous concluez	conclurez	concluiez	concluiez
	ils / elles concluent	concluront	concluaient	concluent
7. conduire	je conduis	conduirai	conduisais	conduise
conduisant	tu conduis	conduiras	conduisais	conduises
conduit	il / elle conduit	conduira	conduisait	conduise
auxiliaire: avoir	nous conduisons	conduirons	conduisions	conduisions
	vous conduisez	conduirez	conduisiez	conduisiez
	ils / elles conduisent	conduiront	conduisaient	conduisent
8. connaître	je connais	connaîtrai	connaissais	connaisse
connaissant	tu connais	connaîtras	connaissais	connaisses
connu	il / elle connaît	connaitra	connaissait	connaisse
auxiliaire: avoir	nous connaissons	connaîtrons	connaissions	connaissions
	vous connaissez	connaîtrez	connaissiez	connaissiez
	ils / elles connaissent	connaîtront	connaissaient	connaissent
9. coudre	je couds	coudrai	cousais	couse
cousant	tu couds	coudras	cousais	couses
cousu	il / elle coud	coudra	cousait	couse
auxiliaire: avoir	nous cousons	coudrons	cousions	cousions
	vous cousez	coudrez	cousiez	cousiez
	ils / elles cousent	coudront	cousaient	cousent
10. courir	je cours	courrai	courais	coure
courant	tu cours	courras	courais	coures
couru	il / elle court	courra	courait	coure
auxiliaire: avoir	nous courons	courrons	courions	courions
	vous courez	courrez	couriez	couriez
	ils / elles courent	courront	couraient	courent
11. couvrir	je couvre	couvrirai	couvrais	couvre
couvrant	tu couvres	couvriras	couvrais	couvres
couvert	il / elle couvre	couvrira	couvrait	couvre
auxiliaire: avoir	nous couvrons	couvrirons	couvrions	couvrions
	vous couvrez	couvrirez	couvriez	couvriez
	ils / elles couvrent	couvriront	couvraient	couvrent
12. craindre	je crains	craindrai	craignais	craigne
craignant	tu crains	craindras	craignais	craignes
craint	il / elle craint	craindra	craignait	craigne
auxiliaire: avoir	nous craignons	craindrons	craignions	craignions
	vous craignez	craindrez	craigniez	craigniez
	ils / elles craignent	craindront	craignaient	craignent

CONDITIONNEL	IMPÉRATIF	TEMPS LITTÉRAIRES	
		INDICATIF	SUBJONCTIF
Présent		*Passé simple*	*Imparfait*
conclurais		conclus	conclusse
conclurais	conclus	conclus	conclusses
conclurait		conclut	conclût
conclurions	concluons	conclûmes	conclussions
concluriez	concluez	conclûtes	conclussiez
concluraient		conclurent	conclussent
conduirais		conduisis	conduisisse
conduirais	conduis	conduisis	conduisisses
conduirait		conduisit	conduisît
conduirions	conduisons	conduisîmes	conduisissions
conduiriez	conduisez	conduisîtes	conduisissiez
conduiraient		conduisirent	conduisissent
connaîtrais		connus	connusse
connaîtrais	connais	connus	connusses
connaîtrait		connut	connût
connaîtrions	connaissons	connûmes	connussions
connaîtriez	connaissez	connûtes	connussiez
connaîtraient		connurent	connussent
coudrais		cousis	cousisse
coudrais	couds	cousis	cousisses
coudrait		cousit	cousît
coudrions	cousons	cousîmes	cousissions
coudriez	cousez	cousîtes	cousissiez
coudraient		cousirent	cousissent
courrais		courus	courusse
courrais	cours	courus	courusses
courrait		courut	courût
courrions	courons	courûmes	courussions
courriez	courez	courûtes	courussiez
courraient		coururent	courussent
couvrirais		couvris	couvrisse
couvrirais	couvre	couvris	couvrisses
couvrirait		couvrit	couvrît
couvririons	couvrons	couvrîmes	couvrissions
couvririez	couvrez	couvrîtes	couvrissiez
couvriraient		couvrirent	couvrissent
craindrais		craignis	craignisse
craindrais	crains	craignis	craignisses
craindrait		craignit	craignît
craindrions	craignons	craignîmes	craignissions
craindriez	craignez	craignîtes	craignissiez
craindraient		craignirent	craignissent

INFINITIF PARTICIPES	INDICATIF			SUBJONCTIF
	Présent	*Futur*	*Imparfait*	*Présent*
13. croire	je crois	croirai	croyais	croie
croyant	tu crois	croiras	croyais	croies
cru	il / elle croit	croira	croyait	croie
auxiliaire: avoir	nous croyons	croirons	croyions	croyions
	vous croyez	croirez	croyiez	croyiez
	ils / elles croient	croiront	croyaient	croient
14. cueillir	je cueille	cueillerai	cueillais	cueille
cueillant	tu cueilles	cueilleras	cueillais	cueilles
cueilli	il / elle cueille	cueillera	cueillait	cueille
auxiliaire: avoir	nous cueillons	cueillerons	cueillions	cueillions
	vous cueillez	cueillerez	cueilliez	cueilliez
	ils / elles cueillent	cueilleront	cueillaient	cueillent
15. devoir	je dois	devrai	devais	doive
devant	tu dois	devras	devais	doives
dû, due	il / elle doit	devra	devait	doive
auxiliaire: avoir	nous devons	devrons	devions	devions
	vous devez	devrez	deviez	deviez
	ils / elles doivent	devront	devaient	doivent
16. dire	je dis	dirai	disais	dise
disant	tu dis	diras	disais	dises
dit	il / elle dit	dira	disait	dise
auxiliaire: avoir	nous disons	dirons	disions	disions
	vous dites	direz	disiez	disiez
	ils / elles disent	diront	disaient	disent
17. dormir	je dors	dormirai	dormais	dorme
dormant	tu dors	dormiras	dormais	dormes
dormi	il / elle dort	dormira	dormait	dorme
auxiliaire: avoir	nous dormons	dormirons	dormions	dormions
	vous dormez	dormirez	dormiez	dormiez
	ils / elles dorent	dormiront	dormaient	dorment
18. écrire	j' écris	écrirai	écrivais	écrive
écrivant	tu écris	écriras	écrivais	écrives
écrit	il / elle écrit	écrira	écrivait	écrive
auxiliaire: avoir	nous écrivons	écrirons	écrivions	écrivions
	vous écrivez	écrirez	écriviez	écriviez
	ils / elles écrivent	écriront	écrivaient	écrivent
19. envoyer	j' envoie	enverrai	envoyais	envoie
envoyant	tu envoies	enverras	envoyais	envoies
envoyé	il / elle envoie	enverra	envoyait	envoie
auxiliaire: avoir	nous envoyons	enverrons	envoyions	envoyions
	vous envoyez	enverrez	envoyiez	envoyiez
	ils / elles envoient	enverront	envoyaient	envoient

		TEMPS LITTÉRAIRES	
CONDITIONNEL	IMPÉRATIF	INDICATIF	SUBJONCTIF
Présent		*Passé simple*	*Imparfait*
croirais		crus	crusse
croirais	crois	crus	crusses
croirait		crut	crût
croirions	croyons	crûmes	crussions
croiriez	croyez	crûtes	crussiez
croiraient		crurent	crussent
cueillerais		cueillis	cueillisse
cueillerais	cueille	cueillis	cueillisses
cueillerait		cueillit	cueillît
cueillerions	cueillons	cueillîmes	cueillissions
cueilleriez	cueillez	cueillîtes	cueillissiez
cueilleraient		cueillirent	cueillissent
devrais		dus	dusse
devrais	dois	dus	dusses
devrait		dut	dût
devrions	devons	dûmes	dussions
devriez	devez	dûtes	dussiez
devraient		durent	dussent
dirais		dis	disse
dirais	dis	dis	disses
dirait		dit	dît
dirions	disons	dîmes	dissions
diriez	dites	dîtes	dissiez
diraient		dirent	dissent
dormirais		dormis	dormisse
dormirais	dors	dormis	dormisses
dormirait		dormit	dormît
dormirions	dormons	dormimes	dormissions
dormiriez	dormez	dormites	dormissiez
dormiraient		dormirent	dormissent
écrirais		écrivis	écrivisse
écrirais	écris	écrivis	écrivisses
écrirait		écrivit	écrivît
écririons	écrivons	écrivîmes	écrivissions
écririez	écrivez	écrivîtes	écrivissiez
écriraient		écrivirent	écrivissent
enverrais		envoyai	envoyasse
enverrais	envoie	envoyas	envoyasses
enverrait		envoya	envoyât
enverrions	envoyons	envoyâmes	envoyassions
enverriez	envoyez	envoyâtes	envoyassiez
enverraient		envoyèrent	envoyassent

INFINITIF PARTICIPES	INDICATIF			SUBJONCTIF
	Présent	*Futur*	*Imparfait*	*Présent*
20. faire	je fais	ferai	faisais	fasse
faisant	tu fais	feras	faisais	fasses
fait	il / elle fait	fera	faisait	fasse
auxiliaire: avoir	nous faisons	ferons	faisions	fassions
	vous faites	ferez	faisiez	fassiez
	ils / elles font	feront	faisaient	fassent
21. falloir*	il faut	faudra	fallait	faille
fallu				
auxiliaire: avoir				
22. fuir	je fuis	fuirai	fuyais	fuie
fuyant	tu fuis	fuiras	fuyais	fuies
fui	il / elle fuit	fuira	fuyait	fuie
auxiliaire: avoir	nous fuyons	fuirons	fuyions	fuyions
	vous fuyez	fuirez	fuyiez	fuyiez
	ils / elles fuient	fuiront	fuyaient	fuient
23. haïr	je hais	haïrai	haïssais	haïsse
haïssant	tu hais	haïras	haïssais	haïsses
haï	il / elle hait	haïra	haïssait	haïsse
auxiliaire: avoir	nous haïssons	haïrons	haïssions	haïssions
	vous haïssez	haïrez	haïssiez	haïssiez
	ils / elles haïssent	haïront	haïssaient	haïssent
24. lire	je lis	lirai	lisais	lise
lisant	tu lis	liras	lisais	lises
lu	il / elle lit	lira	lisait	lise
auxiliaire: avoir	nous lisons	lirons	lisions	lisions
	vous lisez	lirez	lisiez	lisiez
	ils / elles lisent	liront	lisaient	lisent
25. mettre	je mets	mettrai	mettais	mette
mettant	tu mets	mettras	mettais	mettes
mis	il / elle met	mettra	mettait	mette
auxiliaire: avoir	nous mettons	mettrons	mettions	mettions
	vous mettez	mettrez	mettiez	mettiez
	ils / elles mettent	mettront	mettaient	mettent
26. mourir	je meurs	mourrai	mourais	meure
mourant	tu meurs	mourras	mourais	meures
mort	il / elle meurt	mourra	mourait	meure
auxiliaire: être	nous mourons	mourrons	mourions	mourions
	vous mourez	mourrez	mouriez	mouriez
	ils / elles meurent	mourront	mouraient	meurent

* Conjugué seulement à la 3ᵉ personne du singulier.

CONDITIONNEL	IMPÉRATIF	TEMPS LITTÉRAIRES	
		INDICATIF	SUBJONCTIF
Présent		*Passé simple*	*Imparfait*
ferais		fis	fisse
ferais	fais	fis	fisses
ferait		fît	fît
ferions	faisons	fîmes	fissions
feriez	faites	fîtes	fissiez
feraient		firent	fissent
faudrait	(*inusité*)	fallut	fallût
fuirais		fuis	fuisse
fuirais	fuis	fuis	fuisses
fuirait		fuit	fuît
fuirions	fuyons	fuîmes	fuissions
fuiriez	fuyez	fuîtes	fuissiez
fuiraient		fuirent	fuissent
haïrais		haïs	haïsse
haïrais	hais	haïs	haïsses
haïrait		haït	haït
haïrions	haïssons	haïmes	haïssions
haïriez	haïssez	haïtes	haïssiez
haïraient		haïrent	haïssent
lirais		lus	lusse
lirais	lis	lus	lusses
lirait		lut	lût
lirions	lisons	lûmes	lussions
liriez	lisez	lûtes	lussiez
liraient		lurent	lussent
mettrais		mis	misse
mettrais	mets	mis	misses
mettrait		mit	mît
mettrions	mettons	mîmes	missions
mettriez	mettez	mîtes	missiez
mettraient		mirent	missent
mourrais		mourus	mourusse
mourrais	meurs	mourus	mourusses
mourrait		mourut	mourût
mourrions	mourons	mourûmes	mourussions
mourriez	mourez	mourûtes	mourussiez
mourraient		moururent	mourussent

INFINITIF PARTICIPES	INDICATIF			SUBJONCTIF
	Présent	*Futur*	*Imparfait*	*Présent*
27. naître	je nais	naîtrai	naissais	naisse
naissant	tu nais	naîtras	naissais	naisses
né	il / elle nait	naîtra	naissait	naisse
auxiliaire: être	nous naissons	naîtrons	naissions	naissions
	vous naissez	naîtrez	naissiez	naissiez
	ils / elles naissent	naîtront	naissaient	naissent
28. ouvrir	j' ouvre	ouvrirai	ouvrais	ouvre
ouvrant	tu ouvres	ouvriras	ouvrais	ouvres
ouvert	il / elle ouvre	ouvrira	ouvrait	ouvre
auxiliaire: avoir	nous ouvrons	ouvrirons	ouvrions	ouvrions
	vous ouvrez	ouvrirez	ouvriez	ouvriez
	ils / elles ouvrent	ouvriront	ouvraient	ouvrent
29. peindre	je peins	peindrai	peignais	peigne
peignant	tu peins	peindras	peignais	peignes
peint	il / elle peint	peindra	peignait	peigne
auxiliaire: avoir	nous peignons	peindrons	peignions	peignions
	vous peignez	peindrez	peigniez	peigniez
	ils / elles peignent	peindront	peignaient	peignent
30. plaire	je plais	plairai	plaisais	plaise
plaisant	tu plais	plairas	plaisais	plaises
plu	il / elle plaît	plaira	plaisait	plaise
auxiliaire: avoir	nous plaisons	plairons	plaisions	plaisions
	vous plaisez	plairez	plaisiez	plaisiez
	ils / elles plaisent	plairont	plaisaient	plaisent
31. pleuvoir*	il pleut	pleuvra	pleuvait	pleuve
pleuvant, plu				
auxiliaire: avoir				
32. pouvoir	je peux, puis	pourrai	pouvais	puisse
pouvant	tu peux	pourras	pouvais	puisses
pu	il / elle peut	pourra	pouvait	puisse
auxiliaire: avoir	nous pouvons	pourrons	pouvions	puissions
	vous pouvez	pourrez	pouviez	puissiez
	ils / elles peuvent	pourront	pouvaient	puissent
33. prendre	je prends	prendrai	prenais	prenne
prenant	tu prends	prendras	prenais	prennes
pris	il / elle prend	prendra	prenait	prenne
auxiliaire: avoir	nous prenons	prendrons	prenions	prenions
	vous prenez	prendrez	preniez	preniez
	ils / elles prennent	prendront	prenaient	prennent

* Conjugué seulement à la 3e personne du singulier.

		TEMPS LITTÉRAIRES	
CONDITIONNEL	IMPÉRATIF	INDICATIF	SUBJONCTIF
Présent		*Passé simple*	*Imparfait*
naîtrais		naquis	naquisse
naîtrais	nais	naquis	naquisses
naîtrait		naquit	naquît
naîtrions	naissons	naquîmes	naquissions
naîtriez	naissez	naquîtes	naquissiez
naîtraient		naquirent	naquissent
ouvrirais		ouvris	ouvrisse
ouvrirais	ouvre	ouvris	ouvrisses
ouvrirait		ouvrit	ouvrit
ouvririons	ouvrons	ouvrîmes	ouvrissions
ouvririez	ouvrez	ouvrîtes	ouvrissiez
ouvriraient		ouvrirent	ouvrissent
peindrais		peignis	peignisse
peindrais	peins	peignis	peignisses
peindrait		peignit	peignît
peindrions	peignons	peignîmes	peignissions
peindriez	peignez	peignîtes	peignissiez
peindraient		peignirent	peignissent
plairais		plus	plusse
plairais	plais	plus	plusses
plairait		plut	plût
plairions	plaisons	plûmes	plussions
plairiez	plaisez	plûtes	plussiez
plairaient		plurent	plussent
pleuvrait	(*inusité*)	plut	plût
pourrais		pus	pusse
pourrais		pus	pusses
pourrait	(*inusité*)	put	pût
pourrions		pûmes	pussions
pourriez		pûtes	pussiez
pourraient		purent	pussent
prendrais		pris	prisse
prendrais	prends	pris	prisses
prendrait		prit	prît
prendrions	prenons	prîmes	prissions
prendriez	prenez	prîtes	prissiez
prendraient		prirent	prissent

INFINITIF PARTICIPES	INDICATIF			SUBJONCTIF
	Présent	*Futur*	*Imparfait*	*Présent*
34. recevoir	je reçois	recevrai	recevais	reçoive
recevant	tu reçois	recevras	recevais	reçoives
reçu	il / elle reçoit	recevra	recevait	reçoive
auxiliaire: avoir	nous recevons	recevrons	recevions	recevions
	vous recevez	recevrez	receviez	receviez
	ils / elles reçoivent	recevront	recevaient	reçoivent
35. résoudre	je résous	résoudrai	résolvais	résolve
résolvant	tu résous	résoudras	résolvais	résolves
résolu	il / elle résout	résoudra	résolvait	résolve
auxiliaire: avoir	nous résolvons	résoudrons	résolvions	résolvions
	vous résolvez	résoudrez	résolviez	résolviez
	ils / elles résolvent	résoudront	résolvaient	résolvent
36. rire	je ris	rirai	riais	rie
riant	tu ris	riras	riais	ries
ri	il / elle rit	rira	riait	rie
auxiliaire: avoir	nous rions	rirons	riions	riions
	vous riez	rirez	riiez	riiez
	ils / elles rient	riront	riaient	rient
37. savoir	je sais	saurai	savais	sache
sachant	tu sais	sauras	savais	saches
su	il / elle sait	saura	savait	sache
auxiliaire: avoir	nous savons	saurons	savions	sachions
	vous savez	saurez	saviez	sachiez
	ils / elles savent	sauront	savaient	sachent
38. suffire	je suffis	suffirai	suffisais	suffise
suffisant	tu suffis	suffiras	suffisais	suffises
suffi	il / elle suffit	suffira	suffisait	suffise
auxiliaire: avoir	nous suffisons	suffirons	suffisions	suffisions
	vous suffisez	suffirez	suffisiez	suffisiez
	ils / elles suffisent	suffiront	suffisaient	suffisent
39. suivre	je suis	suivrai	suivais	suive
suivant	tu suis	suivras	suivais	suives
suivi	il / elle suit	suivra	suivait	suive
auxiliaire: avoir	nous suivons	suivrons	suivions	suivions
	vous suivez	suivrez	suiviez	suiviez
	ils / elles suivent	suivront	suivaient	suivent
40. tenir*	je tiens	tiendrai	tenais	tienne
tenant	tu tiens	tiendras	tenais	tiennes
tenu	il / elle tient	tiendra	tenait	tienne
auxiliaire: avoir	nous tenons	tiendrons	tenions	tenions
	vous tenez	tiendrez	teniez	teniez
	ils / elles tiennent	tiendront	tenaient	tiennent

* Comme **tenir: appartenir, contenir, maintenir, soutenir.**

		TEMPS LITTÉRAIRES	
CONDITIONNEL	IMPÉRATIF	INDICATIF	SUBJONCTIF
Présent		*Passé simple*	*Imparfait*
recevrais		reçus	reçusse
recevrais	reçois	reçus	reçusses
recevrait		reçut	reçût
recevrions	recevons	reçûmes	reçussions
recevriez	recevez	reçûtes	reçussiez
recevraient		reçurent	reçussent
résoudrais		résolus	résolusse
résoudrais	résous	résolus	résolusses
résoudrait		résolut	résolût
résoudrions	résolvons	résolûmes	résolussions
résoudriez	résolvez	résolûtes	résolussiez
résoudraient		résolurent	résolussent
rirais		ris	risse
rirais	ris	ris	risses
rirait		rit	rît
ririons	rions	rîmes	rissions
ririez	riez	rîtes	rissiez
riraient		rirent	rissent
saurais		sus	susse
saurais	sache	sus	susses
saurait		sut	sût
saurions	sachons	sûmes	sussions
sauriez	sachez	sûtes	sussiez
sauraient		surent	sussent
suffirais		suffis	suffisse
suffirais	suffis	suffis	suffisses
suffirait		suffit	suffît
suffirions	suffisons	suffîmes	suffissions
suffiriez	suffisez	suffîtes	suffissiez
suffiraient		suffirent	suffissent
suivrais		suivis	suivisse
suivrais	suis	suivis	suivisses
suivrait		suivit	suivît
suivrions	suivons	suivîmes	suivissions
suivriez	suivez	suivîtes	suivissiez
suivraient		suivirent	suivissent
tiendrais		tins	tinsse
tiendrais	tiens	tins	tinsses
tiendrait		tint	tînt
tiendrions	tenons	tînmes	tinssions
tiendriez	tenez	tîntes	tinssiez
tiendraient		tinrent	tinssent

INFINITIF PARTICIPES	INDICATIF			SUBJONCTIF
	Présent	*Futur*	*Imparfait*	*Présent*
41. vaincre	je vaincs	vaincrai	vainquais	vainque
vainquant	tu vaincs	vaincras	vainquais	vainques
vaincu	il / elle vainc	vaincra	vainquait	vainque
auxiliaire: avoir	nous vainquons	vaincrons	vainquions	vainquions
	vous vainquez	vaincrez	vainquiez	vainquiez
	ils / elles vainquent	vaincront	vainquaient	vainquent
42. valoir	je vaux	vaudrai	valais	vaille
valant	tu vaux	vaudras	valais	vailles
valu	il / elle vaut	vaudra	valait	vaille
auxiliaire: avoir	nous valons	vaudrons	valions	valions
	vous valez	vaudrez	valiez	valiez
	ils / elles valent	vaudront	valaient	vaillent
43. venir*	je viens	viendrai	venais	vienne
venant	tu viens	viendras	venais	viennes
venu	il / elle vient	viendra	venait	vienne
auxiliaire: être	nous venons	viendrons	venions	venions
	vous venez	viendrez	veniez	veniez
	ils / elles viennent	viendront	venaient	viennent
44. vivre	je vis	vivrai	vivais	vive
vivant	tu vis	vivras	vivais	vives
vécu	il / elle vit	vivra	vivait	vive
auxiliaire: avoir	nous vivons	vivrons	vivions	vivions
	vous vivez	vivrez	viviez	viviez
	ils / elles vivent	vivront	vivaient	vivent
45. voir	je vois	verrai	voyais	voie
voyant	tu vois	verras	voyais	voies
vu	il / elle voit	verra	voyait	voie
auxiliaire: avoir	nous voyons	verrons	voyions	voyions
	vous voyez	verrez	voyiez	voyiez
	ils / elles voient	verront	voyaient	voient
46. vouloir	je veux	voudrai	voulais	veuille
voulant	tu veux	voudras	voulais	veuilles
voulu	il / elle veut	voudra	voulait	veuille
auxiliaire: avoir	nous voulons	voudrons	voulions	voulions
	vous voulez	voudrez	vouliez	vouliez
	ils / elles veulent	voudront	voulaient	veuillent

* Comme **venir: convenir, devenir, parvenir, revenir, se souvenir.**

		TEMPS LITTÉRAIRES	
CONDITIONNEL	IMPÉRATIF	INDICATIF	SUBJONCTIF
Présent		*Passé simple*	*Imparfait*
vaincrais		vainquis	vainquisse
vaincrais	vaincs	vainquis	vainquisses
vaincrait		vainquit	vainquît
vaincrions	vainquons	vainquîmes	vainquissions
vaincriez	vainquez	vainquîtes	vainquissiez
vaincraient		vainquirent	vainquissent
vaudrais		valus	valusse
vaudrais	vaux	valus	valusses
vaudrait		valut	valût
vaudrions	valons	valûmes	valussions
vaudriez	valez	valûtes	valussiez
vaudraient		valurent	valussent
viendrais		vins	vinsse
viendrais	viens	vins	vinsses
viendrait		vint	vînt
viendrions	venons	vînmes	vinssions
viendriez	venez	vîntes	vinssiez
viendraient		vinrent	vinssent
vivrais		vécus	vécusse
vivrais	vis	vécus	vécusses
vivrait		vécut	vécût
vivrions	vivons	vécûmes	vécussions
vivriez	vivez	vécûtes	vécussiez
vivraient		vécurent	vécussent
verrais		vis	visse
verrais	vois	vis	visses
verrait		vit	vît
verrions	voyons	vîmes	vissions
verriez	voyez	vîtes	vissiez
verraient		virent	vissent
voudrais		voulus	voulusse
voudrais	veuille	voulus	voulusses
voudrait		voulut	voulût
voudrions		voulûmes	voulussions
voudriez	veuillez	voulûtes	voulussiez
voudraient		voulurent	voulussent

VOCABULAIRE

FRANÇAIS-ANGLAIS

Le vocabulaire français-anglais correspond aux lectures des chapitres 1 à 10; le vocabulaire anglais-français correspond aux textes à traduire qui se trouvent à la fin de chaque chapitre.

A

abat-jour *m.* lamp-shade
abattoir *m.* slaughter house
abattre to lower, to swoop down; — **son jeu** to put one's cards on the table
abbaye *f.* abbey
abriter to shelter
abruti idiotic, foolish, dazed
absoudre absolve
acajou *m.* mahogany
accorder to agree, to grant, to give
accoter to rest against
accouder (s') to lean on one's elbows
accroître to increase
accroupir to squat
accueillant welcoming, friendly
acculé (à) driven to the brink of
accusé *adj.* marked, pronounced
achever to come to an end
âcre *adj.* acrid, bitter
adoucir to soften, tone down
adroit *adj.* deft, skillful
affaire: avoir — à to deal with
affairé adj. busy
affaisser to give way, to sink, to collapse, to crumple
affamé *adj.* famished, starved
affectivité *f.* emotional reaction, liking, disliking

affligé *adj.* afflicted
affluer to flock, to rush
affolé *adj.* terror-stricken
affubler (s') to deck oneself out
agacer to irritate
agité *adj.* fluttering
agiter to agitate, to stir
agonisant *m.* dying person
agrippé *adj.* clutching
agripper to clutch, to grip
aguets: aux — on the lookout
aile *f.* wing
ailé *adj.* winged
ailleurs elsewhere; **d' —** besides
aîné *m.* oldest
ainsi thus
aisé *adj.* wealthy, well off
alimentaire *adj.* alimentary
Allemand *m.* German
allées et venues *f. pl.* comings and goings
allégresse *f.* elation, exhilaration
aller to go
allongé *adj.* stretched out
allonger to lengthen
allumer to light (up)
amadouer to mollify
amant *m.* lover
amasser to pile up, to gather
ambiance *f.* mood, setting
âme *f.* soul

amener to bring along
amer *adj.* bitter
amitié *f.* fondness, affection
amont *m.* **en —** upstream
an *m.* year
ancien, -ne *adj.* former, ancient
angle *m.* angle, corner
anglophone English-speaking
angoissant *adj.* agonizing
angoisse *f.* anguish
année *f.* year; **bonne —** Happy New Year
annuellement yearly
apaisé *adj.* appeased
apercevoir to perceive, to see
aplatir to flatten
aplomb *adj.* steady, balanced
apparaître to appear
appartenir to belong
s'appliquer à to apply oneself to
apprenti, e apprentice
appuyé leaning (on)
après quelque temps some time later
araignée *f.* spider
arceau *m.* arch
ardeur *f.* warmth
argent *m.* silver, money
armoire *f.* closet, cupboard
arracher to pull out
(s') arrêter to stop; **— court** to stop
    suddenly
arrière *m.* back, rear
arriver: en — à to come to
as *m.* ace
asile (d'aliénés) *m.* mental home
assassiner: s'entre — to kill each other
assaut: monter à l'— to attack
(s') asseoir to sit down
assis *adj.* seated, sitting
assister (à) to be present at, to watch
(s') assombrir to darken
attacher to attach
attardé *adj.* belated
atteint *adj.* affected, struck
(s') attendre à to expect
attirer to attract
au-delà beyond
au-dessus (de) above
auprès (de) close to

autant as much
autour around
avaler to swallow
avance: à l' — ahead of time
avancer to move forward
aviron *m.* oar
avocat *m.* lawyer
avoir to have; **— honte** to be ashamed; **—
    lieu** to take place, to occur; **ne pas
    — froid aux yeux** to be determined,
    to be game; **— tort** to be wrong
avorter to abort
avouer to admit

B

(se) bagarrer to fight
bague *f.* ring
baie *f.* opening
baigner to bathe
bâiller to yawn
baiser *m.* kiss
baisser to lower
balancer to hesitate
banc *m.* bench
bande *f.* troop, gang, band, strip
bandeau *m.* headband
bander to strain, to tense
bannir to banish
barbe *f.* beard
barillet *m.* small gun barrel
barque *f.* row boat
barre (du bourreau) *f.* bar
barreau *m.* post, bar
bas, -se *adj.* low
bataille *f.* battle
bâtir to build
beau, belle *adj.* beautiful, fine
bec *m.* beak, burner
becqueter to peck
berceau *m.* cradle
bercer to rock
bête *f.* beast, animal
bêtise *f.* stupidity
bibelot *m.* knick-knack
bientôt soon

bijou, -x, *m.* gem, jewel
blanchâtre *adj.* whitish
blancheur *f.* whiteness
blanchir to whiten
blâmer to blame
blesser to wound
blessure *f.* wound
bleu *adj.* blue
blouse *f.* workshirt
boiseries *f.* woodwork, wainscoting
boîte *f.* box
boiter to limp
bond *m.* leap, jump
bondir to leap
bonnet *m.* cap, bonnet
bord *m.* edge, bank
borne *f.* milestone, marker
(se) borner to limit oneself
bosquet *m.* grove
bosse *f.* bump
bouche *f.* mouth
bouchée *f.* mouthful
boucle *m.* curl (hair)
bouger to move
bouillon *m.* broth
boule *f.* capsule
bouleversement *m.* upset
bouquet (d'arbes) *m.* clump of trees
bouquiniste *m.* second-hand book dealer
bourdonnement *m.* drone, humming
bourdonner to drone, to hum
bourreau *m.* executioner
bout m. end; **au — de** at the end of; **— de promenade** short walk; **à — portant** point-blank
boutique *f.* shop
boutiquier *m.* shopkeeper
branchage *m.* boughs, branches
braquer to aim
bras *m.* arm
bras-le-corps: à — around the waist
bref, brève *adj.* brief
brèche *f.* gap
brisé *adj.* broken, crushed
brouillard *m.* fog, mist, haze
brouiller to blurr
bruit *m.* noise, uproar

brun *adj.* brown
brusquement abruptly, roughly
brûle-gueule *m.* short pipe ("mug burner")
brûler to burn
bûcheron *m.* woodcutter
bureau *m.* office

C

cacher to hide
cadastre *m.* public record of land
cadencé *adj.* rhythmic
cadre *m.* picture frame, framework
caillou *m.* rock-pebble
calèche *f.* horse-drawn carriage
camper to stand firm
canaille *f.* common people, rabble
canot *m.* boat, dinghy
canotier *m.* boater, rower
capote *f.* greatcoat
car because, for
caractère *m.* letter, character
carreau *m.* small square
carrefour *m.* crossroad
carthaginois *adj.* pertaining to Carthage
carton *m.* box
cartonnier *m.* (*f.* **-ière**) cardboard maker or seller
casser to break
cause: à — de due to, because of
causer to chat, to talk
cavalier *m.* equestrian, gentleman
caveau *m.* cellar, vault
céder to give way
ceinture *f.* belt
cependant however
cesse: sans — continually
cesser to stop, to cease
chacun each, each one
chair *f.* flesh
chaise *f.* chair
chaleur *f.* heat
chaleureux, -se *adj.* warm
chambre *f.* room; **— à coucher** bedroom
champ: sur le — on the spot, at once
chanceler to reel, to wobble, to waver

chant funèbre — lament, funeral hymn
chantonnement *m.* humming
chargé filled
charier to carry along
chasser to hunt
chasseresse *f.* huntress
chat *m.* cat; **chatte** *f.* female cat
châtiment *m.* punishment
chatouiller to tickle
chaussée *f.* roadway
chauve *adj.* bald
chef *m.* boss
chemin *m.* path
cheminée *f.* chimney
chenal m. channel, milbrace
chêne *m.* oak
chercher noise à to seek a quarrel
chétif, -ve *adj.* puny, sickly
chevauchée *f.* ride, cavalcade
chevelure *f.* head of hair
cheveux *m. pl.* hair
chevrotement *m.* shaking, quavering
chiffre *m.* numeral
choisir to choose
chuchotement *m.* whispering
cicatrice *f.* scar
ciel *m.* sky
cierge *f.* candle
cire *f.* wax
claie *f.* grid
clairière *f.* clearing
clamer to shout
clandestinement secretly
claque *f.* slap; **en avoir à sa** — to be fed
    up, have it up to here
clarté *f.* light, brightness
cligner to blink, bat an eye
cloche *f.* bell
cloison *f.* partition, wall
cloître *m.* cloister
clos *adj.* closed, shut, locked, isolated
coeur *m.* heart
coiffeuse *f.* dressing table
coin *m.* corner
col *m.* neck
collège *m.* secondary school
coller (se) to press, to cling

colon *m.* colonist, settler
colonette *f.* small column
combattre to fight, to combat
comble: au — **de** at the height of
comme like
commis *m.* clerk, sales assistant
commun: droit — common law
comporter to comprise, to consist of
composer to be composed of
comptabilité *f.* accounting
compte *m.* account; **se rendre** — to realize
comptoir *m.* counter
concentrationnat *m.* experience of the
    concentration camp
concession *f.* land concession
concevoir to conceive
conduire to lead, to drive
confiant *adj.* confident (self-) assured
confondu *adj.* joined, confused
conformation *f.* structure, shape
confrérie *f.* brotherhood
conscience *f.* consciousness
contenter to please; **se** —to be satisfied
    with, to settle for
conter to tell
contraindre to compel
contraint *adj.* forced
contre against
contrefait *adj.* false, disguised
convenir to be suitable
coquelicot *m.* poppy
corbeau *m.* crow
corbeille *f.* basket
cordelier *m.* Franciscan friar
corps *m.* body
corsaire *m.* pirate
côté *m.* side; **à** — **de** beside
coteau *m.* slope, hillside
côtoyer to border on
cou *m.* neck
couche *f.* bed, layer
coucher to lie down, to put to bed; **se** —
    to go to bed
coude elbow
couler to drift, to flow
couleur *f.* color

coup *m.* blow, stroke; — **d'oeil** glance; — **de grâce** death blow; — **du sort** stroke of fate; — **sur coup** in quick succession

coupable *adj.* guilty

coupé *adj.* cut

couper to cut; **coupe cigare** *m.* cigar cutter, guillotine; **coupe gorge** *m.* cut-throat

coupure *f.* cut, division, break

cour *f.* court

courbe *f.* curve

courber to bend

courir to run

course *f.* outing, trip

court *adj.* short

couteau *m.* knife

couturé *adj.* seamed, ridged, scarred

couvée *f.* hatchlings

couverture *f.* blanket

couvrir to cover

crachat *m.* spittle

craindre to fear

cramponner to cling

crâne *m.* head, skull

craquer to creak, to rustle

crasse *f.* dirt, filth

crépi *adj.* rough-cast

crépine (d'or) *f.* fringe

crépuscule *m.* twilight

creuser to hollow out, dig

creusé *adj.* shaped

creux *m.* hole, hollow, dent

crever to gouge – **les yeux à quelqu'un** to gouge out someone's eyes

cri *m.* shout

crise *f.* **(de nerfs)** fit of hysterics

crissement *m.* scraping, scratching sound

cristal, -aux *m.* crystal

croisé *adj.* crossed

croisée *f.* window

croissance *f.* growth

croître to grow

crotte *f.* dung, turd

croyance *f.* belief

cuisine *f.* kitchen

cuivré *adj.* copper colored

culpabilité *f.* guilt

cyanure *m.* cyanide

D

d'ailleurs besides

d'autre fois on other occasions

dalle *f.* flagstone, paving stone

dame *f.* (married) lady; (noble) lady; woman

darder to dart

dé (à coudre) *m.* thimble

débarrasser to get rid of

débattre to struggle

débauche *f.* debauchery, excitement, wild adventure

déboucher to open onto

debout upright, standing

début *m.* beginning

déchéance *f.* decline

déchirer to tear (apart)

déchoir to demean, to lower oneself

décombres *m. pl.* debris

découvrant uncovering

décrire to describe

déçu *adj.* disappointed

dédaigneux, -se *adj.* contemptuous

dédain *m.* disdain

dédommager to compensate

déduire to deduct

déferler to surge, to unfurl

défunt *adj.* dead

(se) dégager to emerge

déglutir to swallow

dégoûter to disgust

déguenillé *adj.* tattered, ragged

délabré *adj.* dilapidated

déloger to dislodge

démasquer to unmask

démesuré *adj.* excessive

démêler to sort out

demeure *f.* dwelling

demeurer to remain, to stay

demi-voix: à — in an undertone, subdued voice

dent *f.* tooth

dentelle *f.* lace
dépasser to leave behind, to outdistance
déployer to unfold
(se) déposséder to deprive
déprendre to give each other up, to lose one's fondness for; to separate
déprimant *adj.* depressing
depuis since
déranger to disturb
dernier, -ière *adj.* last; **ce —** the latter
déroger to depart from, to go against
(se) dérouler to take place
dérouter to divert, to put off the track
derrière *m. adj.* behind
dès que as soon as
descellé *adj.* loosened, unsealed
désenchanter to disappoint
désert *m.* wilderness
désespérément desperately
désespoir *m.* despair
déshonorant *adj.* degrading, dishonorable
désoeuvré idle, unoccupied
désordonné uncoordinated
dessécher to dry out
dessein *m.* design, plan
dessécher to dry out
dessous -de-plat *m.* table mat
destin *m.* fate
détaler to bolt, to leave, to scurry off
détendre (se) to relax
détour *m.* detour
deuil: porter le — to be in mourning
devant in front of
devenir to become
devoir to have to, must
dévorer to devour
digne *adj.* worthy
dire to say
direction (générale) *f.* main office
disparaître to disappear
distinguer to distinguish
distrait *adj.* distracted
doléance *f.* complaint
donc thus, therefore
donner to give; **— sur** to look out on
doré *adj.* golden
dormir to sleep

dorure *f.* gilt, gold trim
dos *m.* back
douceur *f.* sweetness, gentleness
doué *adj.* talented
douleur *f.* pain
(se) dresser to stand up, to rise
droit *adj.* straight, upright
droit *m.* right, law; **faire son —** to study law
drôle *adj.* funny
dû à due to
dur *adj.* hard
durant during
durer to last
dureté *f.* hardness

E

éblouissant *adj.* dazzling
écartelé *adj.* torn apart
écarté *adj.* spread out
écarter to draw back, to thrust aside
échanger to exchange
échapper to escape
écharpe *f.* scarf
échevelé *adj.* disheveled
échine *f.* backbone
éclairage *m.* illumination, lighting
éclat *m.* brilliance
éclater (de rire) to burst into laughter, **— en sanglots** to burst into sobs
école *f.* school
économies: faire des — to save money
écorchure *f.* scratch
écouler to flow out
écraser to crush; **— du regard** to crush with a look, to wither
(s') écrier to shout
écrire to write
(s') effacer to fade away, to efface oneself
effectuer to make
effet: en — in fact
effilé *adj.* slender, pointed, tapering
(s') éffiler to taper off
(s') efforcer to strive for, to endeavour
effrayant frightening

effrayé *adj.* fearsome, frightening, frightened
effrayer to scare, to frighten
effusion *f.* outburst
égard: à l' — de with regard to
égaré *adj.* lost, remote
égayer to enliven; **s' —** to make merry
élan *m.* impetus
élire to elect
(s') éloigner to go away
(s') emballer to get carried away
embrasser to kiss, embrace
emmener to bring along
empaillé *adj.* stuffed
empaqueter to pack up
(s') emparer to seize
empêcher to prevent
empêtré entangled
(s') empoisonner to poison oneself
emporter to take along
empreinte *f.* impression, track
enceinte *adj.* pregnant
enchanté *adj.* enchanted
enchanteur, -se *adj.* charming, bewitching
enchassé *adj.* encased, set in, inset, deep set
encontre: aller à l' — de to go against
encore still
endolorir to make painful
endormir to put to sleep; **s' —** to go to sleep
endroit *m.* place
endurcir to harden
enfance *f.* childhood
enfant *m.* child
enfanter to give birth to
enfer *m.* hell
enfermé *adj.* locked up
(s') enfermer to retreat, to shut oneself up
enfilade *f.* row
enfin finally
enfler to swell
enfoncer to thrust; **s' —** to sink into, to penetrate, to plunge
(s') enfuir to flee
(s') engager to enter
enjeu *m.* stake (cards)
enlever to take away

ennui *m.* boredom
(s') ennuyer to get bored
énoncé *f.* statement
(s') enrouler to wind, to coil
enseigne *f.* sign
ensevelir to bury
entendre to understand
entente *f.* harmony, understanding
entourer to surround
entrailles *f. pl.* entrails
entrain *m.* liveliness
entre between
envahir to invade
environ about
envoyer to send
épais, -se *adj.* thick
épaisseur *f.* thickness, dullness
épaule *f.* shoulder
éperdument passionately
épée *f.* sword
(s') épier to spy on each other
épouser to marry
épouvante *f.* dread, horror, fear
époux *m.* husband, spouse; *m. pl.* husband and wife; **épouse** *f.* spouse, wife
épreuve *f.* test, trial
épuisé *adj.* exhausted
équipage *m.* ship's crew
équipe *f.* crew
errant *adj.* wandering
éruptif, -ve *adj.* eruptive
escadrille *f.* flight
escalier *m.* staircase
espérance *f.* hope
espoir *m.* hope
esprit *m.* mind, intellect, spirit
estropiant *adj.* maiming, disabling
établir to establish
étage *m.* floor, story; **premier —** second floor
étaler to spread out, display, reveal
éteindre to extinguish
étendre to extend, spread
été *m.* summer
ethnie *f.* ethnic group
étirer (s') to stretch
étonnement *m.* wonder

étouffé *adj.* smothered, suffocating
étroit *adj.* narrow
étron *m.* turd
(s') évader to escape, to slip away
éveillé *adj.* awakened
éventrer to rip open
éviter to avoid
exigeant *adj.* demanding

F

face (faire — à) to face up to; en — de opposite
façon: en — de in the form of
facture *f.* bill
fade insipid, tasteless
faiblard *adj.* weak
faiblesse *f.* weakness
faïence *f.* earthenware
faillir...faillir + *inf.* to almost (do)
faire to make
faisceau *m.* bundle, group
fait *m.* fact
falloir to be necessary
famille *f.* family
fard *m.* make-up
(se) fatiguer to become tired
fauve *adj.* tawny
faux, fausse *adj.* false
fécond *adj.* fertile, rich
féerique *adj.* magical, fairy
félin *adj.* cat-like
femme *f.* woman, wife
fente *f.* crack
fer *m.* iron
fermer to close
fermeté *f.* firmness, decisiveness
festin *m.* feast
feuillage *m.* foliage
feuille *f.* leaf
fiacre *m.* horse-drawn carriage
fichtre gosh! wow!
fiere, fière *adj.* proud
fièvre *f.* fever
figé *adj.* congealed, frozen
figure *f.* face

figurer to represent
fil: au — de with the flow of
filigrane *m.* filigree
fille *f.* girl, daughter; belle- — daughter-in-law
fils *m.* son
fin *f.* end, à —de in order to
fixer to attach
fixité *f.* steadiness
flambeau *m.* candlestick
fleurir to flourish
flot *m.* gush, stream
flux *m.* flood, flow
foi *f.* faith
folie *f.* madness
fonctionnaire *m.* official
fond *m.* back, far end, bottom
fonder to found, to establish
fondé founded
fonds de commerce *m.* business
force *f.* strength
forgeron *m.* blacksmith
fou, folle *adj.* crazy
foudre *m.* lightning
fouiller to search
foule *f.* crowd
fourchette *f.* fork
fourmi *f.* ant
foyer *m.* home
frais *m. pl.* cost
frais, fraîche *adj.* fresh
fraîcheur *f.* coolness, crispness
frappé *adj.* struck
frémissant trembling, shivering, quivering
frémissement *m.* shudder
frisson *m.* shiver
frissonner to shiver, tremble
friture *f.* deep-fried food
froid *adj.* cold
front *m.* forehead
frotter to rub
frôler to touch lightly
fuir to flee
funèbre *adj.* mournful, funerary
funéraire *adj.* funereal
fusillade *f.* volley of shots, fusillade
fusiller to shoot
fût *m.* stem

G

gagner to reach, to gain
gaillard *m.* fellow, hunk
galerie *f.* gallery
galérien *m.* galley slave
garder to keep
(se) garer to take cover; **— la route** to block the path
gâté *adj.* spoiled
gauche *adj.* clumsy, left
gaz *m.* gas
gémir to moan
genou *m.* knee
genre *m.* kind
gens *pl.* people
givre *m.* frost
glace *f.* mirror
glas *m.* toll
glisser to slip, to slide, to glide
gluant *adj.* sticky, gummy
gonfler to inflate
gorge *f.* throat
gouffre *m.* abyss
goût *m.* taste
goûter to taste
goutte *f.* drop
gouttière *f.* gutter
grand *adj.* large; **— ouvert** wide open
grand gras, -se fat, rich, full
gras, grasse fat, thick
grattement *m.* scratching
grave *adj.* serious
graver to engrave
gravier *m.* rock
grêle spindly
grelot *m.* small bell
griffe *f.* claw
grille *f.* gate
grimper to climb
gris *adj.* gray
griser to intoxicate
gronder to roar, to rush by, to rumble
gros, grosse *adj.* big, heavy
grossesse *f.* pregnancy
grossier, -ère *adj.* coarse, crude, rough, rude, vulgar
grouiller to swarm, to teem (with)

guerre *f.* war
gueule *f.* animal mouth, mug; **— à procès** having the looks of a criminal

H

habit: en — de in the attire of
habiter to live, inhabit
habits *m.* clothes
hache *f.* axe
haine *f.* hatred
haïr to hate
haïssable *adj.* detestable, hateful
haleter to pant
hanter to haunt
harceler to harass, to torment
hasard *m.* chance
hâter to hurry
hausse (de natalité) *f.* increase (in birth rate)
haut *adj.* high, tall; **du — en bas** from top to bottom; **en —** above, at the top
hébétement *m.* stupor
herbe *f.* grass
hérissé *adj.* prickly, bustling
heure *f.* hour
hideux, -se *adj.* ugly
hispanophone Spanish speaking
hiver *m.* winter
homme *m.* man
honte *f.* shame
honteux, -se *adj.* shameful
hors (de) astride of
hors except, save
huée *f.* boos
humide *adj.* humid
humidité *f.* humidity, dampness
hurlement howling; **pousser un —** to scream

I

ignoble *adj.* ignoble, unspeakable, vile
île *f.* island
imaginaire *adj.* imaginary
imbécile *m.* fool
immédiatement right away

immobile *adj.* motionless
implacable *adj.* hard, without pity
impliquer to imply
inconséquent *adj.* inconsistent, thoughtless
indolent *adj.* lazy
inentendu *adj.* unheard
inestimable *adj.* priceless, invaluable
inexpugnable *adj.* impregnable
infirme *m.* disabled person
inguérissable *adj.* incurable
injurier to insult
innombrable *adj.* countless
inquiet *adj.* worried
inquiétude *f.* worry, anxiety, restlessness
interdire to forbid
interroger to question
interrompre to interrupt
invivable *adj.* unbearable
irrité *adj.* angry
ivre *adj.* drunk

J

jamais ever, never
jambe *f.* leg
japper to yap
jaunâtre *adj.* yellowish
jeter to throw, hurl, fling; — **des cris,** to call out
jeune *adj.* young
joue *f.* cheek
(se) jouer de to dupe, to scoff at
jouet *m.* plaything, toy
jouir de to enjoy
jour *m.* day
journée *f.* day, all day long
joyeux, -euse *adj.* joyous
jujube *f.* jujube plant
jurer to swear
jusqu'à until

L

lac *m.* lake
lacérer to tear, to rip up
lâcher to let loose
laid *adj.* ugly
laisser to leave
laiteux, -euse *adj.* milky
lame *f.* blade, strip, reed (of harmonica)
lampe *f.* lamp
lancer to throw
langueur *f.* languor
languissant *adj.* languishing
large: de — in width
largué *adj.* unfurled, released
larme *f.* tear
las, lasse *adj.* weary
lassitude *f.* weariness
lavis *m.* washing
lécher to lick
lecteur *m.* **lectrice** *f.* reader
lendemain *m.* next day, day after
lèpre *f.* leprosy
lequel which
lettre *f.* letter; **à la —** literally
lettré *m.* scholar
lever to raise; **se —** to get up
lèvre *f.* lip
lézardé *adj.* cracked
liaison *f.* love affair
libre *adj.* free
licence *f.* university degree
lier to bind, to tie up, to link
lieu *m.* place; **avoir —** to take place; **au – de** instead of
ligne *f.* line
lire to read
lit *m.* bed
livrer to deliver, to give up
logement *m.* lodging
logis *m.* lodging
loi *f.* law
loin far; **au –** in the distance
long, longue *adj.* long
long *m.* length; **de —** in length; **le – de** along
longévité *f.* longevity
longueur *f.* length
lorsque when
lotissement *m.* plot, lot
lourd *adj.* heavy, clumsy
lueur *f.* glimmer, faint light
lugubre *adj.* dismal, lugubrious
lune *f.* moon

lustrer to shine
lutte f. struggle
lutter to fight

M

maigre *adj.* thin
main f. hand
maître m. master
maîtresse f. mistress
maîtrise f. mastery, self-possession
mal m. (*pl.* **maux**) evil, sorrow, wrong
malade *adj.* sick
maladie f. illnesss
maladroit *adj.* clumsy
malgré in spite of
malheur m. misfortune
malingre *adj.* puny, sickly
mamelle f. breast, tit
manche f. sleeve
manifestation f. demonstration
manquer to be lacking, to fail
maquis m. brush, maze, underground
marchand m. merchant
marchandise f. merchandise, goods
marche f. walk
marcher to walk
marée f. tide, flood
marge f. margin, edge
mari m. husband
marron m. chestnut
mat, -te *adj.* dull, dim, flat
matinée f. morning
mécanique f. mechanism, machinery
méchanceté f. meanness
(se) méfier — de to distrust, to be careful about
mégarde: par — inadvertently
mégot m. cigarette butt
mêler to blend, to mix, to combine
même same
ménage m. couple, household
mener to lead; **— à la fin** to bring to an end
mensonge m. lie
mentir to lie

menton m. chin
mépris m. disdain
mercerie f. haberdashery
mettre to put; **— à la porte** to put out; **se — à** to begin to; **— en culture** to cultivate, **— en jeu** to bring into play
meurtre m. murder
meurtrier m. murderer
meurtrir to hurt, to bruise
miaulement m. mewing; **pousser des —** to mew
midi m. noon
mieux portant feeling better
milieu m. middle; **au beau —** in the very middle
mille thousand
mille-pattes f. centipede
mince *adj.* thin
miséricorde f. pity
mitrailleuse f. machine gun
mobilier m. furniture
moindre least
moine m. monk
moins que: à — unless
moirer to moiré (give a watered appearance to)
moissonner to reap, to harvest
moitié f. half
molosse m. mastiff
mondial *adj.* world
monter to climb, go up
montrer to show
(se) moquer de to make fun of
morceau m. piece
mordre to bite
(se) morfondre to be chilled to the bone, bored to death
morne *adj.* dreary, gloomy
mort *adj.* lifeless, dead
mot m. work; **— clé** key word; **– signe** signal word
mouchoir m. handkerchief
mouillé *adj.* wet
mouiller to moisten, to dampen
mourant *adj.* dying
mourir to die
Moyen Âge m. Middle Ages

moyen *m.* means
moyennant in return for, through
muet, -te *adj.* mute, dumb
munir to provide, supply
mur *m.* wall
muraille *f.* wall
muré *adj.* isolated, walled in
mûrir to ripen
murmure *m.* murmuring
mythomane *m.* mythomaniac

N

n'importe quel any, no matter what
naguère not long ago
naissance *f.* birth
nappe *f.* table cloth
narine *f.* nostril
natal *adj.* native
nausée *f.* nausea
navire *m.* boat
nerveux -se *adj.* nervous
nez *m.* nose
niche *f.* niche
nier to deny
niveau *m.* level
niveler to level
noir *adj.* black
noircir to blacken
nourrir to feed
noyé *m.* drowned person
noyer to drown
nu *adj.* naked, bare
nuée *f.* cloud
nuit *f.* night

O

obscur *adj.* obscure, indistinct
occire to slay, to kill
occis *adj.* slain, killed
occuper to occupy
odeur *f.* smell, odor
oeil *m.* eye
oeuvre *f.* work
offenser to offend
office *f. or m.* pantry

oiseau *m.* bird
oisiveté *f.* idleness
ombrage *m.* leafy shade
ombre *f.* shadow
omettre to omit
orageux, -se *adj.* stormy, turbulent
ordinaire: d' — ordinarily
orgueil *m.* pride, arrogance
originaire (de) originating from, native of
orphelin *m.* orphan
orthographe *f.* spelling
os *m.* bone
oser to dare
oubli *m.* forgetting, forgetfulness. oblivion
oublier to forget
ouragan *m.* storm, hurricane
ouvert *adj.* open
ouvrage *m.* work
ouvrier, -ère worker, laborer
ouvrir to open

P

paille *f.* straw
paisible peaceful
paix *f.* peace
pâle *adj.* pale
pâlir to turn pale
palliatif, -ve *adj.* palliative
palmier *m.* palm tree
pâmé *adj.* unconscious
panne *f.* breakdown
papier *m.* paper
paquet *m.* package
par by; **— rapport à,** in relation to
paraître to appear
paralytique *m. f.* paralysed person
parapet *m.* railing, wall
paravent *m.* partition, screen
pareil, -le such, similar
parfois sometimes
parler to speak
parmi among
parole *f.* word
partager to share
partie *f.* game, outing
partout everywhere

pas *m.* step
passage *m.* passage, passing, crossing
passant *m.* passer-by
patrie *f.* homeland
patte *f.* paw
paume *f.* palm
paupière *f.* eyelid
pavé *adj.* paved
paysan *m.* peasant
peau *f.* skin
pêcher to fish
peindre to paint
peine: à — barely
peine de mort *f.* death penalty
peintre *m.* painter
peloton *m.* squad, platoon; **— d'exécution** firing squad
penchant *m.* inclination
pencher to bend, to lean
pendant during
pendre to hang
pendu *adj.* hung, hanged
penser to think
pensée *f.* thought
pente *f.* slope
percer to pierce
perdre to lose
perdrix *f.* partridge
périr to perish
persienne *f.* shutter
personne *f.* person; *indef. pron. m.* no one, anyone
peser to weigh
petit *adj.* small
peu little
peupler to populate
physique *m.* body
pie *f.* magpie
pièce *f.* room (*of a house*)
pied *m.* foot
Pieds-Noirs Algerian-born Frenchmen
piège m. trap
pierre *f.* stone
piquer une tête to plunge
pisse *f.* urine
piste *f.* track, trail, runway
piteusement pathetically
place *f.* square

(se) plaindre to complain
plainte *f.* moaning, groan, — **fondamentale** primal scream
plaisanter to joke
plaisanterie *f.* joke
planche *f.* board, plank, shelf
plante *f.* sole (of the foot)
plaquer to cling to, set flat against
plat *adj.* flat.
plein *adj.* full, **en —** full; **— air** outdoors
pleurer to cry
pli *m.* pleat, crease
plier to fold, to double up, to weigh down
plomb *m.* lead
plutôt (que) rather than
pluvieux, -se *adj.* rainy
poêle *m.* stove
poitrine *f.* chest
pommette *f.* cheekbone
porter to bear, to carry, **— à** to lead to
poser to place, set down, put
pour in order to, for
pourri *adj.* rotten
pourrir to rot
pourtant however
pousser to push
poussière *f.* dust
pouvoir *m.* power
pouvoir to be able to
prairie *f.* meadow
préau *m.* inner courtyard
préfigurer to foreshadow
prendre to take; **— garde** to watch out for
(se) préoccuper de to worry about, to concern oneself with
presque almost
pressant *adj.* urgent
pressé *adj.* urgent, hurried
prêter l'oreille à to listen to
prêtre *m.* priest
prévenir to inform, to let know
prévoir to foresee
prier to beg, to request
prière *f.* plea, prayer
prieur *m.* prior
primeur *f.* state of being first
prise *f.* taking
priver to deprive

profil *m.* profile
profit: au — de to the advantage of
profond *adj.* deep, heavy
profondeur *f.* depth
proie *f.* prey
projeté planned
promenade *f.* walk, outing, **— sur l'eau** boat ride
promeneur *m.* walker, stroller
proprement neatly
proue *f.* bow
provenir to come from
puis then
puisque since
puissance *f.* power, might
puissant powerful

Q

quai *m.* wharf, pier
quant à as to, with regard to
quelque some, any
querelle *f.* argument; **chercher —** to look for trouble
queue *f.* tail
québécois relating to Quebec

R

(se) raccrocher à to cling to
racine *f.* root
radoteur *m.* driveling fool
rafale *f.* burst, blast
raidillon *m.* rise, incline
râle *m.* death rattle, groan
râler to groan, to moan, to give death rattle
ramené *adj.* brought back, restored
ramener to bring back
ramer to row
ramée *f.* branches
rampe *f.* bannister, railing
ramper to crawl
rangée *f.* row, line
ranger to put in order; **se —** to make way, to take sides

rappeler remind
rare *adj.* uncommon, thin
rassemblement *m.* assembly
rassurer to reassure
rater to fail, to miss
rauque raucous, harsh
rayon *m.* ray, spoke
réalité: se rendre à la — to face the facts
recherche: à la — de in search of
récit *m.* narrative, story
réclamer to demand
recoin *m.* nook, recess
récolte *f.* harvest
recommandation *f.* advice
recueil *m.* collection
reculer to move back
redouter to fear
réduire to reduce
réduit *m.* hideout
reflet *m.* gleam, glint, reflection
(se) refugier to take refuge
regard *m.* glance, look
regarder to look **— fixement** to stare
réglage *m.* tuning, adjustment
régner to prevail, to rule
reine *f.* queen
reins *m. pl.* lower back
réussir to succeed
rêve *m.* dream
réveiller to awaken, **se —** to wake up
rêver to dream
rejoindre to join
relégation *f.* banishment
remarquer to notice
remise *f.* shed
rempart *m.* bulwark, fortification, city walls, rampart
remplir to fill
remuer to budge, to move
rencontrer to meet
rendez-vous *m.* assignation, date, meeting place
(se) rendre to go
(se) rengorger to puff up
renommée *f.* fame
rentrer to return
renversé tilted back
répartir to allocate, to distribute

(se) répercuter to reflect, to have repercussions

replié (sur soi-même) drawn within onself

réplique *f.* reply

repliquer to respond

reporter to carry back, to defer

repos *m.* rest

resplendir to shine, to gleam

ressembler to ressemble

ressentir to feel

rester to stay, to remain

restes *m. pl.* remains

retenant suppressing, holding back

retenir to keep back, to hold back

retenue *f.* reserve, (self-) restraint

retirer to withdraw; **se —** to draw back

retourner sur ses pas to retrace one's steps

(se) retrouver to find oneself

(se) réveiller to wake up

rideau *m.* curtain

rigueur *f.* severity, harshness

(se) rire de to make fun of

rire *m.* laughter

rivage *m.* bank

rive *f.* bank

rixe *f.* fight, brawl

rocher *m.* rock

roide *adj.* stiff

roidi *adj.* stiffened

roman *m.* novel

romancier *m.* **romancière** *f.* novelist

rompre to break

rond *adj.* round; *m.* circle

ronronner to purr

roseau *m.* reed

rouage *m.* the works

roue *f.* wheel

rougeâtre *adj.* reddish

rouille *f.* rust

rouiller to rust

rousseur *f.* redness; **tache de —** freckle

royaume *m.* kingdom

ruban *m.* ribbon

rude *adj.* rough

rue *f.* street

ruisseau *m.* stream

ruisseler to stream

rumeur *f.* noise murmuring

S

sabot *m.* hoof, wooden shoe

saccadé *adj.* jerky

sain *adj.* healthy

saisir to grip, to seize

sale *adj.* dirty

sali *adj.* dirtied

salle *f.* room; **—à manger** dining room

salon *m.* living room, waiting room

salut *m.* greeting

sang *m.* blood

sanglant *adj.* bloody

sanglot *m.* sob

sans without

sarment *m.* vineshoot

saut *m.* leap

sauter to jump

(se) sauver to get away

saveur *f.* flavor

savoir to know

science *f.* knowledge

sec, sèche *adj.* dry

secouer to shake

secousse *f.* jolt, jerk

séduisant *adj.* seductive

seigneurie *f.* lordship

sein: au — de in the midst of

séjour *m.* stay, sojourn

semailles *f. pl.* sowing, seed

semblable similar

sembler to seem

sempiternel -le *adj.* eternal

sens *m.* meaning

senteur *f.* smell

sentier *m.* path

sentir to feel, to smell; **se —** to feel oneself

sépulture *f.* burial place, tomb

serment: prêter — to swear (oath)

serrer to gather in, to crowd, to put away

servir to serve

seuil *m.* doorstep

seul *adj.* only, alone

seulement only

siècle *m.* century

sieste *f.* nap

sifflant *adj.* whistling, wheezing

silencieux, -euse *adj.* silent
(se) simplifier to become less distinct
sinistre *adj.* sinister, ominous
site *m.* location
soie *f.* silk
soigneusement carefully
soin *m.* care
soir *m.* evening
sol *m.* ground, floor
soleil *m.* sun
sombre *adj.* dark, somber, sinister
sombrer to sink, to give way
sommeil *m.* sleep
sommeiller to doze
somnambule *m.* sleepwalker
songe *m.* dream
songer to think, to dream
sonner to sound
sonnerie *f.* ringing
sort *m.* fate
sorte *f.* sort, kind
sortie *f.* outing
sortir to go out
sou *m.* copper coin
souci *m.* care
souffle *m.* breath, breeze, respiration
souffrir to suffer
souiller to soil
soulever to raise
soulèvement *m.* uprising
souligner to underline
soupçon *m.* suspicion
soupir *m.* sigh
souple *adj.* supple
sourcil *m.* eyebrow
sourd *adj.* muffled, deaf, voiceless, muted
sourire to smile
sourire *m.* smile
sous under
souscrire à to subscribe to
soustraire to remove, to shield
soutenir to support, to uphold, to maintain
souterrain *adj.* underground
(se) souvenir de to remember
souvenir *m.* memory
souvent often
spectacle *m.* sight
spectre *m.* ghost

stationner to stop, to stand
store *m.* awning, shade
stupéfié *adj.* stunned, astounded
stuqué *adj.* stuccoed
subir to undergo
suer to sweat
sueur *f.* sweat
suffire to suffice
suggérer to suggest
suivant following
suivre to follow
supplice *m.* execution, torture
(se) supprimer to take one's life
sur on
surchargé *adj.* overloaded
surmonter overcome
surplomber to overhang
surtout especially
survivre to survive, to outlive

T

tablier *m.* apron
tabouret *m.* footstool
tache *f.* spot, stain, blot
tâcher to try
taille *f.* size
taillis *m.* copse, thicket
taire to silence
tandis que whereas
tant so much, so many
tantôt sometimes
tapage *m.* noise
taper to hit
tapis *m.* carpet
tapisser to hang, to paper
tapisserie *f.* tapestry
tarir to dry up
tas *m.* loads, heaps, pile
tâtonnement *m.* groping
tâtons: à — gropingly
tel que such as
témoignage *m.* testimony
témoigner to give evidence, to testify
témoin *m.* witness
tempête *f.* storm

temps *m.* time; **en même —** at the same time
tendu stretched out
ténèbres *f. pl* darkness, gloom
tenir to hold; **— bon** to stand firm; **se —** to hold oneself; **se — à l'abri** to keep sheltered
tenter to try
terre: à — on the ground
terreux, -se *adj.* earthy
tête *f.* head
tiède *adj.* mild
tigré *adj.* tiger-striped
tintamarre *m.* din, racket
tintement *m.* tinkling sound
tinter to tinkle
tirer to shoot, to draw; **— de** to take from
tiroir *m.* drawer
tissu *m.* fabric
titre: à — de as
toile *f.* cloth, web
toit *m.* roof
tomber to fall
tonnelle *f.* bower, arbor
torchis *m.* adobe
tordre to twist
tordu *adj.* twisted
tortueux, -euse *adj.* twisting
toucher to touch
toujours always
tour *m.* turn; **à — de rôle** one after another, **— à tour** in turn
tournant *m.* turn
tourner to turn
tournure *f.* turn of phrase, form
tout all; **— d'un coup** suddenly
trainée *f.* streak, trail
trait *m.* stroke, line; **d'un —** in one gulp
traite: d'une — in one go; right away
traité *m.* treaty
traiter to deal
traîner to drag, to pull, to linger, to hang in the air
transparaître to show through
traquer to pursue
travail *m.* work
traverser to cross, go through
tremble *m.* aspen

tremper to dip
tribu *f.* tribe
trier to sort out
tringle *f.* rod
triste *adj.* sad
tristesse *f.* sadness
trompé *adj.* deceived
(se) tromper to make a mistake
tronc *m.* tree trunk
trottoir *m.* sidewalk
trou *m.* hole
troubler to bother
trouver to find; **se —** to be located; **se — mal** to be ill
truite *f.* trout
tuer to kill; **se —** to kill oneself
tuerie *f.* carnage, slaughter
tympan *m.* eardrum

U

unique only, single
usé *adj.* worn, shabby

V

vaciller to vacillate
vague *f.* wave
vaincre to defeat
vaincu *m.* defeated man
valeur *f.* value
valoir to be worth
vaniteux, -euse *adj.* conceited, vain
vaste *adj.* big
veille *f.* day before
velours *m.* velvet, corduroy
vendre to sell
venger to avenge
venir to come; **— à la file** to come one after another
ventre *m.* belly, stomach
verdâtre *adj.* greenish
véritable *adj.* real, true
vérité *f.* truth
vers around, toward
verser to spill
vert *adj.* green

vertigineux, -se *adj.* breathtaking
veston *m.* jacket
vêtir to wear, to don
veuf *m.* widower; **veuve** *f.* widow
veule *adj.* feeble
vide *adj.* empty
vider to empty
vie *f.* life
vieillard *m.* old man
vieille *adj.* old
vierge *adj.* untouched, virgin
vigne *f.* vine
vigoureux, -euse *adj.* strong, sturdy
vilain *adj.* nasty, bad, unpleasant
violer to rape
viré *adj.* crazy, turned around
vis *f.* screw
visage *m.* face
viser to zero in on, to aim for
vite *adj.* fast
vitrage *m.* glass windows
vitre *f.* windowpane
vitrine *f.* show window

vivace *adj.* lively
vivant *adj.* alive
vivre to live
voir to see
voix *f.* voice
vol *m.* flight, theft
voler to fly, to steal
voleter to flutter, to flit
voleur *m.* thief
volontiers willingly
volte; faire — face to turn around
vouloir to want
voûte *f.* vault
vue *f.* sight

W

wagonnet *m.* small truck

Y

yeux *m. pl.* eyes

VOCABULAIRE

ANGLAIS-FRANÇAIS

A

above au-dessus
absolutely complètement
abyss abîme *m.*
accept héberger, accepter
according to selon
act acte *m.*
action acte *m.*
admit admettre (admis)
adventure aventure *f.*
advertise faire de la publicité
affirmative affirmatif (à)
affluent prospère
afraid: be — avoir peur
Africa Afrique *f.*
after all après tout
afterwards plus tard, puis
again de nouveau
agonizing angoissant
agony douleur *f.*
airtight hermétique
alien étranger
alone: let — laisser tranquille
along with avec
always toujours
among parmi
amusement park parc (*m.*) d'attraction
anesthetic anesthésique *f.*

answer réponse *f.*
anything quoi que ce soit
anywhere ailleurs
appalling écœurant
apparently apparemment
appear sembler; **— suddenly** (person) survenir
armour armure *f.*
as if comme, comme si
as soon as dès que
as though comme, comme si
ashore à terre, sur le rivage
Asia Asie *f.*
average moyenne *f.*
awake: keep someone — empêcher quelqu'un de dormir

B

barn grange *f.*
battle bataille *f.*
bear porter, supporter
beat time battre la mesure
begin se mettre à, commencer
behind derrière
bell sonnette *f.*
beside le long de
beyond hors de

bird oiseau *m.*
birth: give — to enfanter
bit morceau *m.*
bitter amer
bitterness amertume *f.*
blackness noirceur *f.*
blaze éclat *m.*
block partie *f.*
blood sang *m.*
blow coup *m.*
body corps *m.*
box boîte *f.*
brass cuivre *m.*
bread pain *m.*
bridge pont *m.*
bright brillant, vibrant
bring (forth) ramener
bring back faire resurgir
bring up apporter
broken troué
brutalize brutaliser
brute bête *f.*
burn brûler
burst forth jaillir
bury enterrer
business problème *m.*
busy affairé, populeux

C

call appeler; **— oneself** se dire
cane canne *f.*
canvas toile *f.*
care about aimer
Caribbean les Caraïbes
carpet tapis *m.*
catch (the eye) attirer l'oeil
cause causer
ceiling plafond *m.*
change changer
charm charme *m.*
chest coffre m.
choke s'étouffer
clean propre
cleanliness propreté *f.*
clearly nettement

clock pendule *f.*
close on presque
closed fermé, interdit
clothes vêtements *m. pl.*
cloud nuage *m.*
cocoa cacao *m.*
coffin cercueil *m.*
cold blood (in) de sang froid
colored de couleur
combined allié
come arriver (à)
come abreast arriver
come back retourner
come out devenir
come to aboutir à
commit commettre
commonplace ordinaire
companion compagnon *m.*
comparatively par comparaison
concoct fabriquer
confidence confiance *f.*
connect se rattacher
consciousness connaissance *f.*
constantly constamment
constitutional constitutionnel
consummate consommer
continue poursuivre
contrast (in —) par contraste
convulsively de façon convulsive
coquetry coquetterie *f.*
cord corde *f.*
corner coin *m.*
corroding corrosif, -ive
counter (lunch –) comptoir (*m.*) d'un
    restaurant
countryman compatriot
court cour *f.*
crazy: go — devenir fou
crop tondre
cross-country: to take a drive — traverser
    le pays
crowds: in — en masse
crush écraser
cup tasse *f.* **— of endurance** coupe (*f.*) de
    l'endurance
curse insulter
cut couper
cut off détacher

D

dark sinistre, sombre
dart dard *m.*
daughter fille *f.*
day in day out jour après jour
dazzle aveugler
dead mort *m.*
deaden assoupir
deadly capital
degenerate dégénérer
degree: to a — dans une certaine mesure
delay différer
demand exiger
deny refuser
depressing déprimant
despair désespoir *m.*
develop développer, ressentir
die mourir
dig in plonger
dingy délabré
dirty crasseux, -euse
disease mal *m.*
distinctly évidemment
distinguished éminent
distort déformer
down with à bas
dread angoisse *f.*
dreadful affreux, -euse
drink boire
drive away chasser
drop laisser tomber
drown noyer

E

each chacun, chacune
ear oreille *f.*
east end est *m.*
emotional émotionnel
empty vide
engage engager
engine mécanisme *m.*
English (speaking) anglophone
enjoy se plaire
enough assez
entry entrée *f.*

equip munir
except à l'exception de
expect s'attendre à
experience épreuve *f.*; **to —** éprouver
explain expliquer
eye oeil *m.*

F

face visage *m.* **to —** être en face de
fact fait *m.*
factory usine *f.*
faculty faculté *f.*
faint vague
faith foi *f.*
fall tomber
familiarity familiarité *f.*
fear angoisse *f.* **to —** avoir peur
feature marque *f.*
feel sentir; **to make someone —** donner le
    sentiment
field plaine *f.*
fight lutter, se battre; **in the —** au cours
    de la bataille
find trouver
finger doigt *m.*
fire feu *m.*
first d'abord; le premier
float flotter
flock out sortir
floor plancher *m.*
florid fleuri
fly voler
follow suivre
folly folie *f.*
foolish naïf, naïve
foot pied *m.*
for a long time depuis longtemps
force on imposer
foreign étranger
foresee prévoir
forest forêt *f.*
forever à jamais
forgive pardonner
form former, façonner
former celui-là

fountain fontaine *f*.
frankly franchement
freedom liberté *f*.
freshly récemment
frightfully tellement
frog grenouille *f*.
front (shop) devanture du magasin
frustration frustration *f*.

G

gable pignon *m*.
gaiety gaieté *f*.
gain profit *m*. **to** – obtenir
gathering assemblée *f*.
gentle doux, douce
get chercher, obtenir, recevoir
get rid of se débarraser de
give direction déterminer
glance jeter un regard
glimmer briller
goal but *m*.
god dieu *m*.
God-given divin
godhead divinité *f*.
gracefully de façon gracieuse
grass herbe *f*.
grinning grimaçant
ground: on the — par terre
guess estimer

H

half-dream comme dans un rêve
hall salle *f*.
haloed auréolé
hang loose flotter
hang pendre
happen arriver
happily tranquillement
harry harceler
hate-filled odieux, abhorrant
hatred haine *f*.
haunt hanter
heart cœur *m*.
high élevé *f*.

highly fort
hit frapper
hoist hisser
home: to be at — se sentir chez soi
hope espoir *m*. **to —** espérer
hornet frelon *m*.
hornet's nest: stir up a — mettrre le feu
       aux poudres
horse cheval *m*.
hosiery bonneterie *f*.
how ainsi
humiliate humilier
hundred times maintes fois
hunted traqué

I

ill-formed difforme
immortal immortel
immortality immortalité *f*.
impatience impatience *f*.
impulse impulsion *f*.
impunity impunément
independence indépandance *f*.
inexperienced inexpérimenté
inferiority infériorité *f*.
infinite infini
inflict infliger
injury outrage *m*.
injustice injustice *f*.
inner intérieur
insomnia insomnie *f*.
instantly immédiatement
interest intéresser
interference intervention *f*.
interview entrevue *f*.
intuitive knowledge intuition *f*.
inwardly au plus profond de soi-même;
       intérieurement

J

jeopardize mettre en péril
journey voyage *m*.
judgment: good — bon sense *m*.
jurist juriste *m*.
justice justice *f*.

K

keep garder
keep oneself from s'empêcher de
key clé *f.*
kick frapper à coups de pieds
kill tuer
kind of (a) sorte (*f.*) de
kind gentil, -le
king roi *m.*
knife canif *m.*, couteau *m.*
knight chevalier *m.*
knocker marteau *m.*
know constater
know by heart savoir par cœur

L

launch lancer
law loi *f.*
lawyer avocat *m.*
lay away mettre de côté
lay out étaler
lay-away plan compte (*m.*) d'épargne
lead conduire
lean against s'adosser à
leave quitter
left gauche *f.*
legitimate légitime
let laisser
lie (empty) se trouver vide
light brown châtain clair
light lumière *f.*
light up illuminer
limb branche *f.*
line alignement *m.*
lip lèvre *f.*
live exister, vivre
loathe détester
longing désir *m.*
lower inférieur
lynch lyncher

M

mad sauvage
majority majorité *f.*

N

make rendre
many more bien d'autres
mark marquer
match allumette *f.*
matter of fact (as a) en effet
mean méchant, vicieux, -euse
mean vouloir dire
meeting réunion *f.*
melancholy mélancolique
merciful clément
mercy grâce *f.*
merely justement
midst: in the — of au sein de
mild doux, douce
mind esprit *m.*
morning: next — lendemain *m.*
mortally à mort
motel motel *m.*
moulding moulure *f.*
move bouger, s'approcher, se diriger; — **about** se déplacer
must devoir

N

nag agacer
name: first — prénom *m.*, **middle —** deuxième prénom, **last —** nom de famille
necessary: find it — se trouver forcé
neck cou *m.*
neglect négliger
negro noir *m.*
neighbourhood quartier *m.*
nest nid *m.*
never jamais
nevertheless néanmoins
new nouveau
next ensuite
night nuit *f.*
nobodiness nullité *f*
noose corde *f.*

O

obliged: to be — se voir obligé
odd singulier

offer violence outrager
on sight dès le premier regard
once une fois
openly ouvertement
oppressed opprimé *m.*
oppressor oppresseur *m.*
orator orateur *m.*
outcome résultat *m.*
outer extérieur
outstretched étendu
outwardly extérieurement
overthrow défaite *m.*
own propre

P

painful rude
paint peindre
pair couple *m.*
panel panneau *m.*
pass frôler
pass out distribuer
pass through traverser
passenger passant *m.*
pathos pathétique *m.*
peculiar particulier
peroration péroraison *f.*
personality personnalité *f.*
personally personnellement
perverse perverse
perverseness perversité *f.*
picture portrait *m.*, tableau *m.*
piece morceau *m.*
pierce percer
piercing lancinant
pile (up) entasser
pit fosse *m.*
place endroit *m.* **to —** placer
plague tourmenter
please plaire, charmer
pleasing agréable
plunge plonger
poem poème *m.*
policeman agent de police
political politique
possess posséder
poverty pauvreté *f.*

powerless impuissant
practical pratique
present: at — pour le moment
press down écraser
press out mouler
pressure pression *f.*
previously auparavant
primary fondamental
prisoner prisonnier *m.*
prolong prolonger
proportioned proportionné
prove of service être utile
public public
pulled low enfoncé

Q

quarter quartier *m.*
quiet tranquille
quietly calmement, paisiblement
quite assez, presque

R

ramble randonnée *f.*
random occasionnel
ravages ravages *m. pl.*
reach portée *f.*
regular (face) aux traits réguliers
rein rêne *f.*
rejoicing de joie
relate décrire
relieve soulager
remark remarquer
remember se souvenir de
remorse remords *m.*
repair réparer
reply répondre
resentment ressentiment *m.*
rich luxueux, -euse
right droit, juste
ring résonner
rise se lever
row rangée *f.*
run couler à flots
run over déborder
rush se précipiter

S

sake: for the — of pour; **for your —** pour toi
saleswoman vendeuse *f.*
say constater
scene scène *f.*
schoolboy écolier *m.*
seated assis
see voir
seek essayer
seem sembler
segregation ségrégation *f.*
seize saisir
seizure crise *f.*
self-reliant indépendant
selfish égoïste
sense sentiment *m.*
serene serein
setting sun soleil (*m.*) couchant
shade (eyes) protéger
shade ombre *f.*
shadow ombre *f.*
shine rayonner; **— out** étinceler
shock bouleverser
shoe soulier *m.*
shop magasin *m.*
shout cri *m.*
show montrer
shutter volet *m.*
side côté *m.*
sign enseigne *f.*
sin péché *m.*
sky ciel *m.*
sleep dormir
slip passer
slouch s'accroupir
slowly lentement
small mince
smile sourire *m.*
smother étouffer
so far jusque-là
so much tant (de)
society société
sole semelle *f.*
someone better quelqu'un de mieux
son fils *m.*
song chanson *f.*

sordid sordide
sorry; be — être navré
soul âme *f.*
sound son *m.*
speech langue *f.*
speed: at jetlike — à une vitesse étourdissante
spirit attitude *f.*
spiritual spirituel
spray out asperger
stammer bégayer
stance position *f.*
stand (along) border
state état *m.*
stay habiter
step marche *f.*
stiff raidi
still toujours
sting piquer
stir bouger, surgir
stop arrêter
storey étage *f.*
story histoire *f.*
strait-jacket camisole (*f.*) de force
stranger étranger *m.*
stream ruisseler
strength: by – par un effort
stress tension *f.*
strew joncher
strike frotter
strip dépouiller
such tel
suddenly soudain
suffer souffrir
suggest suggérer
suit tailleur *m.*
sun soleil *m.*
sundial cadran (*m*) solaire
sure: to be — être convaincu
surplus surplus *m.*
surprised étonné

T

take (in) enregistrer
take accepter
take away reprendre

take leave partir, se séparer
taken with (to be) recevoir une bonne
    impression de quelqu'un
tapestry tapisserie *f.*
tear larme *f.*
teeth: in the — of malgré, au mépris de
tell dire
tense tendu
thalidomide thalidomide *f.*
therefore par conséquent
thing chose f.
thoroughfare voie *f.*
though quoique
through par, à travers
throw jeter
time temps *m.*
timetable horaire *m.*
tiptoe: on— sur la pointe des pieds
title titre *m.*
to creep (at horse and buggy pace) avancer
    comme des tortues
to stab poignarder
toll sonner le glas
tongue langue *f.*
top of (on the) sur
toward vers
tramp clochard *m.*
tranquilizing tranquillisant
translucent translucide
treat traiter
trickle dégouter
trouble: to cast — troubler
troubled inquiet, inquiète
try essayer
try-out travailleur provisoire
twice more deux fois de suite
twist déformer, altérer
tyranny tyrannie *f.*

U

unavoidable inévitable
uncertain incertain
uncomfortable inconfortable
unconsciously inconsciemment
uncontrollable incontrôlable
understand comprendre

unduly indûment
unfathomable infini
unhappy: be — être désolé
unlock ouvrir
unoffending innocent
upper supérieur
urge pousser

V

value valeur *f.*
vast grand
veil voiler
vein veine *f.*
vex onself se tourmenter
vicious vicieux; **— mob** des gens
    débordant de haine
vigor énergie *f*
vigorous vigoureux, -euse
violate enfreindre
visitor visiteur *m.*
voluntarily volontairement

W

want: not to — s'obstiner
war guerre *f.*
warm tiède
wave agiter
way route *f.*
week-days pendant la semaine
welcome accueillir
well up jaillir
well-timed à un moment opportun
whim; at — selon son humeur
whisper souffler
whole entier
whole life: in his — de sa vie
wickedness abjection *f.*
wife femme *f.*
wild farouche
will: at — à chaque fois qu'ils voulaient
will volonté *f.*
willing: be — vouloir
willing bien disposé
wing aile *f.*

wistfulness air *m.* songeur
wonder about someone se poser des
      questions à l'égard de…
wonder émerveillement *m.*
worked up: get oneself — s'emporter
worse pire
wounded blessé

writhe se tordre
wrong mal; **do —** faire le mal

Y

yesterday hier
yet pourtant, toutefois

INDEX